本書爲"河北省燕趙黃金臺聚才計劃骨幹人才項目（教育平臺）"（HJYB202534）階段性成果

河北師範大學歷史文化學院雙一流文庫

宋坤 校

敦煌法制文獻校釋

中國社會科學出版社

圖書在版編目（CIP）數據

敦煌法制文獻校釋／宋坤校．-- 北京：中國社會科學出版社，2025.2．-- ISBN 978-7-5227-4678-4

Ⅰ．K870.64

中國國家版本館 CIP 數據核字第 20259J7C63 號

出 版 人	趙劍英	
責任編輯	安　芳	
責任校對	張愛華	
責任印製	李寡寡	

出　　版	中國社會科學出版社	
社　　址	北京鼓樓西大街甲 158 號	
郵　　編	100720	
網　　址	http://www.csspw.cn	
發 行 部	010-84083685	
門 市 部	010-84029450	
經　　銷	新華書店及其他書店	
印　　刷	北京明恒達印務有限公司	
裝　　訂	廊坊市廣陽區廣增裝訂廠	
版　　次	2025 年 2 月第 1 版	
印　　次	2025 年 2 月第 1 次印刷	
開　　本	710×1000　1/16	
印　　張	29.75	
插　　頁	2	
字　　數	475 千字	
定　　價	168.00 元	

凡購買中國社會科學出版社圖書，如有質量問題請與本社營銷中心聯繫調換
電話：010-84083683
版權所有　侵權必究

《河北師範大學歷史文化學院雙一流文庫》
編輯委員會

主　任：賈麗英　李志軍

副主任：宋　坤　陳瑞青　申艷廣　賀軍妙

委　員：（以姓氏筆畫爲序）

　　　　王向鵬　牛東偉　邢　鐵　李　君　吳寶曉

　　　　武吉慶　倪世光　徐建平　郭　華　陳燦平

　　　　康金莉　張翠蓮　張懷通　董文武　湯惠生

　　　　趙寵亮

目　錄

緒　論 …………………………………………………………………… (1)

凡　例 …………………………………………………………………… (8)

一　法典類 ……………………………………………………………… (11)

　壹　律 ………………………………………………………………… (11)

　　一　唐貞觀捕亡律——主守不覺失囚等條斷片（抄件）………… (11)
　　　　CH○○四五

　　二　唐永徽名例律——十惡條斷片（抄件）……………………… (16)
　　　　俄敦一九一六B＋俄敦三一五五＋俄敦三一六六

　　三　唐永徽名例律——十惡及八議條斷片（抄件）……………… (18)
　　　　斯九四六○A

　　四　唐永徽名例律——同居相隱等條斷片（抄件）……………… (19)
　　　　俄敦一三九一

　　五　唐永徽職制律疏——合和御藥有誤等條斷片………………… (22)
　　　　伯三六九○

　　六　唐永徽（？）職制律——乘驛馬齎私物等條斷片（抄件）…………………………………………………………………… (25)
　　　　北敦一六三○○（麗字八十五號）

　　七　唐垂拱律——職制、户婚、厩庫等篇殘卷（抄件）………… (27)
　　　　伯三六○八＋伯三二五二

　　八　唐開元二十五年（七三七）名例律疏——十惡條殘卷…… (48)
　　　　伯三五九三

九　唐開元二十五年（七三七）名例律疏——官當、
　　除名條殘卷 …………………………………………（55）
　　　北敦〇六四一七（河字十七號）背
一〇　唐開元二十五年（七三七）賊盜律疏——謀反大
　　逆條斷片 ……………………………………………（66）
　　　斯六一三八
一一　唐開元二十五年（七三七）雜律疏——毀人碑
　　碣石獸等條殘卷 ……………………………………（68）
　　　羽二十

貳　令 ……………………………………………………（72）

一　唐永徽二年（六五一）令卷第六——東宮王府
　　職員令殘卷 …………………………………………（72）
　　　伯四六三四（A）＋斯一八八〇＋斯一一四四六＋斯三三七五＋
　　　伯四六三四（C）
二　唐開元（七一九或七三七）公式令殘卷 …………（91）
　　　伯二八一九

叁　格 ……………………………………………………（98）

一　唐神龍（七〇五—七〇七）散頒刑部格殘卷 ……（98）
　　　伯三〇七八＋斯四六七三
二　唐開元户部格殘卷 …………………………………（105）
　　　斯一三四四
三　唐開元新格——户部格殘卷 ………………………（110）
　　　北敦〇九三四八（周字六九號）
四　唐開元職方格殘卷（？）…………………………（114）
　　　北敦〇九三三〇（周字五一號）
五　唐開元或天寶兵部選格斷片 ………………………（115）
　　　伯四九七八

肆　式 ……………………………………………………（118）

一　唐貞觀吏部式斷片 …………………………………（118）
　　　伯四七四五
二　唐開元二十五年（七三七）水部式殘卷 …………（120）
　　　伯二五〇七

伍 令式表 ·· (128)
　一　唐天寶令式等表 ·· (128)
　　　伯二五○四

陸 詔敕 ·· (153)
　一　唐天寶七載（七四八）册尊號大赦天下詔 ················ (153)
　　　斯四四六
　二　唐中和五年（八八五）車駕還京師大赦詔 ················ (159)
　　　伯二六九六

二 判集類 ·· (168)
　一　唐判集殘卷（存十九道）·· (168)
　　　伯三八一三
　二　唐西州都督府判集殘卷（存六道）······························ (186)
　　　伯二七五四
　三　唐開元判集（存三道）·· (196)
　　　伯二五九三
　四　唐開元二十四年（七三六）岐州郿縣尉牒判集（存十道）··· (199)
　　　伯二九七九
　五　唐永泰年間（七六五—七六六）河西巡撫使判集
　　　（存四十七道）··· (205)
　　　伯二九四二

三 牒狀類 ·· (227)
壹 告身 ·· (227)
　一　唐乾封二年（六六七）氾文開告身殘尾 ···················· (227)
　　　伯三七一四
　二　唐高宗至武周載初元年（六八九）之前令狐懷
　　　寂告身殘片 ··· (230)
　　　EQ一○八
　三　武周萬歲通天某年（六九六或六九七）某人告身殘片 ··· (231)
　　　北窟四八：二

四　武周聖曆二年（六九九）汜承儼告身 …………………… （233）
　　伯三七四九

五　唐景龍二年（七〇八）□文楚告身殘片 ………………… （235）
　　北窟四七：八

六　唐景雲二年（七一一）張君義告身 ………………………… （238）
　　敦研三四一

七　唐開元二十九年（七四一）張懷欽等告身殘片 ………… （245）
　　伯二五四七Ｐ一＋伯二五四七Ｐ二＋伯二五四七Ｐ七

八　唐天寶十四載（七五五）秦元告身 ………………………… （246）
　　斯三三九二

九　唐大中五年（八五一）至咸通十年（八六九）僧洪誓、
　　悟真告身（抄件）…………………………………………… （249）
　　伯三七二〇

一〇　西漢金山國宋惠信告身 …………………………………… （255）
　　伯四六三二＋伯四六三一

貳　補官牒 ……………………………………………………………… （257）

一　唐大中三年（八四九）前後悟真補充沙州釋門義學
　　都法師牒（稿）……………………………………………… （257）
　　伯三七七〇背

二　唐大順末至景福初（八九二）請舉索勳守使持節瓜州
　　刺史牒 ……………………………………………………… （259）
　　伯四六三八

三　唐天復元年（九〇一）開元寺律師神秀補充攝法師牒 …… （262）
　　斯五一五背

四　唐乾寧六年（八九九）某甲差充右一將第一
　　隊副隊帖（稿二件）………………………………………… （263）
　　伯四〇四四

五　甲戌年（九一四）鄧弘嗣改補充第五將將頭牒 ………… （265）
　　伯三二三九

六　後唐同光三年（九二五）宋員進改補充節度押衙牒 …… （267）
　　伯三八〇五

七　後唐天成元年（九二六）某改補散將依舊充本院
　　曹司牒 ···（268）
　　　　伯五〇〇四

八　後晉天福三年（九三八）張員進改補充衛前正十將牒 ······（269）
　　　　伯三三四七

九　後晉天福七年（九四二）史再盈改補充節度押衙牒 ·········（271）
　　　　斯四三六三

一〇　天福十年（九四五）五月補官牒（二件） ···················（272）
　　　　伯三〇一六背

一一　天福十年（九四五）五月補充討擊使牒 ····················（276）
　　　　伯三〇一六正

一二　宋至道二年（九九六）索定遷改補充節度押衙牒 ·······（277）
　　　　伯三二九〇背

一三　歸義軍時期索力力改補充兵馬使牒 ··························（278）
　　　　伯三二九八Ｐ一

一四　沙州歸義軍節度授官牒（樣式） ································（279）
　　　　伯三八二七背

叁　爭訟牒狀 ···（281）

一　唐大曆七年（七七二）客尼三空請追徵負麥牒並判 ······（281）
　　　　伯三八五四背

二　吐蕃申年（八〇四）正月令狐子餘訴孟授索底渠
　　地牒並判 ··（282）
　　　　伯三六一三

三　吐蕃丑年（八二一）十二月沙州僧龍藏訴遺產分割
　　糾紛牒 ···（284）
　　　　伯三七七四

四　吐蕃丑年（八二一）八月女婦令狐大娘訴張鶯鶯侵佔
　　舍宅牒 ···（290）
　　　　斯五八一二

五　唐大中七年（八五三）王伽兒訴男趁賊不見狀 ············（293）
　　　　俄敦一三二六

六　唐咸通六年（八六五）前後張智燈訴趙黑子
　　地狀（稿）……………………………………………（294）
　　　伯二二二二Ｂ

七　歸義軍張氏時期（八九二前後）康漢君訴弟
　　戶口狀（稿）…………………………………………（296）
　　　伯三七五三

八　唐大順四年（八九三）瓜州營田使武安君訴田地
　　糾紛狀並判……………………………………………（297）
　　　伯三七一一

九　唐景福二年（八九三）押衙索大力訴師姑遺產狀………（299）
　　　伯二八〇三

一〇　唐景福二年（八九三）九月盧忠達訴高再晟侵
　　　移田地狀………………………………………………（300）
　　　伯二八二五背

一一　唐乾寧四年（八九七）石和滿狀………………………（301）
　　　斯三三三〇背

一二　唐天復年間（九〇一——九〇三）神力訴兄墳田
　　　被侵案卷………………………………………………（302）
　　　伯四九七四＋俄敦二二六四＋俄敦八七八六

一三　唐天復四年（九〇四）衙前押衙兵馬使子弟隨身
　　　等爲免雜役狀…………………………………………（306）
　　　伯三三二四背

一四　丙申年（九三六）正月馬軍武達兒訴罰羊有屈狀……（308）
　　　伯四六三八背

一五　後唐清泰三年（九三六）洪潤鄉百姓辛章
　　　午訴氾万通押良為賤狀………………………………（310）
　　　伯四〇四〇

一六　乙未年（九三九？）前後赤心鄉百姓令狐宜宜等
　　　訴不與帖户狀（稿）…………………………………（311）
　　　伯二五九五

一七　十世紀中期（九四三年前後）神沙鄉百姓賈憨憨訴兒
　　　不見狀（稿） ………………………………………………（312）
　　　　斯二一〇四背
一八　後晉開運二年（九四五）十二月寡婦阿龍口分地
　　　案卷 …………………………………………………………（313）
　　　　伯三二五七
一九　丙午年（九四六）前後沙州敦煌縣慈惠鄉百姓王盈
　　　子兄弟四人爲取亡弟舍地塡還債負狀（稿） ……………（320）
　　　　斯四六五四背
二〇　丁丑年（九一三或九七七？）金銀匠翟信子等三人
　　　請放免舊債狀並判 …………………………………………（322）
　　　　北敦四六九八背
二一　宋雍熙二年（九八五）六月慈惠鄉百姓張再通訴
　　　遺產糾紛狀（稿） …………………………………………（324）
　　　　斯四四八九背
二二　宋雍熙五年（九八八）十一月神沙鄉百姓吳保住訴
　　　地稅糾紛狀 …………………………………………………（326）
　　　　伯三五七九
二三　甲午年（九九四）洪潤百姓氾慶子訴唐奴子不納
　　　地稅狀（稿） ………………………………………………（328）
　　　　伯三四五一Ｐ一
二四　卯年八月錄事索榮國狀並判 ………………………………（330）
　　　　斯二五九〇背
二五　甲午年五月百姓李英弁狀並判 ……………………………（331）
　　　　伯四七二一
二六　辛丑年五月三日惠深牒 ……………………………………（331）
　　　　伯三二一二背
二七　年代未詳永壽寺主靈賢等狀並判 …………………………（333）
　　　　伯四七二二

二八　年代未詳永安寺法律願慶與老宿紹建相諍根由
　　　責勘狀 ………………………………………… (334)
　　　　伯三二二三
二九　年代未詳（十世紀）龍勒鄉百姓曹富盈訴索馬
　　　價狀（稿） ……………………………………… (336)
　　　　伯二五〇四Ｐ一
三〇　後唐孔員信女三子爲分遺產事上司徒訴狀（稿） ……… (338)
　　　　斯六四一七背
三一　年代未詳王寡婦借麥糾紛狀（稿） ……………… (341)
　　　　伯四七〇六
三二　年代未詳惠共元子分種土地糾紛牒（稿） ……… (344)
　　　　伯三七一四背
三三　年代未詳惠坎城百姓勿悉門牒 ………………… (345)
　　　　俄敦一二六二
三四　年代未詳莫高鄉百姓閻義成狀（稿） …………… (346)
　　　　伯三五八三
三五　年代未詳某甲狀（稿） ………………………… (346)
　　　　伯三一九四背
三六　年代未詳某甲訴押衙張通信攪擾狀（稿） ……… (348)
　　　　伯三一九四背
三七　年代未詳狀文殘件 ……………………………… (349)
　　　　伯三四七四Ｐ二
肆　請公驗、判憑牒狀 ………………………………………… (349)
　一　唐景龍三年（七〇九）典洪壁牒爲張君義立功第壹等
　　　准給公驗事 ……………………………………… (349)
　　　　天理大學圖書館藏
　二　唐景龍某年（七〇七—七一〇）典洪壁牒爲張君義立功
　　　第貳等准給公驗事 ……………………………… (351)
　　　　天理大學圖書館藏
　三　唐天寶年間（七四二—七五六）敦煌郡行客王脩智賣
　　　胡奴市券公驗 …………………………………… (352)
　　　　敦研二九八＋二九九

四　唐天寶十載（七五一）燉煌郡酒行安胡到芬乞酒價狀 …… （354）
　　伯四九七九背

五　吐蕃酉年（八〇五？）沙州南沙灌進渠用水百姓李進
　　評等乞給公驗牒並判 ………………………………… （355）
　　斯二一〇三

六　吐蕃戌年（八〇六）氾元光施捨房舍入乾元寺牒並判 …… （357）
　　斯六八二九

七　唐咸通六年（八六五）張衹三請地狀 ………………… （358）
　　伯二二二二B

八　唐咸通六年（八六五）二月燉煌鄉百姓氾佛奴狀
　　（習字） ……………………………………………… （360）
　　上圖一一〇背

九　唐咸通某年（八六〇—八七四）索淇捨施水磑園田
　　等入報恩寺請求判憑狀 ……………………………… （360）
　　斯三八七三

一〇　戊戌年（八七八）令狐安定請地狀 ………………… （361）
　　斯三八七七背

一一　唐光啓三年（八八七）官酒户馬三娘、龍粉堆請
　　　酒本狀並判 ………………………………………… （363）
　　伯三五六九背

一二　唐大順元年（八九〇）沙州百姓索咄兒等請地狀 …… （366）
　　羅振玉舊藏

一三　唐乾寧二年（八九五）前後張良真申被劫物品狀
　　（稿） ………………………………………………… （367）
　　伯二八〇三

一四　歸義軍時期（九〇〇—九〇四）前後神沙鄉百姓
　　　令狐賢威請矜免雜役狀（稿） ……………………… （368）
　　伯三一五五背

一五　後唐天成年間（九二六—九三〇）前後懸泉鎮百姓
　　　乞請緩收税債狀（稿） ……………………………… （370）
　　伯二八一四背

一六　後唐辛卯年（九三一）後馬軍宋和信雇駝狀（二通） …… （371）
　　　　伯四六三八

一七　後周廣順二年（九五二）平康鄉百姓郭憨子狀 ……… （372）
　　　　伯四〇八四

一八　後周顯德五年（九五八）押衙康員進請賜判
　　　憑狀（稿） ……………………………………………………… （373）
　　　　伯三五〇一背

一九　後周顯德五年（九五八）押衙安員進等狀
　　　（稿二通） ……………………………………………………… （374）
　　　　伯三五〇一背

二〇　後周顯德五年（九五八）平康鄉百姓菜幸深請
　　　矜免地稅狀（稿） ……………………………………………… （376）
　　　　伯三五〇一背

二一　後周顯德五年（九五八）莫高鄉百姓王員定請判
　　　憑狀（稿） ……………………………………………………… （377）
　　　　伯三五〇一背

二二　後周顯德五年（九五八）應管內都渠泊使高定清
　　　請判憑狀（稿） ………………………………………………… （378）
　　　　伯三五〇一背

二三　後周顯德六年（九五九）押衙曹保昇乞請取故兄
　　　骸骨狀 …………………………………………………………… （379）
　　　　伯三五五六背

二四　宋乾德六年（九六八）釋門法律慶深請判憑狀 ……… （380）
　　　　斯三八七六

二五　宋開寶四年（九七一）內親從都頭知瓜州衙推氾
　　　願長等乞請安慕容使君坐位狀 ……………………………… （381）
　　　　伯二九四三

二六　辛巳年（九八一）都頭呂富定爲乘騎死亡請賜公
　　　憑狀 ……………………………………………………………… （382）
　　　　伯四五二五（七）背

二七　宋乙酉年（雍熙二年，九八五）某狀（稿）……………（383）
　　　伯三一八六背

二八　宋雍熙二年（九八五）洪潤鄉百姓某專甲乞
　　　請免債負狀（稿）………………………………………（384）
　　　伯三一八六背

二九　丁酉年（九九七？）洪池鄉百姓高黑頭乞免債
　　　負狀（稿）…………………………………………………（385）
　　　伯三九三五背

三〇　年代未詳（十世紀後期）馬軍氾再晟狀…………（388）
　　　伯四九九二

三一　歸義軍曹氏時期衙內漢唐衍雞乞免債負狀（稿）……（390）
　　　伯三一〇五背

三二　歸義軍曹氏時期（十世紀後半期）平康鄉百姓
　　　索鐵子乞免役料狀及判………………………………（391）
　　　上博二一（八九五八 A）

三三　歸義軍時期百姓薛延俊乞請判憑狀…………………（393）
　　　斯五四〇二

三四　歸義軍時期牧羊人安于略乞賜碾磑狀………………（395）
　　　斯三九二八背

三五　歸義軍時期沙州敦煌鄉百姓曹海員請矜免獄子
　　　狀並判………………………………………………………（395）
　　　浙敦一三五

三六　歸義軍時期于闐僧龍大德乞請公憑狀………………（397）
　　　斯二五二八

三七　年代不明押衙馬通達狀（稿三通）……………………（398）
　　　伯三二八一背

三八　年代未詳靈畈狀……………………………………………（402）
　　　伯三一九三 P 一

三九　年代未詳門僧法律智弁請支給春衣布狀並判………（404）
　　　斯五八一〇

四〇　年代未詳清兒爲馬主追索狀（稿）……………………（404）
　　　斯五七五〇背

四一　年代未詳慈惠鄉百姓李進達狀 …………………（405）
　　　伯三七三〇
四二　年代未詳常樂押衙王留子乞矜免積欠羊毛狀（稿）……（406）
　　　斯四四五九背
四三　年代未詳尼僧菩提心等請亡僧舍地狀（稿）…………（407）
　　　斯四六二二背
四四　年代未詳百姓富盈信請取兄沙州任事狀（稿）………（408）
　　　斯四六二二背
四五　年代未詳王康七等十人乞賜弓箭狀（稿）……………（410）
　　　斯四六二二背
四六　年代未詳某户無人承料請賜判憑等狀 ………………（411）
　　　斯二〇七一背
四七　年代未詳陰陽人神智狀 …………………………………（412）
　　　斯二六二〇背
四八　年代未詳寡婦阿陰狀 ……………………………………（413）
　　　伯二〇一四
四九　年代未詳龍光寺僧智惠、牟常秘等狀（稿）…………（413）
　　　俄敦一四四三
五〇　年代未詳張良涓與某闍梨論説欠負書狀 ……………（414）
　　　斯一九七六
五一　年代未詳慈惠鄉百姓安粉堆狀（稿）……………………（416）
　　　伯四八一四
五二　年代未詳内宅阿磨慶住狀（稿）…………………………（416）
　　　伯三八九七Ｐ五
五三　年代未詳矜免諸雜差發等役判文 ………………………（417）
　　　斯五七七〇

伍　破用籍並判憑 ……………………………………………（417）

一　丁未年（九四七）都頭知宴設使宋國清等諸色破用
　　籍並判憑（四件）………………………………………（417）
　　　伯二六四一

二　辛亥年（九五一）押衙知內宅司宋遷嗣糴破用籍並
　　判憑（四件） ………………………………………………（423）
　　　伯三一六〇背
三　乙卯年（九五五）押衙知柴場司安祐成柴糴破用籍並
　　判憑（五件） ………………………………………………（426）
　　　斯三七二八
四　丙寅年（九六六）牧羊人兀寧群羊破用籍並判憑
　　（二件） ……………………………………………………（429）
　　　伯三二七二
五　戊辰年（九六八）酒戶鄧留定酒破用籍並判憑 ………（432）
　　　斯五五七一
六　戊辰年（九六八）酒戶鄧留定酒破用籍並判憑 ………（433）
　　　斯五五九〇
七　壬申年（九七二）酒戶曹流德酒破用籍並判憑 ………（433）
　　　斯五七二八
八　壬申年（九七二）故都頭知內宅務安延達各宅
　　領羊狀 ………………………………………………………（434）
　　　伯二七〇三背
九　己卯年（九七九）都頭知軍資庫官張富高諸色破
　　用籍並判憑（十五件） ……………………………………（436）
　　　伯三八七八
一〇　己卯年（九七九）牧羊人王阿朵群羊破用籍並判憑 ……（442）
　　　伯二九八五背
一一　己卯年（九七九）牧羊人王阿朵群羊破用籍並判憑 ……（443）
　　　伯二七六一背
一二　己卯年（九七九）牧羊人康定奴群羊破用籍並判憑 ……（444）
　　　俄敦一三五九＋俄敦三一一四
一三　己卯年（九七九）駞官鄧富通群駞破用籍並判憑 ……（444）
　　　斯二四七四
一四　庚辰年（九八〇）駞官張憨兒群駞破用籍並判憑
　　　（三件） ……………………………………………………（445）
　　　斯二四七四

一五　壬午年（九八二）都頭知內庫官曹某被子等
　　　破用狀 …………………………………………………（447）
　　　　伯四〇六一背
一六　癸巳年（九九三）馳官馬善昌群馳破用籍並判憑
　　　（四件）……………………………………………………（448）
　　　　伯二七三七
一七　歸義軍時期軍資庫司紙破用狀（稿）………………（450）
　　　　斯六二四九
一八　歸義軍時期宴設司麵破用狀（稿二件）……………（451）
　　　　斯六五七七背

引用較多文獻簡稱 ………………………………………（453）

主要參考文獻 ……………………………………………（455）

緒　　論

　　中國的法律文明起源很早，但由於年代久遠與社會變遷，許多重要法律文獻已淹没無存，爲法制史專家研究古代法律制度帶來了諸多不便，爲此不得不借助於出土新發現文獻資料。

　　十九世紀末到二十世紀初近代考古出土新材料——商周甲骨、漢晉簡牘、敦煌遺書、黑水城文獻等，均在很大程度上推動了我國古代法制史研究的進步。例如，商周甲骨文、金文的發現，彌補了商周時期法律研究的缺憾，爲學界提供了珍貴的第一手資料；戰國至漢晉簡牘的出土，爲研究秦漢法律制度提供了寶貴史料，從而補充了秦漢法律研究中文獻的不足；黑水城文獻的出土，尤其是其中西夏著名法典《天盛改舊新定律令》的發現，則彌補了西夏法律史研究的空白。而同樣於二十世紀初在敦煌出土的大量古文書，無論是數量上還是内容豐富程度上，均超過了其他三項考古新材料，爲研究六至十一世紀中國中古時期的法律制度提供了諸多新資料，極大地開闊了學術研究視野。

（一）

　　敦煌法制文獻，按文書類型劃分，大體可分爲：法律典籍、判集和牒狀三大類，總數在約五萬件的敦煌遺書中所占比例相對較小，但其價值意義卻不容忽視。概而言之，敦煌法制文獻的史料價值及其研究意義可大體歸納如下：

　　首先，敦煌法制文獻可對唐代法典的缺失做出補充。唐代法典主要包括律、令、格、式、詔敕等。其中，傳世最爲完整的當屬《唐律疏議》，令、格、式等則均已散佚，詔敕雖有宋代宋敏求編集的《唐大詔令集》傳世，但其中收錄的唐代詔敕並不全。據學者研究，傳世的《唐律疏議》爲永徽律，而敦煌法制文獻中，不僅有永徽律，還有貞觀律、垂拱律、開元律等殘卷，可使我們對唐律的演變過程有更加清晰的認知。更爲重要的是，敦煌遺書中還包含有多件唐令、格、式、詔敕殘卷，對其展開整理研究，可填補傳世史籍的缺失，使我們對唐代的法律典章有更爲全面的了解。樓勁先生即指出，研究唐代律、令、格、式各自的狀態和相互關係，探討這個法律體系的形成、發展和作用、地位，不僅關乎唐史研究，而且涵蓋了中古法制史各重大問題，更在認識我國及相關各國近現代法制建設的歷史前提時有其意義。①

其次，敦煌法制文獻爲研究中古時期的訴訟制度提供了大量的真實案例。敦煌遺書中除存在唐代法典殘卷，還存在較多訴訟牒狀。衆所周知，研究訴訟制度，最重要的材料即是訴訟案卷。敦煌遺書中訴訟牒狀的發現，彌補了研究古代訴訟制度原始案卷資料的缺失，使得我們可以據此對當時的訴訟程式及相關制度進行研究分析。例如伯三二五七號爲後晉開運二年（九四五）寡婦阿龍和索佛奴關於土地的爭訟案卷，包含有寡婦阿龍訴牒、原定土地契約、押衙王文通案問牒及曹元忠判詞等幾項內容。其中，押衙王文通牒中又包含有土地原有者阿龍、現佃種人索佛奴及土地原佃種人索懷義等人口供。從這一訴訟案卷中，我們可以看到歸義軍政權對於民事訴訟的審理是十分重視的，既有雙方當事人的陳述，也有證人證詞及契約物證，整個程式都非常嚴謹。

再次，敦煌法制文獻對於研究中古時期的民事法律制度提供了重要的原始材料。中國古代社會立法大都"重刑輕民"，即在法律典章的制定上重視刑事立法，輕視民事立法，且禮法不分，這些現象導致了學術界對中華法系的輕視和誤會。而敦煌遺書中的訴訟案卷大都是關於土地、財產、婚姻及遺產繼承的民事訴訟案件，因此可以在一定程度上補充這一時期關於民事法律文獻不足的缺憾，改變對該時期民事法律制度研究相對薄弱的現狀，進而匡正學術界對中華法系的認識。

最後，敦煌法制文獻爲研究這一時期官府斷案中如何處理情、理、法三者的平衡提供了鮮活實例。長久以來，我國一直是一個情理社會，情、

---

① 樓勁：《魏晉南北朝隋唐立法與法律體系》，中國社會科學出版社2014年版，引言。

理與法三者共同完成了對社會關係的調整。因此，在斷案當中如何平衡好三者之間的關係就顯得極爲重要。郭成偉先生即曾指出："援法斷罪、情理相容，它不只是中華法系的精神與精髓所在，它還是我們人類社會認識道路上的一個豐碑。"① 敦煌訴訟牒狀及判集即爲我們提供了多個"援法斷罪"的同時又"相容情理"的鮮活實例。例如伯三八一三號《文明判集殘卷》第 74 行云"即乖憲綱，又負人情"；第 82 行云"計理雖合死刑，攣腳還成篤疾，法當收贖，雖死只合輸銅"；第 123—124 行云"而天倫義重，同氣情深"。由此可見，古代官府斷罪之時，在考慮法律規定之外，往往還要考慮情理，而且在顧及法情二者和諧時，往往還是以情爲核心。對敦煌法制文獻中如何平衡情、理、法的研究，可以爲我國法制建設提供歷史借鑒，對進一步推動我國法律文明的建設都將起到促進作用。

總而言之，敦煌法制文獻中的唐代法典，是研究中國古代法律體系的形成及演變的重要史料，而其中的訴訟牒狀及判集，則是有關唐五代宋初時期中國西部社會日常生活原始、真實的記錄和反映，是研究中國中古時期訴訟制度演變與發展、立法與司法的實際狀況以及法律在西部民間日常生活中具體運用形式的珍貴史料。對敦煌法制文獻展開整理與研究，必能促進我國法制史研究的進一步深入。

但敦煌法制文獻大都書寫於經卷背面，受正面經文字跡透墨影響較大，再加上書寫潦草，大量俗體字、異體字、誤字、別字的存在，極不易釋讀，在很大程度上限制了非敦煌學、文書學出身的學者閱讀和理解使用。因此，有必要先對其進行專門整理釋錄，形成一個準確的文書文本，才能爲下一步研究的展開奠定基礎。此即敦煌法制文獻校釋的意義價值所在。

（二）

目前，國內外涉及敦煌法制文獻的整理成果主要有：1980 年，山本達郎、池田溫、岡野誠合著《敦煌吐魯番社會經濟文獻（一）法律卷》②

---

① 郭成偉：《中華法系精神》，中國政法大學出版社 2001 年版，第 285 頁。
② ［日］山本達郎、池田溫、岡野誠：《敦煌吐魯番社會經濟文獻（一）法律卷》，東洋文庫 1980 年版。

一書，收録了敦煌遺書及吐魯番出土文書中的律、令、格、式、判集等二十餘件文書。書中對每件文書都作了簡單的校勘和考證，附印了圖版，並對國際學界的研究情況進行了評述，具有重要的學術價值。但該書僅僅收録了敦煌法制文獻中的唐代律、令、格、式和判集殘卷，對於詔敕和涉及訴訟的牒狀等文獻則未加收録。1986—1990 年唐耕耦、陸宏基出版《敦煌社會經濟文獻真跡釋録》①，共五輯，其中第二輯中收録有與法制有關的律令格式、制敕文書、訴訟牒狀、判集等數十件，每件均爲圖文對照釋録，是敦煌學者常用的資料性工具書。但因釋録年代較早，所用圖版多爲縮微膠卷，故録文當中不可避免地存在許多訛誤之處。同時，由於當時敦煌文書圖版公布不全，故而其中所收録文書不可避免地有所遺漏。1994 年唐耕耦《敦煌法制文獻》一書出版②，該書採取了較爲廣泛的法制文書概念，共分"律、律疏、令、格、式、令式表、詔書、判集""告身、公驗和判憑、申訴、請求等牒狀""户籍、田制、賦役、軍事、團保制等文書""沙州敦煌縣行用水細則與渠人（社）轉帖""社邑文書""契據""各種賬目和有關牒狀及憑據""駝馬牛羊牧算會牒狀及憑據""僧官告身和寺職任免""度牒、戒牒及有關文書""寺院行事文書""僧尼籍""寺户文書""表、書、啓、牒、狀、帖"等十四大類，收録範圍極廣。相較於《敦煌社會經濟文獻真跡釋録》而言，《敦煌法制文獻》一書增加了"題解"和"注釋"内容，但文書釋録内容與《敦煌社會經濟文獻真跡釋録》區别不大。1989 年劉俊文出版《敦煌吐魯番唐代法制文書考釋》一書③，該書收集了敦煌、吐魯番法制文獻五十件，充分參考利用了中外學術界有關論著，總結並吸收了相關成果，以嚴謹的學風，細緻的探討，深得學術界好評。但該書限於體例，僅收録了敦煌唐代法制文書，對大量吐蕃、歸義軍時期法制文書未加收録。1993 年，王震亞、趙熒出版《敦煌殘卷爭訟文牒集釋》④，該書共收録敦煌所出牒

---

① 唐耕耦、陸宏基：《敦煌社會經濟文獻真跡釋録》，第一輯，書目文獻出版社 1986 年版；第二—五輯，全國圖書館文獻縮微復製中心 1990 年版。
② 唐耕耦：《敦煌法制文書》，《中國珍稀法律典籍集成》甲編第三册，科學出版社 1994 年版。
③ 劉俊文：《敦煌吐魯番唐代法制文書考釋》，中華書局 1989 年版。
④ 王震亞、趙熒：《敦煌殘卷爭訟文牒集釋》，甘肅人民出版社 1993 年版。

狀八十七件，且該書雖名爲"爭訟文牒集釋"，但書中卻雜收了諸多非爭訟牒狀，對其中所收錄文書是否屬於法制文書仍需加以辨析。另外，該書限於體例，對敦煌法制文獻中的法律典籍及判集等未加收錄，所收錄的牒狀釋錄文字也錯訛較多。2001 年開始，郝春文開始整理出版《英藏敦煌社會歷史文獻釋錄》，至今年已出版至第 20 卷（第 1 卷爲科學出版社出版，第 2—20 卷爲社會科學文獻出版社出版）①，其中收錄有少量敦煌法制文獻。該書釋讀準確，校注精良，但同樣限於體例，僅收錄了英藏敦煌遺書中的法制文書，對其他各國所藏文書未加涉及。1979 年池田溫著《中國古代籍帳研究》②，1997 年寧可、郝春文著《敦煌社邑文書輯校》③ 及 1998 年沙知著《敦煌契約文書輯校》④ 等書中也收錄有部分敦煌法制文獻。除了以上整理釋錄性專著之外，還有許多研究性著作、論文當中也對涉及的單件法制文書進行過校釋，限於篇幅，在此不再一一列舉，而將在正文校釋題解當中分別標出。

綜上所述，雖然目前學界已有關於敦煌法制文獻的釋錄整理，但已有成果存在以下兩個缺憾：

一是，法制文獻限定範圍不明。在已有整理成果中，諸位學者或是因爲編纂體例限制，對敦煌法制文獻收錄不全，或是採取了較爲廣泛的法制文書概念，將算曆、社邑、僧尼籍等法律性質並不十分明顯的文書同樣收錄其中，收錄範圍過廣。

二是，釋錄訛誤較多。在此，我們需首先強調一點，前輩學者已有的整理成果均有着重要的開創之功。敦煌資料散存各國，在文書圖版正式公布出版發行之前，查閱十分不便，且當時所資利用的也大都是縮微膠卷，圖版不清，釋讀不易，而正是由於幾位前輩學者不憚辛勞地整理公布，才擴大了敦煌文獻研究者的隊伍，增加了廣大研究者所掌握的材料，這對於敦煌文獻研究的開展起到了重要作用。但我們也要看到，當

---

① 郝春文：《英藏敦煌社會歷史文獻釋錄》，第 1 卷，科學出版社 2001 年版；第 2—20 卷，社會科學文獻出版社 2003—2024 年版。
② ［日］池田溫：《中國古代籍帳研究》，東京大學東洋文化研究所 1979 年版；龔泽铣譯本，中華書局 2007 年版。
③ 寧可、郝春文：《敦煌社邑文書輯校》，江蘇古籍出版社 1997 年版。
④ 沙知：《敦煌契約文書輯校》，江蘇古籍出版社 1998 年版。

初幾位前輩學者整理過程中的文字釋錄主要是依據縮微膠卷，限於當時技術，圖版顯示不清，故其釋錄當中難免存在訛誤之處。而文書錄文又是開展研究的前提條件，只有依據準確錄文，進行準確分析解讀，才能得出正確結論。而錄文的訛誤，不可避免會造成文書解讀不易及理解偏差，因此有必要進行重新校錄。

　　本書即主要是在已有整理成果基礎上對敦煌法制文獻進行全面的重新校釋。本次校釋，所收錄的敦煌法制文獻主要包含法律典章、判集及牒狀三大類。其中，法律典章類下含敦煌出土律、令、格、式、令式表、詔敕等六種文獻；判集則主要是敦煌出土的各種判集文書；牒狀類，本只擬收錄與法律制度密切相關的訴訟牒狀，但後來考慮到敦煌出土的官員告身、補官牒，是官員身份認定的重要法律依據；各種公驗及請免債負、稅役以及官府破用的申牒及判憑也是發生法律糾紛之時，官府判案的重要憑證，故而一併進行了收錄校釋，所以本書中牒狀類下共收錄了告身、補官牒、爭訟牒狀、請公驗判憑牒狀、破用籍並判憑等五種文獻。

（三）

　　本書具體收錄文獻情況如下：一法典類：律疏11件，令2件，格5件，式2件，令式表1件，詔敕2件；二判集類，5件；三牒狀類：告身10件，補官牒14件，爭訟牒狀37件，請公驗、判憑牒狀53件，破用籍並判憑18件，總計收錄文獻160件。

　　本書在整理過程中，對文書進行了新的定名、題解、釋錄及校勘。敦煌出土文獻在圖版公布之時，均已進行了相關定名，商務印書館編《敦煌遺書總目索引》、① 黃永武《敦煌遺書最新目錄》②、施萍婷《敦煌遺書總目索引新編》③、孟列夫主編《俄羅斯科學院東方研究所聖彼得堡分所藏敦煌漢文寫卷敘錄》④ 等書也同樣對大部分敦煌遺書進行了定名，而諸位前賢在整理釋錄敦煌文獻之時，也都根據自己的理解進行了新的

---

① 商務印書館編：《敦煌遺書總目索引》，商務印書館1962年初版；中華書局1983年再版。
② 黃永武：《敦煌遺書最新目錄》，臺北新文豐出版公司1986年版。
③ 施萍婷：《敦煌遺書總目索引新編》，中華書局2000年版。
④ ［俄］孟列夫主編：《俄羅斯科學院東方研究所聖彼得堡分所藏敦煌漢文寫卷敘錄》，袁席箴、陳華平譯，上海古籍出版社1999年版。

定名。本書整理部分的定名，均是在綜合已有定名的基礎上，結合文義，進行了重新擬題。本書的題解部分，則主要包括三部分内容：一是文獻底卷的現存狀况、底卷的完殘情况、現存行數、學界已有定名等，二是盡量吸收目前學術界已有研究成果，適當列出相關學者主要觀點，並加上筆者的判斷；三是列舉目前已有整理録文。（以上内容，相關研究成果及筆者判斷無則缺。）釋録部分，則是依據圖版，進行全文迻録和標點。對於與學界已有整理成果所釋録文字不同之處，則在釋録内容下方予以説明，即爲校注内容。有關整理的原則和要求，筆者將在"凡例"中做進一步交代。

凡　　例

一、本書收錄範圍，以敦煌法制文獻爲主，主要按照文書類型分爲三大類：（一）法典類：律疏11件，令2件，格5件，式2件，令式表1件，詔敕2件；（二）判集類，5件；（三）牒狀類：告身10件，補官牒14件，爭訟牒狀37件，請公驗、判憑牒狀53件，破用籍並判憑18件，總計收錄文獻160件。

二、各類文獻以書寫年代先後順序排列；年代不詳者，可據內容及學界研究成果，推測其書寫時間的，置於相應年代之間；推測不出者，則置於最後。

三、文書擬題，參考學界已有定名，並結合文獻內容，以向讀者提供最大程度的學術信息爲原則，已有定名符合原則者，即行採用；不符合者則重新擬定。

四、文書擬題後，標注文獻原件編號，編號使用學界通用的略寫中文詞，即：

斯，英國國家圖書館藏敦煌文獻斯坦因（Stein）編號；

伯，法國國立圖書館藏敦煌文獻伯希和（Pelliot）編號；

北敦，中國國家圖書館藏敦煌文獻編號；

俄敦，俄羅斯聯邦科學院東方學研究所聖彼得堡分所藏敦煌文獻（ДХ）編號；

俄弗，俄羅斯聯邦科學院東方學研究所聖彼得堡分所藏敦煌文獻弗魯格（Флуг）編號；

羽，日本杏雨書屋藏敦煌文獻羽田亨編號；

敦研，敦煌研究院藏敦煌文獻編號；

北窟，《敦煌莫高窟北區石窟》所收敦煌文獻編號；

上博，上海博物館藏敦煌吐魯番文獻編號；

上圖，上海圖書館藏敦煌吐魯番文獻編號；

浙敦，浙江省所藏敦煌文獻編號；

津藝，天津市藝術博物館藏敦煌文獻編號。

五、題解當中説明文獻位於文卷的正背，並列出其正背所書文獻名稱。同時説明文獻現存完整、殘存狀況，所存文字行數，學界已有定名及已有整理釋文情況。另外，若學界有單獨研究，則將研究觀點一併列出。

六、凡確知爲同一文書而斷爲兩件以上者，在題解中加以説明，同時釋文將徑録綴合後内容。

七、本書之釋文格式採用兩種方式：對有必要保留原格式的文書，以忠實原件，反映文書原貌爲原則，按文書原格式釋録；對没有必要保留原格式的文獻，則據文義自然行釋録。

八、釋文文字均以原件爲據，適當吸收學界已有整理研究成果。如已有録文有誤，則徑行改正，並於校注中説明。

九、原件殘缺，依殘缺位置用（前缺）、（中缺）、（後缺）標示。因殘損或漫漶造成文字僅殘存部分偏旁部首者，用☒表示，據殘存字形及文義，或據已有録文可推補者，在其後用（　）將殘字注出，並出校説明；因殘損造成缺字者，用□表示，若能推斷所缺文字内容者，在其後用（　）將缺字注出，並出校説明；不能確知缺幾字者，上缺用▭表示，中缺用▭表示，下缺用▭表示，一般佔三格，但有時爲了保持原文格式，可適當延長，視具體情況而定。

一〇、原件書寫未完或未書全者，用"（底卷書寫止此）"表示。

一一、原件中的簡體字，照録；俗體字、異體字，凡可確定者，改爲通行繁體字，並於第一次出現之時，出校説明；有特殊情況需保留原字者，則照録。

一二、原件中的訛字和同音假借字，照録，但用（　）在該字後注出正字，並出校注説明；原件中的筆誤和筆劃增減，從俗體字、異體字例。

一三、原件中的衍文，不録，但出校注説明；原件中的脱文，則據文義補入，用〔　〕表示，並出校注説明。

　　一四、原件中有倒乙符號者，徑録正；有重疊省文符號者，直接補足重疊文字；有塗改、修改符號者，只録修改後文字；有抹毁符號者，可確定作廢者不録，但據文義應保留者，則照録；原寫於行外的補寫文字，徑録入行内，不能確定補入何處者，則照原樣録於夾行中。以上情況，均出校注説明。

　　一五、原件中的簽押、朱書和印章，均出校注説明。

一　法典類

壹　律

一　唐貞觀捕亡律——主守不覺失囚等條斷片（抄件）

CH〇〇四五

【題解】

本件底卷編號CH〇〇四五號，係斯坦因從敦煌盜去，藏印度事務部圖書館。原底卷現存十四行，上半部皆殘，有雙行小字夾注，左側有大片空白，背面寫于闐文佛經。原卷無題，《英藏》定作"捕亡律"；劉俊文《敦煌吐魯番唐代法制文書考釋》（以下簡稱《劉釋》）（中華書局一九八九年版）題作"貞觀捕亡律斷片"；唐耕耦、陸宏基等編《敦煌社會經濟文獻真跡釋錄》（以下簡稱《釋錄》，書目文獻出版社一九八六年版）定作《唐律——捕亡律殘卷》；唐耕耦《敦煌法制文書》（以下簡稱《法制文書》，收於《中國珍稀法律典籍集成》甲編第三冊，科學出版社一九九四年版）定作《唐律——捕亡律斷片》。茲據文義擬定今題。

《劉釋》指出本底卷內容乃是唐律捕亡篇之主守不覺失囚條、容止他界逃亡浮浪條和知情藏匿罪人條，均不完。另，底卷內容與《律附音義》及今傳諸本《唐律疏議》所載有重要差異，且本件字體屬唐早期風格，第十三行有訛字"治"出現，應避唐高宗名諱，因而可以推測，本件當書於永徽之前，所載可能為貞觀律，茲從。

本件《劉釋》（一〇〇）、《釋錄》（貳五一八）、《法制文書》（三九—四一）有錄文。茲據《英藏》（壹肆二七一）影印本，並參考前人錄文，對底卷重新校錄如下。

（前缺）

□□□□□□□□□□□□（皆聽一百日追捕，限內能自）☒（捕）得[一]，及他人捕得，若囚已□□□□□□□□□□（死及自首，除其罪。即限外捕）得[二]，及囚已死，若自首者，□□□□□□□□□□（各又追減一等。監當之官，各）☒（減）主守三等[三]。故縱者，不給□□□□□□□□□□（捕限，即以其罪罪之。未斷決）☒（間）[四]，能自捕得[五]，若囚已死，及□□□□□□（自首，各減一等）[六]，□☒（主）司各准此[七]。此篇監臨主司應□□□□□（坐，當條不立捕訪）限[八]，[及]不覺故縱者[九]，並准此。

□□□□□□□□□□（諸部內容止他界逃亡浮浪者，一人）☒（里）正笞卌[一〇]，謂經十五日以上，坊正、[村正]同里正之罪[一一]。若將家口逃□□□□□□□□□□□□（亡浮浪者，一戶同一人罪。四人加一等。縣內，五人）☒（笞）卌[一二]，十人加一等。州隨所管□□□□（縣，通計罪。皆以長官首，佐職）☒（從）[一三]。各罪止徒二年[一四]。其官戶、部□□□□□□□（曲、奴婢亦同。若在軍役有犯者）[一五]，隊正以上、折衝以下，各准□□□□□（部內有盜賊之法）[一六]。

□□□□□□□□□□（諸知情藏匿罪人，若過致資給）[一七]，謂事發被追[一八]，及亡叛之類。令得隱避者，各□□□□□□□□□□（減罪人罪一等。藏匿無日限，過致）☒（資）給亦同[一九]。若卑幼（幼）藏隱[二〇]，匿狀已□□□□□□□（成，尊長知而聽之，獨）坐卑幼（幼）[二一]。部曲、奴婢首匿，主後知□□□□□□□□□（者，與同罪。即尊長匿罪人，尊長死後，卑幼仍）匿者[二二]，減五等；尊長死後，雖經匿，□□□□□□□□□□□□（但已遣去而事發，及匿得相容隱者）之治（侶）[二三]，並不坐。小功以下，亦同減例。若□□□□□□□□□□□□□（赦前藏匿罪人，而罪人不合赦免，赦後匿如故）[二四]；不知人有罪，容奇（寄）之後知而匿者[二五]，□□□□□□□□□□（皆坐如律。其展轉相使而匿罪人，知）情者[二六]，皆坐；不知情[者][二七]，勿論。[二八]

（以下空白）

【校記】

〔一〕底卷中"捕"字前缺，《劉釋》指出據《律附音義》及今傳諸

一　法典類　/　13

本《唐律疏議》當缺"皆聽一百日追捕限內能自"等字；《釋錄》《法制文書》未補。按，底卷上部殘，據其他幾行缺文可知，所缺應正文十一字左右，故《劉釋》所補應無誤，茲從補。又，"捕"字底卷中僅殘存下部，茲據殘存字形及《唐律疏議》補；《劉釋》補；《釋錄》《法制文書》徑錄。

〔二〕底卷中"得"字前缺，《劉釋》指出據《律附音義》及今傳諸本《唐律疏議》當缺"死及自首除其罪即限外捕"等字，茲從補；《釋錄》未補；《法制文書》同《劉釋》。

〔三〕底卷中"減"字前缺，《劉釋》指出據《律附音義》及今傳諸本《唐律疏議》當缺"各又追減一等監當之官各"等字，茲從補；《釋錄》未補，《法制文書》同《劉釋》。又，"減"字底卷中殘存下部，茲據殘存字形及《唐律疏議》補；《劉釋》補；《釋錄》《法制文書》徑錄。另，"等"字，底卷作"芔"，下同不再另出校。

〔四〕底卷中"間"字前缺，《劉釋》指出據《律附音義》及今傳諸本《唐律疏議》當缺"捕限即以其罪罪之未斷決"等字，茲從補；《釋錄》未補，《法制文書》同《劉釋》。又，"間"字底卷中僅殘存下部，據殘存字形可知應"閒"，通"間"；《劉釋》錄作"閒"；《釋錄》錄作"聞"，校作"間"；《法制文書》徑錄作"間"。

〔五〕能，底卷作"䏻"，下同不再另出校。又，《劉釋》指出《律附音義》及今傳諸本《唐律疏議》"能自捕得"下有"及他人捕得"五字；《法制文書》同《劉釋》。

〔六〕底卷中此處缺，《劉釋》指出據《律附音義》及今傳諸本《唐律疏議》當缺"自首各減一等"等字，茲從補；《釋錄》未補；《法制文書》同《劉釋》。

〔七〕底卷中"主"殘存一點殘筆，《劉釋》《法制文書》均補作"主"，茲從補。其上約缺六字，《劉釋》指出《律附音義》及今傳諸本《唐律疏議》中無"主司各准此"及其前缺文。另，此，底卷作"䢒"，下同不再另出校。

〔八〕此篇，《劉釋》指出《律附音義》及今傳諸本《唐律疏議》作"謂此篇內"。又，底卷中"限"字前缺，《劉釋》指出據《律附音義》及今傳諸本《唐律疏議》當缺"坐當條不立捕訪"等字，茲從補；《釋錄》未補；《法制文書》補作"坐當不立捕"，誤。

〔九〕及，底卷無，《劉釋》指出據《律附音義》及今傳諸本《唐律疏議》"不"字前疑脱一"及"字，兹從補；《釋録》未補；《法制文書》同《劉釋》。

〔一〇〕底卷中"里"字前缺，《劉釋》指出據《律附音義》及今傳諸本《唐律疏議》當缺"諸部内容止他界逃亡浮浪者一人"等字，兹從補；《釋録》未補，《法制文書》同《劉釋》。又，"里"字底卷中僅殘存下部，兹據殘存字形及《唐律疏議》補；《劉釋》補；《釋録》《法制文書》徑録。另，正，底卷作"㢠"，下同不再另出校。

〔一一〕村正，底卷無，《劉釋》指出據《律附音義》及今傳諸本《唐律疏議》"坊正"後疑脱"村正"二字，兹從補；《釋録》未補；《法制文書》同《劉釋》。

〔一二〕底卷中"笞"字前缺，《劉釋》指出據《律附音義》及今傳諸本《唐律疏議》當缺"亡浮浪者一户同一人罪四人加一等縣内五人"等字，其中"亡浮浪者一户同一人罪"爲雙行小字夾注，兹從補；《釋録》未補，《法制文書》同《劉釋》。又，"笞"字底卷中僅殘存下部，兹據殘存字形及《唐律疏議》補；《劉釋》補；《釋録》《法制文書》徑録。

〔一三〕底卷中"從"字前缺，《劉釋》指出據《律附音義》及今傳諸本《唐律疏議》當缺"縣通計罪皆以長官首佐職"等字，且其中"皆以長官首佐職"爲雙行小字夾注，兹從補；《釋録》未補；《法制文書》同《劉釋》。又，"從"字底卷中僅殘存下部，兹據殘存字形及《唐律疏議》補；《劉釋》補；《釋録》作"縱"，誤；《法制文書》徑録作"從"。

〔一四〕止徒，底卷作"心徒"，下同不再另出校。

〔一五〕底卷中"部"字後缺，《劉釋》指出據《律附音義》及今傳諸本《唐律疏議》當缺"曲奴婢亦同若在軍役有犯者"等字，兹從補；《釋録》未補；《法制文書》同《劉釋》。

〔一六〕底卷中此處缺，《劉釋》指出據《律附音義》及今傳諸本《唐律疏議》當缺"部内有盜賊之法"等字，兹從補；《釋録》未補；《法制文書》同《劉釋》。

一　法典類　／　15

〔一七〕底卷中此處缺，《劉釋》指出據《律附音義》及今傳諸本《唐律疏議》當缺"諸知情藏匿罪人若過致資給"等字，茲從補；《釋錄》未補；《法制文書》同《劉釋》。

〔一八〕發，底卷作"㤼"，下同不再別出校。

〔一九〕底卷中"資"字前缺，《劉釋》指出據《律附音義》及今傳諸本《唐律疏議》當缺"減罪人罪一等藏匿無日限過致"等字，且其中"藏匿無日限過致"應爲雙行小字夾注，茲從補；《釋錄》未補；《法制文書》同《劉釋》。又，"資"字底卷中僅殘存下部，茲據殘存字形及《唐律疏議》補；《劉釋》補；《釋錄》《法制文書》徑錄。

〔二〇〕幻，《劉釋》指出據《律附音義》及今傳諸本《唐律疏議》應爲"幼"之訛。《法制文書》則指出敦煌文書中常見"幻"字寫作"幼"，"幼"字寫作"幻"者，故徑錄作"幼"，茲從校；《釋錄》同《法制文書》；下同不再另出校。

〔二一〕底卷中"坐"字前缺，《劉釋》指出據《律附音義》及今傳諸本《唐律疏議》當缺"成尊長知而聽之獨"等字，爲雙行小字夾注，茲從補；《釋錄》未補；《法制文書》同《劉釋》。另，坐，底卷作"坐"，下同不再另出校。

〔二二〕底卷中"匿"字前缺，《劉釋》指出據《律附音義》及今傳諸本《唐律疏議》當缺"者與同罪即尊長匿罪人尊長死後卑幼仍"等字，爲雙行小字夾注，茲從補；《釋錄》未補；《法制文書》同《劉釋》。

〔二三〕底卷中"之"字前缺，《劉釋》指出據《律附音義》及今傳諸本《唐律疏議》當缺"但已遣去而事發及匿得相容隱者"等字，爲雙行小字夾注，茲從補；《釋錄》未補；《法制文書》同《劉釋》。又，"治"字，《劉釋》指出據《律附音義》及今傳諸本《唐律疏議》應"佀"之訛，茲從校；《釋錄》徑錄作"治"；《法制文書》同《劉釋》。

〔二四〕底卷中"若"字後缺，《劉釋》指出據《律附音義》及今傳諸本《唐律疏議》當缺"赦前藏匿罪人而罪人不合赦免赦後匿如故"等字，爲雙行小字夾注，茲從補；《釋錄》未補；《法制文書》同《劉釋》。

〔二五〕奇，《劉釋》指出據《律附音義》及今傳諸本《唐律疏議》應爲"寄"之訛，茲從校；《釋錄》徑錄作"寄"；《法制文書》同《劉釋》。

〔二六〕底卷中"情"字前缺，《劉釋》指出據《律附音義》及今傳諸本《唐律疏議》當缺"皆坐如律其展轉相使而匿罪人知"等字，爲雙行小字夾注，茲從補；《釋錄》未補；《法制文書》同《劉釋》。

〔二七〕者，底卷無，《劉釋》指出《律附音義》及今傳諸本《唐律疏議》"不知情"後均有一"者"字，茲從，並據文義補；《釋錄》《法制文書》未補。

〔二八〕《劉釋》指出《律附音義》及今傳諸本《唐律疏議》中，"勿論"下有大字律文"罪人有數罪者，止坐所知"等字。

二　唐永徽名例律——十惡條斷片（抄件）

俄敦一九一六 B＋俄敦三一五五＋俄敦三一六六

【題解】

本件底卷編號俄敦一九一六 B＋三一五五＋三一六六號。原底卷由三個殘片拼合而成，現共五行，有雙行小字夾注，背面抄"唐沙州囗元諫請地辭"。原卷無題，《俄藏》題"唐名例律卷第一"；《劉釋》指出其應爲《永徽律》殘卷，並定名"永徽名例律斷片"；《釋錄》《法制文書》定作"唐律——名例律十惡條斷片"；《山法》定作"名例律斷片（十惡）"。茲據文義擬定今題。

《劉釋》指出本底卷內容乃是唐律名例篇之十惡條，文書中同時出現"璽""詔"兩字，據相關史籍記載，可確定其應爲永徽律斷片。另，據土肥義和氏考證，本件字跡及紙背文書與斯九四六〇A號名例律斷片相同，二者當屬同一卷子分離物。

本件《劉釋》（二三—二四）、《山法》（六）、《釋錄》（貳五—三）、《法制文書》（一）有錄文。茲據《俄藏》（捌三八六）影印本，並參考前人錄文，對底卷重新校錄如下。

（前缺）

十惡[一]：▨▨（一曰謀）反[二]，謂謀危社稷；二曰謀大逆，謂謀▨（毀）宗廟、山陵及宮闕[三]；三曰▨▨（謀叛）[四]，謂謀背國從僞；四曰惡逆，謂毆及謀煞祖父母、父母[五]，煞伯叔父母、姑、兄姊、外祖父母、夫、夫之祖父母、父母[六]；五曰不道，謂煞一家非死罪三人、支解人、造畜蠱毒、厭魅[七]；六曰大不敬，謂盜大礼（祀）神御之物[八]、乘輿服御物、盜及偽造御▨（璽）[九]、和御藥誤不如本方[一〇]，及封題誤、若造御膳誤犯食禁、御幸舟船誤不牢固[一一]、指斥乘輿、情理□□□□□□□□□□（切害及對捍詔使而無人臣之禮）[一二]；七曰不孝，謂告言詛詈祖父母、父母；及祖父母、父母在，別籍□□□□□□□□□□□□（異財；若供養有闕；居父母喪身自嫁娶）[一三]；□□□□□□□□□（若作樂，釋服從吉）[一四]，聞祖父母、父母喪（喪）[一五]

（後缺）

【校記】

〔一〕惡，底卷作"悪"，下同不再另出校。

〔二〕一曰謀，三字底卷殘，據字形與《唐律疏議》（中華書局1983年版，下簡稱《唐律疏議》）可確定爲"一曰謀"，《劉釋》補；《釋録》《法制文書》徑録；《山法》補"一曰"，徑録"謀"字。

〔三〕毀，此字底卷殘，兹據殘存字形及《唐律疏議》補；《劉釋》《山法》補，《釋録》《法制文書》徑録。

〔四〕謀叛，此兩字底卷爲兩殘片拼合部分，均殘，據殘存字形及《唐律疏議》補；《劉釋》補；《釋録》《法制文書》徑録；《山法》補"謀"字，徑録"叛"字。

〔五〕煞，通"殺"。又，祖父母、父母，底卷原作"祖父、母、"，"、"爲重文符號；《劉釋》録作"祖父ㄑ母ㄑ"；《釋録》《法制文書》録作"祖父母、父母"；《山法》先徑録原文，右側補寫全文。下同不再另出校。

〔六〕叔，底卷作"升"；姊，底卷作"姉"。夫、夫，底卷原作"夫ㄑ"，"ㄑ"爲省文符號；《劉釋》録作"夫，ㄑ"；《釋録》《法制文書》録作"夫、夫"。下同不再另出校。

〔七〕蠱，底卷作"盂"，下同不再另出校。

〔八〕大礼（祀）神御之物，底卷原作"大礼神御叔父母之物"，《劉釋》《山法》指出據《律附音義》及今傳諸本《唐律疏議》，"礼"應爲"祀"之訛，"叔父母"三字爲衍文，兹從校；《法制文書》則指出據上下文義和《唐律疏議》，"叔父母之物"等五字應爲衍文，此説誤，僅"叔父母"三字爲衍文，"之物"二字不衍。

〔九〕僞，底卷作"搗"。又，"璽"字底卷殘，兹據殘存字形補；

《劉釋》補；《釋錄》《法制文書》徑錄。另，《劉釋》《山法》指出《律附音義》及今傳諸本《唐律疏議》，"璽"作"寶"。

〔一〇〕和御藥，《劉釋》《山法》指出《律附音義》及今傳諸本《唐律疏議》作"合和御藥"。

〔一一〕船，底卷作"舩"，下同不再另出校。另，底卷中"船"作"船情"，《劉釋》《山法》指出據《律附音義》及今傳諸本《唐律疏議》，"情"字衍文，茲從校；《法制文書》同《劉釋》。

〔一二〕切害及對捍詔使而無人臣之禮，底卷中"切害""對捍""臣之禮"等字缺，"及""詔使而無人"等字殘。其中，"及""詔使而無人"等字，《劉釋》《釋錄》《山法》均補錄，《法制文書》徑錄。另，《劉釋》指出據《律附音義》及今傳諸本《唐律疏議》此處殘缺文字當爲"切害及對捍詔使而無人臣之禮"，茲從補。

〔一三〕底卷中"若"字前缺，《劉釋》指出據《律附音義》及今傳諸本《唐律疏議》當缺"異財若供養有闕居父母喪身自嫁娶"等字，茲從補；《山法》未補。

〔一四〕若作樂釋服從吉，此七字底卷殘，據殘存字形及《唐律疏議》補；《劉釋》《釋錄》《山法》均補錄；《法制文書》徑錄。

〔一五〕遲，《劉釋》指出據《律附音義》及今傳諸本《唐律疏議》"遲"應爲"喪"之訛，茲從校；《山法》《釋錄》《法制文書》同。又，據本件底卷可知，"叛，謂謀背國從僞"等屬俄敦三一五五殘片；"七曰不孝"至"聞祖父母、父母遲"屬俄敦三一一六殘片；其餘內容屬俄敦一九一六Ｂ殘片。

三　唐永徽名例律——十惡及八議條斷片（抄件）

斯九四六〇Ａ

【題解】

本件底卷編號斯九四六〇Ａ號。原底卷現存二行，有雙行小字夾注，背面抄"元楝永業地事狀"數句。原卷無題，《英藏》題"律（名例）[永徽年間（？）]"；《劉釋》指出其爲《永徽律》殘卷，並定名"永徽名例律斷片"；《法制文書》定作"唐律——名例律斷片"。茲據文義擬定今題。

《劉釋》等指出本底卷内容乃是唐律名例篇十曰内亂注文之一部分及八議條之一部分。另，據土肥義和氏考證，本件字跡及紙背文書與俄敦一九一六B＋三一五五＋三一六六號名例律斷片相同，二者當屬同一卷子分離物。

本件《劉釋》（三〇）、《法制文書》（四—五）有錄文。茲據《英藏》（壹貳二四三）影印本及IDP彩圖，並參考前人錄文，對底卷重新校錄如下。

　　　（前缺）
　☑（祖）妾及与和者[一]。
　　八議：一曰議□□□□□□□□□□□□□□□□□□□□□□
□（親，謂皇帝袒免以上親，及太皇太后、皇太后緦麻以上親，皇后小功以上親）[二]；
　　二曰議故[三]，謂故舊[四]；三曰議賢，謂有大德行；□□□□。
　　　（後缺）

【校記】
〔一〕祖，底卷中僅存左側殘筆，據殘存字形及《唐律疏議》補；《劉釋》《法制文書》徑錄。
〔二〕底卷中此處缺，《劉釋》指出據《律附音義》及今傳諸本《唐律疏議》此處缺文當作"親謂皇帝袒免以上親及太皇太后皇太后緦麻以上親皇后小功以上親"，茲從補；《法制文書》未補。
〔三〕議，《劉釋》《法制文書》均錄作"謂"，並出注稱："據上下文義和唐律疏議，'謂'當作'議'"，按底卷即作"議"，《劉釋》《法制文書》誤。
〔四〕舊，底卷作"𦮙"，下同不再另出校。

四　唐永徽名例律——同居相隱等條斷片（抄件）
俄敦一三九一
【題解】
本件底卷編號俄敦一三九一號。原底卷現存十二行，有雙行小字夾注。原卷無題，《俄藏》題"唐永徽名例律"；《劉釋》指出其爲《永徽律》殘卷，並定名"永徽名例律斷片"；山本達郎、池田溫、岡野誠合編《敦煌吐魯番社會經濟文獻（一）法律卷》（以下簡稱《山法》）定作"名例律斷片"，並以小字標注"同居相爲隱條、官户部曲條、化外人相犯條、本條別有制條、斷罪無正條條"；《釋録》《法制文書》定作"唐律——名例律殘卷"。兹據文義擬定今題。

《劉釋》等指出本底卷內容乃是唐律名例篇同居相隱條、官户部曲官私奴婢有犯條、化外人相犯條、本條別有制條及斷罪無正條等。另，《劉釋》指出本件書寫格式及筆跡與前述俄敦一九一六B＋三一五五＋三一六六號及斯九四六〇A號相同，疑同一卷子之分離物。

本件《劉釋》（三二一三三）、《山法》（九）、《釋録》（貳五一九）、《法制文書》（六一七）有録文。兹據《俄藏》（捌一三三）影印本，並參考前人録文，對底卷重新校録如下。

（前缺）
　　□□□（諸同居）[一]，☒☒（若大）□□□□□□□□□□□□□□□□□（功以上親及外祖父母外孫、若孫之婦、夫之兄弟及）☒（兄）弟妻[二]，有☒（罪）□□□□□□□□□（相隱，部曲、奴婢主隱，皆勿論）[三]。即滿（漏）露其事[四]，及□□□□□□□□□□（擿語消息，亦不坐。其小功）以下☒☒（相隱，減）□（凡）人三等[五]。若犯謀☒（叛）□□□□□（以上者，不用此）律[六]。

　　諸官户、部曲、稱部曲者[七]，部曲妻及客女亦同。官☒（私）奴婢☒（有）犯[八]，本條無正文者，各准良人。若犯流徒者，加杖，免居作。☒（應）徵正贓及贖[九]，無財者准銅二斤，各加杖十，決訖，付☒☒（官主）[一〇]。若老小及廢疾，不合加杖，無財者放免。即同主奴婢自相殺，主求免者，聽減死一等。親屬自相殺者，依常律。

　　諸化外人，同類自相犯者，各依本俗法；異類相犯者，以法律論。

　　諸本條別有制，與例不同者，依本條。即當條雖有罪名，所爲重者，自從重。其本應重，而犯時不□☒（知者）[一一]，依凡論；本應輕者，聽☒☒（從本）[一二]。

□□□（諸斷罪）▨▨▨▨（而無正條）[一三]，□□□□□□□□□（其應出罪者，則舉重以明輕）[一四]。

　　（後缺）

【校記】

　　〔一〕底卷中此處缺，《劉釋》指出據《律附音義》及今傳諸本《唐律疏議》當作"諸同居"，茲從補；《釋録》未補；《法制文書》《山法》補録。

　　〔二〕若大，底卷中此兩字殘，僅存左側一點殘筆畫，據殘存字形及《唐律疏議》補；《劉釋》補；《釋録》未補；《法制文書》徑録。又，"大"字下缺，《劉釋》指出據《律附音義》及今傳諸本《唐律疏議》當缺"功以上親及外祖父母外孫若孫之婦夫之兄弟及"等字，茲從補；《釋録》未補；《法制文書》《山法》補録。另，"兄"字底卷殘，《劉釋》指出據《律附音義》及今傳諸本《唐律疏議》當作"及兄"，茲從補；《山法》補；《釋録》《法制文書》徑録。

　　〔三〕罪，底卷中此字殘，僅存上部殘筆畫，茲據殘存字形及《唐律疏議》補；《劉釋》《山法》補；《釋録》《法制文書》徑録。又，"罪"字後缺，《劉釋》指出據《律附音義》及今傳諸本《唐律疏議》當缺"相隱部曲奴婢主隱皆勿論"等字，茲從補；《釋録》未補；《法制文書》補録。"相隱"《山法》補作"相爲隱"。

　　〔四〕滿，《劉釋》指出據《律附音義》及今傳諸本《唐律疏議》"滿"應爲"漏"之訛，茲從校；《山法》《釋録》《法制文書》同。

　　〔五〕底卷"以"字前缺，《劉釋》指出據《律附音義》及今傳諸本《唐律疏議》當缺"摘語消息亦不坐其小功"等字，茲從補；《釋録》未補；《法制文書》《山法》補録。又，"相隱減"三字底卷中殘，"凡"字缺，《劉釋》補録"相隱減"三字，並指出據《律附音義》及今傳諸本《唐律疏議》"減"字下缺一"凡"字；《山法》補四字，茲從補；"相隱減"，《釋録》《法制文書》徑録；"凡"，《釋録》未補，《法制文書》補録。另，等，底卷作"苓"，下同不再另出校。

　　〔六〕叛，底卷中此字殘，僅存左上角殘筆畫，《劉釋》《山法》補録作"叛"，茲從補；《釋録》《法制文書》徑録。又，"叛"字後缺，

《劉釋》指出據《律附音義》及今傳諸本《唐律疏議》當缺"以上者不用此"等字，茲從補；《釋錄》未補；《法制文書》《山法》補錄。

〔七〕底卷中"諸"字前天頭處有一"厶"符號，墨色較淺，應爲分段符；《劉釋》《釋錄》《法制文書》《山法》均未標注。

〔八〕私、有，此兩字底卷中殘，僅存上部殘筆畫，茲據殘存字形及《唐律疏議》補；《劉釋》《山法》補；《釋錄》《法制文書》徑錄。

〔九〕應，底卷中此字殘，僅存上部殘筆畫，據殘存字形及《唐律疏議》補；《劉釋》《山法》補；《釋錄》《法制文書》徑錄。

〔一〇〕官主，底卷中此兩字殘，據殘存字形及《唐律疏議》補；《劉釋》《山法》補；《釋錄》《法制文書》徑錄。

〔一一〕知者，底卷中"知"字缺，"者"字殘，《劉釋》據《律附音義》及今傳諸本《唐律疏議》補作"知者"，《山法》同，茲從補。"知"，《釋錄》未補；《法制文書》補錄；"者"，《釋錄》《法制文書》徑錄。

〔一二〕從本，底卷中此兩字殘，據殘存字形及《唐律疏議》補；《劉釋》《山法》補；《釋錄》《法制文書》徑錄。

〔一三〕底卷"而"字前缺三字，《劉釋》指出據《律附音義》及今傳諸本《唐律疏議》當作"諸斷罪"，茲從補；《山法》補；《釋錄》未補；《法制文書》徑錄。又，"而無正條"，底卷中此四字殘，茲據殘存字形及《唐律疏議》補；《劉釋》《山法》補；《釋錄》錄作五個缺字符；《法制文書》徑補。

〔一四〕底卷中此處缺，《劉釋》指出據《律附音義》及今傳諸本《唐律疏議》"條"字下應有"其應出罪者則舉重以明輕"，茲從補；《釋錄》未補；《法制文書》徑補；《山法》補作"其應出罪者，則舉重以明輕。其"。

五　唐永徽職制律疏——合和御藥有誤等條斷片

伯三六九〇

【題解】

本件底卷編號伯三六九〇。原底卷首尾皆缺，共存十二行，每整行字數大字約二十一字，中有雙行小字夾注，小字約二十五至二十九字，卷背空白無字。原卷無題，《法藏》題"職制律疏"；商務印書館《敦煌遺書總目索引》（以下簡稱《索引》，中華書局一九八三年版）定作"唐律疏議殘卷"；施萍婷《敦煌遺書總目索引新編》（以下簡稱《索引新編》，中華書局二〇〇〇年版）定作"職制律疏殘卷；《劉釋》定作"永徽職制律疏斷片"；《山法》定作"職制律疏斷片"；《釋錄》《法制文書》定作"唐律疏——職制律疏斷片"。茲據文義擬定今題。

《劉釋》指出本底卷內容乃是《唐律疏議》卷九"職制"篇"合和御藥有誤條"疏文之一部分及"造御膳有誤條""御幸舟船有誤條""乘輿服御物持護修整不如法條"等律文之一部分。本底卷書寫年代，山本達郎定作"開元律"，書寫年代爲公元八世紀。而《劉釋》則指出本底卷書寫格式與後述北敦〇六四一七（河字十七號）、伯三五九三等開元律疏殘卷不同，後述開元律疏殘卷每行平列，律文、注文、疏文均大字，注文上冠以"注云"二字，本底卷則每條"諸"字高出一格，律文、注文作大字，注文上無"注云"二字，疏文作雙行小字。底卷大小字夾雜，結合《唐會要》卷二六《賤表例》相關記載可推知，其書寫年代當在聖曆以前，所據底本當永徽律。茲從《劉釋》。

本件《劉釋》（一六一——六二）、《山法》（二一）、《釋錄》（貳五四一）、《法制文書》（七二——七三）等有錄文。茲據《法藏》（貳陸三一七）影印本及 IDP 彩圖，並參考前人錄文，對底卷重新校錄如下。

（前缺）

餘條未進御者，謂下條造御膳[一]、御幸舟船、乘輿服御物，但應供奉之物未進御者[二]，各隨輕重減一等[三]，監當官司又各減一等[四]，故云並准此。

　諸造御膳，誤犯食禁者，主食絞。若穢惡之物在食飲中，徒二年。簡擇[不精]及進御不時[五]，減二等。不品嘗者[六]，杖一百。
議曰：造御膳者，皆依《食經》，經有禁忌[七]，不得輒造[八]，若乾脯不得入黍米中[九]，莧菜不得和鱉肉之類。有所犯者，主食合絞。若穢惡之物，謂物是不潔之類[一〇]，在食飲中，徒二年。若簡擇不精者，謂簡米擇菜之類，有不精好；及進御不時者，依《禮》，飲（飯）齊視春宜溫[一一]，羹（羹）齊礼（視）夏宜熱之類[一二]，或朝夕日中，進奉失度及冷熱不時者；罪減二等[一三]，謂從徒二年減二等[一四]。不品嘗者杖一百，謂酸醎苦辛之味不品，及應嘗不嘗，俱[得杖]一百之罪[一五]。

　諸御幸舟船，誤不牢固者，工匠絞。[注云]：功（工）匠各以所由爲首[一六]。議曰：御幸舟船者，皇帝所幸舟船，謂造作莊嚴[一七]。不甚牢固，可以敗壞者，工匠合絞。注云：各以所由爲首，明造作之人，皆以當時所由人爲首。若不整飾及闕少者[一八]，徒二年。議曰：其舟船若不整頓修飾[一九]，及在船橋[二〇]、棹之屬［所］須者有所闕少[二一]，得徒二年。此亦以所由爲首，監當官司各減一等。

　　諸乘輿服御物，特（持）護修☒（整）不如法者[二二]，杖八十。若進御乖

　　　　（後缺）

【校記】

〔一〕御，底卷作"禦"，下同不再另出校。

〔二〕但應供奉之物，底卷中此六字重出，《劉釋》《山法》指出據《唐律疏議》其中一處爲衍文，茲不錄。

〔三〕重，《釋錄》錄作"量"，誤。

〔四〕各，《釋錄》《法制文書》漏錄。

〔五〕不精，底卷無。《劉釋》《山法》指出據今傳諸本《唐律疏議》"擇"字後應脫"不精"二字，茲從補；《釋錄》未補；《法制文書》補。

〔六〕嘗，底卷作"甞"，下同不再另出校。

〔七〕經，底卷作"〃"，重文符號。

〔八〕輒，底卷作"輙"，下同不再另出校。

〔九〕米中，底卷原作"中米"，旁加倒乙符號，茲錄正。

〔一〇〕類，底卷作"類"，下同不再另出校。

〔一一〕飲，《劉釋》《山法》指出據今傳諸本《唐律疏議》當爲"飯"之訛，《禮記內則》："凡食齊視春時。"注云："飯宜溫也"，茲從校；《釋錄》未改；《法制文書》同《劉釋》。又，宜，底卷作"冝"，下同不再另出校。

〔一二〕羹，底卷作羙，下同不再另出校。又，"羙"據《唐律疏議》應爲"羹"之訛；《釋錄》錄作"美"未出校；《劉釋》《法制文書》《山法》徑錄作"羹"，錄文誤。另，"礼"字，《劉釋》《山法》指出據今傳諸本《唐律疏議》當爲"視"之訛，《禮記內則》："羹齊視夏時"，茲從校；《釋錄》未改；《法制文書》同《劉釋》。

〔一三〕罪減，《唐律疏議》作"減罪"。按，"罪減"與"減罪"義

同，茲不改。《劉釋》錄作"罪減"旁加倒乙符號，底卷中未見有倒乙符號，《劉釋》所加符號有誤。《釋錄》《法制文書》作"罪減"。

〔一四〕從，底卷作"伀"，下同不再另出校。

〔一五〕得杖，底卷無。《劉釋》《山法》指出據今傳諸本《唐律疏議》"俱"字後應脫"得杖"二字，茲從補；《釋錄》未補；《法制文書》補。

〔一六〕功，《劉釋》《山法》指出據今傳諸本《唐律疏議》當爲"工"之訛，茲從校；《釋錄》《法制文書》同《劉釋》。另，"注云"兩字底卷無，《劉釋》《山法》指出："工匠各以所由爲首"今傳諸本《唐律疏議》作小字注文，下行也云："注云各以所由首"，茲從校。

〔一七〕謂，《釋錄》漏錄。又，"作莊"底卷作"佐庄"，下同不再另出校。

〔一八〕整，底卷作"憨"，下同不再另出校。

〔一九〕修，底卷作"脩"，下同不再另出校。

〔二〇〕槁，《釋錄》校作"篙"，不必。

〔二一〕所，底卷無，《劉釋》《山法》指出今傳諸本《唐律疏議》"須"字前皆有"所"字，茲從補；《釋錄》《法制文書》未補。又，"須"底卷作"湏"，下同不再另出校。

〔二二〕特，《劉釋》《山法》指出據今傳諸本《唐律疏議》應爲"持"之訛，茲從校；《釋錄》《法制文書》同《劉釋》。又，"整"字，底卷中此字殘存上半"敕"部，茲據殘存字形及《唐律疏議》補；《劉釋》補；《釋錄》《法制文書》徑錄。

六　唐永徽（？）職制律——乘驛馬齎私物等條斷片（抄件）

北敦一六三〇〇（麗字八十五號）

【題解】

本件底卷編號北敦一六三〇〇號。原底卷現共六行，其中首行和末行僅存殘畫，中有雙行小字夾注，附於"目連救母變文"殘卷紙背。原卷無題，《國藏》題"唐律・職制"；《劉釋》指出此件之年代無法判明，暫擬永徽律，並定名"麗字八十五號永徽職制律斷片"；《索引新編》定作"殘唐律"；《釋錄》《法制文書》定作"唐律——職制律殘片"。茲據文義擬定今題。

《劉釋》指出本底卷內容乃是唐律職制篇"乘驛馬齎私物條"和"長官及使人有犯條"之各一部分。本號底卷共五件小殘片，分別貼補於麗字八十五號和霜字八十九號紙背。《國藏》將其拼合收錄。

本件《劉釋》（三九）、《釋錄》（貳四九九）、《法制文書》（一〇）有錄文。茲據《國藏》（壹肆陸九三）影印本，並參考前人錄文，對底卷重新校錄如下。

（前缺）
▨▨▨▨▨▨▨▨（諸乘驛馬齎私物），□□□（謂非隨身）▨▨▨（衣仗者）。□□□□□□□□□□□（一斤杖六十，十斤加一等，罪止徒）一年[一]。驛驢減二等。餘條驛驢准此。
諸在外長官及使人，於使處有犯者[二]，所部□□□□□（屬官等不得）即推[三]，皆須申上聽裁。若犯當死罪，留身□□□□□□□（待報，違者各減所犯）罪四等[四]。
□□□□□（諸用符節事訖）[五]，▨▨▨▨（應納輸）□□□[六]
（後缺）

【校記】

〔一〕"諸乘驛馬齎私物"至"罪止徒"第一行文字，底卷中殘、缺，茲據殘存字形及《唐律疏議》補；《劉釋》未錄；《釋錄》及《法制文書》據《唐律疏議》將"諸乘驛馬齎私物，謂非隨身衣仗者（《法制文書》無'者'字）"補作第一行，並於"一"字前補錄"一斤杖六十，十斤杖加一等，罪止徒"等字。按，由底卷來看，"一"字前似不缺文字，《釋錄》《法制文書》所補文字位置有誤。

〔二〕處，底卷作"処"，下同不再另出校。

〔三〕底卷中"即"字前缺，《劉釋》指出據《律附音義》及今傳諸本《唐律疏議》當缺"屬官等不得"五字，茲從補；《釋錄》《法制文書》徑補。

〔四〕留，底卷作"畱"，下同不再另出校。又，底卷中"罪"字前缺，茲據《唐律疏議》補"待報違者各減所犯"等八字；《劉釋》《釋錄》《法制文書》所依據圖版未見"罪四等"等三字，故其均補十一字。

〔五〕諸用符節事訖，底卷中此六字缺，茲據《唐律疏議》補；《劉釋》《釋錄》《法制文書》未錄。

〔六〕應納輸，底卷中此三字僅存右側殘筆畫，茲據殘存字形及《唐律疏議》補；《劉釋》《釋錄》《法制文書》未錄。又，底卷中"輸"字後缺，據《唐律疏議》所缺文字應爲"而稽留者，一日笞五十，二日加一等，十日徒一年"。

七　唐垂拱律——職制、户婚、厩庫等篇殘卷（抄件）

伯三六〇八 + 伯三二五二

【題解】

本件由伯三六〇八和伯三二五三綴合而成。原件被撕裂爲二斷卷，二斷卷之間並不銜接。伯三六〇八（底一），首尾皆缺，存八紙，共一百五十三行，每整行文字在二十三至三十三之間，背面有"愿文""咒願文""大唐隴西李氏莫高窟修功德記及寒食篇""夜燒篇""諷諫今上鮮于叔明令狐峘等請試僧尼及不許交易書""丞相賈耽上表"等七篇文章；伯三二五二（底二），亦首尾皆缺，存二紙，共十八行（其中五行殘），每整行文字在二十七至三十一之間，背面爲"唐詩文叢鈔"。總計全卷現存十紙，共一七一行。卷中以墨書正文，有雙行小字夾注，以朱筆斷句及塗抹，每條律文之首，皆有朱點。底一、底二原卷均無題，《法藏》將底一定作"唐律疏議"，底二定作"職制户婚厩庫律"；《索引》將底一定作"故唐律殘卷（存職制户婚兩律）"，底二定作"故唐律"，並作説明"在今本户婚律及厩庫律内"；《索引新編》將底一定作"唐律疏議"，底二定作"職制户婚厩庫律殘卷"；《劉釋》定作"垂拱職制户婚厩庫律殘卷"；《山法》定作"職制户婚厩庫律殘卷"；《釋錄》《法制文書》均定作"唐律——職制、户婚、厩庫律殘卷"。茲據文義擬定今題。

《劉釋》指出本底卷内容乃是唐律職制、户婚、厩庫等三篇律文之一部分。其中，"職制律"五十一條（一條殘），起"大祀在散齋吊喪問疾"條之"煞文書"三字，訖"律令式不便輒奏改行"條；"户婚律"三十七條（兩條殘），起"脱漏户口增減年狀"條，訖"同姓婚"條之"亦各以奸"四字，又起"雜户官户與良人婚"條之"即奴婢私嫁女"，訖

"嫁娶違律"條；"厩庫律"四條（三條殘），起"牧畜産死失及課不充"條，訖"乘官畜車私馱載"條之"若數人共馱載"六字。另，《劉釋》還指出本件中"天、地、日、月、正、載"等字多武周新字，據此可知此卷應寫於載初元年（六八九）至神龍元年（七〇五）之間，當是武則天在位時之現行律典。又據相關史籍載，可斷定本件所載應垂拱律。《法制文書》認可《劉釋》關於本件爲武則天垂拱間改定之永徽律的判斷，但又指出本件中多用"詔"字，而未改"詔""制"，以避武則天諱，這一點《劉釋》未作説明。

本件《劉釋》（四一——五四）、《山法》（一——五）、《釋録》（貳五〇〇——五一一）、《法制文書》（一一一二三）有録文。兹據《法藏》（貳陸七〇——七三、貳貳三〇八）影印本及IDP彩圖，並參考前人録文，對底卷重新校録如下。

（前缺）

煞文書及決罰者，笞五十；奏聞者，杖六十。致齋者，各加一等。

〇諸祭祀及有事於園陵，若朝會侍衛，行事失錯，及違失儀式者，笞卌；謂言辭喧嚻[一]，坐立怠慢乖衆者，乃坐。應集而主司不告，及告而不至者，各笞五十。

〇諸廟享，知有緦麻以上喪，遣充執事者，笞五十；陪從者，笞卅。主司不知勿論[二]。有喪不自言者，罪亦如之。其祭天地、社稷[三]，則不禁。

〇諸合御藥[四]，誤不如本方，及封題誤者，醫絞[五]；料理簡擇不精者[六]，徒一年[七]。未進御者，各減一等。監當官司，各減醫一等。餘條［未］進御及監當官司[八]，並准此。

〇諸造御膳，誤犯食禁者，主食絞；若穢惡之物在食飲中，徒二年；簡擇不精及進御不時，減二等；不品嘗者，杖一百。

〇諸御幸舟船，誤不牢固者，工匠絞。工匠各以所由爲首。若不整飾及闕少者[九]，徒一（二）年[一〇]。

〇諸乘輿服御物[一一]，持護脩整不如法者，杖八十；若進御乖失者，杖一百。其車馬之屬不調習，駕馭之具不完牢，徒二年；未進御，減三等。應供奉之物闕乏者，徒一年。［其雜供有闕，笞五十]^[一二]。

○諸主司私借乘輿服御物，若借人及借之者，徒三年；非服而御之物，徒一年。在司服用者，各減一等。非服而御，［謂］帷帳几杖之屬^[一三]。

○諸監當官司及主食之人，誤將雜藥至御服（膳）所者^[一四]，絞。所，謂監當之人應到之處。

○諸外膳，謂供百官。犯食禁者，供膳杖七十；若穢惡之物在食飲中，及簡擇不淨者，笞五十。誤者，各減二等。

○諸漏泄大事應密者^[一五]，絞；大事謂潛謀討襲及收捕謀叛之類。非大事應密者，徒一年半。漏泄於蕃國使者，加一等。仍以初傳者爲首，傳至者爲從。即轉傳大事者，杖八十；非大事者^[一六]，勿論。

○諸玄象器物^[一七]，天文圖書、讖書、兵書、七曜曆、太一雷公式^[一八]，私家不得有，違者徒二年。［私習天文者，亦同］^[一九]。其緯、候及論語讖^[二〇]，不在禁限。

○諸稽緩詔書［者］^[二一]，一日笞五十^[二二]，騰（謄）詔敕符移之類皆是^[二三]。一日加一等，十日徒一年。其官文書稽程者，一日笞［十］^[二四]，三日加一等，罪止杖八十。

○諸被詔書^[二五]，有所施行而違者，徒二年；失錯者，杖一百。失錯，謂失其旨。

○諸受詔妄（忘）誤^[二六]，及寫詔書誤者^[二七]，事若未失，笞五十；已失，杖七十。轉受者，減一等。

○諸詔書有誤^[二八]，不即奏聞輒改定者，杖八十。官文書誤，不請官司而改定者，笞卌。知誤，不奏請而行者，亦如之。輒飾文者，各加二等。

○諸上書，若奏事誤犯宗廟諱者，杖八十；口誤及餘文書誤犯者，笞五十。即爲名字觸犯者，徒三年。若兼（嫌）名及二名偏犯者^[二九]，不坐。嫌名^[三〇]，謂若禹與雨，丘與區^[三一]；二名，謂言徵不言在，言在不言徵之類。

○諸上書，［若］奏事而誤^[三二]，杖六十；口誤，減二等。口誤不失事者，勿論。上尚書［省］而誤^[三三]，笞卌；餘文書誤，笞卅。［誤］^[三四]，謂脫乘（剩）文字及錯失者^[三五]。即誤有害者^[三六]，各加三等。有害，謂當言勿原而言原之，當言千疋而言十疋之類[三七]。若誤可行，非上書奏事者[三八]，勿論。可行，謂案省可知，不容有異議，當言甲申而言甲由之類。

○諸事，應奏而不奏[三九]，不應奏而奏者，杖八十；應言上而不言上，雖奏上，不待報而行，亦同。不應言上而言上，及不由所管而越言上，應行下而不行下[四〇]，[及]不應行下而行[下]者[四一]，[各]杖六十[四二]。

○諸公文，有本案事直，而代官司署者，杖八十；代判者，徒一年。亡失案而代者，各加一等。

○諸受詔出使，不返詔命，輒干他事者，徒一年半；以故有所廢闕者[四三]，徒三年。餘使妄干他事者，杖九十；以故有所廢闕者，徒一年。越司侵職者[四四]，杖七十。

○諸聞父母若夫之喪[四五]，匿不舉哀者[四六]，流二千里。喪制未終，釋服從吉，若妄（忘）哀作樂[四七]，自作、遣人等。徒三年；雜戲，徒一年；即遇樂而聽，及參預吉席者，各杖一百。聞暮親尊長喪[四八]，匿不舉哀者，徒一年；喪制未終，釋服從吉，杖一百。大功以上尊長，各遞減二等[四九]；卑幼，各減一等。

○諸府号、官稱犯父祖名[五〇]，而冒榮居之；祖父母、父母老疾無侍，委親之官；即妄增年狀，以求入侍，及冒哀求仕者，徒一年。謂父母喪，禫制未除及在心喪內者。若祖父母、父母及夫犯死罪被囚禁而作樂者，徒一年半。

○諸指斥乘輿，情理切害者，斬；言議政事乖失，而涉乘輿者，上請。非切害者，徒二年。對捍詔使而無人臣之禮者，絞。因私事鬨（鬩）競者[五一]，非。

○諸驛使稽程者，一日杖八十，二日加一等，罪止徒二年。若軍機要速者[五二]，加三等；有所廢闕者，違一日，加役流[五三]；以故陷敗戶口、軍人、城戍者[五四]，絞。

○諸驛使，無故以書寄人行之，及受寄者，徒一年；若致稽程[五五]，[以]行者爲首[五六]，驛使爲從。即爲軍事警急而稽留者，以驛使爲首，行者爲從。有所廢闕者，從前條。其非專使之書，而便寄者，勿論。

○諸文書，應遣驛而不遣驛，[及]不應遣驛而遣[驛]

者^[五七]，杖一百。若依式應須遣使詣闕而不遣者，罪亦如之。

○諸驛使受書，不依題署，誤詣他所者，隨所稽留，以行書［稽］程論^[五八]，減二等；若由題署者誤，坐其題署者。

○諸增乘驛馬者，一疋徒一年；一疋加一等。應乘驛驢而乘馬［者］^[五九]，減一等。主司知情，與同罪；不知［情］者^[六〇]，勿論。餘條驛司，准此。

○諸乘驛馬，輒枉道者，一里杖一百，五里加一等，罪止徒二年。越至他所者，各加一等。謂越過所詣之處。經驛不換馬者，杖八十。無馬者，不坐。

○諸乘驛馬齎私物，謂非隨身衣仗者。一斤杖六十，十斤加一等^[六一]，罪止徒一年。驛驢，減二等。餘條驛驢，准此。

○諸在外長官及使人，於使處有犯者，所部屬官等，不得即推，皆須申上聽裁。若犯當死罪，留身待報。違者，各減所犯罪四等。

○諸用符節^[六二]，事訖應輸納而稽留者，一日笞五十，二日加一等，十日徒一年。

○諸公事應行而稽留，及事有期會而違者^[六三]，一日笞卅，三日加一等；過杖一百，十日加一等，罪止徒一年半。即公事有限，主司符下乖期者，罪亦如之。若誤不依題署，及題署誤，以致稽程者，各減二等^[六四]。

○諸奉使有所部送，而雇夫、寄人者，杖一百；闕事者，徒一年。受寄、雇者，減一等。即綱、典自相放代者^[六五]，笞五十；取財，坐贓論；闕事者，依寄、雇闕事法，仍以綱爲首，典爲徒。

○諸在官長吏，實無政跡，輒立碑者，徒一年；若遣人妄稱己善，申請於上者，杖一百；有贓重者，坐贓論；受遣者，各減一等。雖有政跡而自遣者，亦同。

○諸有所請求者，笞五十；謂從主司求典（曲）法之事^[六六]，即爲人請者，與自請同。主司許者，與同罪。主司不許及請求者，皆不坐。已施行^[六七]，各杖一百；所枉罪重者，主司以出入人罪論。他人及親屬爲請求［者］^[六八]，減主司［罪］三等^[六九]；自請求者，加本罪一等。即監臨勢要，勢要者，雖官卑亦同。爲人屬請者，杖一百；所枉重者，罪與主司同；至死［者］^[七〇]，減一等。

○諸受人財而爲請求者，坐贓論加二等；監臨勢要，准枉法論；與財者，坐贓論減三等。若官人以所受之財，分求餘官，元受者併贓論，餘各依已分法。

○諸有事以財行求得枉法者，坐贓論；不枉法者，減二等。即同事共與者，首則併贓論，從者[各]依已分法[七一]。

○諸監臨主司受財而枉法者，一尺杖一百，一疋加一等，十五疋絞；不枉法者，一尺杖九十，二疋加一等，卅疋加役流。無禄者，各減一等，枉法者，廿疋絞；不枉法者，卌疋加役流。

○諸有事先不許財，事過之後而受財者，事若枉，准枉法論；事不枉者，以受所監臨財勿（物）論[七二]。

○諸監臨之官，受所監臨財物者，一尺笞卌，一疋加一等，八疋徒一年，八疋加一等，五十疋流二千里；與者，減五等，罪止杖一百；乞取者，加一等；强乞取者，准枉法論。

○諸官人因使，於使所受送遺及乞取者，與監臨同[七三]；經過處取者，減一等。糾彈之官[七四]，不減。即强乞取者，各與監臨罪同。

○諸貸所監臨財物者，坐贓論。授訖未上[七五]，亦同。餘條取受及相犯，准此。若百日不還，以受所監臨財物論；强者，各加二等。餘條强者，准此。若賣買有乘（剩）利者[七六]，計利，以乞取監臨財物論；强市者，笞五十；有[剩]利者計[利][七七]，准枉法論。即斷契有數[七八]，違負不還過五十日者，以受所監臨財物論。即借衣服器玩之屬[七九]，經卅日不還者，坐贓論，罪止徒一年。

○諸監臨之官，私役使所監臨，及借奴婢、牛馬馳騾驢、車船、碾磑、邸店之類[八〇]，各計庸賃，以受所監臨財物論；即役使非供已者，非供已，謂流外官及雜任應供官事者。計庸，坐贓論，罪止杖一百。其應供已驅使[八一]，而收庸直者[八二]，罪亦如之。供已求輸庸直者，不坐。若有吉凶，供（借）使所監臨者[八三]，不得過廿人，人不得五日[八四]。其於親屬，雖過限，及受饋、乞貸，皆勿論。親屬，謂緦麻以上及大功以上婚姻之家[八五]。餘條親屬，准此。營公廨借使者，計庸賃，坐贓論減二等。即因市易乘（剩）利及懸欠者，亦如之。

○諸監臨之官[八六]，受豬羊供饋[八七]，謂非生者。坐贓論；强者，依强取監臨財物法。

○諸率斂所監臨財物饋遺人者[八八]，雖不入己，以受所監臨財物論。

○諸監臨官家人，所於（於所）部有受乞、借貸、役使、賣買有乗（剩）利之属[八九]，各減官人罪二等；官人知情，與同罪；不知情者，各減家人罪五等。其在官非監臨，及家人有犯者，各減監臨及監臨家人一等。

○諸去官而受舊官属、士庶饋與，若乞取、借貸之属，各減在官時三等。謂家口未離本任所者[九〇]。

○諸因官俠（挾）勢及豪強之人乞索者[九一]，坐贓論減一等，將送者爲從。親故自相與者，勿論。

○諸稱律、令、格、式不便於事者，皆須申尚書省，議定聞奏（奏聞）[九二]。若不申議輒奏改行者，徒二年；即詣闕上表者，不坐。

户婚律第四　　凡肆拾陸條[九三]

○諸脱户者，家[長]徒三年[九四]；無課役者，減二等；女户，又減三等。謂一户俱不附貫，若不由家長，罪其所由。即見在役任者[九五]，雖脱户及計口多者，各從漏口法。脱口及增減年狀，謂癃、老、中、小之類[九六]。以免課役[者][九七]，一口徒一年，二口加一等，罪止徒三年。其增減非免課役，及漏無課役口者，四口爲一口，罪止徒一年[九八]。即不滿四口，杖六十。部曲、奴婢亦同。

○諸里正不覺脱漏增減者[九九]，一口笞卌，三口加一等；過杖一百，十口加一等，罪止徒三年。不覺脱户者，聽從漏口法[一〇〇]。州縣脱户，亦准此。若知情者，各同家長法。

○諸州縣不覺脱漏增減者，縣內十口笞卌，卅口加一等[一〇一]；過杖一百，五十口加一等。州隨所管縣多少，通計爲罪，通計，謂管二縣者，廿口笞卌；管三縣者，卅口笞卌之類。計加亦准此。若脱漏增減，併在一縣者，得以諸縣通之。若止管一縣者，減縣罪一等[一〇二]。餘條通計准此。各罪止徒三年。知情者，各同里正法。不覺脱漏增減，無文簿者，官長爲首；有文簿者，主典爲首，佐職[以下]節級連坐[一〇三]。

○諸里正及官司，妄脱漏增減，以出入課役，一口徒一年，二口加一等。贓重入己者，以枉法論；至死者，加役流；入官者，坐贓論。

○諸私入道及度之者，杖一百；若由家長，家長當罪。已除貫者，徒一年。本貫主司及觀、寺三綱，知情［者］[一〇四]，與同罪。若犯法合出觀、寺，經斷不還俗者[一〇五]，從私度法。即監臨之官，私輒度人者，一人杖一百，二人加一等。

○諸祖父母、父母在，而子孫別籍[一〇六]、異財者，徒三年。別籍、異財不相須，下條准此。若祖父母、父母令別籍，及以子孫妄継人後者，徒二年，子孫不坐。

○諸居父母喪，生子［及］兄弟別籍、異財者[一〇七]，徒一年。

○諸養子，所養父母無子而捨去［者］[一〇八]，徒二年；若自生子及本生無子，欲還者，聽之。即養異姓男［者］[一〇九]，徒一年；與者，笞五十。其遺棄小兒[一一〇]，年三歲以下，雖異姓[一一一]，聽收養，即從其姓。

○諸立嫡違法者，徒一年。即嫡妻年五十以上無子者，得立嫡以長。不以長者，亦如之。

○諸養雜戶男爲子孫者，徒一年半；養女，杖一百；官戶，各加一等；與者，亦如之。若養部曲及奴爲子孫者，杖一百，各還正之。無主及主自養者，聽從良。

○放部曲爲良[一一二]，已給放書而還壓爲賤者[一一三]，徒二年；若壓爲部曲，及放奴婢爲良[一一四]，而厭爲賤者，各減一等[一一五]；即壓部曲，及放部曲而壓賤者，又減一等，各還正之。[一一六]

○諸相冒合户［者］[一一七]，徒二年；無課役者，減二等。謂以疏爲親[一一八]，及有所規避者。主司知情，與同罪。即於法應別立戶而不聽別，應合戶而不聽合者，主司杖一百。

○諸同居卑幼[一一九]，私輒用財者，一疋笞十，十疋加一等[一二〇]，罪止杖一百。即同居應分不均平者，計所侵[一二一]，坐贓論減三等。

○諸賣口分田者，一畝笞十[一二二]，廿畝加一等，罪止杖一百，地還本主，財沒不追。即應合賣者，不用此律。

○諸占田過限者，一畝笞十，十畝加一等[一二三]；過杖六十，廿畝加一等，罪止徒一年。若於寬閑之處者，不坐。

○諸盜耕種公私田者[一二四]，一畝以下笞卅[一二五]，五畝加一等；

過杖一百，十畝加一等，罪止徒一年半。荒田，減一等；强者，各加一等。苗子歸官主[一二六]。下條苗子准此。

○諸妄認公私田，若盜寶賣者[一二七]，一畝以下笞五十，五畝加一等；過杖一百，十畝加一等；罪止徒二年。

○諸在官侵奪私田［者］[一二八]，一畝以下杖六十，三畝加一等[一二九]；過杖一百，五畝加一等；罪止徒二年半。園圃，加一等。

○諸盜耕人墓田，杖一百；傷墳者，徒一年。即盜葬他人田者，笞五十；墓田，加一等；仍令移葬。▨▨▨（若不識）盜葬者[一三〇]，告里正移埋；不告而移，笞卅。即無處移埋者，聽於地主口分內埋之。

○諸部內有旱潦、霜雹、蠹（蟲）蝗爲害之處[一三一]，主司應言而不言，及妄言者，杖七十；覆檢不以實者，與同罪。若致枉有所徵免，贓重者，坐贓論。

○諸部內田疇荒蕪者，以十分論，一分笞卅，一分加一等，罪止徒一年。州縣各以長官爲首[一三二]，佐職爲從。戶主犯者，亦計所荒蕪五分論，一分笞卅，一分加一等。

○諸里正，依令授人田、課農桑[一三三]，若應受而不授，應還而不收，應課而不課，如此事類違法者，失［一］事笞卅[一三四]；一事，謂失一事於一人。若於一人失數事[一三五]，及一事失之於數人，皆還（累）爲坐[一三六]。三事加一等。縣失十事，笞卅，廿事加一等。州隨所管縣多少，通計爲罪。州縣各以長官爲首，佐職爲從。各罪止徒一年。故者，各加二等。

○諸應受復除而不給，不應受而給者，徒二年；其小徭役者，笞五十。

○諸差科賦役違法及不均平，杖六十；若非法而擅賦役，及以法賦斂而擅加益，賦重入官者，計所擅，坐贓論；入私者，以枉法論；至死者，加役流。

○諸部內輸課稅之物，違期不充者，以十分論，一分笞卅[一三七]，一分加一等，州縣皆以長官爲首，佐職以下節級連坐。戶主不充［者］[一三八]，笞卅。

○諸許嫁女，已報婚書，及有私約，約謂先知夫身老幼、癃殘、養庶之類。而輒悔者，杖六十。男家自悔者，不坐，不追娉財。雖無許婚之書，但受娉財，亦是。娉財無多少之限，酒食非。以財物爲酒食者，亦同娉財[一三九]。若更許他人者，杖一百；已成者，徒一年半；後娶［者］[一四〇]，知情，減一等。女追歸前夫。前夫不取，還娉財，後夫婚如法。

○諸爲婚，而女家妄冒者，徒一年；男家妄冒，加一等；未成者，依本約；已成者，離之。

○諸有妻，更娶妻者，徒一年；女家減一等。若欺妄而娶者，徒一年半；女家不坐。各離之。

○諸以妻爲妾，以婢爲妻者，徒二年；以妾及客女爲妻，以婢爲妾者，徒一年半。各還正之。若婢有子，及經放爲良者，聽爲妾。

○諸居父母及夫喪而嫁娶者，徒三年；妾，減三等；各離之[一四一]。知而共爲婚姻者，各減五等；不知情者，不坐。若居朞喪而嫁娶者，杖一百；卑幼，減二等；妾，不坐。

○諸祖父母、父母被囚禁而嫁娶者，死罪，徒一年半；流罪，減一等；徒罪，杖一百。祖父母、父母命者，勿論。

○諸居父母喪，與應嫁娶人主婚者，杖一百。

○諸同姓爲婚者，各徒二年；緦麻以上，以奸論。若［外］姻有服屬[一四二]，而尊卑共爲婚姻，及取（娶）同母異父姊妹、若妻前夫之女者[一四三]，謂妻所生者，餘條稱前夫之女，准此。亦各以奸

（中缺）[一四四]

即奴婢私嫁女與良人爲妻妾者，准盜論；知情娶者，與同罪。各還正之。

○諸違律爲婚，雖有媒娉，而恐喝娶者，加本罪一等；强娶者，又加一等；被强者，止依未成法。即應爲婚，雖已納娉，期要未至而强娶，及期要至而女家故違者，各杖一百。

○諸違律爲婚，當條稱離之、正之者，雖會赦[一四五]，猶離之、正之。定而未成，亦是。娉財不追。女家妄冒者，追還。

○諸嫁娶違律，祖父母、父母主婚者，獨坐主婚；本條稱以奸論者，各從本法；至死［者］[一四六]，減一等。若朞親尊長主婚者，主婚爲首，男女爲從；［餘親主婚者，事由主婚，主婚首，男女從］[一四七]；事由男女，男女爲首[一四八]，主婚爲從。其男女被逼[一四九]，若男年十八以下及在室之女[一五〇]，亦主婚獨坐；未成者，各減已成五等。媒人，

一 法典類 / 37

各減首罪二等。

厩庫律第五　凡貳拾捌條

○諸牧畜産，准所除外，死、失及課不充者一，牧長及牧子笞卅，三加一等；過杖一百，十加一等，罪止徒三年；羊，減三等。餘條羊准此。新任不滿一年，而有死、失者，總計一年之內[一五一]，月別應除多少[一五二]，准折爲罪。若課不充，遊牝之時，當其檢校者，准數爲罪；不當者，不坐；遊牝之後而致損落者，坐後人。擊飼死者，各加一等；失者，又加二等。牧尉及監，各随所管☐☐☐☐☐☐（牧多少，通計爲罪）[一五三]。餘官有管牧☐☐☐（者，亦准此。）[一五四]

○諸驗畜産，不以實者，一笞卅，三加一等，罪止杖☐☐☐☐☐☐☐☐☐☐☐☐☐☐（一百。若以故價有增減，贓重者，計所增減）[一五五]，准盜論；入☐☐☐☐☐☐（已者，以盜論）[一五六]。

○諸受官羸病畜☐☐☐☐☐☐☐☐☐☐☐☐☐（産，養療不如法，笞卅；以故致死者一，笞卅，三加一等）[一五七]，罪止杖一百。

○諸☐☐（應乘）官馬牛☐☐☐☐☐☐☐☐☐☐☐☐☐☐（馳驟驢，私馱物不得過十斤，違者，一斤笞十，十斤加一）☐（等）[一五八]，罪止杖八十。其乘車者，不得過☐☐☐☐☐☐☐☐☐☐☐☐☐☐☐（卅斤，違者，五斤笞十，廿斤加一等，罪止徒一年。即從）☐（軍）征討[者][一五九]，各加二等。若數人共馱載[一六○]

（後缺）

【校記】

〔一〕辭，底卷作"辝"；囂，底卷作"聊"，下同不再另出校。

〔二〕勿論，底卷中於"論"字前原衍一"諸"字，旁加抹毀符號，故不錄。

〔三〕天地，底卷作"**埊**"，武周新字，下同不再另出校。

〔四〕諸合御藥，《劉釋》《山法》指出《律附音義》及今傳諸本《唐律疏議》"合"字下有一"和"字；《釋錄》《法制文書》未補。

〔五〕醫，底卷作"毉"，下同不再另出校。

〔六〕簡，底卷作"蕳"，下同不再另出校。

〔七〕年，底卷作"秊"，武周新字，下同不再另出校。

〔八〕餘條未進御，底卷原作"餘條進御"，《劉釋》《山法》指出據《律附音義》及今傳諸本《唐律疏議》"進"字前應脫一"未"字，且伯三六九〇號"永徽職制律疏"亦有"未"字，可證，茲從補；《釋錄》《法制文書》均補。

〔九〕飾，底卷作"餙"，下同不再另出校。

〔一〇〕徒一年，《劉釋》《山法》指出據《律附音義》及今傳諸本《唐律疏議》"一"應爲"二"，且伯三六九〇號亦作"二"，茲從校；《釋錄》《法制文書》未改。

〔一一〕服，底卷作"服"，下同不再另出校。

〔一二〕《劉釋》《山法》指出據《律附音義》及今傳諸本《唐律疏議》"應供奉之物闕乏者徒一年"下有"其雜供有闕笞五十"等字，底卷脫，茲從補；《法制文書》同《劉釋》；《釋錄》未出校。

〔一三〕謂，底卷脫，《劉釋》《山法》指出據《律附音義》及至正本等《唐律疏議》"帷帳几杖之屬"前應有一"謂"字，茲從補；《釋錄》《法制文書》均補。

〔一四〕服，《劉釋》《山法》指出據《律附音義》及今傳諸本《唐律疏議》應爲"膳"之訛，茲從校；《釋錄》《法制文書》同。

〔一五〕泄，底卷作"泄"，下同不再另出校。

〔一六〕非大事者，《劉釋》《山法》指出《律附音義》及今傳諸本《唐律疏議》中無"者"字。

〔一七〕象器，底卷作"象噐"，下同不再另出校。

〔一八〕圖，底卷作"啚"，下同不再另出校。

〔一九〕《劉釋》《山法》指出據《律附音義》及今傳諸本《唐律疏議》"徒二年"下有注"私習天文者亦同"等字，底卷脫，茲從補；《法制文書》同《劉釋》；《釋錄》未出校。

〔二〇〕候，底卷作"俟"，下同不再另出校。

〔二一〕稽，底卷作"誓"，下同不再另出校。又，"詔書"，《劉釋》《山法》指出《律附音義》及今傳諸本《唐律疏議》"詔"作"制"，且底卷中"書"字後應脫一"者"字，茲從補；《法制文書》同《劉釋》；

《釋録》未出校。

〔二二〕日，底卷作"☉"，武周新字，下同不再另出校。

〔二三〕騰，《劉釋》《山法》指出據《律附音義》及今傳諸本《唐律疏議》應爲"謄"之訛，兹從校；《釋録》《法制文書》同。又，敕，底卷作"勅"，下同不再另出校。

〔二四〕《劉釋》《山法》指出據《律附音義》及今傳諸本《唐律疏議》"一日笞"下有"十"字，底卷脱，兹從補；《釋録》《法制文書》同。

〔二五〕詔，底卷中此字先被改寫，又被塗抹。《劉釋》認爲是原先寫"詔"字，改寫"制"，後塗抹，並指出《律附音義》及今傳諸本《唐律疏議》中此字均作"制"；《釋録》《法制文書》則認爲應是原先寫"制"字，後改寫"詔"，又塗抹。按，底卷中其餘幾處《律附音義》及今傳諸本《唐律疏議》中作"制"字之處，均作"詔"字，今從《釋録》《法制文書》，録作"詔"。

〔二六〕妄，《劉釋》《山法》指出據《律附音義》及今傳諸本《唐律疏議》應爲"忘"之訛，兹從校；《釋録》《法制文書》同。

〔二七〕寫，底卷作"冩"，下同不再另出校。

〔二八〕同注釋〔二五〕。

〔二九〕兼，底卷作"羪"，下同不再另出校。另，《劉釋》指出據《律附音義》及今傳諸本《唐律疏議》"兼"應爲"嫌"之訛，兹從校；《法制文書》同《劉釋》；《釋録》録作"兼"。

〔三〇〕嫌，底卷作"嫌"，《劉釋》録作"兼"，誤。

〔三一〕與，底卷右行補寫。

〔三二〕若，底卷無，《劉釋》《山法》指出今傳諸本《唐律疏議》"諸上書"後有"若"字。另，底卷上條同樣有"若"字，兹據補；《釋録》《法制文書》未補。

〔三三〕上尚書，底卷原作"上書尚"，並於"尚"字旁加倒乙符號，兹録正。另，《劉釋》《山法》指出據《律附音義》及今傳諸本《唐律疏議》"書"字後應脱一"省"字，兹從補；《釋録》《法制文書》同。

〔三四〕誤，底卷無，《劉釋》《山法》指出據《律附音義》及今傳諸本《唐律疏議》"謂"字前應脱一"誤"字，兹從補；《釋録》未補；

《法制文書》將"誤"字補大字,誤,據《唐律疏議》,其應爲小字夾注。

〔三五〕乘,《劉釋》《山法》指出據《律附音義》及今傳諸本《唐律疏議》應爲"剩"之訛,茲從校;《釋録》《法制文書》均録作"乘"。

〔三六〕害,底卷作"宔",下同不再另出校。

〔三七〕疋,同"匹",下同不再另出校。

〔三八〕者,底卷無,《劉釋》《山法》指出據《律附音義》及今傳諸本《唐律疏議》"事"字後應脱一"者"字,茲從補;《釋録》《法制文書》未補。

〔三九〕而,《釋録》漏録。

〔四〇〕末一"下"字,底卷右行補寫。

〔四一〕[及]不應行下而行[下]者,底卷無"及""下"兩字,《劉釋》《山法》指出據《律附音義》及今傳諸本《唐律疏議》底卷中應脱此兩字,茲從補;《釋録》《法制文書》均只補"下"字,未補"及"字。

〔四二〕各,底卷無,《劉釋》《山法》指出今傳諸本《唐律疏議》"杖"字前有一"各"字,茲從補;《釋録》《法制文書》未補。

〔四三〕廢,底卷作"癈",下同不再另出校。

〔四四〕侵職,底卷作"㑴職",下同不再另出校。

〔四五〕喪,底卷作"㐮",下同不再另出校。

〔四六〕哀者,底卷原作"者哀",旁加倒乙符號,茲録正。

〔四七〕妄,《劉釋》《山法》指出據《律附音義》及今傳諸本《唐律疏議》應爲"忘"之訛,茲從校;《釋録》《法制文書》同。

〔四八〕昔,底卷作"㫷",下同不再另出校。

〔四九〕遞,底卷作"遙",下同不再另出校。

〔五〇〕父祖,《山法》指出《唐律疏議》等作"祖父"。

〔五一〕闕,《劉釋》《山法》指出據《律附音義》及今傳諸本《唐律疏議》應爲"閒"之訛,茲從校;《釋録》《法制文書》同。又,"競"底卷作"竟",下同不再另出校。

〔五二〕若軍機要速者,《劉釋》《山法》指出《律附音義》及今傳諸本《唐律疏議》"機"作"務",《劉釋》指出當是避李隆基諱所改。又,

《律附音義》及滂嘉齋本、岱南閣本、文化本《唐律疏議》無"者"字。

〔五三〕役，底卷作"伇"，下同不再另出校。

〔五四〕陷，底卷作"䧟"，下同不再另出校。

〔五五〕致，底卷作"致"，下同不再另出校。

〔五六〕以，底卷無，《劉釋》《山法》指出據《律附音義》及今傳諸本《唐律疏議》"行"字前應脱一"以"字，茲從補；《釋録》《法制文書》同。

〔五七〕及，底卷無，《劉釋》《山法》指出據《律附音義》及今傳諸本《唐律疏議》"不"字前應脱一"及"字，茲從補；《釋録》《法制文書》同。又，"遣驛"兩字，底卷爲右行補寫。另，驛，底卷無，《劉釋》《山法》指出據《律附音義》及今傳諸本《唐律疏議》"者"字前應脱一"驛"字，茲從補；《釋録》《法制文書》同。

〔五八〕留以行書，此四字底卷爲右行補寫。又，"稽"字，底卷無，《劉釋》《山法》指出據《律附音義》及今傳諸本《唐律疏議》"程"字前應脱一"稽"字，茲從補；《釋録》《法制文書》同。

〔五九〕者，底卷無，《劉釋》《山法》指出據《律附音義》及今傳諸本《唐律疏議》"馬"字後應脱一"者"字，茲從補；《釋録》《法制文書》同。

〔六〇〕情，底卷無，《劉釋》《山法》指出據《律附音義》及今傳諸本《唐律疏議》"知"字後應脱一"情"字，茲從補；《釋録》《法制文書》同。

〔六一〕十，底卷作"〃"，重文符號。

〔六二〕符節，底卷作"苻卽"，下同不再另出校。

〔六三〕違，底卷作"遧"，《法制文書》作"遲"，誤。

〔六四〕各減二等，底卷原作"各減罪二等"，《劉釋》《山法》指出《律附音義》及今傳諸本《唐律疏議》中無"罪"字。另，底卷相同文義處，均無"罪"字，故"罪"字當爲衍文，不録。

〔六五〕綱，底卷作"緅"，下同不再另出校。

〔六六〕典，《劉釋》《山法》指出據《律附音義》及今傳諸本《唐律疏議》應爲"曲"之訛，茲從校；《釋録》《法制文書》同。

〔六七〕《釋録》於"行"字後補一"者"字，《劉釋》《法制文書》

未補。按,《唐律疏議》本條校注稱:"本條疏文述律即無'者'字",茲從,不補。

〔六八〕者,底卷無,《劉釋》《山法》指出今傳諸本《唐律疏議》"求"字後有一"者"字,茲從補;《釋錄》《法制文書》同。

〔六九〕罪,底卷無,《山法》指出《唐律疏議》等"司"字後有一"罪"字,茲從補。

〔七〇〕者,底卷無,《劉釋》《山法》指出據《律附音義》及今傳諸本《唐律疏議》"死"字後應脱一"者"字,茲從補;《釋錄》《法制文書》同。

〔七一〕各,底卷無,《劉釋》《山法》指出據《律附音義》及今傳諸本《唐律疏議》"者"字後應脱一"各"字,茲從補;《釋錄》未補,《法制文書》同《劉釋》。

〔七二〕勿,《劉釋》《山法》指出據《律附音義》及今傳諸本《唐律疏議》應爲"物"之訛,茲從校;《釋錄》《法制文書》同。

〔七三〕與,底卷爲右行補寫。

〔七四〕糾,底卷作"乣",下同不再另出校。

〔七五〕授訖未上,底卷爲右行補寫。

〔七六〕乘,據《唐律疏議》應爲"剩"字省筆,下同不再另出校。

〔七七〕剩、利,底卷無,《劉釋》《山法》指出據《律附音義》及今傳諸本《唐律疏議》"有"字後應脱一"剩"字,"計"字後應脱一"利"字,茲從補;《釋錄》未補;《法制文書》補作"乘、利"。

〔七八〕契,底卷作"挈",下同不再另出校。

〔七九〕玩,底卷作"翫",下同不再另出校。

〔八〇〕邸店,底卷作"邵店",下同不再另出校。《劉釋》將"邸"錄作"邱",校作"邱",誤。

〔八一〕驅,底卷作"駈",下同不再另出校。

〔八二〕收,底卷作"牧",下同不再另出校。

〔八三〕供,《劉釋》《山法》指出據《律附音義》及今傳諸本《唐律疏議》應爲"借"之訛,茲從校;《釋錄》未校;《法制文書》同《劉釋》。

〔八四〕人,底卷作"〻",重文符號。

〔八五〕婚，底卷作"婚"，下同不再另出校。

〔八六〕○諸，底卷爲右行補寫。

〔八七〕豬，底卷作"豬"，下同不再另出校。

〔八八〕斂，底卷作"歛"，下同不再另出校。

〔八九〕所於，《劉釋》《山法》指出據《律附音義》及今傳諸本《唐律疏議》應爲"於所"，茲從校；《釋錄》《法制文書》同。另，《劉釋》指出今傳諸本《唐律疏議》於"監臨"下多"之"字。

〔九〇〕家，底卷爲右行補寫。

〔九一〕俠，《劉釋》《山法》指出據《律附音義》及今傳諸本《唐律疏議》應爲"挾"之訛，茲從校；《釋錄》《法制文書》同。

〔九二〕聞奏，《劉釋》《山法》指出《律附音義》及今傳諸本《唐律疏議》"聞奏"作"奏聞"，茲從校；《釋錄》《法制文書》同。

〔九三〕凡，底卷作"凢"，下同不再另出校。

〔九四〕長，底卷無，《劉釋》《山法》指出據《律附音義》及今傳諸本《唐律疏議》"家"字後應脱一"長"字，茲從補；《釋錄》《法制文書》同。

〔九五〕者，《釋錄》《法制文書》漏錄。按，《唐律疏議》有此"者"字。

〔九六〕癃，《劉釋》《山法》指出《律附音義》及今傳諸本《唐律疏議》"癃"作"疾"，《劉釋》並指出當是避李隆基諱所改。

〔九七〕者，底卷無，《劉釋》《山法》指出據《律附音義》及今傳諸本《唐律疏議》"役"字後應脱一"者"字，茲從補；《釋錄》《法制文書》同。

〔九八〕罪止徒一年，《劉釋》《山法》指出《律附音義》及今傳諸本《唐律疏議》作"罪止徒一年半"。

〔九九〕正，底卷作"㐫"，下同不再另出校。

〔一〇〇〕聽，底卷作"聴"，下同不再另出校。

〔一〇一〕卅，底卷作" 〻 "，重文符號。

〔一〇二〕減縣罪，底卷原作"減縣者罪"，《劉釋》《山法》指出據《律附音義》及今傳諸本《唐律疏議》"者"字衍，茲從校不錄；《釋錄》照錄；《法制文書》同《劉釋》。

〔一〇三〕以下，底卷無，《劉釋》《山法》指出今傳諸本《唐律疏議》"職"字下有"以下"二字，茲從補；《釋錄》《法制文書》同。

〔一〇四〕者，底卷無，《劉釋》《山法》指出據《律附音義》及今傳諸本《唐律疏議》"情"字後應脫一"者"字，茲從補；《釋錄》《法制文書》同。

〔一〇五〕俗，底卷作"佲"，下同不再另出校。

〔一〇六〕籍，底卷作"箱"，下同不再另出校。

〔一〇七〕及，底卷無，《劉釋》《山法》指出據《律附音義》及今傳諸本《唐律疏議》"子"字後應脫一"及"字，茲從補；《釋錄》《法制文書》同。

〔一〇八〕者，底卷無，《劉釋》《山法》指出據《律附音義》及今傳諸本《唐律疏議》"去"字後應脫一"者"字，茲從補；《釋錄》《法制文書》同。

〔一〇九〕者，底卷無，《劉釋》《山法》指出據《律附音義》及今傳諸本《唐律疏議》"男"字後應脫一"者"字，茲從補；《釋錄》《法制文書》同。

〔一一〇〕兒，底卷作"児"，下同不再另出校。

〔一一一〕姓，《釋錄》《法制文書》作"性"，誤。

〔一一二〕部曲，底卷原作"奴婢"，旁加朱點抹消，又改寫"部曲"，現徑錄改寫文字。《劉釋》認為此處朱點似非因誤書，而係律文改動。《法制文書》則指出，據《唐律疏議》此條律文，《劉釋》所言有誤，此處朱點及補寫文字，應即是表示因誤書而改寫，改寫後內容與《唐律疏議》同。本條下文與此情況相同者，徑錄改寫文字，並出校說明原書文字，《劉釋》《釋錄》《法制文書》校注則不再一一出校說明。

〔一一三〕壓，底卷作"座"，下同不再另出校。

〔一一四〕奴婢，底卷中為右行補寫。又，"良"字，底卷原作"部曲"，旁加朱點抹消，又改寫"良"，現徑錄改寫文字。

〔一一五〕各減一等，底卷原作"減一等"，於右側補寫兩"各"字，據《唐律疏議》補寫第二個"各"衍文，故不錄。

〔一一六〕即壓部曲及放部曲而壓賤者又減一等各還正之，底卷原作"放部曲良還壓部曲者又減一等"，旁加朱點抹消，又改寫"即壓部曲及放部曲而壓賤者又減一等各還正之"，現徑錄改寫文字。

〔一一七〕相冒，底卷原作"冒相"，旁加倒乙符號，茲錄正。又，"者"字，底卷無，《劉釋》《山法》指出據《律附音義》及今傳諸本《唐律疏議》"戶"字後應脫一"者"字，茲從補；《釋錄》《法制文書》同。

〔一一八〕疏，底卷作"疎"，下同不再另出校。

〔一一九〕幼，底卷作"㓜"，下同不再另出校。

〔一二〇〕十，底卷作"〻"，重文符號。

〔一二一〕計所侵，底卷原作"計所侵用"，《劉釋》《山法》指出據《律附音義》及今傳諸本《唐律疏議》"用"字衍文，茲從校，不錄；《釋錄》《法制文書》照錄。

〔一二二〕畝，底卷作"畆"，下同不再另出校。

〔一二三〕十，底卷作"〻"，重文符號。

〔一二四〕耕，底卷作"秔"，下同不再另出校。

〔一二五〕底卷中"一"字前原有"若以上籍同貿易"七字，旁加朱點抹消符號，《劉釋》稱："觀其文義，非因誤書，而係律文改動。"《釋錄》《法制文書》稱，《唐律疏議》中無此七字，此應誤書，朱點表刪除。茲從《釋錄》《法制文書》。

〔一二六〕苗，底卷作"苖"；歸，底卷作"皈"，下同不再另出校。

〔一二七〕貿，底卷作"貧"，下同不再另出校。又，賣，《劉釋》作"買"，誤。

〔一二八〕者，底卷無，《劉釋》《山法》指出今傳諸本《唐律疏議》"田"字後有一"者"字，茲從補；《釋錄》《法制文書》未補。

〔一二九〕底卷中"三畝加一等"右側雜寫"植地三荊會□□□□□□□"等字，與律文無關，故不錄。下同，與律文無關者，直接不錄，不再另出校。

〔一三〇〕若不識，三字底卷殘，據殘存字形及《唐律疏議》補；《劉釋》補；《釋錄》《法制文書》徑錄；《山法》徑錄"若"字，補"不識"二字。

〔一三一〕蠱，《劉釋》《山法》指出據《律附音義》及今傳諸本

《唐律疏議》應爲"蟲"之訛，茲從校；《釋錄》《法制文書》同。

〔一三二〕各以，《釋錄》《法制文書》漏錄。

〔一三三〕桑，底卷作"桒"，下同不再另出校。

〔一三四〕一，底卷無，《劉釋》《山法》指出據《律附音義》及今傳諸本《唐律疏議》"失"字後應脫一"一"字，茲從補；《釋錄》《法制文書》同。

〔一三五〕於，底卷中爲右行補寫。

〔一三六〕還，《劉釋》《山法》指出據《律附音義》及今傳諸本《唐律疏議》應爲"累"之訛，茲從校；《釋錄》《法制文書》同。

〔一三七〕卌，《釋錄》錄作"卅"，誤。

〔一三八〕者，底卷無，《劉釋》《山法》指出據《律附音義》及今傳諸本《唐律疏議》"充"字後應脫一"者"字，茲從補；《釋錄》未補，《法制文書》同《劉釋》。

〔一三九〕同，底卷中爲右行補寫。

〔一四〇〕者，底卷無，《劉釋》《山法》指出據《律附音義》及今傳諸本《唐律疏議》"娶"字後應脫一"者"字，茲從補；《釋錄》《法制文書》同。

〔一四一〕各離之，底卷原作"各等離之"，《劉釋》《山法》指出據《律附音義》及今傳諸本《唐律疏議》"等"字衍，故不錄；《釋錄》《法制文書》同。

〔一四二〕外，底卷無，《劉釋》《山法》指出據《律附音義》及今傳諸本《唐律疏議》"若"字後應脫一"外"字，茲從補；《釋錄》未補；《法制文書》同《劉釋》。

〔一四三〕取，《法制文書》指出據文義及《唐律疏議》應爲"娶"之訛，茲從校；《釋錄》同《法制文書》；《劉釋》錄作"取"；《山法》同《法制文書》。

〔一四四〕（中缺）前爲底卷一伯三六〇八號，其後爲底卷二伯三二五二號。

〔一四五〕赦，底卷作"赥"，下同不再另出校。

〔一四六〕者，底卷無，《劉釋》《山法》指出據《律附音義》及今傳諸本《唐律疏議》"死"字後應脫一"者"字，茲從補；《釋錄》未

一 法典類 / 47

補；《法制文書》同《劉釋》。

〔一四七〕餘親主婚者事由主婚主婚首男女從，底卷無，《劉釋》《山法》指出據《律附音義》及今傳諸本《唐律疏議》"從"字後脫此十五字，茲從補；《釋錄》未補；《法制文書》校同《劉釋》。

〔一四八〕男女男女，底卷作"男〝女〝"，"〝"爲重文符號。又，《釋錄》於"首"字後衍補一"者"字，據《唐律疏議》可知，其所補誤。

〔一四九〕逼，《釋錄》《法制文書》錄作"迫"，誤。

〔一五〇〕及，底卷中爲右行補寫。

〔一五一〕總，底卷作"揔"，下同不再另出校。

〔一五二〕月，底卷作"☯"，武周新字，下同不再另出校。

〔一五三〕牧多少通計爲罪，底卷中"牧、罪"兩字殘，"多少通計爲"五字缺。《劉釋》補"牧、罪"兩字，並指出據《律附音義》及今傳諸本《唐律疏議》此兩字間缺"多少通計爲"五字，茲從補；《山法》《釋錄》《法制文書》同。

〔一五四〕者亦准此，底卷中"者亦准"三字缺，"此"字殘。《劉釋》指出據《律附音義》及今傳諸本《唐律疏議》"牧"字後缺"者亦准此"四字，茲從補；《釋錄》《法制文書》同；《山法》未補。

〔一五五〕底卷中此處缺，《劉釋》指出據《律附音義》及今傳諸本《唐律疏議》此處缺文當作"一百若以故價有增減贓重者計所增減"等十六字，茲從補；《釋錄》《法制文書》《山法》未補。

〔一五六〕己者以盜論，底卷中此五字殘，據殘存字形及《唐律疏議》補；《劉釋》《山法》補；《釋錄》《法制文書》逕錄。

〔一五七〕底卷中此處缺，《劉釋》指出據《律附音義》及今傳諸本《唐律疏議》此處缺文當作"產養療不如法笞卅以故致死者一笞卌三加一等"等二十字，茲從補；《山法》《釋錄》《法制文書》未補。

〔一五八〕應乘，底卷中此兩字殘，茲據殘存字形及《唐律疏議》補；《劉釋》《山法》補；《釋錄》《法制文書》逕錄。又，底卷中"牛"字後缺，《劉釋》指出據《律附音義》及今傳諸本《唐律疏議》當缺"馳驟驢私馱物不得過十斤違者一斤笞十十斤加一"等二十一字，茲從補；《山法》《釋錄》《法制文書》未補。另，"等"字底卷中殘，茲據殘存字形及《唐律疏議》補；《劉釋》《山法》補；《釋錄》《法制文書》徑錄。

〔一五九〕底卷"軍"字前缺，《劉釋》指出據《律附音義》及今傳諸本《唐律疏議》當缺"卅斤違者五斤笞十二十斤加一等罪止徒一年即從"等二十一字，底卷中"二十"均作"廿"，茲改補；《山法》《釋錄》《法制文書》未補。又，"軍"字底卷中殘，茲據殘存字形及《唐律疏議》補；《劉釋》《山法》補；《釋錄》《法制文書》徑錄。另，"征"底卷作"秐"，下同不再另出校。"者"字，底卷無，《劉釋》《山法》指出據《律附音義》及今傳諸本《唐律疏議》"討"字後應脫一"者"字，茲從補；《釋錄》《法制文書》同。

〔一六○〕載，底卷作"薫"，武周新字，下同不再另出校。

八　唐開元二十五年（七三七）名例律疏——十惡條殘卷

伯三五九三

【題解】

本件底卷編號伯三五九三。原底卷首尾俱缺，共存五紙，一百零四行，上勒烏絲欄，每整行字數，前三紙十五至十七字，後兩紙十四至十五字，字跡清楚，背面抄《佛説相好經》。原卷無題，《法藏》題"唐律疏議"；《劉釋》定作"開元名例律殘卷"；《釋錄》《法制文書》定作"唐開元二十五年（公元七三七年）律疏——名例律疏殘卷"；《敘錄》定作"名例律疏殘卷"；《索引》定作"唐律疏議"；《索引新編》定作"唐律疏議卷一（名例律疏殘卷一）"；《山法》定作"名例律疏殘卷"；黃永年《敦煌遺書最新目錄》（以下簡稱《黃目》，臺北：新文豐出版公司一九八六年版）定作"故唐律"。茲據文義擬定今題。

《劉釋》指出本底卷內容乃是《唐律疏議》卷一"名例篇十惡條"之一部分，起"十惡"之疏語，迄"六曰大不敬"之注文。另，《劉釋》《法制文書》等還指出本底卷與北敦〇六四一七號背（河字十七號背）有明確"開元二十五年"紀年的《唐律疏議卷二》"名例"殘卷書寫格式相同，筆跡相似，且本卷第四十九行避唐玄宗李隆基名諱而改"朞"爲"周"，第一〇一行有"寶"字出現，故可推斷此兩殘卷屬同一文卷斷裂爲二者，本卷也應爲開元二十五年（七三七）律疏殘卷。

本件《劉釋》（一〇五——二一）、《山法》（一八—二〇）、《釋錄》（貳五三三—五三九）、《法制文書》（四三—五〇）等有錄文。茲據《法藏》（貳陸三四—三六）影印本及 IDP 彩圖，並參考前人錄文，對底卷重新校錄如下。

（前缺）
☐☐☐☐☐☐☐☐☐☐☐（具十條之名而無十惡之目，開皇）☒☒☒☒（創制，始）備此科[一]，酌於舊典[二]，數存於十。大業有造，復更刊除[三]，十條之內，唯存其八。自武德已來，仍遵開皇，無所損益[四]。

一曰，謀反。
議曰[五]：按《公羊傳》云[六]："君親無將，將而必誅[七]。"謂將有逆心[八]，而害於君父者，則必誅之。《左傳》云："天反時爲災，人反德爲亂。"然王者居宸極之至尊，奉上天之寶命，同二儀之覆載，作兆庶之父母[九]。爲子爲臣，惟忠惟孝。乃敢苞（包）藏凶慝[一〇]，將起逆心，規反天常，悖逆人理，故曰謀反。

注云[一一]：謂謀危社稷。
議曰：社爲五土之神[一二]，稷爲田正也，所以神地道，主司嗇。君爲神主，食乃人天。主泰即神安[一三]，神寧即時稔。臣下將圖逆節，而有無君之心，君位若危，神將安恃。不敢指斥尊号[一四]，故託云社稷。《周禮》云："左祖右社，人君所尊也。"

二曰，謀大逆。
議曰：此條之人，干紀犯順，違道悖德，逆莫大焉，故曰大逆。
注云：謂謀毀宗廟、山陵及官（宫）闕[一五]。
議曰：有人獲罪於天，不知紀極，潛思釋憾，將圖不逞，遂起惡心，謀毀宗廟、山陵及宮闕。宗者，尊也；廟者，貌也。刻木爲主，敬象尊容，置之宮室，以時祭享，故曰宗廟。山陵者，古先帝王因山而葬[一六]，黃帝葬橋山即其事也。或云，帝王之葬，如山如陵，故曰山陵。［宫者］[一七]，天有紫微宮，人君則之，所居之處，故曰宫[一八]。其闕者，《爾雅·釋宫》[一九]云："觀，謂之闕。"郭璞云："宮門，雙闕也。"《周禮・秋官》："正月之吉日，懸政（刑）象之法於象魏[二〇]，使人觀之，故謂之觀。"

三曰，謀叛。注云：謂謀背國從僞。

議曰：有人謀背本朝，將投蕃國，或欲翻城從僞，或欲以地外奔，即如莒牟婁（夷）以牟夷（婁）来奔[二一]，公山弗擾以費叛之類。

四曰，惡逆。

議曰：父母之恩[二二]，昊天罔極[二三]。嗣續妣祖，承奉不輕。梟鏡其心，愛敬同盡，五服至親，自相屠戮[二四]，窮惡盡逆，絶弃人理，故曰惡逆。

注云：謂毆及謀殺祖父母[二五]、父母，殺伯叔父母、姑、兄姊、外祖父母，夫、夫之祖父母、父母。

議曰：毆，謂毆擊；謀，謂計謀[二六]。自伯叔以下，即據殺訖。若謀而未殺，自當不睦之條。惡逆者，常赦不免，決不待時；不睦者，會赦合原，唯止除名而已。以此爲別，故立制不同。其夫之祖父母者，夫之曾、高祖亦同。按喪服［制］[二七]，爲夫曾、高服緦麻。若夫承重，其妻於曾、高祖，亦如夫之父母服周[二八]。故知稱夫之祖父母，曾、高亦同也[二九]。

問曰：外祖父母及夫，據禮有等數不同，具爲分析。

答曰[三〇]：外祖父母但生母身，有服無服，並同外祖父母。所以如此者，律云："不以尊壓及出降"故也。若不生母身者，有服同外祖父母，無服同凡人[三一]。依禮，嫡子爲父後及不爲［父］後者[三二]，並不爲出母之黨服，即爲繼母之黨服，此兩黨俱是外祖父母。若親母死於室，爲親母之黨服，不爲繼母之黨服。此繼母之黨無服，即同凡人。又，妾子爲父後及不爲父後者，嫡母存，爲其黨服；嫡母亡，不爲之（其）黨服[三三]。《禮》云："所從亡則已[三四]"，此既從嫡母而服，故嫡母亡，其黨則已。夫者，依禮有三月廟見，有未廟見，或就婚等三種之夫[三五]，並同夫法。其有剋吉日及定婚夫等[三六]，唯不得違約改嫁。自餘相犯，並同凡人。

五曰，不道。

議曰：安忍殘賊，背違正道，故曰不道。

注云：謂殺一家非死罪三人，支解人。

議曰：謂一家之中，三人被殺，俱無死罪者。若三人之內，有一人合死，及於數家各殺二人，唯合死刑，不入十惡。或殺一家三人，本條罪不至死，亦不入十惡。支解人者，謂殺人而支解，亦據本罪合死者。

注云：造畜蠱毒、厭魅。

議曰：謂造合成蠱，雖非造合乃傳畜之，堪以害人者，皆是。即未成者，不入十惡。厭魅者，其事多端，不可具述，皆謂邪俗陰行不軌，欲令前人疾苦及死者。

六曰，大不敬。

議曰：禮者，敬之本；敬者，禮之輿[三七]。故《禮運》云："禮者，君之柄，所以別嫌明微，考制度，別人（仁）義[三八]。"責其所犯既大，皆無肅敬之心，故曰大不敬。

注云：謂盜大祀神御之物、乘輿服御物。

議曰：大祀者，依《祠令》，昊天上帝、五方上帝、皇地祇、神州、宗廟等爲大祀。《職制律》又云："凡言祀者，祭、享同。"若大祭、大享，並同大祀。神御[之]物者[三九]，謂神祇所御之物。本條注云："謂供神御者，惟帳几杖亦同。"造成未供而盜，亦是。酒醴饌具及籩（籩）豆簠簋之属[四〇]，在神前而盜者，亦入大不敬；不在神所盜者，非也。乘輿服御物者，謂主上服御之物。人主以天下爲家，乘輿巡幸，不敢指斥尊號，故託乘輿以言之。本條注云："服通衾、茵之属，真、副等，皆須監當之官部分擬進，乃爲御物。"

注云：盜及僞□□□（造御寶）[四一]。

□□□□□□□（議曰：《說文》云）[四二]："□□（璽者，印）也[四三]。"古者尊卑共之。□□□□□□□（《左傳》云："襄公自楚）還[四四]，及方城，季武子□□□□□□□□（取卞，使公冶問璽書）[四五]，□□□□（追而予之）[四六]。"□□□□（是其義也）[四七]。

（後缺）

【校記】

〔一〕底卷中"創"字前缺，《劉釋》先補最後"開皇"兩字，並指出據殘卷每整行字數推測，"開皇"兩字上當缺十一字左右，據今傳諸本《唐律疏議》所缺十一字當作"具十條之名而無十惡之目"，茲從補；《釋錄》未補；《法制文書》補"開皇"二字。又，"創制始"三字底卷中殘存左半，茲據殘存字形及《唐律疏議》補；《劉釋》補；《法制文書》逕錄；《釋錄》逕錄"創制"，補錄"始"。另，"備"底卷作"俻"，下同不再另出校。

〔二〕典，《劉釋》指出今傳諸本《唐律疏議》均作"章"。

〔三〕復，底卷作"復"，下同不再另出校。

〔四〕損，底卷作"揁"，下同不再另出校。

〔五〕議曰，《劉釋》指出今傳諸本《唐律疏議》多作"疏議曰"，"疏"字係版刻所增，茲從之。

〔六〕按，《山法》錄作"桉"，校爲"案"。按：清朱駿聲《說文通訓定聲·乾部》云："案，假借按。"下同不再另出校。

〔七〕將，底卷作"将"，下同不再另出校。

〔八〕逆，底卷作"送"，下同不再另出校。

〔九〕作兆庶，底卷作"佐地庶"，下同不再另出校。

〔一〇〕苞，據《唐律疏議》作"包"。按，"苞"通"包"，《莊子·天運》："其形充滿大地，苞裹六極。"陸德明釋文："苞，本或作包。"可參；《劉釋》《釋錄》《法制文書》逕錄作"苞"。又，"藏"底卷作"戠"，下同不再另出校。

〔一一〕云，《唐律疏議》中無，下同不再另出校。

〔一二〕社，底卷作"社"；土，底卷作"圡"，下同不再另出校。

〔一三〕"泰"底卷作"泰"；"安"底卷作"安"，下同不再另出校。

〔一四〕指斥，底卷作"拍厇"，下同不再另出校。

〔一五〕官，《劉釋》指出據今傳諸本《唐律疏議》應爲"宫"之訛，茲從校；《釋錄》《法制文書》同。

〔一六〕葬，底卷作"莾"，下同不再另出校。

〔一七〕宫者，底卷無，《劉釋》指出據今傳諸本《唐律疏議》"天"字前應脫"宫者"二字，茲從補；《釋錄》未補；《法制文書》同《劉釋》。

〔一八〕宫，《釋録》録作"官"，誤。

〔一九〕"爾"底卷作"尒"，"釋"底卷作"釋"，下同不再另出校。

〔二〇〕象，底卷作"象"，下同不再另出校。政，《劉釋》指出據今傳諸本《唐律疏議》應爲"刑"之訛，兹從校；《釋録》録作"政"；《法制文書》同《劉釋》。

〔二一〕《劉釋》指出據今傳諸本《唐律疏議》"牟婁以牟夷"當作"牟夷以牟婁"，《左傳·昭公五年》云："莒牟夷以牟婁以防兹來奔"即原文所本，兹從校；《釋録》《法制文書》同。婁，底卷作叟，下同不再另出校。

〔二二〕恩，底卷作"恩"，下同不再另出校。

〔二三〕罔，底卷作"冈"，下同不再另出校。

〔二四〕戮，底卷作"戮"，下同不再另出校。

〔二五〕殿，底卷作"毆"，下同不再另出校。

〔二六〕計謀，《劉釋》指出今傳諸本《唐律疏議》作"謀計"，《山法》《釋録》《法制文書》均徑録作"計謀"。按，"計謀"與"謀計"義同，兹不改。

〔二七〕制，底卷無，《劉釋》指出據今傳諸本《唐律疏議》"服"字後應脱一"制"字，"爲夫曾、高服緦麻"云云乃唐制，非儀禮喪服也，兹從補；《釋録》未補；《法制文書》同《劉釋》。

〔二八〕周，《劉釋》指出今傳諸本《唐律疏議》"周"作"期"；《法制文書》則指出，"期"即"朞"，音"基"，底卷避李隆基名諱而改。

〔二九〕高，《宋刑統》作"祖"；《山法》録作"高"，校謂"祖"，不必。又，高，底卷作"髙"，下同不再另出校。

〔三〇〕答，底卷作"苔"，下同不再另出校。

〔三一〕凡，底卷作"凢"，下同不再另出校。

〔三二〕嫡，底卷作"嫡"，字誤，兹録正，下同不再另出校。又，"父"底卷無，《劉釋》指出據今傳諸本《唐律疏議》"爲"字後應脱一"父"字，兹從補；《釋録》未補；《法制文書》同《劉釋》。

〔三三〕之，岱南閣本、至正本《唐律疏議》及《附律音義》皆作"其"，《劉釋》認爲"之"應爲"其"之訛；《法制文書》同《劉釋》。

茲從校。

〔三四〕岱南閣本、至正本、滂本《唐律疏議》於"亡"字下多"者"字。按，無"者"字，文義亦通，茲不補。

〔三五〕就，底卷作"尣"，下同不再另出校。

〔三六〕定，底卷作"㝎"，下同不再另出校。

〔三七〕輿，《釋錄》作"與"，誤。

〔三八〕人，據文義當讀作"仁"，《劉釋》徑錄作"人"，並注曰：據《禮記禮運》"仁""人"通；《釋錄》《法制文書》徑錄作"人"。

〔三九〕之，底卷無，《劉釋》指出今傳諸本《唐律疏議》"御"字後均有一"之"字，茲從補；《釋錄》未補；《法制文書》補。

〔四〇〕邊，據文義及《唐律疏議》應作"邊"；《劉釋》《釋錄》《法制文書》均錄作"邊"。

〔四一〕造御寶，底卷左側略有殘泐，茲據殘存字形及《唐律疏議》補；《劉釋》補；《釋錄》《法制文書》徑錄。

〔四二〕議曰說文云，底卷中此五字僅存右側殘筆畫，茲據殘存字形及《唐律疏議》補；《劉釋》補；《釋錄》《法制文書》徑錄。

〔四三〕底卷中"也"字前缺，《劉釋》指出據今傳諸本《唐律疏議》當缺"璽者印"三字，茲從補；《釋錄》未補；《法制文書》同《劉釋》。

〔四四〕底卷中"還"字前缺，《劉釋》指出據今傳諸本《唐律疏議》當缺"左傳云襄公自楚"七字，茲從補；《釋錄》未補；《法制文書》同《劉釋》。

〔四五〕底卷中"子"字後缺，《劉釋》指出據今傳諸本《唐律疏議》當缺"取卞使公冶問璽書"八字，茲從補；《釋錄》《法制文書》未補。

〔四六〕追而予之，底卷中此四字僅存右側殘筆，茲據殘存字形及《唐律疏議》補；《劉釋》補；《釋錄》《法制文書》未補。

〔四七〕底卷中"之"字後缺，《劉釋》指出據今傳諸本《唐律疏議》當缺"是其義也"四字，茲從補；《釋錄》《法制文書》未補。

九　唐開元二十五年（七三七）名例律疏——官當、除名條殘卷

北敦〇六四一七（河字十七號）背

【題解】

本件底卷編號北敦〇六四一七（河字十七號）。原底卷卷首已殘，中部亦有缺失，卷尾完整，共存十紙，一百四十八行，上勒烏絲欄，字甚精美。每整行字數十七至十九字，卷背抄《四分律比丘尼戒本》。原卷卷尾題名曰"律疏卷第二・名例"，《國藏》題"唐律疏議卷二"；《劉釋》定作"開元律疏卷第二名例殘卷"；《索引新編》定作"律疏卷第二名例（尾題）"；《山法》定作"名例律疏殘卷"；《釋録》《法制文書》定作"唐開元二十五年（公元七三七年）律疏——名例律疏殘卷"。茲據文義擬定今題。

《劉釋》指出本底卷內容乃是《唐律疏議》卷二"名例"最後兩條，即"官當條"之一部分和"除名條"之全部。底卷卷尾列有奏上年月"開元廿五年六月廿七日"及刊定官王敬從、俞元祀、陳承信、霍晃、牛仙客、李林甫等人姓名。其所載年月及刊定官員與《册府元龜》卷六一二《刑法部・定律令》、《唐會要》卷三九《定格令》、《舊唐書》卷五十《刑法志》、《通典》卷一六五《刑制下》等所載大體相同，所不同者：一是底卷中"霍晃"，《册府元龜》《唐會要》作"崔冕"，《舊唐書》作"崔見"，《新唐書》卷五八《藝文志》作"崔晃"；二是底卷中"俞元祀"，《唐會要》《舊唐書》《新唐書》均作"俞元杞"，《册府元龜》作"俞元祀"；三是底卷中作"開元廿五年六月廿七日上"，《唐會要》《册府元龜》等作"開元二十五年九月一日"。《劉釋》認為底卷所載應為奏上之年月日，而《唐會要》等所載乃是頒下之年月日；《法制文書》則認為底卷所載應為律疏卷第二"名例"所上之日，而《唐會要》等所載應為律疏三十卷奏上之日。

另，《劉釋》指出本底卷書寫工整，校訂精審，所用之紙乃是唐尚書省之官文書所用染黃紙，故推測其應為尚書省頒往沙州之官文書。關於底卷的書寫時間，日本學者仁井田陞則認為大體可推定是長慶元年（八

二四年）以前的寫本。①

本底卷與伯三五九三號格式相同，字跡相近，應屬同一寫卷斷裂爲二者。

本件《劉釋》（一二三——三三）、《山法》（一〇——一四）、《釋錄》（貳五二一——五二七）、《法制文書》（五五——六四）等有錄文。茲據《國藏》（捌陸三二七——三三六）影印本及IDP彩圖，並參考前人錄文，對底卷重新校錄如下。

（前缺）

□（爲）▨▨▨▨▨▨▨▨▨（一官；勳官，即正從各一官。）[一]

又云：先以高者當。注云：若去官未敍，亦准此。[二]

議曰：先以高者當，謂職事等三官內，取最高者當之[三]。[若]去官未敍者[四]，謂以理去任，及雖不以理去任，告身不追者[五]，亦同。並准上例，先以高者當。

問曰：律云"若去官未敍，亦准此。"或有去官未敍之人而有事發，或罪應官當以上，或不至官當，別敕令解[六]，其官當、敍法若爲處分？

答曰：若本罪官當以上[七]，別條云"以理去官与見任同"，即依官當之法[八]；若本罪不至官當，不追告身，敍法依考解例，周年聽敍[九]，不降其品。從見任解者，敍法在《獄官令》；先已去任，本罪不至解官，奉敕解者，依《刑部式》，敍限同考解例。本犯應合官當者，追毀告身。

又云：次以勳官當。

議曰：假有六品職事官兼帶勳官柱國以下（上）[一〇]，犯私罪流，例減一等，合徒三年。以六品職事當徒一年，次以柱國當徒二年之類[一一]。

問曰：假有人任三品、四品職事，又帶六品以下勳官，犯罪應官當者，用三品職事當訖，次用何官當[一二]？

---

① 仁井田陞、牧野巽：《故唐律疏議製作年代考》，載律令研究會編《譯注日本律令》（一・首卷），東京堂一九七八年版。

答曰：律云"先以高者當"，即是職事、散官、衛官中，取最高品當訖；次以勳官當[一三]，即須用六品勳官當罪，不得復用四品職事當之。

又云：行、守者，各以本品當，仍各解見任。

議曰：假有從五品下行正六品[一四]，犯[徒]二年半私⊠（罪）[一五]，例減一等，猶徒二年，以本階從五品當[徒]二年[一六]，仍解六品見任。其有六品散官，守五品職事，亦犯私罪徒二年半者[一七]，亦用本品當徒一年[一八]，餘徒收贖，解五品職事之類。

問曰：先有正六品上散官上守職事五品，或⊠（有）從五品官下行正六[品]上[一九]，犯徒當罪，若爲追毀告身？

答曰：律云"行、守者"，各以本品當，仍各解見任。其正六[品]上散官守五品者[二〇]，所守別無告身[二一]，既用六品官當，即与守官俱奪[二二]。若五品行六品⊠（者）[二三]，□（以）五品當罪[二四]，直解六品職事，其應當罪告身同階者，悉合追毀[二五]。

又云：若有餘罪及更犯者，聽以厯（歷）任之官當[二六]。

注云：厯（歷）任，謂降所不至者。

議曰：若有餘罪者，謂二官當罪之外，仍有餘徒；或當罪雖盡而更犯法，未經科斷者[二七]，[聽]以歷任降所不至告身[二八]，以次當之。

又云：其流内官而任流外職犯罪，以流内官當，及贖徒年者[二九]，各解流外任。

議曰：假有勳官任流外職者，犯徒以上罪，以勳官當之。或犯徒用官不盡者而贖一年徒以上者[三〇]，各解流外任。

諸犯十惡、故殺人、反逆緣坐[三一]。

議曰，十惡，[謂]謀反以下[三二]，内亂以上者。故殺人，謂不因鬥競而故煞者[三三]；謀殺人已殺訖，亦同。餘條稱以謀煞、故殺論[三四]，及云從謀煞、故殺等，殺訖者，皆准此。其部曲、奴婢等[三五]，非。案《賊盜律》："殺一家非死罪三人"，注云："奴婢、部曲，非。"其故殺妾，及舊部曲、奴婢經放爲良，本條雖罪不至死，亦同故殺之例。反逆緣坐者，謂緣⊠（謀）反及大逆人[三六]，得流罪以上者。

注云：本應緣坐，老、疾免者，亦同。

議曰：謂緣坐之中，有男夫年八十及篤疾[三七]，婦人年六十及廢疾，雖免緣坐之罪，身有官品者，亦各除名。

問曰：帶官應合緣坐，其身先亡，子孫後犯反逆，亦合除名以不[三八]？

答曰：緣坐之法，唯據生存。出養、入道尚不☒（緣）坐[三九]，無宜先死，到遺除名。理務弘通，告身☒（不）合追毀[四〇]。告身雖不合［追］毀[四一]，不合爲蔭[四二]。

又云：獄成者，雖會赦猶除名。注云：獄成，謂贓狀露驗[四三]，及尚書省斷訖未奏者。

議曰：犯十惡等罪，獄成之後，雖會大赦，猶合除名。獄若未成，即從赦免。注云：贓狀露驗者，贓謂所犯之贓，見獲本物[四四]；狀謂煞人之類，得狀爲驗。雖在州縣，並名獄成。及尚書省斷訖未奏者，謂刑部覆斷訖，雖未經奏[四五]，亦爲獄成。此是赦後除名，常赦不免之例。

又云：即監臨主守，於所監守內犯奸、盜、☒（略）□（人）[四六]，若受財而枉法者，亦除名。法云：奸，謂犯良人；盜及枉法，謂贓一疋者。獄成會赦者，免所居官。[四七]

議曰：監守內奸，謂犯良人；盜及枉法，謂贓一疋者；略人者，不和爲略，十歲以下[四八]，雖和亦同略法。律文但稱略人[四九]，即不限將爲良賤。獄成者，亦同上法除名。會赦者，免所居官。此是赦後仍免所居之一官，亦爲常赦所不免。

問曰：監守內略人，罪當除名之色。奴婢例☒☒（非良）人之限[五〇]，若監守內略部曲亦合除名以不？

答曰：據殺一家非死罪三人乃入不道，奴婢、部曲不同［良］人例[五一]；强盜若傷財主部曲，即同良人。各於當條見義，亦無一定之理。今略良人及奴婢，並合除名。舉略奴婢是輕，計贓入除名之法；略部曲是重，明知亦合除名。又《鬭訟律》[五二]："毆傷部曲，減凡人一等；奴婢，又減一等。"又令云[五三]："轉易部曲事人，聽量酬衣食之直。"既許酬衣食之直，必得一疋以上，准贓即同奴婢論罪，又減良

（空白五行）[五四]

▨▨▨▨▨▨▨▨▨▨▨▨▨▨（依已分法。其有共謀受者，不同元受之例，不合）併贓得罪[五五]，各依已分，爲首、從科之。

注云：會降者，同免官法。

議曰：降既節級減罪，不合悉原，故降除名之科，聽從免官之法。假令降罪悉盡，亦依免官之例。即降後重斷，仍未奏盡（畫）[五六]，更逢赦降，猶合免所居之官。

又云：其雜犯死罪，即在禁身死，若免死別配，及背死逃亡者[五七]，並除名。注云：皆謂本犯合死而獄成者。

議曰：其雜犯死罪，謂非上文十惡、故煞人，反逆緣坐，監守內奸、盜、略人、受財枉法中死罪者。[即]在禁身死者[五八]，謂犯法合死[五九]，在禁身亡。[若]免死別配者[六〇]，謂本犯死罪，蒙恩別配流、徒之類。及背死逃亡者[六一]，謂身犯死罪，背禁逃亡。此等四色，所犯獄成，並從除名之律，故注云："▨▨（皆謂）本犯合死而獄成者[六二]。"其背死逃亡者，即斷死▨（除）名[六三]，依法奏盡不待身至[六四]。其下文犯流、徒，獄成逃走，[亦]准此[六五]。

又云：會降者，聽從當、贖法。

議曰：雜犯死罪以下，未奏畫逢降，有官者聽官當，有蔭者依贖法。本法不得蔭贖者，亦不在贖限。其會赦者，依令解見任職事。

問曰：文云[六六]："十惡、故殺人、反逆緣坐，會赦猶除名；雜犯死罪等，會降從當、贖法。"若有別蒙放，及會慮減罪，得同赦、降以不？

答曰：若使普覃惠澤，非涉殊私，雨露平分，自依恒典[六七]。如有特奉鴻恩，總蒙原放[六八]，非常之斷，人主專之。爵命並合[如]初[六九]，不同赦、降之限。其有會慮減罪，計与會降不殊。當免之科，須同降法。慮若全免，還從特放之例。

又問：加役流以下五流，犯者除名、配流如法，未知會赦及降，若爲處分？

答曰：會赦猶流，常赦所不免，雖會赦、降，仍依前除名、配流。其不孝流、反逆緣坐流，雖會赦，亦除名。子孫犯過失流，會赦免罪；會降有官者，聽依當、贖法。其加役流，犯非一色，入十惡者，雖會赦、降，仍除名[七〇]；稱以枉法論、監守內以盜論者，會赦免所居官，會降同免官法[七一]；自餘雜犯，會赦從原，會降依當、贖法。凡斷罪之法，應例減者，先減後斷。其五流先不合減者，雖會降後，亦不減科[七二]。

  律疏卷第二[七三] 名例
   開元廿五年六月廿七日知刊定中散大夫、御史中丞、上柱國臣王敬從上[七四]
   刊定法官宣義郎、行滑州酸棗縣尉、明法直刑部武騎尉臣俞元祀[七五]
   刊定法官通直郎、行衛州司戶參軍事、明法直中書省護軍臣陳　承信[七六]
   刊定法官承議郎、前行左武衛冑曹參軍事、飛騎尉臣霍　晃[七七]
   銀青光祿大夫、守工部尚書、同中書門下三品、上柱國、隴郡開國公、知門下省事臣牛仙客
   兵部尚書兼中書令、集賢院學士修國史、上柱國、成紀縣開國男臣李林甫

【校記】

〔一〕底卷中"一"字前缺一字，《劉釋》指出據今傳諸本《唐律疏議》所缺當是"爲"字，茲從補；《山法》未錄；《釋錄》未補；《法制文書》補同《劉釋》。又，"一官勳官即正從各一官"，底卷中此十字僅存左側殘筆畫，茲據殘存字形及《唐律疏議》補；《劉釋》補；《釋錄》《山法》未錄；《法制文書》徑錄。

〔二〕注云若去官未敘亦准此，《劉釋》《山法》指出今傳諸本《唐律疏議》中無"注云"二字，且其後注文作雙行小字。下同，不再另作說明。

〔三〕最，底卷作"寂"，下同不再另出校。

〔四〕若，底卷無，《劉釋》《山法》指出今傳諸本《唐律疏議》於"去"字前有一"若"字；《釋錄》《法制文書》均未補。按，前注文中有"若"字，茲補。

〔五〕底卷中"任"與"告"字之間原有六至七字衍文，後刮去。又，"追"底卷作"追"，下同不再另出校。

〔六〕"敕"底卷作"勅"，"解"底卷作"觧"，下同不再另出校。

〔七〕本，底卷作"夲"，下同不再另出校。

〔八〕《劉釋》《山法》指出"即依官當之法"，今傳諸本《唐律疏議》作"即依以官當徒之法，用官不盡，一年聽敘，降先品一等；若用

一　法典類　/　61

官盡者，三載聽敘，降先品二等"，《劉釋》認爲此乃是開元二十五年（七三七）定律疏所刊削者。

〔九〕周，《劉釋》《山法》指出今傳諸本《唐律疏議》作"期"。按，底卷應是避李隆基名諱而改"期"爲"周"。

〔一〇〕兼，底卷作"燕"，下同不再另出校。又，"下"字，《劉釋》《山法》指出據今傳諸本《唐律疏議》應爲"上"之訛，茲從校；《釋錄》未改；《法制文書》同《劉釋》。

〔一一〕類，底卷作"類"，下同不再另出校。

〔一二〕用，《劉釋》《山法》指出今傳諸本《唐律疏議》作"以"。按，"用""以"義同，茲不改。

〔一三〕以，底卷中爲後補寫。

〔一四〕正，《法制文書》漏錄。

〔一五〕徒，底卷無，《劉釋》《山法》指出據今傳諸本《唐律疏議》"犯"字後應脱一"徒"字，茲從補；《釋錄》未補；《法制文書》同《劉釋》。又，"罪"字，底卷中殘存上部殘筆畫，茲據殘存字形及《唐律疏議》補；《劉釋》補；《山法》《釋錄》《法制文書》徑錄。

〔一六〕從五品，《劉釋》《山法》指出今傳諸本《唐律疏議》中"品"字下多一"官"字。按，有無"官"字，義同，茲不補；《釋錄》《法制文書》均未補。又，"徒"字，底卷無，《劉釋》指出據今傳諸本《唐律疏議》"當"字後應脱一"徒"字，茲從補；《釋錄》未補；《法制文書》同《劉釋》。

〔一七〕徒二年半者，底卷原作"二年半徒者"，《劉釋》《山法》指出據今傳諸本《唐律疏議》底卷中"徒"與"二年半"互倒，茲從校，徑錄正；《釋錄》《法制文書》均作"二年半徒者"。

〔一八〕本品，《劉釋》《山法》指出今傳諸本《唐律疏議》中"品"字下多一"官"字。按，有無"官"字，義同，茲不補。《釋錄》《法制文書》均未補。

〔一九〕有，底卷中殘存上部殘筆畫，茲據殘存字形及《唐律疏議》補；《劉釋》補；《山法》《釋錄》《法制文書》徑錄。又，"品"字底卷無，《劉釋》《山法》指出據滂熹齋本《唐律疏議》"六"字後應脱一"品"字，茲從補；《釋錄》《法制文書》均補。

〔二〇〕品，底卷無，《劉釋》《山法》指出據今傳諸本《唐律疏議》"六"字後應脱一"品"字，兹從補；《釋録》《法制文書》均補。

〔二一〕別無，底卷原作"無別"，《山法》指出《唐律疏議》作"別無"，《釋録》《法制文書》據《唐律疏議》校作"別無"，兹從校。

〔二二〕奪，底卷作"奪"，下同不再另出校。

〔二三〕者，底卷中僅殘存上部殘笔畫，兹據殘存字形及《唐律疏議》補；《劉釋》補；《山法》《釋録》《法制文書》徑録。

〔二四〕以，底卷缺，《劉釋》《山法》指出據今傳諸本《唐律疏議》"者"字下當作"以"，兹從補；《釋録》《法制文書》均補。

〔二五〕悉，底卷作"恣"，下同不再另出校。

〔二六〕暦，《劉釋》《山法》指出據今傳諸本《唐律疏議》應爲"歷"之訛，兹從校；《釋録》同《劉釋》；《法制文書》未改。下同不再另出校。

〔二七〕斷，底卷作"斵"，下同不再另出校。

〔二八〕聽，底卷缺，《劉釋》《山法》指出據今傳諸本《唐律疏議》所缺當作"聽"字，兹從補；《釋録》《法制文書》均補。又，"歷"底卷作"歴"，下同不再另出校。

〔二九〕徒年，《釋録》《法制文書》皆補作"徒一年"。按，劉俊文點校《唐律疏議》稱："本條疏文云'或犯徒用官不盡而贖一年徒以上者'，可證止作'贖徒一年者'非"，兹從不補。

〔三〇〕不盡，底卷原作"不盡者"。《劉釋》指出至正本、岱南閣本、文化本《唐律疏議》中均無"者"字，底卷"者"字恐衍。按，此"者"字與下文"贖一年徒以上者"之"者"字重複，應爲衍文，兹不録；《釋録》照録；《法制文書》校作衍文；《山法》録作"盡者"，並指出岱南閣本《唐律疏議》作"盡□"。

〔三一〕坐，底卷作"坐"，下同不再另出校。

〔三二〕謂，底卷無，《劉釋》《山法》指出據今傳諸本《唐律疏議》"謀"字前應脱一"謂"字，兹從補；《釋録》未補；《法制文書》補。

〔三三〕鬭，底卷作"鬪"，下同不再另出校。

〔三四〕底卷中"煞"與"故"字之間原有三字衍文，後刮去。

〔三五〕等，《山法》指出《唐律疏議》作"者"。

〔三六〕謀，底卷中此字僅殘存右上角殘笔畫，茲據殘存字形及《唐律疏議》補；《劉釋》《山法》補；《山法》《釋録》《法制文書》徑録。

〔三七〕男底卷作"㝍"；篤，底卷作"笃"，下同不再另出校。

〔三八〕不，《劉釋》《山法》指出今傳諸本《唐律疏議》作"否"。按，據文義"不""否"互通，茲不改，下同不再另出校。

〔三九〕緣，底卷中此字僅殘存右下角殘笔畫，茲據殘存字形及《唐律疏議》補；《劉釋》《山法》補；《釋録》《法制文書》徑録。

〔四〇〕不，底卷中此字僅殘存左上角殘笔畫，茲據殘存字形及《唐律疏議》補；《劉釋》《山法》補；《釋録》徑録；《法制文書》補。

〔四一〕追，底卷無，《劉釋》《山法》指出據今傳諸本《唐律疏議》"毁"字前疑脱一"追"字，茲從補；《釋録》未補；《法制文書》補。

〔四二〕不合爲蔭，《劉釋》《山法》指出今傳諸本《唐律疏議》作"亦不得以蔭"。

〔四三〕驗，底卷作"騐"，下同不再另出校。

〔四四〕獲，底卷作"獲"，下同不再另出校。

〔四五〕雖未經奏，《劉釋》《山法》指出今傳諸本《唐律疏議》於"奏"字下多一"者"字。按，從文義來看，"雖未經奏者"與前文"尚書省斷訖未奏者"，"者"字重復，茲不補；《釋録》《法制文書》未補。

〔四六〕略人，底卷中"略"字僅殘存上部殘笔畫，茲據殘存字形及《唐律疏議》補；《劉釋》《山法》補；《釋録》《法制文書》徑録。"人"字底卷缺，《劉釋》《山法》指出據今傳諸本《唐律疏議》"略"字下當作"人"，茲從補；《釋録》未補；《法制文書》補。

〔四七〕獄成會赦者免所居官，《唐律疏議》中此九字爲大字正文，其下有雙行小字注："會降者，同免官法"。底卷抄寫有訛漏。

〔四八〕十，《劉釋》《山法》指出今傳諸本《唐律疏議》於"十"字前多一"年"字。按，有無"年"字，文義同，茲不補；《釋録》《法制文書》均未補。

〔四九〕但，底卷作"伹"，下同不再另出校。

〔五〇〕非良，底卷中殘，茲據殘存字形及《唐律疏議》補；《劉釋》補；"非"字《山法》《釋録》《法制文書》徑録；"良"字《山法》出校，《釋録》《法制文書》補。

〔五一〕良，底卷無；《劉釋》《山法》指出據今傳諸本《唐律疏議》"人"字前應脫一"良"字，茲從補；《釋錄》《法制文書》補。

〔五二〕鬭訟律，《劉釋》《山法》指出今傳諸本《唐律疏議》中"律"字下多一"云"字。

〔五三〕令云，底卷原作"云令"，旁加倒乙符號，茲錄正。

〔五四〕底卷中此處有五行空白。劉俊文《敦煌吐魯番發現唐寫本律及律疏殘卷研究》（載《敦煌吐魯番文獻研究論集》，中華書局一九八二年版）一文中曾考證曰："經筆者親自檢視，此卷全長共十四紙，其第一、二、三、四、五、七、八、九紙染黃紙，幅高二六点五公分，上勒烏絲欄……其餘第六、十、十一、十二、十三、十四紙普通白麻紙，幅高同，然空白無字。查卷子之另一面，與此天地同、左右逆者，《四分律比丘尼戒本》殘卷，該卷自第二紙起，連書無中斷。因而可以推知，律疏乃正面，書寫在先；《四分律比丘尼戒本》乃背面，書寫在後。書寫《四分律比丘尼戒本》時，始則以普通白麻紙，書完五紙後，因紙不夠用，乃取律疏之背面接書，故造成律疏殘卷第九紙以後紙質不同、空白無字之現象。又《四分律比丘尼戒本》書完校訂時，發現其第八紙後部（即律疏殘卷之第七紙前部），有六行字錯誤，遂裁割去，而以普通白麻紙補貼重書之，故造成律疏殘卷第六紙與前後紙紙質不同、空白無字，而第五、第七紙文字不相連屬，闕有五行，第七紙尚存因裁割而遺留之半行殘跡。"另，《劉釋》指出據今傳諸本《唐律疏議》，此處所缺五行文字當作"人。今准諸條理例除名，故合理。又問：依律，共盜者併贓論。其有共受枉法之贓，合併贓科罪否？（按，據底卷用語習慣'否'當作'不'。）答曰：枉法條中無併贓之語，唯云官人受財，復以所受之財分求餘官，元受者併贓論，餘各"。

〔五五〕依已分法其有共謀受者不同元受之例不合，底卷中此十八字僅殘存左部殘筆畫，茲據殘存字形及《唐律疏議》補；《劉釋》補；《釋錄》未補"依"及"同元受之"等字；《山法》未補"同元受之"；《法制文書》徑錄。

〔五六〕盡，《劉釋》《山法》指出據今傳諸本《唐律疏議》應爲"畫"之訛，茲從校；《釋錄》徑錄作"畫"；《法制文書》同《劉釋》。

〔五七〕逃，底卷作"迯"，下同不再另出校。

〔五八〕即，底卷無，《劉釋》《山法》指出今傳諸本《唐律疏議》中於"在"字前多一"即"字。按，上文律文作"即在禁身死者"，茲據補；《釋錄》《法制文書》未補。

〔五九〕法，《劉釋》《山法》指出今傳諸本《唐律疏議》作"罪"。按，"法""罪"義同，茲不改。

〔六〇〕若，底卷無，《劉釋》《山法》指出滂熹齋本、文化本《唐律疏議》中"免"字上有一"其"字，至正本、岱南閣本《唐律疏議》"免"字上有一"若"字。按，上文律文作"若免死"，茲據補；《釋錄》《法制文書》未補。

〔六一〕逃，底卷作"迯"，下同不再另出校。

〔六二〕皆謂，底卷中此兩字殘，茲據殘存字形及《唐律疏議》補；《劉釋》《山法》補；《釋錄》《法制文書》徑錄。

〔六三〕除，底卷中此字殘，茲據殘存字形及《唐律疏議》補；《劉釋》《山法》《釋錄》《法制文書》徑錄。

〔六四〕依法，底卷中原作"依注法"，《劉釋》《山法》指出據今傳諸本《唐律疏議》"注"字應衍，茲從校，不錄；《釋錄》照錄；《法制文書》同《劉釋》。

〔六五〕亦，底卷無，《劉釋》《山法》指出今傳諸本《唐律疏議》中"准"字前多一"亦"字；《釋錄》《法制文書》未補。按，據文義看，當補。

〔六六〕文云，《釋錄》《法制文書》於"文"字前補一"上"字。按，《唐律疏議》此條校注云："'文'字上原有'上'字，據敦煌寫本河字十七號（即本底卷）刪。按，'文云'下所引即本條律文。"茲從，不補。

〔六七〕恒，《劉釋》《山法》指出今傳諸本《唐律疏議》中"恒"均作"常"，《劉釋》並指出爲避宋真宗名諱所改。

〔六八〕總，底卷作"惚"，下同不再另出校。

〔六九〕爵，底卷作"爵"，下同不再另出校。又，"如"字底卷無，《劉釋》《山法》指出據今傳諸本《唐律疏議》"初"字前應脱一"如"字，茲從補；《釋錄》《法制文書》補。

〔七〇〕仍除名，《劉釋》《山法》指出今傳諸本《唐律疏議》中作"仍合除名"；《法制文書》未補。按，"仍除名"與"仍合除名"義同，茲不補。

〔七一〕免官法，《劉釋》《山法》指出今傳諸本《唐律疏議》中作"免官之法"；《法制文書》未補。按，"免官法"與"免官之法"義同，茲不補。

〔七二〕不減科，《劉釋》《山法》指出今傳諸本《唐律疏議》中作"不合減科"；《法制文書》未補。按，"不減科"與"不合減科"義同，茲不補。

〔七三〕疏，底卷作"踈"，下同不再另出校。

〔七四〕廿，底卷作"廿"，下同不再另出校。另，《釋錄》中"廿"皆作"二十"，非原形。又，"開元廿五年六月廿七日"，《劉釋》指出《唐會要》卷三九《定格令》作"開元二十五年九月一日復刪緝舊格式律令"，《通典》卷一六五《刑制下》、《舊唐書》卷五〇《刑法志》、《册府元龜》卷六一二《刑法·定律令四》均作"開元二十五年九月奏上之"，疑諸書所載皆誤，蓋以頒下之日奏上之日矣；《法制文書》則認爲底卷所載"六月廿七日"爲律疏卷第二"名例"所上之日，諸書所載"九月一日"則爲律疏三十卷奏上之日。

〔七五〕俞元祀，《劉釋》指出《唐會要》卷三九《定格令》、《舊唐書》卷五〇《刑法志》均作"俞元杞"，疑訛。另，《新唐書》卷五八《藝文志》也做"俞元杞"。

〔七六〕行，《釋錄》漏錄。又，"参"底卷作"叅"，下同不再另出校。

〔七七〕曹，底卷作"曺"，下同不再另出校。又，"霍晃"，《唐會要》卷三九《定格令》作"崔冕"，《舊唐書》卷五十《刑法志》作"崔見"，《册府元龜》卷六一二《刑法部·定律令》作"霍冕"，《新唐書》卷五八《藝文志》作"崔晃"；《劉釋》疑當以底卷是。

一〇　唐開元二十五年（七三七）賊盜律疏——謀反大逆條斷片

斯六一三八

【題解】

本件底卷編號斯六一三八。原底卷首尾皆缺，共存八行，其中六行殘缺，每整行字數十四—十五字，上勒烏絲欄，卷背空白無字。原卷無題，《英藏》題"律疏（賊盜律疏）"；《索引》定作"律令疏擬"；《索引新編》定作"賊盜律疏殘卷"；《劉釋》定作"開元賊盜律疏斷片"；《山法》定作"盜賊律疏斷片（謀反大逆條）"；《釋録》《法制文書》定作"唐開元二十五年（公元七三七年）律疏——賊盜律疏斷片"。茲據文義擬定今題。

《劉釋》指出本底卷内容乃是《唐律疏議》卷一七"賊盜"篇"謀反大逆"條疏文之一部分，並指出本底卷字體爲開元天寶之際風格，書寫格式亦與前述諸開元律疏殘卷無異，估計所載爲開元二十五年律疏。《山法》《法制文書》同樣認爲其應爲開元二十五年律疏，茲從。

本件《劉釋》（一六五—一六六）、《山法》（二一）、《釋録》（貳五四〇）、《法制文書》（七五—七六）等有録文。茲據《英藏》（拾九八）影印本，並參考前人録文，對底卷重新校録如下。

　　（前缺）
　　▢▢▢（不能驅率得人，雖有）反謀[一]，無能爲害▢▢▢▢（者，亦皆斬）[二]，父子、母女、妻妾並流三千里。▢▢（資財）不在没限[三]。故（注）云[四]：謂結謀真實而▢（不）能爲害者[五]，若自述休徵[六]，言身有善應；或假託靈異，妄稱兵馬；或虚論反狀，妄説反由[七]，如此傳惑▢▢（衆人）[八]，而無真狀可驗者，自從妖法。▢（謂）▢▢▢▢▢（一身合絞，妻子）不▢▢（合緣坐。謀大逆者，絞，上文大逆即）[九]
　　（後缺）

【校記】
　〔一〕底卷中"反"字前缺，《劉釋》指出據底卷每整行字數，當缺八字左右，據今傳諸本《唐律疏議》所缺當是"不能驅率得人雖有"，茲從補；《山法》補；《釋録》《法制文書》未補。

　〔二〕底卷中此處缺四字，《劉釋》指出據今傳諸本《唐律疏議》所缺當是"者亦皆斬"，茲從補；《山法》《釋録》《法制文書》補。

　〔三〕底卷中"不"字前缺二字，《劉釋》指出據今傳諸本《唐律疏議》所缺當是"資財"，茲從補；《山法》《釋録》《法制文書》補。

〔四〕故，《劉釋》《山法》指出岱南閣本《唐律疏議》作"注"。按，下述即本條律注，應以"注"爲是，茲從校；《釋錄》作"故"；《法制文書》同《劉釋》。

〔五〕底卷中"能"字前缺一字，《劉釋》指出據今傳諸本《唐律疏議》所缺當是"不"，茲從補；《山法》《釋錄》《法制文書》補。

〔六〕休徵，底卷作"休徵"，下同不再另出校。

〔七〕説，底卷作"說"，下同不再另出校。

〔八〕衆人，底卷中此二字殘存右半，茲據殘存字形及《唐律疏議》補；《劉釋》《山法》補；《釋錄》《法制文書》徑錄。

〔九〕謂，底卷中此字殘存右上角殘笔畫，茲據殘存字形及《唐律疏議》補；《劉釋》《山法》補；《釋錄》《法制文書》徑錄。又，底卷中"不"字前缺六字，《劉釋》指出據今傳諸本《唐律疏議》所缺當是"一身合絞妻子"，茲從補；《山法》《釋錄》《法制文書》補。另，底卷中"不"字後缺，《劉釋》先於"不"字下補錄一"合"字，並指出據底卷每整行字數，"合"字下當缺十二字左右，據今傳諸本《唐律疏議》所缺文字當是"緣坐謀大逆者絞上文大逆即"，茲從補；《山法》補；《釋錄》《法制文書》未補。

一一　唐開元二十五年（七三七）雜律疏——毀人碑碣石獸等條殘卷

羽二十

【題解】

本件底卷編號羽二十。原底卷首尾皆缺，存四紙，共八十行，每整行字數十六—十七字，上勒烏絲欄，卷背抄"四分律並論要用抄卷上"。原卷無題，《敦笈》題"開元律疏議雜律卷第二十七·毀人碑碣石獸條"；《劉釋》定作"李氏舊藏開元雜律疏殘卷"；《山法》定作"雜律疏殘卷"；《釋錄》《法制文書》定作"唐開元二十五年（公元七三七年）律疏——雜律疏殘卷"。茲據文義擬定今題。

《劉釋》指出本底卷內容乃是《唐律疏議》卷二七"雜律"篇"毀人碑碣石獸"條之一部分和"停留請受軍器條""棄毀亡失官私器物條""亡失符印求訪條"以及"得宿藏物隱而不送條"之一部分。《法制文書》指出本底卷書寫格式與前述北敦〇六四一七（河字十七號）開元二十五年律疏殘卷相同，字跡相似，且卷中多次出現"寶""制"等字，因而可以推斷，所載當爲開元二十五年律疏。《山法》《劉釋》同《法制文書》，茲從。

本件《劉釋》（一六九——一七四）、《山法》（一五——一七）、《釋錄》（貳五二七—五三二）、《法制文書》（七七—八二）等有錄文。茲據《敦笈》（壹一七三——一七四）影印本，並參考前人錄文，對底卷重新校錄如下。

（前缺）

者，計庸坐贓論，各令☒（修）立[一]。誤損毀者，但令修立，不坐。

議曰：《喪葬令》："五品以上聽立碑，七品以上立碣，塋域之內，亦有石獸。"其有毀人碑碣及石獸者，徒一年。即毁人廟主者，加一等，徒一年半。其有用功修造之物，謂樓、觀、垣、壂（墼）之類[二]，而故損毁者，計修造功庸坐贓論，謂十疋徒一年，十疋加一等，仍令依舊修立。若誤毁損者，但令修立，不坐。

諸請受軍器，事訖停留不輸者，十日杖六十，十日加一等，百日徒一年；過百日不送者，減私有罪二等。其弃毁者，准盗論。

議曰：請受軍器，謂鍪、甲、矟、弩、弓、箭之類。征戌事訖，停留不輸者，十日杖六十，十日加一等，百日徒一年；過百日不送者[三]，減私有罪二等。《擅興律》："私有甲一領，流"［上］減二等[四]，徒二年半之類。其有或弃或毁者，准盗論，各依《［賊］盗律》[五]："盗甲、弩者，流二千里；禁兵器，徒二年。"如此之類，並准盗法。

又云：若亡失及誤毁傷者，以十分論，亡失一分，毁傷二分，杖六十；亡失二分，毁傷四分，杖八十；亡失三分，毁傷六分，杖一百。即不滿十分者，一當一分論。其經戰陣而損失者，不坐。儀仗，各減二等。

議曰：請官器仗，若亡失及誤毁傷者，以十分論，謂請百事，十事爲一分之類。若亡失一分，或毁傷二分，假有請百事，亡失十事，或毁傷廿事，各杖六十；若亡失二分，毁傷四分，杖八十；亡失三分，毁傷六分，杖一百。其分數，各与上解義同，罪止杖一百。

即不滿十分者，一當一分論，謂請九事爲九分之類，亦依亡失、毀傷，准分爲罪，仍依令備償。其經戰陣而損失者，不坐、不償。儀仗，各減二等。儀仗，謂非兵器，若有亡失、誤毀，各依十分之法，各減軍器罪二等。若亡失、毀傷，罪名不等者，即以重法併滿輕法。

諸弃毀、亡失及誤毀官私器物者，各備償。

注云：謂非在倉庫而別持守者。若被强盗者，各不坐、不償。即雖在倉庫，故弃毀囗（者）[六]，☒☒☒☒（徵償如法）[七]。其非可償者，坐而不備。注云：謂符印、☒（門）鑰、官文書☒（之）類[八]。

議曰：官私器物，其有故弃毀，或亡失及誤毀者，各備償。注云：謂非在倉庫而別持守者，謂倉庫之外別處持守而有弃毀、亡失及誤毀官私器物，始合備償。若被强盗，各不坐、不償。雖在倉庫之内，若有故弃毀，徵償如法。其非可償者，止坐其罪，不合徵償，故注云："謂符印、門鑰、官文書。"稱之類者，寶、節、木契、制、敕並是。

諸亡失器物、符印之類應坐者，皆聽卅日求訪，不得，然後決罪。若限內能自訪得及他人得者，免其罪。限後得者，追減三等。

議曰：若亡失器物、符印之類，寶及門鑰亦同。爲亡失應合罪者，未得即決，皆聽卅日求訪，限滿不得，然後決罪。若卅日内自訪得及他人得者，免其亡失之罪。卅日限外得者，追減三等。若已經奏決，不合追減。

又云：官文書、制書，程限内求訪得者，亦如之。

議曰：官文書及制書程限內求訪得者，謂曹司執行案，各有程限。《公式令》：小事五日程，中事十日程，大事廿日程，徒罪以上獄案辯定後卅日程。其制、敕，皆當日行下。若行下處多，事須抄寫[九]，依《公式令》：滿二百紙以下，限二日程；每二百紙以下[一〇]，加一日程。所加多者，不得過五日，敕書不得過三日。若有亡失，各於此限內訪得者，亦得免罪；限外得者，坐如法。然制、敕事重，程限一日，如有稽廢，得罪不輕。若許以三旬追訪，稽者皆須注失，所以不与亡失器物同例。若官文書、制書，事已行訖無程者，亦依卅日爲限。

又云：即雖故弃擲，限内訪得，聽減一等。

議曰：器物、符印之類以下，雖有規避而故弃擲，限内訪得者，聽減本失罪一等。

諸於他人地內得宿藏物，隱而不送者，計合還主人之分，坐贓論減三等[一一]。注云：若得古器，形制異而不送官者，罪亦如之。

議曰：謂凡人於他人地內得宿藏物者，依令合與地主中分。若有隱而不送，計應合還主之分，坐贓論減☐☐☐☐（三等，罪止）☐☐☐（徒一年）☐（半）[一二]。注云：若得

（後缺）

【校記】

〔一〕脩，底卷中此字殘存左半殘筆畫，據殘存字形及《唐律疏議》當作"脩"，同"修"，茲徑補作"脩"；《劉釋》補作"脩"；《山法》補作"修"；《釋錄》《法制文書》徑錄作"修"。

〔二〕壐，據文義及《唐律疏議》當爲"壐"之訛；《劉釋》徑錄作"壐"；《山法》《釋錄》《法制文書》錄作"壐"，校作"壐"。

〔三〕日，《釋錄》漏錄。

〔四〕上，底卷無，《劉釋》《山法》指出今傳諸本《唐律疏議》中"流"字下皆有一"上"字，茲從補；《釋錄》《法制文書》均未補。另，《劉釋》《法制文書》指出此句句意不完，按《唐律疏議》卷一六《擅興律·似有禁兵器條》云："甲一領及弩三張，流二千里"，據此處"流"字下疑脱"二千里"三字。

〔五〕賊，底卷無，"盜律"《唐律疏議》作"賊盜律"，茲據補；《劉釋》《釋錄》未補；《法制文書》出校。

〔六〕底卷中此處缺一字，《劉釋》《山法》指出據今傳諸本《唐律疏議》所缺文字當是"者"，茲從補；《釋錄》《法制文書》補。

〔七〕徵償如法，底卷中此四字殘存左側殘筆畫，茲據殘存字形及《唐律疏議》補；《劉釋》《山法》補；《釋錄》《法制文書》徑錄。

〔八〕門、之，底卷中此二字殘，茲據殘存字形及《唐律疏議》補；《劉釋》《山法》補；《釋錄》《法制文書》徑錄；"門""書之類"，《山法》均作推補。

〔九〕抄，底卷作"鈔"。按，古"鈔"通"抄"，茲錄正。《劉釋》《法制文書》錄作"鈔"，《釋錄》徑錄作"抄"。

〔一〇〕下，《釋錄》校作"上"，《劉釋》《山法》指出今傳諸本《唐律疏議》皆作"上"。《劉釋》另指出，按今傳諸本《唐律疏議》卷五"公事失錯條"、卷九"稽緩制書官文書條"引《公式令》亦作"每二百紙以下"可證，"以上"當爲"以下"，即"以內"之意，謂二百紙以內限二日程，二百零一至四百紙又加一日程也，茲從；《法制文書》錄作"下"。

〔一一〕坐，底卷作"坐坐"，據《唐律疏議》當衍一"坐"字，茲錄正。

〔一二〕三等罪止，底卷中此四字殘，茲據殘存字形及《唐律疏議》補；《劉釋》《山法》補；《釋錄》《法制文書》逕錄。又，"止"字後缺三字，《劉釋》指出據今傳諸本《唐律疏議》所缺當是"徒一年"，茲從補；《山法》《釋錄》《法制文書》補。另，"半"字底卷中殘，茲據殘存字形及《唐律疏議》補；《劉釋》《山法》補；《釋錄》《法制文書》逕錄。

貳 令

一 唐永徽二年（六五一）令卷第六——東宮王府職員令殘卷

伯四六三四（A）＋斯一八八〇＋斯一一四四六＋斯三三七五＋伯四六三四（C）

【題解】

本件底卷由伯四六三四（A）、斯一八八〇、斯一一四四六、斯三三七五、伯四六三四（C）等號綴合而成。原件斷裂爲數件斷片，有大有小，其中伯四六三四（A）（底一）位置最前，斯一八八〇（底二）、斯一一四四六（底三）可直接綴合，斯三三七五（底四）、伯四六三四（C）（底五）可直接綴合，底五卷尾，但底一與底二、三之間有缺文，不能直接綴合；底二、三與底四、五之間也有缺文，不能直接綴合。總觀全卷，首缺尾全，中部殘損嚴重，現存十三紙，共二百一十五行，每整行字數十五—二十字。紙張騎縫處各鈐一方"涼州都督府之印"。卷背抄寫"二入四行論"及"毛詩詁訓傳"等。底卷卷尾題"令卷第六 東宮諸府職員"。《法藏》定作"永徽東宮諸府職員令"；《英藏》定作"永徽令卷第六東宮諸府職員"；《索引》將底一、底五定作"唐代殘職官書"，

一 法典類 / 73

底二定作"唐職官令"，底四定作"唐令?"；《索引新編》將底一、底二、底五定作"唐永徽東宮諸府職員令殘卷"，卷四定作"囗令卷第六（東宮諸囗囗囗）"；《劉釋》定作"永徽東宮諸府職員令殘卷"；《山法》定作"令卷第六（東宮諸府職員殘卷）"；《釋錄》《法制文書》定作"唐永徽二年（公元六五一年）令卷第六東宮諸府職員"；郝春文《英藏敦煌社會歷史文獻釋錄》（以下簡稱《郝錄》，社會科學文獻出版社二〇一二年版）定作"唐永徽二年（公元六五一年）東宮諸府職員令"；仁井田陞《唐令拾遺補》（以下簡稱《仁補》，東京大學出版會一九九七年版）定作"永徽東宮諸府職員令殘卷"；高明士《唐"永徽東宮諸府職員令"殘卷》一文（《中國古代法律文獻研究》第七輯，二〇一三年）定作"永徽東宮王府職員令"，茲從高明士定名，擬定今題。

　　本底卷底五有題名："令卷第六 東宮王府職員"，並有撰上年月"永徽二年閏九月十四日"及賈敏行、袁武、張行實、李友益、趙文恪、劉燕客、高敬言、令狐德棻、段寶玄、柳奭、宇文節、高季輔、張行成、于志寧、李勣、長孫無忌等人題名，此與《唐會要》卷三九《定格令》、《册府元龜》卷六一二《刑法部·定律令四》等相關記載相符，可以確定本件即是《永徽令》卷六《東宮諸府職員令》的部分內容。另，《劉釋》又指出，本件鈐多方"涼州都督府之印"，卷尾又有"沙州寫律令典趙元簡初校""典田懷悟再校""涼州法曹參軍王義"等題記，説明本件乃是涼州都督府作爲正式文書保存的官寫本。而從其背面內容來看，本件官府令文在廢棄之後流入了寺院，被用來抄寫了佛教文字。

　　本件《劉釋》（一八一——一九六）、《山法》（二二一——二八）、《釋錄》（貳五四二——五五四）、《法制文書》（八七——一〇二）、《郝錄》（捌一六六——一六九）、《仁補》（三四一——三五五）、岡野誠《唐永徽職員令的復原》（以下簡稱《岡復》）、李錦繡《唐代制度史略論稿》（以下簡稱《李稿》，中國政法大學出版社一九九八年版）（一五五——一六六）等有錄文。茲據《法藏》（叁貳二〇九——二一四）、《英藏》（叁一六六——一六七、伍五六，壹叁二七一）影印本及IDP彩圖，並參考前人錄文，對底卷重新校錄如下：

（前缺）

掌贊唱行事。亭長四人，掌固六人。

司經局[一]：

洗馬二人，掌經史圖籍，判局事。書令史二人，掌行署文案，餘局書令史准此。書史（吏）四人[二]，掌同書令史。校書四人，掌讎校經籍。正字二人，掌刊正文字。典書二人，掌四部經籍，行署校寫功程，料度文案。裝書生四人，掌裝潢經籍。楷書令史卅人，掌寫經籍。掌固四人。

典膳局：

典膳監二人，掌監膳食，進食先嘗，判局事。丞二人，掌檢校局事[三]，若監並無，則一人判局事。餘准此。書令史二人，書吏四人，主食六人，掌調和鼎味☒（造）食[四]。典食二百人，掌造膳食及器皿之事。掌固四人。

藥藏局：

藥藏監二人，掌合和藥，判局事。丞二人，書令史一人，書吏二人，侍醫四人，掌和藥診侯[五]。典藥九人，掌供進藥。藥童十二人，掌擣節（篩）諸藥[六]。掌固六人。

內直局：

☒☒（內直）監二人[七]，掌供奉璽[八]、繳（繖）扇[九]、几案、筆研、衣服、玩弄，及知官內舍垣，判局事。丞二人，書令史二人，書吏四人，典璽四人，掌守璽。典服卅人，分掌供奉衣服、几案、玩弄等事。典扇十五人，掌供奉繖扇。典翰十五人[一〇]，掌供奉筆研等事。掌固六人。

齋帥局[一一]：

齋帥四人，掌湯沐、燈燭、灑掃[一二]、鋪設，判局事。書令史二人，書吏四人，幕士六百人，掌張設、鋪設，及供湯沐、燈燭，灑掃雜使之事。掌固十二人。

宮門局：

門大夫二人[一三]，掌宮殿門請進管鑰，判局事。丞二人，書令史一人，書吏二人，門僕九十人，掌送管鑰，晨夜開閉。掌固四人。

典書坊[一四]：

右庶子二人，掌侍從獻替、令書表疏，總判坊事。中舍人二人，掌侍從令書表疏，通判坊事。舍人四人，掌侍從表啓，宣行令旨，分判坊事。錄事一人，掌署令旨，并令☒（日）記☒☒（錄案）[一五]，付事勾稽，省署抄目，監印，給紙筆之事。主事二人，掌受事發辰，檢稽失。令史八人，書令史十六人，傳令史十六人，傳令四人，通事舍人八人，掌引導辭見，承旨勞問。典謁廿一人，掌引之道之事。亭長四人，掌固六人。

內坊：

典內二人，掌閣內諸事及官［人］糧廩[一六]，通判省事。丞二人，掌付事勾稽，省署抄目，監印，給紙筆，分判坊事。錄事一人，掌受事發辰，檢稽失。令史三人，書令史五人，典直四人，分掌官內儀式、導引及通傳勞問，糾察非違，并諸門出納之事。導客舍人六人，掌班命賓客名☒（序）導引之事[一七]。閤帥六人，掌率閤之（人）[一八]、內給使，以供其事。內閤人八人，分掌丞（承）☒（傳）諸門出納管鑰[一九]。內給使，無常員，分掌諸門［進物］出物歷（曆）[二〇]，并供內繳扇、燈燭，雜驅之事[二一]。內厩尉二人，掌內車乘。典事二人，☒（分）掌乘牛馬[二二]，請迎出納。駕工（士）卅人[二三]，掌駕馭車乘。亭長四人，掌固六人。

家令寺☒☒（領各）署[二四]：

家令一人，掌飲膳、倉庫、☒☒（什物）[二五]、奴婢，總判寺事。丞二人，掌分判寺事，☒☒（餘丞）准此[二六]。主簿一人，掌付事勾稽，省署抄目，并監印、給紙筆。餘主簿准此。錄事二人，掌☒☒☒（受事發）辰[二七]，檢☒☒（稽失）[二八]。☒（餘）錄事准此[二九]。府十人，掌受事上抄，行署文案。餘府准此。史廿人，掌同府。亭長四人，掌固六人。

（以上底一（1），由一件大斷片及五件小斷片綴合而成，其下中缺約二十一行文字）

厩牧署：

令一人，掌車乘、厩牧☒（事）[三〇]。☒（丞）二人[三一]，府三人，史六人，典乘四人，☒☒（掌調）習駕馭及乘具、養飼之事[三二]。典事六人，掌乘具、養飼之事。翼馭十五人，掌調馬執馭。駕士卅人，掌駕馭車乘。獸醫廿人，掌療雜畜。掌固四人。

左衛率府：左（右）衛率府准此[三三]。

左衛率一人，掌領兵宿衛、督攝隊仗，總判府事。副率二人，掌貳率事。長史一人，掌通判府事。錄事參軍事一人[三四]，掌付事勾稽，省署抄目，監印，給紙筆之事。錄事一人，掌受事發辰，檢稽失。史二人，倉曹參軍事一人，掌官員假使、儀式、粮廩、膳鎚[三五]、☒☒（田園）[三六]、公廨、過所、醫藥等事。府一人，史二人，兵曹參軍事二人，掌府內衛士以上名帳、差科，及公私馬騾等事。府三人，史五人，鎧曹參軍事一人，掌軍器、儀仗、公廨、營造、罪罰等事。府二人，史三人，亭長二人，掌固二人。

左宗衛率府：左（右）宗衛率府准此[三七]。

▨▨▨▨▨▨（左宗衛率一人）[三八]，▨▨▨▨（以下掌同）左衛率府[三九]。副率二人，長史一人，▨▨▨▨▨▨（録事參軍事一人）[四〇]，録事二人，史二人，倉曹參軍事一人，府一人，史二人，兵曹參軍事▨▨▨▨（二人，府三）人[四一]，史▨▨（五人）[四二]，鎧曹參軍事一人，府▨▨（二人）[四三]，史三人，亭長二人，掌固二人。

▨▨▨▨▨▨▨▨（左虞候率府：右虞候）率府准此[四四]。

▨▨（左虞）候率一人[四五]，掌斥候道路，先驅後殿，察奸▨▨▨（非。以下）掌同左衛率府(四六)。副率二人，長史一人，録事參軍事一人，録事一人，史二人，倉曹參軍事一人，府一人，史二人，兵曹參軍事一人，府三人，史五人，鎧曹參軍事一人，府二人，史三人，亭長二人，掌固二［人］[四七]。

左監▨▨（門率）府[四八]：右監門率府准此。

左監門率一人，掌門禁籍傍（榜）[四九]。以下不注職掌者，掌同左衛率府。副率二人，長史一人，録事參軍事一人，録事一人，史二人，兵曹參軍事一人，兼掌倉曹事，內率兵曹准此。府二人，史三人，鎧曹參軍事二人，兼掌公私馬騾簿帳，內率鎧曹准此。府二人，史三人，亭長二人，掌固二人。

監門直長七十八人，掌門禁。[五〇]

左內率府：右［內］率府准此[五一]。

左內率一人，掌侍衛左右，供奉兵仗。以下不注職掌者同左衛率府。副率一人，長史一人，録事參軍事一人，録事一人，史二人，兵曹參軍事一人，府一人，史二人，鎧曹參軍［事］一人[五二]，府一人，史二人，亭長二人，掌固二人。

千牛備身八人，掌執千牛刀，宿衛侍從。備身左右八人，掌執弓箭，宿衛侍從。備身廿八人，掌宿衛侍從。主杖六十人，掌守戎仗調度。

王公以下府佐國官親事帳內職員：

一　法典類

親王府：

師一人，掌以師範輔導，參議可不。諮議參軍事一人，掌匡正莫（幕）府[五三]，諮謀庶事。友一人，掌陪隨左右，拾遺☐☐（補闕）[五四]。文學二人，掌修撰文章，讎校經史。東閣祭酒一人[五五]，掌接引賓客[五六]。西閣祭酒一人，掌同東閣。長史一人，掌通判府事。司馬一人，掌同長史。椽（掾）一人[五七]，掌通判功曹、倉曹、戶曹，若屬無，兼判右曹事。屬一人，掌通判兵曹、騎曹、法曹，若掾無，兼判左曹事。主簿一人，掌覆省教命。史二人，掌欽（抄）寫教命[五八]。記室史准此。記室參軍事二人，掌表、啓、書、疏，宣行教命。史二人，録事參軍事一人，掌付事勾稽，省署抄目，監印并給紙筆之事。録事一人，掌受事發辰，檢稽失之事。［府一人，掌行署文案。][五九]史二人，掌受事上抄。功曹參軍事一人，掌官人簿帳、假使、考課、儀式、鋪設之事。府一人，史二人，倉曹參軍事二人，掌倉廩、財物、廚膳、市易、舟船漁捕及葦草之事。府二人，史四人，戶曹參軍[事]二人[六〇]，掌封戶、園宅、債負、過所、奴婢、田莊及弋獵之事。兵曹參軍事二人，掌武官左右簿帳、儀衛、法式、假使之事。府二人，史三人，騎曹參軍事一人，掌騎乘簿帳及廐牧、儀衛、器仗及修理之事。府一人，史二人，法曹參軍事一人，掌律令格式及罪罰、工匠營造及公廨舍宇之事。府二☐☐☐（人，史四）人[六一]，參軍事四人，掌出使及☐（雜）檢校之事[六二]。☐（行）參軍六人[六三]，☐☐☐☐（典籤二人，☐☐☐☐，宣）傳教命[六四]。

［親王］若未出閣者[六五]，☐（依）前置☐☐屬西閣[六六]。

（以上底一（2），由一件大斷片及四件小斷片綴合而成，其下中缺約二十三行文字）

☐☐☐［府］三人[六七]，掌行署文案。史六人，掌同府[六八]。典衛八人，掌諸守當之事[六九]。舍人四人，掌☐☐☐（供引納）驅使之事[七〇]。學官長一人，掌供承學館之事。食官長一人，掌倉廩、廚膳及田農之事。丞一人，掌同長，餘准此。廐牧長二人，掌廐牧、雜畜及車乘之事。丞二人，典府長二人，掌庫藏、財物、工作及市易之事。丞二人。

右府官加府、史者，其國司加置大農一人，府二人，史四人。王未出閣者[七一]，則並不置。

三師三公府：開府儀同三司府准此。

長史一人，司馬一人，掾一人，屬一人，主簿一人，記室參軍一人，功曹參軍二人，倉曹參軍一人，兵曹參軍二人，行參軍六人，典籤二人，親事五十人[七二]，帳內八十人。

嗣王府：郡王府准此。

長史一人，司馬一人，掾一人，屬一人，主簿一人，記室參軍一人，功曹參軍一人，兵曹參軍一人，行參軍六人，典籤二人，親事卅九人，帳內六十九人。

上柱國以下帶文武職事府：

上柱國帶二品以上職事者：長史一人，記室參軍一人，功曹參軍一人，倉曹參軍一人，行參軍六人，典籤二人，親事卅四人，帳內六十一人。帶三品職事者：長史一人，記室參軍一人，□□（功曹）參軍一人[七三]，倉曹參軍一人，行參軍二人，□□（典籤）二人[七四]，親事廿五人，帳內卅四人。帶四品職□□（事者）[七五]：記室參軍一人，行參軍三人，典籤二人。□（帶）五品職事者[七六]：記室參軍一人，行參軍一人，□（典）籤五人[七七]。

柱國帶二品以上職事者：長史一人，記室參軍一人，功曹參軍一人，倉曹參軍一人，行參軍四人，典籤二人，親事廿九人，帳內五十五人。帶三品職事者：長史一人，記室參軍一人，功曹參軍一人，行參軍二人，典籤二人，親事廿二人[七八]，帳內卅人。帶四品職事者：記□□□（室參軍一）人[七九]，行參軍二人，典籤二人。帶五□□□□□（品職事者：記）[八〇]室參軍一人，行參軍一人，典籤一人，典簽一人。

上護軍帶二品以上職事者[八一]：長史□□□□（一人，記室）參軍二人[八二]，行參軍四人，典籤二□□□（人，親事）廿四人[八三]，帳內卅九人。帶三品職事者：□□□□□□□□（長史一人，記室參）軍一人[八四]，行參軍二人，典籤二人，親事□（十）九人[八五]，帳內□□□（卅□人）[八六]。帶四品職事者：記室參軍一人[八七]，行參□□□（軍一人）[八八]，典籤□□□□（二人。帶五）[八九]品職事者：記室參軍一人，行參軍一人，典籤一人。

護軍帶二品以上職事者：長史一人，記室參軍一人，行參軍二人，典籤二人，親事廿二人，帳內卅人[九〇]。帶三品職事□□□□（者：

一 法典類 / 79

長史一)[九一]人，記室參軍一人，行參軍☐☐☐☐☐☐☐☐☐（二人，典籤二人，親事十五）人[九二]，帳內卅一人。☐☐☐☐☐☐☐（帶四品職事者：記室）參軍一人[九三]，行參軍一人，典簽☐☐☐☐☐（一人。帶五品職）事者[九四]：記室參軍一人，典籤一人。

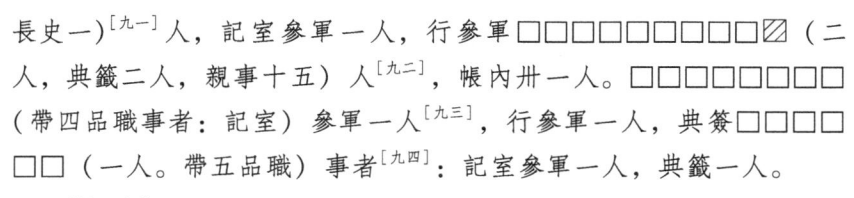

嗣王國：郡王及二王後公准此。

令一人，大農一人，尉二人，☐（廟）長一人[九五]，學官長一人，食官長一人[九六]，丞一人，厩牧長一人，丞一人，☐☐☐（舍人五人)[九七]。

國公以下帶文武職☐☐（事府)[九八]：

國公帶二品以上職事者[九九]：令一人，大農一人，尉二人，食官長一人，丞一人，厩牧長一人，丞一人，舍人四人。帶三品職事者：令一人，大農一人，尉一人，食官長一人，厩牧長一人，舍人三人。帶四品職事者：尉一人，食官長一人，厩牧長一人，舍人三人。帶五品職事者：尉一人，食官長一人，舍人二人。其無五品以上職事者，亦聽准五品職事例置。

郡公帶二品以上職事者：大農一人，尉二人，食官長一人，丞一人，厩牧長一人，舍人四人。

（以上底二、底三綴合，由二件大斷片加二件小斷片綴合而成，其下中缺約二十一行文字）

☐☐（諸一）人兼有官[一〇〇]、封者，府佐、國官各依官爵置。若官兩應得府佐、親事、帳內者，准從多，不並置[一〇一]。其有散官下☐☐（行職）事者[一〇二]，依本品置。

諸職事官三品以上應置府、佐者，其記室、功曹聽自訪，有學☐☐（行人）並保任者[一〇三]，准擬送名，所司簡試。其通☐（經）文義者[一〇四]，試一中經、一☐（小）經以上[一〇五]，及《孝經》《論語》十條得六以上。其白讀者，試一大經、一小經，或一中☐☐☐（經、一小）經[一〇六]，皆兼《孝經》《論語》。其☐☐☐（試經帖)[一〇七]，各率十☐☐（條得）六以上[一〇八]。如有史學者，試《史記》《前漢書》《☐☐☐☐（後漢書)[一〇九]》《三國志》內，任帖一部，試及通數准經。其解屬文者，試時務三條得二，或☐☐（雜）文一首[一一〇]，皆文詞順序，不失意義☐☐（通)[一一一]。不☐☐（願

□□而）⊘（願）依舊任者[一一二]，加散官。即試□□（得官）後[一一三]，經一考⊘□（中上）[一一四]，而以理去任，更無人舉擬者，聽于常選，視品府佐內續勞[一一五]。

諸府佐、國官及親事帳內[一一六]，府主有解免者，隨所因得者追；其以理去官者，並不追。

諸府佐、國官、親事、帳內，府主身薨者，府佐、親事、帳內過葬追，雖⊘（無）妻子[一一七]，亦准此。國官聽終喪。若有襲爵者，即聽其迴事[一一八]。□□□人無五品以上職事者[一一九]，⊘（聽）准帶五品以上職事效留[一二〇]。

□□□人有爵而無五品以上職事者[一二一]，亦准□□（帶五）品職事置[一二二]。國伯以下不合。其二王後國官及親事□□即迴事[一二三]，□□不在追官□□（之限）[一二四]。非理死，若除免者，□□□即追配[一二五]。

令卷第六　東宮王府職員[一二六]

永徽二年閏九月十四日朝散大夫、守刑部郎中、上柱國、判刪定　臣　賈敏行上
⊘□□□（將仕郎、守秘）書省正字、武騎尉　臣　□□[一二七]
尚書刑部主事、武⊘（騎尉）　臣　袁　武[一二八]
尚書刑部主事、飛騎□□（尉）　臣　____[一二九]
尚書都省主事、飛騎⊘□（尉）　臣　____[一三〇]
登仕郎、行門下典儀____[一三一]
（以上底四與斯一一四四六EV綴合）
朝議郎、行少[府]監承（丞）、上騎都尉　臣　張行實[一三二]
朝議大夫、守中書舍人、騎都尉　臣　李友益[一三三]
朝請大夫、守給事[中]、輕車都尉　臣　趙文恪[一三四]
____、守刑部侍郎、騎都尉　臣　劉燕客
____、守吏部侍郎、輕車都尉　臣　高敬言
太中大夫、守太常少卿、監修國史、武騎尉　臣　令狐德棻
____兼尚書右丞、輕車都尉　臣　段寶玄[一三五]
中書侍郎、上騎都尉　臣　柳奭[一三六]
銀青光祿大夫、行黃[門]侍郎、輕車都尉、平昌[縣]開國公　臣　宇文節[一三七]
光祿大夫、侍中監、修國史、上護軍、蔣縣開國公　臣　高[季輔][一三八]
尚書右仆射、監修國史、上護軍、北平縣開國公　臣　行成[一三九]
尚書左仆射、監修國史、上柱國、燕國公　臣　志寧[一四〇]
開府儀同三司、上柱國、英國公　臣　勣[一四一]

太尉、揚州都督、監脩國史、上柱國、趙國公　臣　無忌[一四二]
沙州寫律令典趙元簡　　初校
　　　　　典田懷悟　　再校[一四三]
涼州法曹參軍王義

【校記】

〔一〕經，底卷作"経"，下同不再另出校。

〔二〕史，《劉釋》指出據《大唐六典》卷二六"司經局"條及《新唐書》卷四九《百官志》當爲"吏"之訛，且下文多見"書吏"，茲從校；《釋錄》作"史"；《山法》《法制文書》同《劉釋》。

〔三〕檢，底卷作"検"，下同不再另出校。

〔四〕造，底卷漫漶僅存一捺，《岡復》作"進"，《劉釋》《山法》《釋錄》《法制文書》作"之"；《李稿》指出據《唐六典》卷一一"尚食局"："主食掌率主膳以供其職"，似主食職掌仍在造食，而進食則是監、丞之事，茲從。

〔五〕診，底卷作"訡"，下同不再另出校。

〔六〕節，《劉釋》指出據《大唐六典》卷二六"藥藏局"條："應進藥命藥僮擣篩之"，"節"疑爲"篩"之訛，茲從校；《釋錄》《山法》作"節"；《法制文書》同《劉釋》。

〔七〕內直，底卷中此兩字殘，據殘存字形並參照諸家錄文補；《劉釋》《山法》《仁補》補；《釋錄》未錄；《法制文書》徑錄。

〔八〕璽，《釋錄》漏錄。

〔九〕繳，《劉釋》指出據《大唐六典》卷二六"內直局"、《舊唐書》卷四四《職官志》，"繳"應爲"繖"之訛，下文"掌供奉繖扇"可證，茲從校；《釋錄》錄作"繳"；《山法》《法制文書》《仁補》同《劉釋》。

〔一〇〕翰，底卷作"輪"，下同不再另出校。

〔一一〕帥，底卷寫作"師"，誤，徑錄正。

〔一二〕灑，底卷作"㵞"，下同不再另出校。

〔一三〕門，《釋錄》於"門"字前補一"宮"字；《劉釋》《仁補》《法制文書》未補。按，《大唐六典》卷二六"宮門局"條："宮門郎二人,從六品下",後注:"汉太子太傅屬官有太子門大夫。"據此,茲不補。

〔一四〕坊,《釋錄》錄作"房",校作"坊",底卷即作"坊"。

〔一五〕并令日記錄案,底卷中"日""錄案"三字漫漶不清,《岡復》《仁補》錄作"并令日記錄衣□";《劉釋》《山法》《釋錄》《法制文書》錄作"并令□記□□□"。《李稿》指出當作"并令日記錄案",即每日將東宮令旨記錄案,《大唐六典》卷一二"宫官司言職掌"條注云:"凡有敕處分,承敕人宣付司言連署案記,別抄一本,付門司傳出。"可見中宫旨敕付外實行前需要署、記、抄三種程序。茲從。

〔一六〕人,底卷無,《劉釋》據《大唐六典》卷二六"內直局"條及《舊唐書》卷四四《職官志》指出"宫"字下應脱一"人"字,茲從補;《岡復》補;《山法》未補;《仁補》《釋錄》《法制文書》徑錄。

〔一七〕命,《李稿》稱《唐會要》卷二五有"文武百官朝謁班序"門,可見唐人習稱"班序",因此"命"字似應爲"序",但底卷中"命"字很明顯,茲不改。按,"班命"有"頒布命令"之意,晉摯虞《思遊賦》云:"班命受號,轙輣整旅"可證。又,"序"字底卷中漫漶,《岡復》《仁補》作"刺";《山法》《釋錄》未錄;《劉釋》指出據《舊唐書》卷四四《職官志》:"導客主賓序"之記載,"名"字下當補"序"字;《法制文書》同《劉釋》;《李稿》則指出《大唐六典》卷一二"內侍省內謁者"條云:"凡諸親命婦朝會,所司籍其人數,送內侍省。"據此,"名"字下當爲"籍"或"數"。據前後文義,茲從《劉釋》。

〔一八〕閤之,《劉釋》指出《舊唐書》卷四四《職官志》云:"閤帥主門戶。"閤人掌諸門管鑰,給使掌諸門出物曆,皆由閤帥率之,故"閤之"應爲"閤人"之訛。另,《李稿》中言《新唐書》卷四七"太子內坊局"條注云:"閤帥六人,掌帥閤人、內給使以供其事。"故《劉釋》所改是,茲從校。

〔一九〕丞傳,底卷中"傳"字漫漶,《李稿》稱:《新唐書》卷四七"宫闈局"條注云:"內閤史,掌承傳諸門出納管鑰",故"丞"應通"承",其下所缺應爲"傳"字。"承傳"即承受傳聲,與"傳呼"制度有關。茲從校。

〔二○〕進物,底卷無,《李稿》指出《大唐六典》卷一二"內侍省宮闈局"條云："內給使掌諸門進物出物之曆"，《新唐書》卷四七"宮闈局"條省寫："掌諸門進物之曆"，故底卷"出物"前當脫"進物"兩字，茲從補。又，"歷"字，據文義及《新唐書》卷四七"宮闈局"條注："掌諸門進物之曆"，其應爲"曆"之訛，茲改；諸家錄文皆作"歷"。

〔二一〕之，《劉釋》錄作"使"；《山法》《仁補》《釋錄》《法制文書》均作"之"。按，前文有"雜使之事"，此處"雜驅"與"雜使"義同，故暫錄作"之"。

〔二二〕分，底卷中此字殘，據殘存字形並參照諸家錄文補；《山法》《仁補》《劉釋》補；《釋錄》《法制文書》徑錄。

〔二三〕工，《劉釋》指出據《大唐六典》卷二六"太子內坊"條及《舊唐書》卷四四《職官志》，"駕工"當爲"駕士"之訛，茲從校；《山法》《仁補》同《劉釋》；《釋錄》《法制文書》徑錄作"士"。

〔二四〕領各，底卷中此處殘，《劉釋》指出據《大唐六典》卷二七"家寺令"條及《舊唐書》卷四四《職官志》、《新唐書》卷四九《百官志》等記載，家寺令領有食官、典倉、司藏三署，故此處所缺文字當補作"領各"；《李稿》則指出據文義，以下所敘爲家寺令及三署職員，故應補作"及三"。但從底卷"署"字前殘存筆畫來看，更接近"各"字，故茲從《劉釋》。

〔二五〕什物，底卷中此兩字殘，《山法》作缺文；《岡復》《仁補》作"□牧"；《劉釋》指出據《大唐六典》卷二七"家令寺"條："家令之職，掌皇太子飲膳、倉儲、庫藏之政令"，此處當補"儲藏"二字；《李稿》則據《隋書》卷二八"家令"條注云："掌刑法、食膳、倉庫、什物、奴婢等事"及《職官分紀》卷二九"太子家令寺"條引《唐書官品志》云："家令掌刑法、食膳、倉庫、什物、奴婢等事"，指出唐代家令寺不掌刑法，但掌飲膳、倉庫等當與隋同，武德、永徽時令文可能沿隋之舊，仍稱"倉庫、什物、奴婢"，故應補"什物"二字。茲從《李稿》。

〔二六〕餘丞，底卷殘，茲據殘存字形並參照諸家錄文補。

〔二七〕受事發，底卷中此三字殘，茲據殘存字形並參照諸家錄文補。

〔二八〕稽失，底卷中此二字殘，茲據殘存字形並參照諸家録文補。

〔二九〕餘，底卷中此字殘，茲據殘存字形並參照諸家録文補。

〔三〇〕事，底卷中此字殘，茲據殘存字形並參照諸家録文補。

〔三一〕丞，底卷中此字殘，茲據殘存字形並參照諸家録文補。

〔三二〕掌調，底卷中此二字殘，茲據殘存字形並參照諸家録文補。

〔三三〕左，《劉釋》指出此條所言即左衛率府，故此處"左"當爲"右"之訛，茲從校；《山法》同校作"右"。

〔三四〕事，底卷中爲後補寫。

〔三五〕饎，底卷作"羞"，通"饎"，下同不再另出校。

〔三六〕田園，底卷中此二字殘，茲據殘存字形並參照諸家録文補。

〔三七〕左，《劉釋》指出此條所言即左宗衛率府，故此處"左"當爲"右"之訛，茲從校；《山法》同校作"右"。

〔三八〕左宗衛率一人，底卷中此六字殘，茲據殘存字形並參照諸家録文補。

〔三九〕以下掌同，底卷中缺，《劉釋》據《舊唐書》卷二八"左右司禦率府"條："掌同左率衛府"之記載補"掌同"兩字；《山法》補"掌同"兩字；《釋録》《法制文書》逕録作"掌同"；《岡復》《仁補》補作"以下掌同"；《李稿》認爲當以《岡復》所補是。按，此處雙行小字夾注，從書寫格式來看，所缺應四字，據文義及所缺字數，茲從《岡復》《仁補》補作"以下掌同"。

〔四〇〕録事參軍事一人，底卷中此七字殘，茲據殘存字形並參照諸家録文補。

〔四一〕二人府三，底卷中此四字殘，茲據殘存字形並參照諸家録文補。另，"三"字，《仁補》録作"一"，校作"三"，從底卷殘存字形來看，當爲"三"。

〔四二〕五人，底卷中此二字殘，茲據殘存字形並參照諸家録文補。另，"五"字，《仁補》録作"一"，校作"五"，從底卷殘存字形來看，當爲"五"。

〔四三〕二人，底卷中此二字殘，茲據殘存字形並參照諸家録文補。

〔四四〕左虞候率府右虞候，底卷中此八字殘，茲據殘存字形並參照諸家録文補。

一　法典類　/　85

〔四五〕左虞，底卷中此二字殘，茲據殘存字形並參照諸家錄文補。

〔四六〕非以下，底卷中此處缺，《劉釋》錄作兩個缺字符，並指出據文義推斷，當補"非餘"兩字；《法制文書》同《劉釋》；《山法》作二缺字符；《岡復》《仁補》則認爲此處當缺三字，應補"非以下"；《李稿》認爲當以《岡復》是。茲暫從《岡復》。

〔四七〕人，底卷無，諸家錄文據文義補，茲從補。

〔四八〕門率，底卷中此二字缺，茲據文義並參照諸家錄文補。

〔四九〕傍，《山法》《仁補》《釋錄》校作"榜"，茲從校。

〔五〇〕《岡復》《仁補》於"掌門禁"後補"□糺□"，《李稿》疑其應爲"司（或察）糾舉"；《劉釋》《山法》《釋錄》《法制文書》未錄。按，從底卷看，"掌門禁"左側應無文字，茲從《劉釋》等不補。

〔五一〕内，底卷無，《劉釋》指出據文義"右"字下應脱一"内"字，茲從校；《山法》《釋錄》未補；《法制文書》同《劉釋》。

〔五二〕事，底卷無，茲據文義並參照諸家錄文補；《山法》逕錄。

〔五三〕莫，《仁補》指出"莫"當爲"幕"之訛；《山法》《釋錄》《法制文書》同，茲從校。

〔五四〕補闕，底卷中此二字殘，茲據殘存字形並參照諸家錄文補。

〔五五〕閤，《釋錄》錄作"閣"，誤。下文"西閤祭酒"同，不再另出校。

〔五六〕接，底卷作"倿"，下同不再另出校。

〔五七〕橡，《劉釋》錄作"橡"，其餘諸家錄文均錄作"掾"。據文義"橡"當作"掾"。底卷中下文"掾"字均作"橡"，諸家錄文均逕錄作"掾"，茲從之，不再另出校。

〔五八〕欽，《李稿》指出"欽"當爲"鈔"之訛，"鈔"通"抄"，茲從校錄正。

〔五九〕府一人掌行署文案，底卷無，《劉釋》指出據《大唐六典》卷二九"親王府"相關記載，"史二人"上當缺此八字，茲從補；《仁補》同《劉釋》。

〔六〇〕事，底卷無，茲據文義並參照諸家錄文補。

〔六一〕人史四，底卷中此三字殘，茲據殘存字形並參照諸家錄文補。

〔六二〕雜，底卷缺，《劉釋》指出據《大唐六典》卷二九"親王府"云："參軍事掌出使及雜檢校事"，此處所缺當補"雜"，茲從補；《山法》《釋錄》未補；《仁補》《法制文書》同《劉釋》。

〔六三〕行，底卷中此字殘，茲據文義並參照諸家錄文補。

〔六四〕底卷中"傳"字前缺，諸家錄文未補。《李稿》指出《通典》卷三一"親王府典籤"下注云："宣傳教命"，故此處似應補爲"典籤二人，□□□□宣傳教命"。按，下文"三師三公府"條載："行參軍六人，典籤二人"，故《李稿》所補當是，茲從之。

〔六五〕親王，底卷無；《劉釋》指出據上下文義，"若"字前當補"親王"二字，茲從補；《山法》《釋錄》《法制文書》未補。

〔六六〕依，底卷中此字殘，茲據殘存字形並參照諸家錄文補。

〔六七〕府，底卷中此字缺，茲據《山法》《仁補》《劉釋》補；《法制文書》徑錄。

〔六八〕府，《山法》《釋錄》《法制文書》錄作"前"，誤。

〔六九〕守，《釋錄》校改作"府"。

〔七〇〕供引納，底卷中此三字漫漶，《劉釋》指出據《大唐六典》卷二九"親王府"所云："舍人掌供引納驅策事"，當補"供引納"，茲從補。

〔七一〕閣，《釋錄》錄作"閤"，雖義可通，但字誤。

〔七二〕十人，底卷原作"人十"，旁加倒乙符號，茲錄正。

〔七三〕功曹，底卷中"功"字缺，"曹"字殘，茲據文義及諸家錄文補。

〔七四〕典籤，底卷中此二字缺，茲據文義及諸家錄文補。

〔七五〕事者，底卷中此二字缺，茲據文義及諸家錄文補。

〔七六〕帶，底卷中此字缺，茲據文義及諸家錄文補。

〔七七〕典，底卷中此字缺，茲據文義及諸家錄文補。

〔七八〕二人，位於斯一一四四六Ｄ，底卷原作"人二"，旁加倒乙符號，茲錄正；"二"字《劉釋》《山法》《釋錄》《法制文書》未錄。

〔七九〕記室參軍一人，"記""人"位於斯一一四四六Ｄ，"室參軍一"四字缺，茲據文義及諸家錄文補。

〔八〇〕帶五品職事者記，"帶五"位於斯一一四四六Ｄ，"品職事者

〔八一〕底卷中此處與上文連寫，《劉釋》指出據本卷書寫格式當改行。

〔八二〕一人記室，底卷中此四字殘，茲據殘存字形並參照諸家錄文補。

〔八三〕人親事，底卷中此三字殘，茲據殘存字形並參照諸家錄文補。又，"四"字，《山法》《仁補》《劉釋》《釋錄》《法制文書》均未釋讀；《郝錄》作"四"，茲從之。

〔八四〕長史一人記室參，底卷中此七字缺，茲據文義及諸家錄文補。

〔八五〕十，底卷中此字殘，《山法》《仁補》《釋錄》《郝錄》作"十"；《劉釋》《法制文書》作"廿"。按，從底卷殘存字跡來看，其似應爲"十"，且上文"上護軍帶二品以上職事者"之"親事"廿四人，此處帶三品職事者，應少於帶二品以上職事者，故暫錄作"十"。

〔八六〕卅□人，底卷中此三字缺，茲據文義及諸家錄文補。

〔八七〕記室，底卷原作"室記"，旁加倒乙符號，茲錄正。

〔八八〕軍一人，底卷中此三字缺，茲據文義及諸家錄文補。

〔八九〕二人帶五，底卷中此四字殘，茲據殘存字形並參照諸家錄文補。

〔九〇〕卌，《釋錄》錄作"四十"。

〔九一〕者長史一，底卷中此四字缺，茲據文義及諸家錄文補。

〔九二〕二人典籤二人親事十五，底卷中"五"字殘，"二人典籤二人親事十"九字缺，茲據諸家錄文補。

〔九三〕帶四品職事者記室，底卷中此八字缺，茲據文義及諸家錄文補。

〔九四〕一人帶五品職，底卷中此六字缺，茲據文義及諸家錄文補。

〔九五〕廟，底卷中此字殘存右半，《山法》《岡復》《仁補》《釋錄》《郝錄》疑作"厢"；《劉釋》補作"廟"；《法制文書》逕錄作"廟"。《李稿》指出《隋書》卷二八諸王以下國官中有廟長一人，《唐代墓誌彙編》中長壽〇一六尚明墓誌稱其："咸亨三年，補耆國公廟長"，可見國官中有"廟長"一職，故當以"廟"字是。茲從之。

〔九六〕食官長一人，底卷中爲後補寫。

〔九七〕舍人五人，底卷中此四字缺，茲據文義及諸家錄文補。

〔九八〕事府，底卷中此二字殘，茲據殘存字形並參照諸家錄文補。

〔九九〕上，《釋錄》錄作"下"，誤。

〔一〇〇〕諸一，底卷缺，茲據諸家錄文補。

〔一〇一〕底卷中"並"字前原有一"虛"字，《劉釋》認爲"虛"字或"須""許"之訛；《釋錄》《法制文書》認爲"虛"字衍文；當不錄；《山法》認爲其旁有刪除符，當刪，或當改爲"許"字。按，底卷中"虛"字旁有一"乀"符號，當刪除符號，茲不錄。

〔一〇二〕其有散官下行職事者，《劉釋》《釋錄》《法制文書》錄作"其有散官以下□親事者"；《山法》錄作"其有散官下□親事者"；《劉釋》認爲其中所缺一字當補作"無"；《岡復》《仁補》錄作"其有散官下行職事者"。按，底卷中無"以"字，且"下"字後兩字殘缺，《李稿》指出《岡復》據殘存筆畫推補作"行職"，當是，茲從之。

〔一〇三〕行人，底卷中此兩字缺，《劉釋》認爲當補作"行而"；《岡復》《仁補》、高明士《試釋唐永徽職員令殘卷的試經規定》（以下簡稱《高釋》）作"行人"。據上下文義看，當以"行人"是；《山法》未補。又，"並"字，《劉釋》《山法》《岡復》《仁補》《釋錄》《法制文書》等均錄作"無"；《高釋》錄作"並"。從底卷看，當以"並"字是。

〔一〇四〕經，底卷中此字殘，茲據殘存字形並參照諸家錄文補。

〔一〇五〕小，底卷中此字殘，茲據殘存字形並參照諸家錄文補。

〔一〇六〕經一小，底卷中此三字缺，茲據諸家錄文補。

〔一〇七〕試經帖，底卷中"試""帖"字殘，"經"字缺，茲據諸家錄文補。

〔一〇八〕條得，底卷中此二字缺，茲據諸家錄文補。

〔一〇九〕後漢書，底卷中此三字殘，茲據殘存字形並參照諸家錄文補。

〔一一〇〕雜，底卷中此字殘，茲據殘存字形並參照諸家錄文補。

〔一一一〕通，底卷中此二字缺，《劉釋》《山法》《仁補》《釋錄》《法制文書》未補；《李稿》後一字補作"通"，茲從補。

〔一一二〕願□□而，底卷中此四字缺，《劉釋》《山法》《仁補》《釋錄》《法制文書》未補；《李稿》補作"願□□而"，茲從補。又，"願"字底卷中殘存右半"頁"，《山法》釋錄右半"頁"字；《劉釋》《法制文書》作"須"；《岡復》《仁補》作"願"；《李稿》指出當以"願"字是，茲從之。

〔一一三〕得官，底卷中此二字缺，《劉釋》指出據上下文義當補"得官"二字，茲從補。

〔一一四〕中上，底卷中此二字殘，茲據殘存字形並參照諸家錄文補。

〔一一五〕內，《山法》《仁補》《釋錄》作"曰"；《劉釋》《法制文書》作"內"；《李稿》指出底卷中"內"字一豎筆與格欄重複，但從寫法看當作"內"，茲從之。

〔一一六〕底卷中此處與上文連寫，《劉釋》指出據本卷書寫格式當改行。

〔一一七〕無，底卷中此字殘，茲據殘存字形並參照諸家錄文補。

〔一一八〕迴，底卷中作"逈"，下同不再另出校。

〔一一九〕底卷"人"字前缺，《劉釋》《山法》《釋錄》《法制文書》均作缺二字；《岡復》《仁補》《李稿》作缺三字。按，據底卷字距，此處當缺三字。

〔一二〇〕聽，底卷中此字殘，《劉釋》《山法》《釋錄》《法制文書》均未錄；《岡復》《仁補》作缺字；《李稿》指出據殘存字形當作"聽"，茲從之。

〔一二一〕底卷中"人"字前缺三字。

〔一二二〕帶五，底卷中此二字缺，茲據諸家錄文補。

〔一二三〕底卷中"即"字前缺，所缺字不詳。

〔一二四〕官，《李稿》校作"退"。又，底卷中"不"字前缺二字，所缺字不詳；"官"字後缺二字，諸家錄文均補作"之限"，茲從補。

〔一二五〕底卷中"即"字前缺三字，所缺字不詳。

〔一二六〕王，諸家錄文均作"諸"，高明士《唐"永徽東宮諸府職員令"殘卷》一文（《中國古代法律文獻研究》第七輯，二〇一三年）通過對比本底卷中的"諸"字，並仔細分析指出當作"王"字，茲從之。

〔一二七〕將仕郎守秘，底卷中"將""郎"兩字殘，位於斯一一四四六 EV 殘片，且"仕"字缺；其餘文字位於斯三三七五，且"守秘"二字缺，茲據《岡復》《仁補》《李稿》錄文補。《劉釋》《山法》未錄"將仕郎守"四字，補"秘"字；《釋錄》《法制文書》漏"守"字，其餘幾字逕錄。又，"臣"字後一字，底卷中僅殘存一右"阝"旁。

〔一二八〕尚書刑部主事武騎尉臣袁武，底卷中"尚書刑部主事武騎"等位於斯一一四四六 EV 殘片，"尉臣袁武"位於斯三三七五，《劉釋》《山法》僅釋讀後四字。另，"騎尉"兩字殘，茲據諸家錄文補。

〔一二九〕尚書刑部主事飛騎尉臣，底卷中"尚書刑部主事飛騎"等位於斯一一四四六 EV 殘片，"尉臣"兩字缺，茲據諸家錄文補。

〔一三〇〕尉臣，底卷中"尉"字殘，"臣"字缺，茲據諸家錄文補。

〔一三一〕典儀，《劉釋》《山法》《釋錄》《法制文書》未錄。

〔一三二〕府，底卷無，《劉釋》指出據《唐會要》卷三九《定格令》、《舊唐書》卷五〇《刑法志》，"少"字下應脫一"府"字，茲從補；《山法》補。又，"承"字，《劉釋》指出據《唐會要》卷三九《定格令》、《舊唐書》卷五〇《刑法志》，"承"當爲"丞"之訛，茲從校；《山法》同《劉釋》；《釋錄》《法制文書》逕錄作"丞"。

〔一三三〕益，《山法》《岡復》《仁補》《李稿》疑爲"鎰"。

〔一三四〕中、恪，底卷無；《劉釋》指出據《唐會要》卷三九《定格令》、《舊唐書》卷五〇《刑法志》，"事"字下應脫一"中"字，"文"字下應脫一"恪"字，茲從補；《山法》補；《釋錄》未補"中"字。

〔一三五〕臣，《釋錄》漏錄。

〔一三六〕中書侍郎上騎都尉臣柳奭，《劉釋》指出《唐會要》卷三九《定格令》、《舊唐書》卷五〇《刑法志》均訛作"黃門侍郎宇文節、柳奭"。

〔一三七〕門、縣，底卷無；《劉釋》指出據《唐會要》卷三九《定格令》、《舊唐書》卷五〇《刑法志》，"黃"字下應脫一"門"字，"昌"字下應脫一"縣"字，茲從補；《山法》補；《釋錄》《法制文書》逕錄"門"字。

〔一三八〕季輔，底卷無；《劉釋》指出據《唐會要》卷三九《定格令》、《舊唐書》卷五〇《刑法志》，"高"字下應脫"季輔"二字，茲從補；《山法》補。

〔一三九〕行成，指張行成。

〔一四〇〕志寧，指于志寧。

〔一四一〕勣，指李勣。

〔一四二〕無忌，指長孫無忌。

〔一四三〕悟，《釋録》未釋讀。

二　唐開元（七一九或七三七）公式令殘卷

伯二八一九

【題解】

本件底卷編號伯二八一九號。原底卷首尾皆缺，存六紙，共一百零四行，每整行字數十六—二十字，紙縫背各鈐一方"涼州都督府印"，卷背抄"東皋子集"。原卷無題，《法藏》題"唐開元公式令"；《索引》定作"公文程式"；《索引新編》定作"唐開元公式令殘卷"；《劉釋》定作"開元公式令殘卷"；《山法》定作"令殘卷"；《釋録》《法制文書》定作"唐開元（公元七一九或七三七年）公式令殘卷"。兹據文義擬定今題。

《劉釋》指出本底卷内容存移式（第一至一〇行）、關式（第一一至二〇行）、牒式（第二一至三一行）、符式（第三二至四四行）、制授告身式（第四五至七五行）和奏授告身式（第七六至一〇四行）等官文書書式。以此對照《司馬氏書儀》所載"宋元豐公式令"及現存日本《養老令·公式令》中之相同條文，可知本卷所載爲公式令。本卷中多次出現中書令、侍中、左丞相、右丞相等官稱，據《唐會要》卷五七"尚書令諸司·左右僕射"及《舊唐書》卷四三《職官志·中書省》條相關記載，可知本卷所載乃是開元令，且制定時間當在開元五年（七一七）以後。另，據《通典》卷一六五《刑法門·刑制下》、《唐會要》卷三九《定格令》、《册府元龜》卷一五七《刑法部·定律令》及兩唐書之《刑法志》等相關記載可知，本卷當是開元七年（七一九）或是開元二十五年（七三七）令。

日本學者内藤乾吉《唐的三省》（《史林》第十五卷第四號）、仁井田陞《敦煌出土的唐公式、假寧兩令》（《法學協會雜誌》第五十卷第六號）同樣認爲本卷是開元七年或開元二十五年的公式令。龍川政次郎

《西域出土唐〈公式令〉斷片年代考》（《法學新報》第四十二卷第八、十號）則認爲其應是開元七年（七一九）公式令。

本件《劉釋》（二二一—二二八）、《山法》（二九—三一）、《釋錄》（貳五五六—五六二）、《法制文書》（一二一—一二八）、仁井田陞《唐令拾遺》（以下簡稱《仁令》，栗勁等譯，長春出版社一九八九年版）（四八七—四九八）等有錄文。茲據《法藏》（壹捌三六三—三六五）影印本及IDP彩圖，並參考前人錄文，對底卷重新校錄如下。

（前缺）
（移式：）
（尚書省　爲某事）[一]
　某省▨▨（省臺云）其省臺[二]。云［云］[三]。［案］主□□□（姓名故移）[四]。
　　　　　　　　　　　　　　年▨□（月日）[五]
　　　　　　　　　　　　主事姓名
　某司郎中具官封［名］都省則左右司郎中一人署。令史姓名[六]
　　　　　　　　　　　書令史姓名
　右尚書省與諸臺省相移式。內外諸司非相管攝（隸）者[七]，皆爲移。其長官署位准尚書，長官無，則次官通判者署。州別駕、長史、司馬、縣丞署位亦准尚書省，判官皆准郎中。

關式：
吏部　　　爲某事
兵部云云。謹關。
　　年月日
　　　　　　主事姓名
吏部郎中具官封名　令史姓名
　　　　　　　書令史姓名
　右尚書省諸司相關式[八]。其內外諸司同長官而別職局者[九]，皆准此。判官署位准郎中。

牒式[一〇]：

尚書都省　爲某事

某司云云。案主姓名，故牒。
年月日
主事姓名

左右司郎中一人具官封名　令史姓名
書令史姓名

右尚書都省牒省內諸司式。其應受刺之司[一一]，於管內行牒，皆准此。判官署位皆准左右司郎中。

符式：

尚書省　爲某事

某寺主者云云。案主姓名，符到奉行[一二]。
主事姓名

吏部郎中具官封名　都省左右司郎中一人准（署）[一三]。　令史姓名
書令史姓名

年月日

右尚書省下符式。凡應爲解向上者，上官（官）向下皆爲符[一四]。首判之官，署位准郎中。其出符者，皆須案成幷案送都省檢勾。若事當計會者，仍別錄會目[一五]，與符俱送都省。其餘公文及內外諸司應出文書者，皆准此。

制授告身式：

門下具官封姓名，應不稱姓者，依別制，冊書亦准此。德行庸勳云云，可某官。若有勳官、封及別兼帶者，云某官及勳官、封如故。其非貶責，漏不言勳、封者，同銜授法。主者施行。若制授人數多者，並於制書之前，名歷名件授。
年月日
中書令具官封臣姓名宣
中書侍郎具官封臣姓名奉
中書舍人具官封臣姓名行

侍中具官封臣名

黃門侍郎具官封臣名

給事中具官封臣名　等言：

制書如右，請奉

制付外施行。謹言。

年月日

制可

月日都事姓名受

右（左）司郎中付某司[一六]

左丞相具官封名

右丞相具官封名

吏部尚書具官封名

吏部侍郎具官封名

吏部侍郎具官封名

左丞相［具］官封名[一七]其武官則右丞署。若左右丞內一人無，仍見在者通署。

告具官封名，奉被

制書如右，符到奉行。

　　　　　　　　　　主事姓名

吏部郎中具官姓名　令史姓名

　　　　　　　　　　書令史姓名

年月日下

右制授告身式。其餘司應授官符者，准此。

奏授告身式[一八]：

尚書吏部　餘司授官奏者，各載司名。謹奏某官名等擬官事。具官姓名。某州、某縣，本品、若十人。

右一人云云，謂若爲人舉者，注舉人具官封姓及所舉之狀；若選者，皆略注其由歷及身才行。即因解更得敘者[一九]，亦略述解由及擬用之狀。令（今）擬某官某品[二〇]，替某申（甲）考滿[二一]。若因他故解免及元闕者，亦隨狀言之。[二二]

左丞相具官封臣名

右丞相具官封臣名

吏部尚書具官封臣名

吏部侍郎具官封臣名[二三]

吏部侍郎具官封臣名　等言，謹件同申（甲）人具姓名等若干人[二四]，擬官如右，謹以申聞。謹奏。

　　　　　　　　　　　　　年月日　吏部郎中具官封臣姓名上
　　　　　　　　　　　　　　　　　給事中具官封臣姓名請（讀）[二五]
　　　　　　　　　　　　　　　　　黃門侍郎具官封臣姓名［省］[二六]
　　　　　　　　　　　　　　　　　侍中具官封臣姓名審

聞　御畫

　　　　　　　　　　　　　月日都事姓名受
　　　　　　　　　　　　　　　右（左）司郎中付吏部[二七]

吏部尚書具官封名
吏部侍郎具官封名
吏部侍郎具官封名
左丞具官封名
告具官姓名，計奏被[二八]
　□□□（旨如右）[二九]，▨▨（符到）奉行[三〇]
　　　　　　　（主事姓名）
（吏部郎中具官姓名　令史姓名）
　　　　　　　（書令史姓名）
（年月日下）
（右奏授告身式。其餘司應授官者，准此。）[三一]
背面每一紙縫各鈐一方"涼州都督府印"

【校記】

〔一〕移式、尚書省爲某事，底卷中此兩行缺，《劉釋》指出參照下文關式、符式及日本《養老令·公式令》之移式，當補此兩行，茲從校；《山法》《仁令》《釋錄》《法制文書》皆補。

〔二〕省臺云，底卷中此三字殘存左半，茲據殘存字形並參考諸家錄文補。

〔三〕云，底卷中無，《劉釋》指出據下文關式、符式可知"云"字後當脫一"云"字，茲從補；《山法》《釋錄》《法制文書》補；《仁令》未補。

〔四〕案，底卷中無，《劉釋》指出據下文關式、符式可知"主"字前當脱一"案"字，茲從補；《山法》《釋録》《法制文書》補；《仁令》未補。又，"姓名故移"，底卷中缺，《劉釋》據下文關式、符式補，茲從補；《山法》補；《釋録》《法制文書》逕録；《仁令》作缺三字，誤。

〔五〕月日，底卷中"月"字殘，"日"字缺，茲據殘存字形及文義，並參照諸家録文補。

〔六〕名，底卷無，《劉釋》指出據下文關式、符式可知"封"字後當脱一"名"字，茲從補；《山法》《釋録》《法制文書》《仁令》均補。另，令史姓名，底卷中作大字正文，但據後文關、牒、符式等，應爲小字正文，茲改正。

〔七〕疑，《劉釋》指出據日本《養老令·公式令》第十六條"移式"："内外諸司非相管隸者，皆移"之記載，"疑"當爲"隸"之訛，茲從校；《山法》同《劉釋》，《仁令》逕録作"隸"。

〔八〕省，《釋録》《法制文書》漏録。

〔九〕局，底卷作"局"，下同不再另出校。

〔一〇〕牒，底卷作"㯌"，下同不再另出校。

〔一一〕刺，底卷作"剌"，下同不再另出校。另，《仁令》録作"判"，誤。

〔一二〕符，底卷作"苻"，下同不再另出校。

〔一三〕准，《劉釋》指出據上文"移式"當爲"署"之訛，茲從校；《山法》《釋録》《法制文書》同《劉釋》；《仁令》作"准"。

〔一四〕宫，《劉釋》指出據文義當爲"官"之訛，茲從校；《山法》《釋録》《法制文書》同《劉釋》；《仁令》逕録作"官"。

〔一五〕目，《釋録》録作"日"，誤。

〔一六〕右，《劉釋》指出《舊唐書》卷四三《職官志》、《新唐書》卷四六《百官志》載：左司郎中副左丞，勾吏、戶、禮部十二司之事；右司郎中副右丞，勾兵、刑、工部十二司之事。制授告身乃吏部之事，故"右"當爲"左"之訛，茲從校。《山法》《釋録》《法制文書》同《劉釋》；《仁令》逕録作"左"。

〔一七〕具，底卷無，《劉釋》指出據下文"奏授告身式"中"左丞具官封名"可知"官"字前應脱一"具"字，茲從校；《山法》《釋録》《法制文書》同《劉釋》；《仁令》逕録。

〔一八〕奏授告身式，《釋錄》作"奏授吏部告身式"，衍錄"吏部"兩字。

〔一九〕因，底卷作"曰"，下同不再另出注。又，"更"，《法制文書》錄作"吏"，誤。

〔二〇〕令，《劉釋》指出據文義當爲"今"之訛，茲從校；《山法》《釋錄》《法制文書》同《劉釋》；《仁令》徑錄作"今"。

〔二一〕申，《劉釋》指出據文義當爲"甲"之訛，茲從校；《山法》《釋錄》《法制文書》同《劉釋》；《仁令》錄作"申"。

〔二二〕若因他故解免及元闕者亦隨狀言之，底卷作大字正文，諸家錄文亦作大字。按，從文義來看，此句當是對"替某甲考滿"的補充說明，據底卷書寫格式來看，應爲雙行小字夾注，茲改作小字注文。

〔二三〕名，《釋錄》《法制文書》錄作"姓名"，衍錄一"姓"字。下行同，不再另出校。

〔二四〕申，《劉釋》指出據文義當爲"甲"之訛，茲從校；《山法》《釋錄》《法制文書》同《劉釋》；《仁令》錄作"申"。

〔二五〕請，《劉釋》指出據《大唐六典》卷二"吏部郎中員外郎"條："乃上門下省，給事中讀，黃門侍郎省，侍中審"之記載，"請"當爲"讀"之訛；《山法》《釋錄》《法制文書》同《劉釋》；《仁令》錄作"讀"。

〔二六〕省，《劉釋》指出據《大唐六典》卷二"吏部郎中員外郎"條："乃上門下省，給事中讀，黃門侍郎省，侍中審"之記載，"名"字下當脱一"省"字；《山法》《釋錄》《法制文書》同《劉釋》；《仁令》徑錄。

〔二七〕同注〔一六〕。

〔二八〕告具官姓名計奏被，底卷中此八字作小字正文，據《劉釋》參照《金石萃編》卷一〇二唐六二《顏魯公書朱巨川告身》，並參上文《制授告身式》復原之《奏授告身式》，其應爲大字正文，茲從改。

〔二九〕旨如右，底卷中此三字缺，茲參照諸家錄文補；《山法》補；《釋錄》《法制文書》《仁令》徑錄。

〔三〇〕符到，底卷中此二字殘，茲參照諸家錄文補；《山法》補；《釋錄》《法制文書》《仁令》徑錄。

〔三一〕"主事姓名"至"准此"，底卷中此五行缺。《劉釋》參照《金石萃編》卷一○二唐六二《顏魯公書朱巨川告身》，並參上文《制授告身式》復原，茲從補；《釋錄》未補；《山法》《法制文書》同《劉釋》；《仁令》未補末一行"右奏授告身式。其餘司應授官者，准此"。

叁 格

一 唐神龍（七○五—七○七）散頒刑部格殘卷
伯三○七八＋斯四六七三
【題解】

本件底卷由伯三○七八和斯四六七三綴合而成。原件被撕裂爲二斷卷，兩斷卷正可拼合。伯三○七八（底一）存九十一行，斯四六七三（底二）存二十九行。全卷首全尾殘，存五紙，共一百二十行，每整行字數十六—十九字。卷背抄"引智度論""淨住子""內戒經""月燈三昧經"等。底一原題"散頒刑部格卷"，《法藏》將底一定作"散頒刑部格卷"，《英藏》將底二定作"神龍散頒刑部格"；《索引》將底一定作"散頒刑部格卷"，底二定作"唐律擬"；《索引新編》將底一定作"神龍散頒刑部格卷"，底二定作"神龍散頒刑部格"；《劉釋》定作"神龍散頒刑部格殘卷"；《山法》定作"散頒刑部格殘卷"；《釋錄》《法制文書》均定作"唐神龍年代（公元七○五—七○七年）散頒刑部格卷"。茲據文義擬定今題。

《劉釋》指出底一當中有題記云："銀青光祿大夫、行尚書右丞、上柱國臣蘇瓌等奉敕刪定"，據《唐會要》卷三九《定格令》及《册府元龜》卷六一二《刑法部·定律令》等相關記載，可確定本卷所載爲神龍年間散頒格之刑部格卷。另，王斐弘《敦煌寫本〈神龍散頒刑部格殘卷〉研究——唐格的源流與遞變新論》（《現代法學》二○○五年第一期）指出《散頒刑部格卷》，是《刑部（司）格》《都官（司）格》《比部（司）格》《司門（司）格》的總匯，也可以理解爲《散頒刑部格卷》既是《刑部（司）格》的內容，同時又有《都官格》《比部格》《司門格》的內容，因而統用大刑部之名，即冠以《散頒刑部格卷》之名。這裏的"刑部"不是六部之一的大刑部，只是大刑部下屬四曹司之一的"刑部司"。

本件《劉釋》（二四六—二五四）、《山法》（三二—三五）、《釋錄》（貳五六三—五六九）、《法制文書》（一四一—一五〇）、王斐弘《敦煌法論》（法律出版社二〇〇八年版，二三〇—二三五）有錄文。茲據《法藏》（貳壹二四三—二四五）、《英藏》（陸二三二）影印本及IDP彩圖，並參考前人錄文，對底卷重新校錄如下。

散頒刑部格卷
<small>銀青光禄大夫、行尚書右丞、上柱國臣蘇瓌等奉　敕刪定</small>
　　刑部　都部　比部　司門
　　一　偽造官文書印若轉將用行（行用）[一]，并盗用官文書印及亡印而行用，并偽造前代官文書印若將行用，因得成官，假与人官，[同]情受假[二]，各先決杖一百，頭首配流嶺南遠惡處，從配緣邊有軍府小州，並不在會赦之限。其同情受用偽文書之人，亦准此[三]。
　　一　官人在任，緣贓賄計罪成殿已上，雖非贓賄罪至除、免，會恩及別敕免，並即錄奏，量所犯贓狀，貶授領南[遠]惡處及邊遠官[四]。
　　一　流外行署、州縣雜任，於監主犯贓一疋以上[五]，先決杖六十；滿五疋以上，先決杖一百；並配入軍。如當州無府，配側近州。斷後一月内，即差綱領送所配府，取領報訖，申所司。贓不滿疋者，即解却。雖會恩，並不在免軍及解免之限[六]。在東都及京犯者[七]，於尚書省門對衆決[八]；在外州、縣者，長官集衆對決。贓多者，仰依本法。
　　一　法司斷九品以上官罪，皆錄所犯狀進内。其外推斷罪定，於後雪免者，皆得罪及合雪所由，并元斷官同奏。事若在外[九]，以狀申省司，亦具出入之狀奏聞[一〇]。若前人失錯，從去官經赦，亦宜奏。若推斷公坐者，不在奏限。應雪景跡狀，皆於本使勘檢，如灼然合雪，具狀牒考、選司。若使司已停，即於刑部、大理陳牒，問取使人合雪之狀，然後爲雪。仍牒中書省，并錄狀進内訖，然後注。
　　一　盗及詐請兩京及九城（成）官庫物[一一]，贓滿一疋已上，首處斬，從配流。若盜司農諸倉及少府監諸庫物并軍粮軍資，贓滿五疋以上，首處死，從處流；若一疋以上，首處流，從徒三年。所由官人，不存檢校，失數滿卅疋已上者，奏聞。

一　衒誘官奴婢及藏隱并替換者，並配流嶺南。無官蔭者，於配所役三年；有官蔭者，不得當、贖。官奴婢犯者[一二]，配遠州苦使[一三]。工、樂、雜户犯者，没爲官奴婢，並不在赦限。[一四]

一　盜計贓滿一疋以上，及衒誘官私奴婢并恐喝取財，勘當知實，先決杖一百，仍依法与罪。

一　私鑄錢人，勘當得實，先決杖一百，頭首處盡，家資没官；從者配流，不得官當、蔭贖。有官者，仍除名。勾合頭首及居停主人，雖不自鑄，亦處盡，家資亦没官。若家人共犯罪，其家長資財並没；家長不知，坐其所由者一房資財。其鑄錢處，隣保處徒一年，里正、坊正各決杖一百。若有人糾告，應没家資並賞糾人。同犯自首告者，免罪，依例酬賞。

一　略及和誘、和同相賣爲奴婢，自首者，非追得賣人，並不得成首。其略良人，仍先決杖一百，然後依法。若於羈縻及輕税州自首者[一五]，雖得良人，非本州者，亦不成首。

一　但有告密，一准令條，受告官司盡理推鞠。如先有合決笞、杖者[一六]，先決本笞、杖，然後推逐狀內。不當密條者，不須勘當。密條灼然，有逗留者，即准律掩捕，馳驛聞奏。如無指的，不須浪追及奏。若推勘事虛，先決杖一百，然後依法科罪，仍不得減贖。若責狀不吐[一七]，確稱有密者，即令自抄狀自封，長官重封。如不解書，推勘官人爲抄，長官封印暑（署）[一八]，馳驛進奏，仍禁身待進止。有不肯抄狀，并不受推勘者，即与無密[同][一九]，宜便准前決杖及科本罪。若死囚，旨符已到，有告密者，不須爲受。其有相知，遣人數頭分告，及取人文狀，或稱聞人傳説[二〇]，或稱疑有如此，或云恐如此，即告，并或重告他人所告之密，勘當事虛[二一]，其杖及反坐無密等罪，一准告人科決。其告密人，雖抄封進，狀內所告非密，及稱狀有不盡，妄請面見者，亦同無密科罪。縱別言他事，並不須爲勘當。或緣閧競，或有冤嫌[二二]，即注被奪密封，事恐漏洩，官司不爲追攝[二三]，即云黨助逆徒，有如此色者，並不須爲勘當。仍令州縣録敕，於所在村、坊要路牓示[二四]，使人具知，勿陷入罪。

一 光火劫賊，必藉主人，兼倚鄉豪[二五]，助成影援。其所獲賊，各委州縣長官盡理評覆[二六]，應合死者，奏聞。其居停主人，先決杖一百，仍与賊同罪；隣保、里正、坊正、村正，各決杖六十；並移貫邊州。其有捉獲賊應合賞[二七]，准強盜法，其賞出賊家及居停主人。其賊黨有能密告官司，因而擒獲者[二八]，免其罪，仍同賞例。如有賊發州縣，專知官及長官隱蔽不言，及勾官不能糾舉者，並解却。若捉賊不獲，貶授遠惡官；限內捕獲過半以上，即免貶責。如擒獲外境五人以上，与中上考；應貶者，聽功過相折。御史、巡察使出日，仍訪察奏聞。

一 盜及煞官馳馬一疋以上者，先決杖一百，配流嶺南，不得官當、贖。其知情博換、賣買，及過致人、居停主人知情者，並准此。有人糾告者[二九]，每糾得一疋，賞物廿疋。糾數雖多，不得過一百疋。其賞物並出隱盜煞馳馬人[三〇]。告數滿十疋以上者，衛士免軍，百姓免簡點，户奴放從良。所由官人阿縱者[三一]，与下考；受財求（賕）者[三二]，准盜人科罪[三三]。

（以上底一）

一 官人被推贓罪[三四]，事跡分明，擬爲訴辭[三五]，規避不對；或經恩赦，求請證徒，若得重推，多有翻動；或使過之後，州縣容翻，宜審詳元狀，如事驗明白，身雖未對，不須爲理。必稱枉酷，任經省論，州縣不得輒受申訴。其告事人[三六]，但審引虛，先決杖六十，仍各依法處斷。支證翻者，亦同此科。

一 宿霄（宵）行道[三七]，男女交雜，因此聚會，並宜禁斷。其隣保徒一年，里正決杖一百。

一 州縣職在親人，百姓不合陵忽。其有欲害及毆所部者，承前已令斬決。若有犯者，先決［杖］一百[三八]，然後禁身奏聞。其內外官人，有恃其班秩故犯，情狀可責者，文武六品以下，勳官二品以下并陰人，并聽量情決杖，仍不得過六十。若長官無，聽通判官應致敬者決。雍、洛寄住及訴競人[三九]，亦准此。其清官并國子助教、大學四門博士及副二通判官、録事參［軍］事[四〇]、縣令、折衝府司馬，各於本任長官，並不得決限。

　　一　私造違樣綾錦，勘當得實，先決杖一百，造意者，徒三年；同造及挑文客織并居停主人，並☒（徒）二年半[四一]，總不得官當、蔭贖。踏碓人及村正、☒（坊）正[四二]、里正，各決杖八十。毛褐作文者，不得服用、買賣，違者物並没官。有人糾者，物入糾人，官与市取。其敕賜者，聽与應服用人。如管內□☒（有犯）者[四三]，官司量事貶附。

　　□　□□□☒（一　法司及別）敕推事[四四]，多爲酷法，乃有懸枷著□□□□（樹，經日不解）[四五]，脱衣迥立，連宵忍凍，轉☒□□□□□（動有礙，食飲乖節）[四六]，□房小舍，墐户塞窗[四七]，數□□与脱枷☒（用）□□[四八]

　　（以上底二）

　　（後缺）

【校記】

〔一〕僞，底卷作"𫝀"，下同不再另出校。又，"用行"，《劉釋》指出當作"行用"，下文"行用"多見，且《唐律疏議》卷二五"僞寫官文書印"條疏亦作"行用"，茲從校；《山法》《釋錄》《法制文書》同。

〔二〕同，底卷無，《劉釋》指出據下文"其同情受用僞文書之人亦准此"之句，可知"情"字前應脱一"同"字，茲從補；《山法》《釋錄》《法制文書》同。

〔三〕亦，底卷作"亽"，下同不再另出校。

〔四〕遠，底卷無，據前文"嶺南遠惡處"之句，"惡"字前似應脱一"遠"字，茲補；《劉釋》《山法》未補；《釋錄》《法制文書》徑錄。

〔五〕迊，底卷作"迡"，下同不再另出校。

〔六〕解免，《釋錄》《法制文書》漏錄。

〔七〕在東，底卷原作"東在"，旁加倒乙符號，茲錄正。又，"京"底卷作"亰"，下同不再另出校。

〔八〕對，底卷作"對"，下同不再另出校。

〔九〕事，《釋錄》《法制文書》漏錄。

〔一〇〕之，《釋錄》漏錄。

一　法典類　／　103

〔一一〕城，《劉釋》指出據《元和郡縣志》卷二《國內道·鳳翔府·九成宮》條及《唐會要》卷三〇"九成宮"條，可知"城"當爲"成"之訛，茲從校；《釋錄》未改；《山法》《法制文書》同《劉釋》。

〔一二〕婢，《釋錄》漏錄。

〔一三〕苦，底卷作"若"，下同不再另出校。

〔一四〕工樂雜户犯者没爲官奴婢並不在赦限，底卷中此十六字單獨一行，且"工"字前原有事項符"一"，表示此單獨一條格文。《劉釋》《山法》指出據文義來看，此當與上條爲同一條格文，底卷誤寫作兩條，茲將其合錄爲一條。

〔一五〕税，底卷作"稅"，下同不再另出校。

〔一六〕笞，底卷作"苔"，下同不再另出校。

〔一七〕吐，底卷作"吒"，下同不再另出校。

〔一八〕暑，據文義當爲"署"之訛，《劉釋》《山法》《釋錄》《法制文書》徑錄作"署"，非原形。

〔一九〕同，底卷無，《劉釋》指出據文義"密"字下當補"同"字，茲從校；《山法》《釋錄》《法制文書》未補。

〔二〇〕説，底卷作"説"，下同不再另出校。

〔二一〕事虛，底卷原作"虛事"，旁加倒乙符號，茲錄正。

〔二二〕冤嫌，底卷作"寃嬿"，下同不再另出校。

〔二三〕攝即，底卷原作"即攝"，旁加倒乙符號，茲錄正。

〔二四〕牓，《釋錄》《法制文書》錄作"榜"，義雖同，但字非原形。

〔二五〕倚，底卷作"倚"，下同不再另出校。

〔二六〕覆，底卷作"霉"，下同不再另出校。

〔二七〕捉，底卷作"捉"，下同不再另出校。

〔二八〕擒，底卷作"摘"，下同不再另出校。

〔二九〕有人，底卷原作"人有"，旁加倒乙符號，茲錄正。

〔三〇〕盜煞，底卷原作"煞盜"，旁加倒乙符號，茲錄正；《釋錄》錄作"煞盜"。

〔三一〕阿縱，底卷中此兩字位於底一、底二斷裂處。

〔三二〕求，《劉釋》指出據文義當爲"賕"；《釋錄》未改；《山法》《法制文書》同《劉釋》。

〔三三〕科罪，底卷中此兩字位於底一、底二斷裂處。

〔三四〕贓，底卷中此字位於底一、底二斷裂處。

〔三五〕辭，底卷作"辝"，下同不再另出校。

〔三六〕其，《釋錄》漏錄。

〔三七〕霄，《劉釋》指出據《册府元龜》卷一五九《革弊門》之"開元十九年四月"條及《太平寰宇記》卷八《汝州》之"葉縣"條，"霄"當爲"宵"之訛，茲從校；《山法》《釋錄》《法制文書》錄作"霄"。

〔三八〕杖，底卷無，據文義"一"字前應脱一"杖"字，下文云"先決杖一百"可證；《劉釋》《山法》《釋錄》《法制文書》未補。

〔三九〕雍，底卷作"雖"，下同不再另出校。

〔四〇〕軍，底卷無，《劉釋》指出據文義"參"字後應脱一"軍"字，茲從補；《山法》《釋錄》《法制文書》補。

〔四一〕徒，底卷中此字殘，茲據殘存字形及文義，並參照諸家錄文補；《劉釋》《山法》補；《釋錄》《法制文書》徑錄。

〔四二〕坊，底卷中此字殘，茲據殘存字形及文義，並參照諸家錄文補；《劉釋》補；《山法》《釋錄》《法制文書》徑錄。

〔四三〕有犯，底卷中"有"字缺，"犯"字殘存右下角殘笔畫，《劉釋》指出據上下文義，此處應補"有犯"二字，茲從補；《釋錄》《山法》未補；《法制文書》同《劉釋》。

〔四四〕一法司及別，底卷中"一法司及"四字缺，"別"字殘，《劉釋》指出據上下文義並參考《唐大詔令集》卷八二《永徽六年二月法司及別敕推事並依律文詔》，此處當補此五字，茲從補；《山法》《釋錄》僅錄"別"字；《法制文書》同《劉釋》。

〔四五〕樹經日不解，底卷中此五缺，《劉釋》指出據上下文義並參考《唐大詔令集》卷八二《永徽六年二月法司及別敕推事並依律文詔》，此處當補此五字，茲從補；《釋錄》《山法》未補；《法制文書》同《劉釋》。

〔四六〕動有礙食飲乖節，底卷中"動"字殘，"有礙食飲乖節"六字缺，《劉釋》指出據上下文義並參考《唐大詔令集》卷八二《永徽六年二月法司及別敕推事並依律文詔》，此處當補此七字，茲從補；《釋錄》《山法》僅錄"動"字；《法制文書》同《劉釋》。

〔四七〕窗，底卷作"窻"，下同不再另出校。

〔四八〕脱，底卷作"脫"，下同不再另出校。又，"用"字底卷中殘，據殘存筆畫推斷，疑爲"用"字；《釋錄》《法制文書》逕錄作"用"；《山法》補作"用"；《劉釋》補作"同"。另，"与"字前缺字不詳，"用"字後缺二字。

二　唐開元戶部格殘卷

斯一三四四

【題解】

本件底卷編號斯一三四四號。原底卷首尾皆缺，存三紙，共六十九行，每整行字數十八—二十三字，卷面塗有意義不明之大字多處，應係後人之戲書；卷背抄"論鳩摩羅什通韻"及"修多羅法門卷一"。原卷無題，《英藏》題"開元戶部格"；《索引》定作"唐令擬"，《索引新編》定作"開元戶部格"；《劉釋》定作"開元戶部格殘卷"；《山法》定作"戶部格殘卷"；《釋錄》《法制文書》定作"唐開元戶部格殘卷"；《郝錄》定作"開元戶部格"。茲據文義擬定今題。

《劉釋》指出本底卷從性質及書寫格式來看可確定爲唐格，從內容來看可確定爲唐戶部格。本卷中所存之紀年，第一行殘存"開元元年十二月十七日"，可知其所載格文之制定必在開元元年（七一三）之後；第十四條"逃人田宅不得輒容買賣"，末列年月日"唐元年七月十九日"，此條即《唐大詔令集》卷一一〇所載之唐隆元年（七一〇）七月十九日"誡勵風俗敕"，本卷改作"唐元年"乃是避李隆基名改唐隆元年爲唐元元年，又省文寫作"唐元年"，由此可推斷本卷所載格文之制定當在開元之時。

據《通典》卷一六五《刑法門·刑制下》、《唐會要》卷三九《定格令》、《册府元龜》卷一五七《刑法部·定律令》及兩唐書等載：開元一朝，曾修格三次，分別爲：開元格，始於開元元年（七一三），成於開元三年（七一五），姚元崇等奉敕修；開元後格，始於開元六年（七一八），成於開元七年（七一九），宋璟等奉敕修；開元新格，始於開元二十二年

（七三四），成於開元二十五年（七三七），李林甫等奉敕修。《劉釋》認爲本卷疑爲開元三年（七一五）姚元崇等奉敕修之開元格。

戴建國《唐宋變革時期的法律與社會》（上海古籍出版社二〇一〇年版）第二章"唐格及格後敕的修纂體例"中指出本卷所抄應是源自開元《格式律令事類》所附長行敕，抄録之時依類目順序，並省去了格之正文及篇目名稱。由於長行敕是《開元格》的一個構成部分，因此很容易被當作開元格格文引用，但事實上二者是有區別的。

本件《劉釋》（二七六—二八一）、《山法》（三六—三七）、《釋録》（貳五七〇—五七三）、《法制文書》（一六三——六七）、《郝録》（伍三七六—三八一）、《敦煌法論》（二四三—二四六）等有録文。茲據《英藏》（貳二六九—二七〇）影印本，並參考前人録文，對底卷重新校録如下：

（前缺）

開元元年十二月十七日

敕：諸色應食實封家，封户一定已後，不得輒有移改。

景龍二年九月廿日

敕：孝義之家，事須旌表。苟有虛濫，不可哀稱。其孝，必須生前純至，色養過人；殁後孝思，哀毁踰禮。神明通感，賢愚共傷。其義，必須累代同居，一門邕穆[一]；尊卑有序，財食無私。遠近欽永（承）[二]，州閭推伏。州縣親加案驗，知狀跡殊尤，使覆同者，准令申奏。其得旌表者，孝門復[三]，終孝子之身；義門復，終旌表時同籍人身[四]。仍令所管長官以下及鄉村等，每加訪察。其孝義人，如中間有聲實乖違，不依格文者，隨事舉正。若容隱不言，或檢覆失實，并妄有申請者，里正、村正、坊正及同檢人等，各決杖六十，所由官与下考。

證聖元年四月九日

敕：長髪等[五]，宜令州縣嚴加禁斷。其女婦識文解書堪理務者，並預送比校內職[六]。

咸亨五年七月十九日

敕：諸山隱逸人，非規避等色，不須禁斷。仍令所由覺察，勿使廣聚徒眾。

長安二年七月廿八日

敕：如聞諸州百姓結構朋黨[七]，作排山社，宜令州縣嚴加禁斷。

景龍元年十月廿日

敕：左廂柰乾、定襄兩都督府管內八州降戶及黨項等，至春聽向夏州南界營田，秋收後勒還。

景龍二年六月九日

敕：諸蕃商胡，若有馳逐，任於內地興易，不得入蕃。仍令邊州關津鎮戍，嚴加捉搦。其貫屬西、庭、伊等州府者[八]，驗有公文，聽於本貫已東來往。[九]

垂拱元年八月廿八日

敕：諸蕃部落見在諸州者，宜取州司進止。首領等，如有灼然要事須奏者[一〇]，委州司錄狀奏聞。非有別敕追入朝，不得輒發遣。

垂拱元年九月十五日[一一]

敕：牂牁土風，共行諀法，宜委所管都督府嚴加禁斷。

天授二年正月十五日

敕：化外人及賊須招慰者[一二]，並委當州及所管都督府審勘當奏聞，不得輒即招慰及擅發文牒。所在官司，亦不得輒相承受。如因此浪用官物者，並依監主自盜法。若別敕令招慰得降附者，挾名奏聽處分。

長安元年十二月廿日[一三]

敕：領南土人任都督、刺史者[一四]，所有辭訟[一五]，別立案判官。省司補人，竟無几案。百姓市易，俗既用銀，村洞之中，買賣無秤，乃將石大小，類銀輕重。所有忿爭，不經州縣，結集朋黨，假作刀排，以相攻擊，名爲打戾[一六]。並娶婦，必先強縛，然後送財。若有身亡，其妻無子，即斥還本族，仍徵娉財。或同族爲婚，成後改姓。並委州縣長官，漸加勸導，令其變革。

天授二年七月廿七日[一七]

敕[一八]：諸州百姓，乃有將男女質賣，託稱傭力，無錢可贖，遂入財主，宜嚴加禁斷。

長安二年二月十二日

　　敕：畿內逃絕户宅地，王公百官等及外州人，不得輒請射。

景龍二年三月廿日

　　敕：逃人田宅，不得輒容賣買，其地任依鄉原價，租充課役，有賸官收[一九]。若逃人三年內歸者，還其賸物。其無田宅，逃經三年以上不還者，不得更令隣保代出租課。[二〇]

唐［隆］元年七月十九日[二一]

　　敕：官人執衣、白直，若不納課，須役正身。採取及造物者，計所納物，不得多於本課，亦不得追家人、車牛、馬驢雜畜等折功役使，及雇人代役。其市史、壁師之徒[二二]，聽於當州縣供官人市買。里正、佐史、坊正等隨近驅使，不妨公事者，亦聽。諸司官驅使典吏，亦准此。其州縣雜職，緣公廨役使，情願出課者，亦准白直例。

萬歲通天元年五月六日

　　敕：諸州進物入京都，並令本州自雇脚送。如口味不堪久停，及僻小州無脚處，并安西已来[二三]，依舊給傳驛。

景雲二年閏六月十日[二四]

　　敕：嶺南及全僻遠小州，官人既少，欲令參軍、縣官替充朝集者，聽。

聖曆元年正月三日[二五]

（後缺）

【校記】

〔一〕穆，底卷作"稳"，下同不再另出校。

〔二〕永，《劉釋》《山法》《郝録》指出當爲"承"之訛，茲從校；《釋録》《法制文書》徑録作"承"。

〔三〕復，底卷作"湲"，下同不再另出校。

〔四〕籍，底卷作"藉"，下同不再另出校。

〔五〕髮，底卷作"髩"，下同不再另出校。

〔六〕預，底卷作"頇"，下同不再另出校。

〔七〕構，底卷作"構"，下同不再另出校。

〔八〕庭，底卷作"庭"，下同不再另出校。又，"已"通"以"，下

〔九〕底卷中從"長安二年七月廿八日"至"伊等州府者"等行文字上雜寫"付所由。捉至遲決，既有先言，勿得推詞，即令計會，返理任申淨林"等大字。

〔一〇〕如，底卷原作"如如"，第一個"如"在行末，第二個"如"在行首，《山法》《釋錄》均認爲其中一個"如"字爲衍文；《郝錄》指出這是當時人的一種抄寫習慣，在抄寫書籍和文獻時，凡遇重要的詞在行末被分斷，有時會在次行之首，將被分斷的字再抄一遍，這樣的事例在"夢書"和"占卜書"中都曾出現，所以"如如"並非因抄寫者疏忽而多抄一"如"字，而是按照習慣抄寫了兩個"如"字，但第二個"如"字應不讀。

〔一一〕底卷中此行上雜寫"付所由捉至"等大字。

〔一二〕招，底卷作"拈"，下同不再另出校。

〔一三〕底卷中此行上雜寫"付所由追至林白"等大字。

〔一四〕土，底卷作"圡"，下同不再另出校。

〔一五〕辤，底卷作"辝"，下同不再另出校。

〔一六〕戾，底卷作"戻"，下同不再另出校。

〔一七〕底卷中此行上雜寫"流東望公主"等大字。

〔一八〕敕，底卷中爲後補寫。

〔一九〕賸，底卷作"賸"，《劉釋》《釋錄》《山法》徑錄作"賸"，下同不再另出校。

〔二〇〕《劉釋》指出《唐大詔令集》卷一一〇載此條作："逃人田宅，不得輒容賣買，其地任依鄉原例，租納州縣倉，不得令租地人代出租課。"另，"課"底卷作"秼"，下同不再另出校。

〔二一〕隆，底卷無，《劉釋》指出"唐元年"即"唐隆元年"，避李隆基名諱改"唐隆"爲"唐元"，又省文作"唐元年"，茲據補"隆"字；《山法》《釋錄》《法制文書》均補"隆"字；《郝錄》認爲當時文書避諱如此，當不補。

〔二二〕壁師，底卷作"壁帀"，下同不再另出校。

〔二三〕并，《山法》錄作"早"。

〔二四〕底卷中從"萬歲通天元年五月六日"至"景雲二年閏六月

十日"等行文字上雜寫"付所由追至遲决林淨林示"等大字。

〔二五〕底卷中此行文字上原有雜寫大字，被裁剪，僅剩三大字殘笔畫。

三　唐開元新格——户部格殘卷

北敦〇九三四八（周字六九號）

【題解】

本件底卷編號北敦〇九三四八（周字六九）號。原底卷首尾皆缺，共三紙，存四十五行，每整行字數一七—一八字，紙背抄"大乘百法明門論開宗義記"，全卷殘損嚴重。原卷無題，《國藏》題"開元新格卷三（擬）"；池田温《北京圖書館藏開元户部格殘卷簡介》（以下簡稱《池介》，收於《敦煌吐魯番學研究論集》，書目文獻出版社一九九六年版）擬題"開元新格卷三户部斷卷"。兹據文義擬定今題。

本卷抄錄唐敕五件，時間最早爲太極元年（七一二），最晚爲開元二十三年（七三五），皆以"敕"字開首，末尾注年月，其書寫形式與斯一三四四號《開元户部格》殘卷一致。池田温通過對比本卷與斯一三四四號，並結合傳世史籍，認爲本卷當爲開元二十五年（七三七）散頒天下之開元新格第三卷"户部格"開端部分。戴建國《唐宋變革時期的法律與社會》（上海古籍出版社二〇一〇年版）第二章"唐格及格後敕的修纂體例"中則指出本卷所抄應與斯一三四四號一致，當是源自開元《格式律令事類》所附長行敕。

本件《池介》有錄文。兹據《國藏》（壹零伍二八四—二八六）影印本，並參考前人錄文，對底卷重新校錄如下。

（前缺）

敕：天下百姓口分▢▢▢典貼，頻有處分。如▢▢▢富兼并[一]。自今以後，▢（若）▢▢▢地還本主[二]。所買人▢（資）▢▢▢征防屯丁等[三]，州仍▢▢▢加罰一丁。有資蔭▢（者）▢▢▢料（科）違敕罪[四]。若地主▢▢▢科，仍量与優復三兩[五]▢▢▢州縣長官不存捉搦，計▢▢▢其百姓買勳蔭地，將▢（充）▢▢▢非死絕[六]，不在收

一 法典類 / 111

授限。

開元廿三☒（年）☐[七]

敕：天下諸州縣并府鎮戌官☐☐頃畝造簿申省[八]，仍令州縣所由官☐☐原及元租價對定。其元價六斗已下☐☐者[九]，不得過六斗。☐☐（并取）情願[一〇]，不得☐☐錄事參軍察訪。若有抑合租☐☐☒并徵納☒☐（之日）[一一]，數外☒☒（納耗）量用☐☐☒[一二]，計所賸以枉法論。至死者，加役流，仍☐☐使及御史出日採訪☒（奏）聞[一三]。其緣☒（邊）[一四]☐☐☒（成）[一五]、武、渭、宕、原、綏、銀并嶺南諸州☐☐人情☐（願）租佃[一六]，任自營種，餘並不得☐☐☐不☒（得於）部下別營☒☒（處，不）得徵草及價[一七]。其地中☒（間）☐☐給用[一八]，不可却收，宜委州縣以☒（應）[一九]☐☐☐☐未有地替☐☐斗☐☐☒（除）前欠者[二〇]，☒（不）[二一]☐☐

開元十☐☐[二二]

☐（敕）[二三]：王公百官縱畿內☒☐☒（州縣寬）[二四]☐☐及借，宜令御史及☒（按）[二五]察☐☐縣令解却所由官与替。其寬鄉☐☐後亦不得頃給拾頃以上。其山谷有☐☐得廣佔主。

太極☐（元）年三月☐☐[二六]

☐（敕）[二七]：如聞嶺南首☒（領）[二八]☐☐史上佐及☐☐多因官置莊，抑買百姓田園，招誘☐☐稱☒☒☒（是子弟）[二九]，以逋藪，夷獠戶等不勝☒（斷）[三〇]，仍委按察使及經略使☒（捉）[三一]☐☐☒莊園並收入官，給貧弱下☐☐逃之色，☒（許）令歸首者[三二]，☒（便）於所在編附☐☐☒安存[三三]。如不能禁止者，使其因循☒☐☐☒☒☒（日訪察）[三四]奏聞。所由首領必☐☐

開元廿年☐☐

☐☐年蟲霜，隨損即陳牒☐☐

☐☐卅日

（後缺）

【校記】

〔一〕富，底卷作"冨"，下同不再另出校。

〔二〕若，底卷中殘，茲據殘存字形補；《池介》徑錄。

〔三〕資，底卷中殘存上部殘笔畫，《池介》補作"資"，茲從補。又，"屯"底卷作"屯"，下同不再另出校。

〔四〕者，底卷中殘存左上部殘笔畫，《池介》補作"者"，茲從補。又，"料"，據《册府元龜》卷四九五《邦計部一三·田制》相關內容應爲"科"之訛。

〔五〕復，底卷作"復"，下同不再另出校。

〔六〕充，底卷中殘存上部殘笔畫，《池介》補作"充"，茲從補。

〔七〕年，底卷中殘，茲據殘存字形補；《池介》徑錄。又，此條敕文相關內容見於《册府元龜》卷四九五《邦計一三·田制》及《全唐文》卷三〇"玄宗"，其文云："（開元）二十三年九月，詔曰：天下百姓口分、永業田，頻有處分，不許買賣典貼。如聞尚未能斷，貧人失業，豪富兼并，宜更申明處分，切令禁止。若有違犯，科違敕罪。"

〔八〕簿，底卷作"薄"，下同不再另出校。

〔九〕斗，底卷作"卅"，下同不再另出校。

〔一〇〕并取，底卷中缺，《池介》錄作"并取"，茲從補。

〔一一〕合，《池介》錄作"令"，誤。又，"之日"，底卷中"之"字殘，"日"字缺，《池介》錄作"之日"，茲從補。

〔一二〕納耗，底卷中此兩字殘，茲據殘存字形補；《池介》徑錄。

〔一三〕奏，底卷中此字殘，茲據殘存字形補；《池介》徑錄。

〔一四〕邊，底卷中此字殘，茲據殘存字形補；《池介》徑錄。

〔一五〕成，底卷中此字殘，茲據殘存字形補；《池介》徑錄。

〔一六〕願，底卷中此字缺，茲據文義並參考《池介》補。

〔一七〕得於、處不，底卷中此四字殘，茲據殘存字形補；《池介》徑錄。

〔一八〕間，底卷中此字殘，茲據殘存字形補；《池介》徑錄。

〔一九〕應，底卷中此字殘，茲據殘存字形補；《池介》徑錄。

〔二〇〕除，底卷中此字殘，茲據殘存字形補；《池介》補作"依"，誤。

〔二一〕不，底卷中此字殘，茲據殘存字形補；《池介》徑錄。

〔二二〕此條敕文相關內容見於《唐會要》卷九二《內外官職田》、《册府元龜》卷五〇六《邦計部二四·俸禄二》及《新唐書》卷五五《食貨志五》等。其中《唐會要》卷九二云："（開元）十九年四月敕：天下諸州縣并府鎮戍官等職田頃畝籍帳，仍依元租價對定，無過六斗。地不毛者，畝給二斗。"《册府元龜》卷五〇六云："（開元）十九年四月敕：天下諸州縣并府鎮戍官等職田四至頃畝，造帳申省，仍依元租價對定。六斗已下者依舊定，以上者不得過六斗。"《新唐書》卷五五《食貨志五》云："（開元）十九年，初置職田頃畝簿，租價無過六斗。地不毛者，畝給二斗。"

〔二三〕敕，底卷中此字缺，茲據文義及殘存字形，並參考《池介》補。

〔二四〕州縣寬，底卷"州""寬"兩字殘，"縣"字缺，茲據殘存字形，並參照《池介》補。

〔二五〕按，底卷中此字殘，茲據殘存字形補；《池介》逕録。

〔二六〕元，底卷中此字缺。按，太極年號僅歷四月，故此處所缺當補"元"字；《池介》補。

〔二七〕敕，底卷中此字缺，茲據文義及殘存字形，並參考《池介》補。

〔二八〕領，底卷中此字殘，茲據殘存字形及文義，並參考《池介》補。

〔二九〕是子弟，底卷中此三字殘，茲據殘存字形補；《池介》逕録。

〔三〇〕斷，底卷中此字殘存左半，茲據殘存字形及文義，並參考《池介》補。

〔三一〕捉，底卷中此字殘存上部殘筆畫，茲據殘存字形，並參考《池介》補。

〔三二〕許，底卷中此字殘，茲據殘存字形補；《池介》逕録。

〔三三〕便，底卷中此字殘，茲據殘存字形及文義補；《池介》逕録。

〔三四〕日訪察，底卷中此三字殘，茲據殘存字形及文義補；《池介》逕録。

四　唐開元職方格殘卷（？）

北敦〇九三三〇（周字五一號）

【題解】

本件底卷編號北敦〇九三三〇（周字五一）號。原底卷首尾皆缺，存七行，每整行字數十三—二十一字，卷面塗改痕跡嚴重。原卷無題，《國藏》題"令烽燧守捉官存紀綱加捉搦文（擬）"；《劉釋》定作"開元職方格斷片"；《法制文書》定作"唐開元職方格（？）斷片"。茲據文義擬定今題。

《劉釋》指出本底卷分條書寫，所存共兩條：一是對烽火失宜違時的罰則，二是關於鎮、戍、守捉須對盜賊嚴加捉搦的禁令。此與唐格以禁違止邪的性質相符，故其可能為格。又唐制，鎮戍、烽火之事，皆由尚書兵部職方司主掌，故本卷所載或為職方格。卷中出現有知烽健兒，而健兒戍邊，定制於開元二十五年（七三七），故本卷時間當在開元之際，茲暫定本卷為開元職方格斷片。《法制文書》則指出，本卷之紙為當地土紙，其書寫年代當在陷蕃以後。從內容看，軍州、健兒等名字，以及相關的烽候制度等在敦煌陷蕃以後一直存在，故據此推斷本卷為開元職方格尚可存疑。另，坂上康俊《有關唐格的若干問題》（收於戴建國主編《唐宋法律史論集》，上海辭書出版社二〇〇七年版）指出本卷沒有記載是根據敕來立法，也沒有一一記錄年號，也不是不加年號的逐條列記形式，與唐格書寫形式不同，所以當並非唐格。現釋錄，但存疑以待後來。

本件《劉釋》（二九五）、《法制文書》（一七四）等有錄文。茲據《國藏》（壹零伍二六八）影印本，並參考前人錄文，對底卷重新校錄如下。

（前缺）

竟不來，遂使軍州佇望消息。於今後，仰放火之處約述（束）逗留[一]，放火後續狀遞報[二]，勿稽事意，致失權宜。輒違晷刻[三]，守捉官副追決卅［杖］[四]，所由知烽健兒決六十棒[五]。

法令滋彰，盜賊多矣。隄防不設，姦宄互興[六]，欲存紀綱，須加捉搦。仰ポ□□守捉官相知捉搦[七]，務令禁斷。

（後缺）

一　法典類 ／ 115

【校記】
〔一〕約，底卷原作"狀"，塗抹後於旁改寫，茲徑錄作"約"。又，"述"字，《劉釋》指出據文義當爲"束"之訛，茲從校；《法制文書》言"述"底卷原作"大"，塗抹後於旁改寫"述"，誤，底卷原作"述"字。

〔二〕放，底卷原作"是"，塗抹後於旁改寫，茲徑錄作"放"。又，"後"字，底卷中於正文旁補寫，茲錄正。另，底卷中"遞報"前原有"以次"兩字，後塗抹，茲不錄；且"報"字，底卷原作"送"，塗抹後於旁改寫，茲徑錄作"報"。

〔三〕暑，《劉釋》作缺文釋錄，並出校認當補"時"字；《法制文書》錄作"暑"。按，底卷中此字有改寫痕跡，從字形來看，當作"暑"，茲從《法制文書》。

〔四〕副，底卷中作"别"，《劉釋》《法制文書》錄作"別"，但據字形看似當爲"副"字。又，"棒"字，底卷無，茲據文義補；《劉釋》《法制文書》未補。

〔五〕健，底卷作"徤"，下同不再另出校。另，此字《劉釋》錄作"建"，校作"健"，不必。

〔六〕忒互，《劉釋》未釋讀，《法制文書》指出"忒"疑爲"惑"字。另，"互"底卷作"牙"，下同不再另出校。

〔七〕尓，《釋錄》釋讀作"所"，據字形不像，現存疑。又，底卷中"守"字前缺二字，《釋錄》補作"由以"，其所補是據上一字斷作"所"字，之後據文義補，現存疑。另，"仰尓□□守捉官"，《劉釋》錄作"仰□□□捉"，並出校稱所缺三字當補作"鎮戍守"，誤。

五　唐開元或天寶兵部選格斷片
伯四九七八
【題解】
本件底卷編號伯四九七八號。原底卷首尾皆缺，存一紙，共十八行，每整行字數十六—十八字，縫背有鈐印痕跡，卷背抄王道"祭楊筠文"等。原卷無題，《法藏》題"開元兵部選格"；《索引》稱"十七行關軍律，適用於開天之際"；《山法》定作"兵部選格殘卷"；《索引新編》定作"開元兵部選格";《劉釋》定作"開元兵部選格斷片";《釋錄》定作"唐天寶年代兵部選格殘卷";《法制文書》定作"唐開元或天寶年代兵部選格殘卷"。茲據文義擬定今題。

《劉釋》指出本底卷書寫形式與伯三〇七八+斯四六七三號《唐神龍散頒刑部格卷》相同,其内容係兵部武選事,包括選人資格、選授年限及勞考進敍等規定。按唐制,每年銓選前,皆頒選格於天下,示人以科限。本卷即應是尚書省兵部頒於郡縣示人以科限的選格。另,本卷中有"准開元七年十月廿六日敕""准兵部格後敕"等語,據《唐會要》卷三九《定格令》云:"(開元)十九年,侍中裴光庭、中書令蕭嵩又以格後敕行用之後,與格文相違,於事非便,奏令所司删撰《格後長行敕》六卷,頒於天下。二十五年九月一日,復删定緝格式律令,總成《律》十二卷、《律疏》三十卷、《令》三十卷、《式》二十卷、《開元新格》十卷。"本卷所云"准兵部格後敕"當即開元十九年(七三一)删定之《格後長行敕》,故可推斷本底卷制定時間當在開元十九年之後,開元二十五年(七三七)之前。《法制文書》則指出,本底卷的年代上限當不早於開元十九年,下限不晚於安史之亂後,山本達郎等擬作"開元或天寶年代兵部選格殘卷"是比較合適的。茲從《法制文書》斷代。

本件《山法》(三九)、《劉釋》(三〇一—三〇二)、《釋錄》(貳五七六)、《法制文書》(一七九—一八〇)等有錄文。茲據《法藏》(叁叁三二八)影印本及IDP彩圖,並參考前人錄文,對底卷重新校錄如下。

(前缺)

▢▢▢▢節度管内諸軍鎮健兒[一],其中所有勲官▢▢[二],諸色有資勞人及前資常選▢▢▢▢▢勞考每年爲申牒所田(由)[三],并先在軍▢(經)▢▢已上[四],有柱國、上柱國勳者,准勳官▢(年)滿▢(則)聽簡試[五]。十五年已上者,授武散官。兩箇上柱國已上者,放選,各於當色量減次上定留放。▢(其)中有先立戰功[六],得上柱國勳,長征▢▢▢軍由分明者[七],免簡聽選,餘依本條。

一　准兵部格後敕,同、▢▢▢▢▢(京兆府、華、蒲)等州[八],簡定▢(團)結二万人數者[九],其中有得勞番考人▢▢免,

一 法典類 / 117

並申所司，准式合承[一〇]，選日任依常例。

　一　准兵部格，諸色有番考資☒☒人身供☒☒者[一一]，初至年及去軍年經三箇月已上☒☒折成一年勞[一二]，中間每年与一年，不得累折。

　一　准開元七年十月廿六日敕：上柱國及柱國子，年廿一已上，每年徵資一千五百文，准本色宿衛人，至八年滿聽簡。其及第者[一三]，隨文武☒

（後缺）

【校記】

〔一〕底卷中"節"字前三字漫漶，不能釋讀，下同不再另出校。

〔二〕有，底卷中於正文旁補寫。

〔三〕田，《山法》將"田"校作"由"，茲從；《劉釋》同《山法》；《釋錄》《法制文書》徑錄作"由"。

〔四〕并，《山法》錄作"井"，誤。又，"經"字，底卷中漫漶，僅看清右側"巠"旁，當原寫作"経"；《山法》《釋錄》疑作"注"；《劉釋》《法制文書》錄作"經"，茲從。

〔五〕年滿則，底卷中"年""則"兩字漫漶不清，《劉釋》指出據《大唐六典》卷五"兵部郎中員外郎"條："凡勳官十有二等，皆量其遠邇以定其番第，五品已上四年，七品已上五年，多至八年，年滿簡送吏部。"此兩字當補作"年""則"，茲從補；《山法》《釋錄》未補；《法制文書》同《劉釋》。

〔六〕其，底卷中此字漫漶，《山法》《劉釋》補錄作"其"，茲從；《釋錄》《法制文書》徑錄。

〔七〕者，底卷中於正文旁補寫。

〔八〕京兆府華蒲，底卷中此五字漫漶。《劉釋》指出據《大唐六典》卷五"兵部郎中員外郎"條："凡關內團結兵，京兆府六千三百二十七人，同州六千七百三十六人，華州五千二百二十三人，蒲州二千七百三十五人"之記載，"同"字下當補"京兆府華蒲"或"華蒲京兆府"等字。從底卷殘存痕跡看，"同"字下應補"京兆府華蒲"。《法制文書》

同《劉釋》，但"同"字下補作"華蒲京兆府"，誤。

〔九〕定，《劉釋》疑作"充"；《山法》《釋錄》未釋讀；《法制文書》漏錄。按，此字據底卷殘痕似應爲"定"，茲暫錄作"定"。又，"團"字，底卷漫漶，《劉釋》指出據《大唐六典》卷五"兵部郎中員外郎"條："凡關內團結兵"當爲"團"字，茲從補。另，"同京兆府華蒲等州簡定☒團"，《山法》《釋錄》將此十二字錄作"同□□滿□□等如簡□□"，誤。

〔一〇〕承，《釋錄》未錄。

〔一一〕☒☒人，《山法》《釋錄》作"策出"；《劉釋》作"□人"；《法制文書》作"勞人"。據底卷看，此應三字，茲據圖版改。又，"供"字，《山法》《釋錄》未錄；《劉釋》作"供"；《法制文書》同《劉釋》。茲從《劉釋》。

〔一二〕"折"字前二字，底卷中漫漶，《劉釋》未標注。又，"成"字，底卷中於正文旁補寫。

〔一三〕第，底卷中作"弟"，下同不再另出校。

肆　式

一　唐貞觀吏部式斷片

伯四七四五

【題解】

本件底卷編號伯四七四五號。原底卷首尾皆缺，存九行，每整行字數十四—十五字，前端紙縫背鈐"涼州都督府之印"，卷背抄"觀心論"。原卷無題，《法藏》題"唐職官書"；《索引》《索引新編》同《法藏》；《山法》定作"吏部格或式斷片"；《劉釋》定作"貞觀吏部式斷片"；《釋錄》《法制文書》定作"唐年代未詳（貞觀或永徽）吏部格或式斷片"。茲據文義擬定今題。

《劉釋》指出本底卷內容爲有關前朝隋代官員敘階及子孫用蔭之規定。按《唐律疏議》卷二五"僞寫前代官文書印"條疏曰："依式，隋官亦聽成蔭。"據此，本卷所載或即是吏部式文。其中出現有"武德九年二月二日""貞觀五（年）"等語，故其當屬唐初文獻，且紙背所鈐"涼州都督府之印"與前述《永徽東宮諸府職員令》殘卷及伯二三一九號《開元公式令》均不同，估計應爲貞觀式。瀧川政次郎《伯希和先生拿來的唐貞觀吏部格斷簡》（《國學院法學》十五—一，一九七七年）將本卷定作"貞觀吏部格斷簡"。《山法》《釋錄》《法制文書》等則認爲本卷當爲"貞觀或永徽年間格或式"斷片。按，本卷書寫形式每條開端既無"敕"字，也無事項符號"一"，其書寫形式與前述唐格均不同，而與《開元水部式》更接近，茲從《劉釋》，將其暫定作"唐貞觀吏部式斷片"。

本件《山法》（三八）、《劉釋》（三〇七—三〇八）、《釋錄》（貳五七五）、《法制文書》（一八五—一八六）等有錄文。茲據《法藏》（叁叁一四九）影印本及IDP彩圖，並參考前人錄文，對底卷重新校錄如下。

（前缺）

　　長史、司馬、司錄、上總管，從四品；中總☒（管）[一]，正五品；下總管，從五品。

　　隨勳官、散官及鎮將、副五品以上，并五等爵，在武德九年二月二日以前身亡者[二]，子孫並不得用蔭當。雖身在，其年十二月卅日以前，不經參集，并不送告身經省勘校奏定者，亦准此。

　　☒☒☒☒☒☒（隨官文武職事）五品以上[三]，在貞觀五☐☐☐☐（年　月　日以）前省司勘定符下者[四]

（後缺）

【校記】

〔一〕管，底卷中此字殘，茲據殘存字形及文義，並參考諸家錄文補。

〔二〕亡，《釋錄》《法制文書》錄文作"死"，誤。

〔三〕隨官文武職事，底卷中此六字殘存左半，茲據殘存字形，並參考諸家錄文補。

〔四〕底卷"前"字前缺，據文義可補"年""月""日以"等字；

《山法》《劉釋》未補；《釋錄》《法制文書》補。茲從《釋錄》《法制文書》。

二　唐開元二十五年（七三七）水部式殘卷

伯二五〇七

【題解】

本件底卷編號伯二五〇七號。原底卷首尾皆缺，中部亦有缺失，存七紙，共一百四十四行，每整行字數十六—二十字，卷背抄"陀羅尼"。原卷無題，《法藏》題"開元水部式"；《索引》定作"水部式殘卷"；《索引新編》定作"唐開元水部式殘卷"；《山法》定作"開元水部式殘卷"；《劉釋》定作"開元水部式殘卷"；《釋錄》《法制文書》定作"唐開元二十五年（公元七三七年）水部式殘卷"。茲據文義擬定今題。

《劉釋》指出本卷內容與《大唐六典》卷七"水部郎中員外郎"條注文多處略同，且第十二—十五行與白居易《白氏六帖事類集》卷二三"水田"條引《水部式》略同，故可知其應爲唐《水部式》。另，卷中出現"河清縣""京兆府""河南府""莫州"等名，據《舊唐書·地理志》載：河清縣本名基大縣，唐玄宗先天元年（七一二）因避李隆基諱改作河清縣；京兆府本名雍州，河南府本名洛州，開元元年（七一三）改府名；莫州本名鄚州，開元十三年（七二五）改莫州，天寶元年（七四二）改文安郡。由此，可知本卷當在開元十三年之後，天寶元年之前。此時間段中，唯有開元二十五年（七三七）李林甫等奉敕撰式，故本卷當爲開元二十五年《水部式》無疑。

本件《山法》（四〇—四四）、《劉釋》（三二六—三三六）、《釋錄》（貳五七七—五八五）、《法制文書》（一八九—一九八）等有錄文。茲據《法藏》（壹伍一一四）影印本及 IDP 彩圖，並參考前人錄文，對底卷重新校錄如下。

（前缺）

涇、渭白渠及諸大渠用水溉灌之處[一]，皆安斗門，並須累石及安木傍壁[二]，仰使牢固[三]，不得當渠造堰[四]。

諸溉灌大渠，有水下地高者，不得當渠[造]堰[五]，聽於上流勢高之處爲斗門引取[六]。其斗門，皆須州縣官司檢行安置，不得囗（私）造[七]。其傍支渠[八]，有地高水下，須臨時暫堰溉灌者[九]，聽之。

凡澆田，皆仰預知頃畝，依次取用，水遍即令閉塞[一〇]。務使均普，不得偏併。

諸渠長及斗門長，至澆田之時，專知節水多少[一一]。其州縣，每年各差一官檢校，長官及都水官司時加巡察。若用水得所，田疇豐殖，及用水不平并虛弃水利者[一二]，年終錄爲功過附考。

京兆府高陵縣界清、白二渠交口[一三]，著斗門堰[一四]。清水，恒准水爲五分，三分入中白渠，二分入清渠。若水兩（量）過多[一五]，即與上下用水處相知開放，還入清水。二月一日以前，八月卅日以後，亦任開放[一六]。

涇、渭二水大白渠，每年京兆少尹一人檢校。其二水口大斗門，至澆田之時，須有開下（閉）[一七]，放水多少，委當界縣官共專當官司相知，量事開閉[一八]。

涇水南白渠、中白渠、[偶]南渠[一九]，水口初分，欲入中白渠、偶南渠處，各著斗門堰。南白渠水一尺以上，二尺以下，入中白渠及偶南渠。若水兩（量）過多[二〇]，放還本渠。其南、北白渠，雨水汎漲，舊有洩水處，令水次州縣相知檢校疏決，勿使損田。

龍首、涇堰、五門、六門、昇原等堰，令隨近縣官專知檢校，仍堰別各於州縣差中男廿人、匠十二人，分番看守[二一]，開閉節水，所有損壞，隨即修理。如破多人少，任縣申州，差夫相助。

藍田新開渠，每斗門置長一人，有水槽處置二人[二二]，恒令巡行。若渠堰破壞，即用隨近人修理，公私材木，並聽運下。百姓須溉田處，令造斗門節用，勿令廢運。其藍田以東，先有水磑者，仰磑主作節水斗門，使通水過。

合壁（璧）宮舊渠[二三]，深處量置斗門節水，使得平滿，聽百姓以次取用，仍量置渠長、斗門長檢校。若溉灌周遍，令依舊流，不得因茲弃水。

河西諸州用水溉田[二四]，其州縣府鎮官人公廨田及職田，計營頃畝，共百姓均出人功，同修渠堰。若田多水少，亦准百姓量減少營。

　　揚州揚子津斗門二所，宜於所管三府兵及輕疾內量差，分番守當，隨須開閉。若有毀壞，便令兩處併功修理。

　　從中橋以下洛水內及城外在側[二五]，不得造浮磑及捺堰[二六]。

　　洛水中橋、天津橋等，每令橋南、北捉街衛士灑掃。所有穿穴，隨即陪（培）填[二七]，仍令巡街郎將等檢校，勿使非理破損。若水漲，令縣家檢校。

　　諸水碾磑，若擁水質泥塞渠[二八]，不自疏導，致令水溢渠壞，於公私有妨者，碾磑即令毀破。

　　同州河西縣溎水，正月一日以後，七月卅日以前，聽百姓用水，仍令分水入通靈陂。

　　諸州運船向北太倉，從子苑內過者，若經宿，船別留一兩人看守，餘並闢出。

　　沙州用水澆田，令縣官檢校，仍置前官四人[二九]。三月以後，九月以前，行水時，前官各借官馬一疋。

　　會寧關有船伍拾隻[三〇]，宜令所管差強了官檢校，着兵防守，勿令北岸停泊。自餘緣河堪渡處，亦委所在州軍，嚴加捉搦。

　　滄、瀛、貝、莫、登、萊、海、泗、魏、德等十州，共差水手五千四百人：三千四百人海運，二千人平河，宜二年与替，不煩更給勳賜。仍折免將役年及正役年課役，兼准屯丁例，每夫一年各帖一丁[三一]。其丁取免雜徭人家道稍殷有者，人出二千五百文資助。

　　勝州轉運水手一百廿人，均出晉、絳兩州[三二]，取勳官充，不足兼取白丁，並二年与替。其勳官每年賜勳一轉，賜絹三疋[三三]，布三端，以當州應入京錢物充。其白丁充者，應免課役及資助，並准海運水手例。不願代者，聽之。

　　河陽橋置水手二百五十人，陝州大陽橋置水手二百人，仍各置竹木匠十人，在水手數內。其河陽橋水手於河陽縣取一百人，餘出河清、濟源、偃師[三四]、汜水、鞏[三五]、溫等縣；其大陽橋水手出當州，並於八等以下戶取白丁灼然解水者，分為四番，並免課役，不在征防雜抽使役及簡點之限。一補以後，非身死遭憂[三六]，不得輒替。如不存檢校，致有損壞，所由官与下考，水手決卅。

安東都里鎮防人粮，令萊州召取當州經渡海得勳人諳知風水者，置海師貳人，拖（柂）師肆人[三七]，隸蓬萊鎮[三八]。令候風調海晏，併運鎮粮，同京上勳官例，年滿聽選。

桂、廣二府鑄錢，及嶺南諸州庸調，并和市折租等物，遞至揚州訖[三九]，令揚州差網部領送都，應須運脚，於所送物內取充。

諸溉灌小渠上，先有碾磑，其水以下即弃者，每年八月卅日以後，正月一日以前，聽動用。自餘之月，仰所管官司於用磑斗門下，着鑠封印，仍去却磑石，先盡百姓溉灌。若天雨水足，不須澆田，任聽動用。其傍渠疑有偷水之磑，亦准此斷塞。

都水監三津，各配守橋丁卅人，於白丁、中男內取灼然便水者充，分爲四番上下，仍不在簡點及雜徭之限[四〇]。五月一日以後，九月半以前，不得去家十里。每水大漲，即追赴橋。如能接得公私材木槭等，依令分賞。三津仍各配木匠八人，四番上下。若破壞多，當橋丁匠不足，三橋通役。如又不足，仰本縣長官量差役，事了日停。

都水監漁師二百五十人。其中，長上十人，隨駕京都；短番一百廿人，出虢州[四一]；明資一百廿人，出囗（房）州[四二]。各分爲四番上下[四三]，每番送卅人，並取白丁及雜色人五等已下戶充，並簡善採捕者爲之[四四]，免其課役及雜徭。本司雜戶、官戶並令教習，年滿廿補替漁師。其應上人，限每月卅日文牒并身到所由。其尚食、典膳[四五]、祠祭、中書門下所須魚，並都水採囗（供）[四六]。諸陵，各所管縣供。餘應給魚處及冬藏[四七]，度支每年支錢二百貫，送都水監，量依時價給直，仍隨季具破除、見在，申比部勾覆；年終具錄，申所司計會。如有迴殘[四八]，入來年支數。

（中缺）

囗囗囗囗囗囗囗囗囗囗囗囗囗囗囗囗囗囗囗（雖非採木限內，亦聽兼運。即雖在運木限內，木運）已了[四九]，及水大有餘，溉灌須水，亦聽兼用。

京兆府灞橋[五〇]、河南府永濟橋，差應上勳官並兵部散官，季別一人，折番檢校，仍取當縣殘疾及中男分番守當。灞橋番別五人，永濟橋番別二人。

諸州貯官船之處，須魚膏供用者，量須☒☐（多少）[五一]，役當處防人採取。無防人之處，通役雜職。

皇城内溝渠擁塞、停水之處，及道損壞，皆令當處諸司修理。其橋，將作修造。十字街側，令當鋪衛士修理。其京城内及羅郭牆，各依地分，當坊修理。

河陽橋每年所須竹索，令宣、常、洪三州☐☒（役丁）匠預造[五二]。宣、洪州各大索廿條，常州小索一千二百條。脚以官物充，仍差綱部送，量程發遣，使及期限。大陽、蒲津橋竹索，每三年一度，令司竹監給竹，役津家水手造充。其舊索，每委所由檢覆，如斟量牢好，即且用，不得浪有毀換。其供☒（橋）雜匠料[五三]，須多少，預申所司量配，先取近橋人充。若無巧手，聽以次差配，依番追上。若須併使，亦任津司与管匠州相知，量事折番，隨須追役。如當年無役，准式徵課。

諸浮橋脚船，皆預備半副，自餘調度，預備一副，隨闕代換。河陽橋船，於☒（潭）、洪二州役丁匠造送[五四]。大陽、蒲津橋船，於嵐、石、隰、勝、慈等州，折丁採木浮送橋所，役匠造供。若橋所見匠不充，亦申所司量配。自餘供橋調度并雜物，一事以☐（上）[五五]，仰以當橋所換不任用物迴易便充。若用不足，即預申省，與橋側州縣相知，量以官物充。每年出入破用，録申所司勾當。其有側近可採造者，役水手、鎮兵、雜匠等造貯，隨須給用，必使預爲支擬[五六]，不得臨時闕事。

諸置浮橋處，每年十月以後，淩牡開解合☐☐抽正解合[五七]，所須人夫，採運榆條、造石龍及絚索等雜使者，皆先役當津水手及所配兵。若不足，☒（兼）以鎮兵及橋側州縣人夫充[五八]。即橋在兩州、兩☒☐（縣界）者[五九]，亦於兩州、兩縣准户均差，仍與津司相知☐（料）須多少[六〇]，使得濟事，役各不得過十日。

蒲津橋水匠二十五人，虢州大☒（江）、贛水[六一]，石險難☐☐（之處）[六二]，給水匠十五人，並於本州取自丁便水及解木☒☐（作者）充[六三]，分爲四番上下，免其課役。

孝義橋所須竹籚[六四]，配宣、饒等州造送。應☐☐（須枻）塞繫籚[六五]，船別給水手一人，分爲四番。其☒☒☐☐☐（洛水中橋竹）

篇[六六]，取河陽橋故退者充。

（後缺）

【校記】

〔一〕"渠"底卷作"渠"，"灌"底卷作"灌"，下同不再另出校。

〔二〕壁，底卷作"襞"，下同不再另出校。

〔三〕牢，底卷作"窂"，下同不再另出校。

〔四〕堰，底卷作"堰"，下同不再另出校。

〔五〕造，底卷此處空白，據前後文義當補"造"字；諸家錄文同。

〔六〕"勢"底卷作"势"，"取"底卷作"耴"，下同不再另出校。

〔七〕私，底卷中此字殘存右半，茲據殘存字形及文義，並參考諸家錄文補。

〔八〕支，底卷作"攴"，下同不再另出校。

〔九〕暫，底卷作"蹔"，下同不再另出校。

〔一〇〕閉，底卷作"閇"，下同不再另出校。

〔一一〕專，底卷作"専"，下同不再另出校。

〔一二〕虛，底卷作"虗"，下同不再另出校。

〔一三〕陵，底卷作"陵"，下同不再另出校。

〔一四〕着，《劉釋》指出《白氏六帖事類集》卷二三"水田"條引《水部式》作"置"。

〔一五〕兩，《劉釋》指出"水兩"文義不通，《白氏六帖事類集》卷二三"水田"條引《水部式》作"雨水邊（按，"邊"應"過"）多"，故此"兩"字或"雨"字之形訛，或"量"字之音訛；《山法》《釋錄》《法制文書》均校作"量"，茲從校。

〔一六〕二月一日以前八月卅日以後亦任開放，《劉釋》指出《白氏六帖事類集》卷二三"水田"條引《水部式》作"三月六日以前，八月廿日以後，任開放之"。

〔一七〕下，《劉釋》指出"開下"文義不通，且卷中多見"開閉"，故"下"字或"閇"字省文，茲從校；《山法》《釋錄》《法制文書》均錄作"下"，未出校。

〔一八〕量，底卷作"量"，下同不再另出校。

〔一九〕偶，底卷中無，《劉釋》指出據下文"偶南渠"可知"南"字前當脱一"偶"字，兹從校；《山法》《釋録》未補；《法制文書》同《劉釋》。

〔二〇〕同注〔一五〕。

〔二一〕番看，底卷作"畨看"，下同不再另出校。

〔二二〕槽，底卷作"槽"，下同不再另出校。

〔二三〕壁，《劉釋》指出據《大唐六典》卷七"工部郎中員外郎"條注應爲"壁"之訛，兹從校；《法制文書》同《劉釋》；《山法》《釋録》未改。

〔二四〕田，底卷中爲後補寫。

〔二五〕橋，底卷作"檽"，下同不再另出校。

〔二六〕捺，底卷作"捺"，下同不再另出校。

〔二七〕陪，據文義應通"培"。

〔二八〕泥，底卷作"泥"，下同不再另出校。

〔二九〕置，底卷作"置"，下同不再另出校。

〔三〇〕關，底卷作"開"；隻，底卷作"隻"，下同不再另出校。

〔三一〕帖，底卷作"怗"，下同不再另出校。

〔三二〕晉，底卷作"晋"，下同不再另出校。

〔三三〕絹，底卷作"絹"，下同不再另出校。

〔三四〕偃，底卷作"偃"，下同不再另出校。

〔三五〕鞏，底卷作"鞏"，下同不再另出校。

〔三六〕遭，底卷作"遭"，下同不再另出校。

〔三七〕拖，據文義應爲"柂"，通"舵"；《劉釋》《山法》録作"拖"；《釋録》《法制文書》徑録作"柂"。

〔三八〕隸，底卷作"隸"，下同不再另出校。

〔三九〕訖，底卷作"訖"，下同不再另出校。

〔四〇〕徭，底卷作"徭"，下同不再另出校。

〔四一〕號，底卷作"號"，下同不再另出校。

〔四二〕房，底卷中此字殘，兹據殘存字形並參考諸家録文補。

〔四三〕分爲，底卷中原作"爲分"，旁加倒乙符號，兹録正。

〔四四〕善，底卷作"善"，下同不再另出校。

〔四五〕膳，底卷作"膳"，下同不再另出校。

〔四六〕供，底卷中此字殘，茲據殘存字形並參考諸家錄文補。

〔四七〕藏，底卷作"蔵"，下同不再另出校。

〔四八〕迴，底卷作"逈"，下同不再另出校。

〔四九〕雖非採木限內亦聽兼運即雖在運木限內木運，底卷此行文字殘缺，茲據殘存字形並參考諸家錄文補。其中"採"字，《山法》《釋錄》作"丁"；《劉釋》《法制文書》作"採"。據文義當作"採"，茲從《劉釋》。

〔五〇〕灞，底卷作"㶚"，下同不再另出校。

〔五一〕多少，底卷中"多"字殘，"少"字缺，茲據殘存字形及文義，並參考諸家錄文補。

〔五二〕役丁，底卷中"役"字缺，"丁"字殘，《劉釋》指出《大唐六典》卷七"水部郎中員外郎"條云："河陽橋所須竹索，令宣、常、洪三州役工匠預支造"，"丁"字前當補"役"字，茲從補。

〔五三〕橋，底卷中此字殘存右半，茲據殘存字形及文義，並參考諸家錄文補。

〔五四〕潭，底卷中此字殘存左側一點殘笔畫，《劉釋》指出《大唐六典》卷七"水部郎中員外郎"條云："河陽橋船，於潭、洪二州造送。"據此，"洪"字前當補"潭"字，茲從補；《釋錄》《法制文書》逕錄。

〔五五〕上，底卷中缺，茲據文義，並參考諸家錄文補。

〔五六〕預，《山法》錄作"領"，誤。

〔五七〕底卷中"抽"字前缺二字，所缺字不明。

〔五八〕兼，底卷中此字殘存右半，茲據殘存字形及文義，並參考諸家錄文補。

〔五九〕縣界，底卷中"縣"字殘存上部，"界"字缺，《劉釋》補作"縣間"；《山法》《釋錄》《法制文書》補作"縣界"，茲從後者補。

〔六〇〕料，底卷中此字缺，《劉釋》指出前文中有"料須多少"，據文義及前文可知"須"字前當補"料"字，茲從補；《山法》補作"所"；《釋錄》《法制文書》漏錄。

〔六一〕江，底卷中此字殘，茲據殘存字形及文義，並參考諸家錄文補。又,"贛水",底卷中原作"水贛",《山法》《釋錄》《法制文書》均校作"贛水",茲從校;《劉釋》未出校。

〔六二〕之處,底卷中此二字缺,《劉釋》據上下文義補"之處"二字,茲從補;《山法》僅補"處"字;《釋錄》徑錄"處"字;《法制文書》未補。

〔六三〕作者,底卷中"作"字殘存上半,"者"字缺,茲據文義並參考諸家錄文補。

〔六四〕籧,《法制文書》錄作"籠",誤。

〔六五〕須籸,底卷中此二字缺,《劉釋》指出《新唐書》卷四八《百官志·諸津令》云:"凡舟渠之備,皆先擬其半,籸塞竹籧所在供焉。"據此,"應"字後當補"須籸"兩字,茲從校;《山法》未補;《釋錄》《法制文書》漏錄。

〔六六〕洛水中橋竹,底卷中"洛水"兩字殘存右半殘筆畫,茲據殘存字形並參考諸家錄文補;"中橋竹"三字缺,《山法》據文義補;《釋錄》《法制文書》徑錄;《劉釋》未補;茲從《山法》補。

伍 令式表

一 唐天寶令式等表

伯二五〇四

【題解】

本件底卷編號伯二五〇四號。原底卷呈表格式樣,卷首表格之上端,卷尾表格之下端,自上至下分格,自左至右分欄。卷首略殘,卷尾完整,存五紙,共三十五格。卷中正文墨書,標題朱書,並有朱點。卷背貼附紙張爲藏文文書及辛亥年借契等。原卷無題,《法藏》題"天寶令式表";《索引》定作"唐天寶官令品殘卷";《索引新編》定作"天寶令式表";《山法》定作"唐天寶職官表";《劉釋》定作"天寶令式表殘卷";《釋錄》定作"唐天寶年代國忌、諸令式表";《法制文書》定作"唐天寶年代諸令式表"。茲據文義擬定今題。

《劉釋》指出本卷以表格形式,節選並雜錄令式多條,含國忌廟諱、田令、祿令、平關式、不關式、舊平關式、新平關令、裝束式、假寧令、公式令、文部式、官品令等令式内容。其中，國忌廟諱當即是祠部文式；平闕式、不闕式、舊平闕式、新平闕令等，乃唐代規定的公文書式，故其當皆係唐公式令文；官員給假裝束乃吏部郎中員外郎職掌，故裝束式則應爲當時吏部式之一部分。總體來看，本卷所錄令有五種，即田令、禄令、假寧令、公式令及官品令；式有二種，即祠部式和吏部（文部）式。

《劉釋》還指出本卷與一般律令格式寫本明顯不同，具有如下幾個特點：首先是雜錄令式多條，而非迻錄全部律令格式；其次，卷中所載令式皆節錄，而非全文；最後，卷子形式爲表格，便於尋覽。以此特點結合相關唐代傳世史籍，可以推測本卷之底本，即是錄於廳事之壁的律令格式節要，而本卷本身，則可能是官吏個人便於携帶查閲而抄存之手卷。

本卷製作年代，《劉釋》據卷中出現有開元廿八年（七四〇）、天寶元年（七四二）六月十二日等語及所載之"讓帝"薨於開元廿九年（七四一），所載之"文部"爲天寶十一載（七五二）由吏部改等，判定本卷之傳寫當在天寶之時，所錄令式皆天寶行用之制。《法制文書》則指出根據本卷内容和相關史籍，只能斷定本卷製作時間當不早於天寶十一載（七五二），但其内容是否全部是天寶之制，尚待進一步研究。且即使本卷所載爲天寶之制，由於其節錄及製表者條件有限，因而所錄内容存在不少錯漏訛誤。《法制文書》還指出，本卷所載内容與《大唐六典》所載"開元七年令"、《通典》所載"開元二十五年令"存在較多差別，有助於補史。

本件《山法》（四五—四八）、《劉釋》（三五五—三七一）、《釋錄》（貳五八六—五九五）、《法制文書》（二一〇—二二四）等有錄文。茲據《法藏》（壹肆三五九—三六三）影印本及IDP彩圖，並參考前人錄文，對底卷重新校錄如下：

國[忌][1]	田令[19]	新平闕令[29]	
皇□□（皇帝 諱熙）[2] □（十二月廿三日忌）[3]	二品職田十五頃	中書門下	牒禮部
皇八代祖宣□□	三品職田十二頃	大道	至道
皇七代祖光皇帝 諱天賜 □（九月八日忌）[4]	四品職田九頃	道源	玄道
右件忌日不設齋，不廢務。	五品職田七頃	道宗	昊天
皇六代祖景皇帝 諱□（虎）[5] 九月十九日忌[6]	六品職田五頃	蒼天	旻天
皇五代祖元皇帝 諱丙[8] 四月廿四日忌	七品職田四頃	上天	道本
皇后梁氏 五月九日忌[7]	八品職田三頃	五方帝	皇天
皇后獨孤氏 三月六日忌	九品職田兩頃五十畝	上帝	九天
右件忌日設齋，不廢務。	禄令[20]	乾道[30]	穹蒼
皇高祖神堯皇帝 諱淵[9] 五月六日忌	正二品禄五百石 從二品禄四百六十石	坤珍	天神
皇后竇氏 五月卅一日忌[10]	正三品禄四百石 從三品禄三百六十石	乾象	地祇
皇曾祖玄（太）[11]宗文武聖皇帝 諱民 五月廿六日忌	正四品禄三百石[21] 從四品禄二百六十石	乾符	坤道
皇后長孫氏 六月廿一日忌	正五品禄二百石 從五品禄一百六十石	坤靈	坤儀
皇考[睿宗]大聖真皇帝 諱旦[14] 六月廿一日忌[15]	正六品禄一百石 從六品禄九十石	后土	坤德
皇后趙氏 四月七日忌	正七品禄八十石 從七品禄七十石	敕奉[31]	
皇伯考中宗孝和皇帝 諱顯[13] 六月二日忌	正八品禄六十石 從八品禄五十五石	敕以前語涉重，宜令平闕。其餘泛說議類者[32]，並皆闕文。諸字雖同，非涉尊敬者，不須懸闕。如或不可，永無隳焉。牒至准敕，故牒。	
皇后韋氏 十一月廿六日忌	正九品禄五十五石[22] 從九品禄五十石		
皇武后（高）宗天皇大帝 諱治[12] 十二月四日忌	平闕式[23]	舊平闕式[33]	
昭成皇后竇氏 正月二日忌	宗廟 社稷	天寶元載六月十二日牒	
章懷太子 二月廿七日忌	乘輿 陵號	先名（后）[34]	天帝
讓帝 十一月廿三日忌	朝命 中宮 御車駕[25]	至尊	皇后
孝敬皇帝 四月廿五日忌	天恩 敕旨 昭詔[24] 聖化	皇后	皇祖 先帝
哀皇后裴氏 十二月廿一日忌[17]	右已上字並須平闕文	皇考	太皇太后[35] 皇祖妣
右件忌[日]京城七日行道，外一七日並廢務。[16]	宗廟中 陵號 行陵		天子 廟号 陛下
右件忌[日]設齋，廢務。[18]	陵中樹木 陵中 車中駕		皇帝 先帝 皇太后 皇桃
	皇太子舍人[27] 不闕式[26] 待制		
	陵廟召（名）官[28]，總不闕。	右已上字，並須依平闕。	
		泛論古典，不在此限。	

续表

装束式[三六]

敕：今年新授官，過謝後計程不到所者，宜解所職，仍永恒式。開元廿八年三月九日[三七]

假寧令[三八]

諸外官授訖，給假裝束：其千里內者卅日，二千里內者五十日，三千里內者六十日，四千里內者七十日[三九]，過四千里者八十日，並除程。其假內欲赴任者[四〇]，聽之。若京官身先在外者，裝束假減外官之半。不用此令。若有事，須早遣者，不

給假四日。冬至、臘，各三日。節前三日、節後三日。寒食通清明元日，冬至、臘，並給七日。節前三日、節後三日。寒食通清明給假四日。夏至、臘，各三日。節前一日、節後一日。正月七日、十五日、晦日，春秋二社，二月八日、三月三日[四一]、四月八日、五月五日、三伏、七月七日、九月九日、十月一日及每月旬，休假一日[四二]。[內]外官五月[四三]、九月給田假[四四]、授衣假，分兩番，各十五日。

公式令[四五]

諸行程，馬日七十里，步及驢日五十里，車日卅里；重船逆流，河日卅（卌）里[四六]、江日卅里，餘水卅五里；空船，河日卌里，江日五十里，餘水六十里；重船，空船順流，河日一百五十里，江日一百里，餘水七十里。其三峽、砥定（柱）之類[四七]，不拘此限[四八]。若遇風水淺，不得行者，即於隨近官司申牒驗記，聽折半功。

文部式[四九]

諸婦人不因夫，[子]而別加邑号者[五〇]，子孫聽准正三品用蔭。

傍					通		
官品令	文武官	共卅階 朱點者是清官[五一]	文散階	武散階[五三]		爵階	勳階
・王[五二]食邑一万戶 ・司空 ・司徒 ・太尉 ・太保 ・太傅 ・太師			正一品				
・郡王 嗣王[五五] 食邑三千戶[五四] ・太子太師 ・太子太傅 ・太子太保			開府儀同三司	驃騎大將軍		國公	
・尚書令[五七] 食邑二千戶[五六]			特進 正二品	輔國大將軍		郡公	上柱國

续表

爵	勳官	武散官/衛官	品階	文散官	職事官
縣公	柱國	鎮軍大將軍	從二品	光祿大夫	・左僕射 ・右僕射 ・太子少師 ・太子少傅 ・太子少保 ・三京牧 ・大都護 ・大都督 ・食邑一千五百戶[五八]
	上護軍	冠軍大將軍 ・諸衛大將軍[六〇]	正三品	金紫光祿大夫	・門下左相 ・中書右相 ・太常卿 ・宗正卿 ・六尚書 ・太子詹事 ・太子賓客 ・中都督 ・上都護 ・食邑一千戶[五九]
開國侯	護軍	雲麾將軍 ・左右諸衛將軍[六二]	從三品	銀青光祿大夫	・御史大夫 ・諸寺卿 ・左右散騎常侍 ・秘書監 ・三京尹 ・國子祭酒 ・殿中監 ・少府監 ・將作大匠 ・親王傅 ・五府長史 ・上郡太守 ・下都督 ・大都護副
開國伯	上輕車都尉	忠武將軍 ・太子左右率府率[六七] ・上府折衝	正四品上	正議大夫	・門下侍郎 ・中書侍郎 ・吏部侍郎 ・左丞 ・太常少卿 ・宗正少卿[六六] ・太子少詹事 ・左庶子 ・中郡太守 ・軍器監 ・都護[六五] ・上都護府副 ・食邑七百戶[六四]
		壯武將軍 ・左右諸衛中郎將[六九] ・親勳翊羽林中郎將	正四品下	通議大夫	・右丞 ・兵部 ・戶部 ・禮部 ・刑部、[工部]等侍郎[六八] ・右庶子 ・左右諭德 ・下郡太守
[輕車都尉][七二]		宣威將軍 ・太子左右副率 ・太子[親]勳翊衛中郎將[七一]	從四品上	太中大夫	・秘書少監 ・殿中少監 ・太子家令 ・率更令 ・太子僕 ・內侍 ・大都護府長史 ・王府長史 ・八(諸)寺少卿[七〇]

续表

職事官	散官	品	武散官	衛官	勛官	爵
上郡別駕・大都護府司馬[七三]・五府司馬・太史少監・軍器少監・食邑五百戶・三京少尹・太府少監・將作大（少）匠[七四]・少府少監・國子司業	中大夫	從四品下	明威將軍	中府折衝	上騎都尉	
都水使者・赤縣令・中都督府長史・上都督府長史・王府諮議[七六]・國子博士・太子中允・中書舍人・給事中・少府少監・御史中丞・諫議大夫・左右贊善大夫	中散大夫	正五品上	定遠將軍	王府典軍・左右諸衛郎將[七七]	開國子	
中郡別駕・上都護府司馬・中都督府司馬・中常侍・內常侍・尚食奉御・尚藥奉御・殿中丞・秘書丞・著作郎・太子洗馬・下都督府長史・諸陵廟令・太子[中]舍人[七八]	朝議大夫	正五品下	寧遠將軍	下府折衝・太子親勳翊衛郎將[七九]	開國男	騎都尉
[食邑三百戶][八〇]・宮苑總監・上牧監・親王友・大理正・下都督府司馬・上郡長史・下郡別駕・[尚乘]、尚輦等奉御[八一]・尚食（衣）、尚舍、尚乘（衣）、尚輦等奉御・太子典內	朝請大夫	從五品上	游擊（騎）將軍[八二]	親王府副典軍		
鎮軍二萬已上司馬・諸寺丞・武庫令・典膳、藥藏郎・畿縣令・中郡長史・親王友・上牧監・宮苑總監監[八三]・下都督府司馬[八四]・太子舍人[八七]・王府掾屬・詹事丞・太常丞・宗正丞（太史令）[八五]	朝散大夫	從五品下	游騎（擊）將軍[八六]	上府果毅		駙馬都尉
千牛備身・備身左右（中府果毅）・（諸衛左右司階）・上鎮將（親勳翊衛校尉）[八八]・王府掾屬・詹事丞・太學博士	朝議郎	正六品上	昭武校尉		驍騎尉[八九]	[上]柱國・郡（國）公[九〇]

134 / 敦煌法制文獻校釋

续表

職事官	文散官	武散官	衛官/勳官類	勳	爵
軍二萬人[已下]司馬[九五]、上縣令、記室錄事參軍、親王府[文學]主簿[九六]、下郡司馬、赤市令、諸衛長史、侍御醫、太子文學[九二]、中郡司馬、下郡司馬（長史）[九一]、中牧監、上牧副監	承議郎 正六品下	昭武副尉	千牛備身、備身左右[上鎮將][九三]		柱國 [郡公][九四]
著作佐郎[九七]、秘書郎、國子助教、大理司直、通事舍人、起居舍人、符寶郎、城門郎、員外郎、少府監丞、將作監丞、國子監丞、太子內直、典設郎、宮門郎、司農諸苑監、[沙苑監][一〇二]、總監丞（副）[一〇三]、下牧監、太公廟令、中牧副監、平（互）市監[一〇一]、侍御史、起居郎	奉議郎 從六品上	振威校尉	監門校尉、率府司階、親勳翊旅師（帥）[九八]	飛騎尉[九九]	公[一〇〇]
軍器丞、王府判司、中縣令、率府長史、三京、五府及[大都督][一〇五]、大都護府錄事參軍、尚食、尚藥直長、千牛衛長史、詹事司直、四門博士	通直郎 從六品下	振威副尉	下府果毅、王府校尉、勳翊衛隊正、[副隊正][一〇六]、中鎮將、親衛		上護軍、護軍[一〇四]
	朝請郎 正七品上	致果校尉	太子千牛	雲騎尉[一〇七]	一品子、上輕車都尉、開國侯[一〇八]

续表

職事官	文散官	品階	武散官	衛官	蔭	勳官	爵
下牧副監／諸倉、治（冶）、司竹、溫湯監丞[一〇九]／上府長史／中都督及大（上）都護府錄事參軍[一一〇]／五府及大都護府判司／三京判司／內寺伯／•太子通事舍人／尚食（衣）、尚舍、尚藥（乘）、尚輦直長[一一一]	宣德郎	正七品下	致果副尉	上府別將／上鎮副[一一二]／下鎮將／諸衛中候[一一三]	二品子／一品孫／三品上柱國子	輕車都尉	開國伯[一一四]
赤縣丞／[中都督]及上都護府判司[一一五]／下都督[府及上郡錄事參軍]／王府祭酒／中下縣令／都水監丞／太子三寺丞／中府長史／太子內坊丞／下都督及上郡判司／中府判司／太子侍醫／率府長史／詹事府主簿／門下錄事／[尚書都事][一一六]／•太學助教／•太常博士／•左右補闕[一一七]／•殿中侍御史	朝散郎	從七品上	翊麾校尉	太子翊（親）衛[一一八]／中府別將／勳衛	正三品曾孫／二品孫／四品上柱國孫／三品上柱國孫／上都護孫	武騎尉[一一九]	開國子[一二〇]
鎮軍二萬人已上判司／[府及上郡錄事參軍][一二一]／下府長史／柴（漆）園監[一二二]／公主（主）家令[一二三]／下都督及上郡判司／王府令／諸屯監／司農諸園苑副監／太廟及諸陵廟丞／九寺主簿／監門直長／率府長史／太子內廄令／太子左右監門直長下縣令／中書主書／掖庭、宮闈局令[一二四]／國子監主簿／將作監主簿／御史臺及少府監、太史監丞	宣義郎	從七品下	翊麾副尉	下府別將／下鎮副／太子左右中侯／王府旅師（帥）[一二六]／折府校尉	從三品子　正三品孫／三品上柱國曾孫／五品上柱國孫／四品上柱國孫	騎都尉[一二八]	開國男[一二九]
鎮軍二萬人已下判司／[武庫丞][一三〇]／上牧監丞／太子內直／太醫博士／典膳、藥藏丞／中郡錄事參軍／王府參軍／三京及五府、大都護府參軍／中郡判司／諸衛衛官／諸衛衛佐[一三四]／[下署令][一三五]／•協律郎／•監察御史	給事郎	正八品上	宣節校尉	翊衛／太子勳衛／王府執仗乘親事	正四品子　從三品孫／正三品曾孫／三品上柱國曾孫／五品上柱國孫／四品上柱國孫		
諸畿丞／靈臺郎／司農諸園苑丞／司竹副監　考寧丞[一三二]／[互市監丞][一三三]／尚藥局司醫／太子內直／太公廟、宮門局丞／奚官、內僕、內府局令	徵事郎	正八品下	宣節副尉	左右[諸]衛司戈[一三六]／備身／上戍主	正四品子／五品孫／正四品孫／四品護軍子／五品護軍子　從三品曾孫		

续表

職事官	武職事官	文散官	武散官	其他	勳爵
保章正 諸倉、冶、司竹、溫湯、大和等監丞 三京及五府博士 王府行參軍 中都督及上都護府參軍[一三七] 赤縣主簿 太子率府錄事參軍 中府錄事參軍 千牛錄事參軍 下郡錄事參軍 上縣丞 中牧監丞 諸屯監丞 中縣丞 諸縣尉 中郡博士 畿縣主簿 校書郎	折衝旅帥（帥）[一四〇] 太子翊衛 禦侮校尉	承奉郎	從八品上	·左右拾遺 太醫針博士 四門助教	正五品子 從四品孫
親王國大農 ［上署丞］[一四一] 吏部考功、禮部主事（中書門下尚書都省兵部、中書門下尚書省）[一四二] 上府兵曹 上鎮倉曹 中都督[府]及上都博士[一四三] 下府兵曹 王府典藏 中縣丞 諸屯監丞 赤縣尉 中府及上郡參軍[一四五] 公主家丞 [太史、都水監主簿][一四六] 太子署令 率府衛佐 內謁者 千牛衛佐 春坊錄事 太醫醫監 律學博士 [掖庭、宮闈局丞][一四七] 上關令[一四八] ·大理評事 [一四九]	折衝府隊正 親王府隊正 中戎副 太子備身 率府左右司戈 禦侮副尉	承務郎	從八品下	·大理評事 律學博士 太子左右內率 府及監門錄事參軍 岳瀆令 諸津令 沙苑、下牧監丞[一五一] 親勳翊衛羽林兵曹 鴻臚寺掌客 太子內坊典直 太子左右內率 太祝	國公子 正五品孫 從五品子
諸律（津）令[一五〇] 中下縣丞 畿縣主簿 中郡博士 校書郎	武庫監事 仁勇校尉	儒林郎	正九品上		從五品孫 侯、伯、子、男等子
上郡醫博士 諸宮農圃丞 中郡參軍 下縣 下署丞 畿縣尉 下關丞 上縣主簿[一五四] 中鎮兵曹 監門率府衛佐[一五五] 太子親勳翊衛兵曹 詹事錄事 中府兵曹 典廄丞 中府丞 司庫司廩 太子三寺主乘 中關令 上牧 （司）辰[一五六] 尚食醫佐 尚藥醫佐[一五七] 尚輦尚乘 尚食尚醫 典府丞 中鎮兵曹 奚官、[內僕]、內府局令[一五八] 主簿[一五九] （丞）[一六〇] 親王國尉 正字 太子教（校）書郎[一六一]	折衝府隊正 下戎主 左右諸衛執戟 仁勇副尉	登仕郎	正九品下		上柱國子 驍騎尉 飛騎尉

续表

職事官	文散官	武散官		勳
弘文館校書 律學助教 上縣及中縣尉 中牧監主簿 中下縣主簿 上都護、中都督、上郡錄事、[市令][一六二] 下府兵曹 諸宮苑總監主簿[一六三] 上郡市令 諸津監 太醫醫助教[一六四] 太史司歷[一六五] 奉義（禮）郎[一六六] 太子正字 秘書省主事 殿中省主事 [尚書諸司、御史臺主事][一六七] 九寺、少府及將作監錄事	文林郎	陪戎校尉	散長上	柱國子及諸品子 武騎尉 雲騎尉
內侍省主事　崇文館校書 下牧[監]主簿[一六八]　公主邑錄事 下關令[中關丞][一六九] 下鎮兵曹　赤縣尉（錄事）[一七〇] 中郡、下郡錄事（醫學博士）[一七一] 太子[卜]署博士[一七四] 咒禁博士[一七六]　太醫按摩博士 算學博士　太醫按摩博士 太醫醫正[一七五]　太子署丞 王府國丞 諸監住牧典事 太子廐牧典乘 太樂鼓吹典樂正 大理獄丞 中郡參軍　諸津丞[中]下縣尉[一七二] 太子[官]監膳[一七三]　掖庭宮教博士 春坊主儀 王府錄事 御史臺及國子、太史錄事[一七九]	將仕郎	陪戎副尉	陪戎副尉	諸衞羽林長上 率府左右執戟 王府隊副 折衝府隊副

【校記】

〔一〕忌，底卷中此字殘存上部，茲據殘存字形，並參考諸家錄文補；《釋錄》《法制文書》逕錄。另，底卷中"國忌"兩字朱書。

〔二〕皇帝諱熙，底卷中"皇"字殘，"帝諱熙"三字缺，《劉釋》指出據《唐會要》卷一"帝號"當補"帝諱熙"，茲從補；《山法》未補；《釋錄》逕錄；《法制文書》同《劉釋》。

〔三〕底卷中此處缺，《劉釋》《法制文書》指出據《大唐六典》卷四"祠部郎中員外郎"條注，此處當補"十二月二十三日忌"。按，本卷書寫習慣，"二十"慣寫作"廿"，故此處似應補作"十二月廿三日忌"；《山法》《釋錄》未補；《法制文書》同《劉釋》。

〔四〕底卷中此處缺，《劉釋》《法制文書》指出據《大唐六典》卷四"祠部郎中員外郎"條注，此處當補"九月八日忌"，茲從補；《山法》《釋錄》未補；《法制文書》同《劉釋》。

〔五〕虎，底卷中此字缺，《劉釋》指出據《唐會要》卷一"帝號"此處當補"虎"字，茲從補；《山法》未補；《釋錄》《法制文書》補。

〔六〕九月十九日忌，《劉釋》《法制文書》指出《大唐六典》卷四"祠部郎中員外郎"條注云："九月十八日。"

〔七〕五月九日忌，《劉釋》《法制文書》指出《大唐六典》卷四"祠部郎中員外郎"條注云："五月六日。"

〔八〕丙，底卷中缺筆作"丙"，下同不再另出校。

〔九〕淵，底卷中缺筆作"渊"，下同不再另出校。

〔一〇〕五月廿一日忌，《劉釋》《法制文書》指出《大唐六典》卷四"祠部郎中員外郎"條注云："五月一日。"

〔一一〕玄，《劉釋》指出據《唐會要》卷一"帝號"當爲"太"之訛，茲從校；《法制文書》同《劉釋》。又，"民"底卷中缺筆作"㠯"，下同不再另出校；《劉釋》錄作"世"，誤。

〔一二〕底卷中"皇祖"原作"皇高祖"，《劉釋》指出據《唐會要》卷一"帝號"及《大唐六典》卷四"祠部郎中員外郎"條"高"字應爲衍文，且"太"字當爲"高"之訛，茲從校；《釋錄》照錄"高"字；《法制文書》同《劉釋》。又，"治"底卷中缺筆作"治"，下同不再另出校。

〔一三〕顯，底卷中缺筆作"顯"，下同不再另出校。

〔一四〕睿宗，底卷中無，《劉釋》指出"皇考"下當缺"睿宗"兩字，茲從補；《釋錄》《法制文書》未補。又，"旦"字，底卷中忘缺筆。

〔一五〕六月廿一日忌，《法制文書》指出《大唐六典》卷四"祠部郎中員外郎"條注云："六月十日"；《劉釋》未出校。

〔一六〕右件忌日京城七日行道外一七日並廢務，《劉釋》《法制文書》均指出《大唐六典》卷四"祠部郎中員外郎"條注云："凡廢務之忌，若中宗已上，京城七日行道，外州三日行道；睿宗及昭成皇后之忌，京城二七日行道，外州七日行道。"《劉釋》認爲此處爲天寶制，疑"京城"下脫"二"字；《法制文書》則指出"外一七日並廢務"文義不通，當有脫文。另，"七日並廢務"等字，原書於下一欄方格中，按表格形式，其應接於"外一"之後，茲改正。

〔一七〕十二月廿一日忌，《劉釋》《法制文書》指出《大唐六典》卷四"祠部郎中員外郎"條注云："十二月二十日。"

〔一八〕日，底卷中無，茲據文義並參考諸家錄文補。

〔一九〕田令，底卷中此二字朱書。

〔二〇〕禄令，底卷中此二字朱書。

〔二一〕三百石，底卷中原作"三百卅石"，《劉釋》《法制文書》均指出根據官員禄秩比例及《唐會要》卷九〇《内外官禄》、《大唐六典》卷三"户部倉部郎中員外郎"條、《通典》卷三五《職官·禄秩》相關内容，"卅"字應爲衍文，茲從校，不録；《山法》《釋録》照録。

〔二二〕平闕式，底卷中此三字朱書。

〔二三〕詔書，《劉釋》《法制文書》指出《大唐六典》卷四"禮部郎中員外郎"條注云"制書"。

〔二四〕昭詔，《劉釋》《法制文書》指出《大唐六典》卷四"禮部郎中員外郎"條注云"明制"。

〔二五〕御車駕，《劉釋》《法制文書》指出《大唐六典》卷四"禮部郎中員外郎"條注云"車駕"。

〔二六〕不闕式，底卷中此三字朱書。

〔二七〕皇太子舍人，底卷中原斷兩格，"皇太子"一格，"舍人"一格。《劉釋》《法制文書》指出《大唐六典》卷四"禮部郎中員外郎"條注云："皇太子平出"，故"皇太子"不應列入"不闕式"内，"皇太子舍人"應連讀，茲從校，將其合併一格。

〔二八〕召，《劉釋》《法制文書》指出《大唐六典》卷四"禮部郎中員外郎"條注云："舉陵廟名官，如此之類，皆不闕字。"據此，"召"當爲"名"之訛，茲從校。

〔二九〕新平闕令，底卷中此四字朱書。《釋録》將"令"校改"式"，不必。

〔三〇〕乾，底卷作"乹"，下同不再另出校。

〔三一〕珍，底卷作"琗"，下同不再另出校。

〔三二〕泛，底卷作"沉"，下同不再另出校。

〔三三〕舊平闕式，底卷中此四字朱書。

〔三四〕名，《劉釋》《法制文書》指出據《大唐六典》卷四"禮部郎中員外郎"條注當爲"后"之訛，茲從校。

〔三五〕太皇太后，底卷中原斷兩格，"太皇"一格，"太后"一格。

《劉釋》《法制文書》指出據《大唐六典》卷四"禮部郎中員外郎"條及文義"太皇太后"應連讀，茲從校，將其合併一格。

〔三六〕裝束式，底卷中此三字朱書。

〔三七〕開元廿八年三月九日，底卷中此九字原位於左隣欄"假寧令"下，《劉釋》指出，其書寫位置有誤，應位於此處，茲從校。

〔三八〕假寧令，底卷中此三字朱書。

〔三九〕內，《釋錄》《法制文書》漏錄。

〔四〇〕任，《釋錄》《法制文書》錄作"程"，誤。

〔四一〕四月八日，底卷中無，《劉釋》《法制文書》均指出"四月八日"佛誕日，唐制休假一天，開元、天寶皆如此。《唐會要》卷八二"休假"載："（天寶）五載二月十三日中書奏：大聖祖以二月十五日降生，請同四月八日佛生之時，休假一日"，茲從補。

〔四二〕十月一日及每月旬休假一日，《劉釋》《法制文書》均指出《大唐六典》卷二"吏部郎中員外郎"條注在"十月一日"下有"立春、春分、立秋、秋分、立夏、立冬"。

〔四三〕內，底卷無，《劉釋》《法制文書》均指出《唐會要》卷八二"休假"云："內外官五月給田假，九月給授衣假，分兩番，各十五日。"據此，"外"字前當脱"內"字，茲從補。

〔四四〕給田假，底卷中原作"給假田假"，《劉釋》《法制文書》均指出據《唐會要》卷八二"休假"條，"田"字前之"假"字當衍，茲從，不錄；《釋錄》照錄。

〔四五〕公式令，底卷中此三字朱書。

〔四六〕卅，《劉釋》《法制文書》均指出據《大唐六典》卷三"度支郎中員外郎"條當爲"冊"之訛，茲從校。

〔四七〕砥定，《劉釋》《法制文書》均指出據《大唐六典》卷三"度支郎中員外郎"條，"定"當爲"柱"之訛，茲從校。另，"砥"，底卷作"砡"，下同不再另出校。

〔四八〕拘，底卷作"抅"，下同不再另出校。

〔四九〕文部式，底卷中此三字朱書。

〔五〇〕子，底卷無，《劉釋》《法制文書》均指出據《唐律疏議》卷二"婦人有官品"條、《大唐六典》卷二"吏部郎中員外郎"條、《舊唐書》卷四三《職官志》等，"夫"字下當脫"子"字，茲從補；《釋錄》未補。

〔五一〕"官品令"至"是清官"，底卷中此五格文字朱書。另《法制文書》指出此處"清官"實指"清望官、清官"。《大唐六典》卷二"吏部郎中員外郎"條"清望官"注云："謂內外三品已上官及中書黃門侍郎、尚書左右丞、諸司侍郎並太常少卿、秘書少監、太子少詹事、左右庶子、左右率及國子司業。""四品已下八品已上清官"注云："四品，謂左右諭德、左右衛、左右千牛衛中郎將、左右副率、率府中郎將；五品，謂御史中丞、諫議大夫、給事中、中書舍人、贊善大夫、太子洗馬、國子博士、諸司郎中、秘書丞、著作郎、太常丞、左右衛郎將、左右率府郎將；六品，謂起居郎、舍人、太子司議郎、舍人、諸司員外郎、侍御史、秘書郎、著作佐郎、太學博士、詹事丞、太子文學、國子助教；七品，謂左右補闕、殿中侍御史、太常博士、詹事司直、四門博士、太學助教；八品，謂左右拾遺、監察御史、四門助教。"據此，底卷中多有清官應朱點而未點者。

〔五二〕王，《劉釋》《法制文書》均指出"王"係爵階，食邑一萬戶王之食邑數，應移爵階欄，此處誤入文職欄。按，《大唐六典》卷二"吏部司封郎中員外郎"條云："封爵，凡有九等：一曰王，正一品，食邑一萬戶；二曰郡王，從一品，食邑五千戶；三曰國公，從一品，食邑三千戶；四曰郡公，正二品，食邑二千戶；五曰縣公，從二品，食邑一千五百戶；六曰縣侯，從三品，食邑一千戶；七曰縣伯，正四品，食邑七百戶；八曰縣子，正五品，食邑五百戶；九曰縣男，從五品，食邑三百戶。"據此，底卷中錯漏頗多。

〔五三〕正一品，底卷中此三字朱書。以下官品均朱書，不再另出校。

〔五四〕食邑三千戶，《劉釋》《法制文書》指出據上引《大唐六典》卷二"吏部司封郎中員外郎"條，此"國公"食邑數，應移爵階欄位於"國公"處，底卷誤入文職欄。

〔五五〕郡王、嗣王，《劉釋》《法制文書》指出據上引《大唐六典》卷二"吏部司封郎中員外郎"條，"郡王、嗣王"均爵階，底卷中誤入文職欄。另，"郡王"食邑五千戶，底卷中脫"郡王""嗣王"食邑數。

〔五六〕食邑二千户，《劉釋》指出此郡公之食邑數，應移爵階欄位於"郡公"處，底卷誤入文職欄。

〔五七〕尚書令，底卷中其前無朱點，《劉釋》《法制文書》指出《大唐六典》卷二"吏部郎中員外郎"條"尚書令"正二品，屬清望官，底卷中脱朱點，茲從補。

〔五八〕食邑一千五百户，《劉釋》指出此縣公之食邑數，應移爵階欄位於"縣公"處，底卷誤入文職欄。

〔五九〕食邑一千户，《劉釋》《法制文書》指出此開國侯之食邑數，應移爵階欄位於"開國侯"處，底卷誤入文職欄。

〔六〇〕冠軍大將軍，《劉釋》《法制文書》指出據《大唐六典》卷五"兵部郎中員外郎"條、《通典》卷四〇《職官門·大唐官品》（以下簡稱《通典》）及《舊唐書》卷四二《職官志》（以下簡稱《舊唐書》），正三品武散階除冠軍大將軍之外，尚有懷化大將軍，以置蕃官，底卷未列，疑脱。

〔六一〕諸衛大將軍、上都護，底卷中其前無朱點，《劉釋》《法制文書》指出據《大唐六典》卷二"吏部郎中員外郎"條，此二職均正三品，清望官，底卷中脱朱點，茲從補。

〔六二〕雲麾將軍，《劉釋》《法制文書》指出《大唐六典》《通典》及《舊唐書》中，從三品武散階除雲麾將軍之外，尚有歸德將軍，以置蕃官，底卷未列，疑脱。

〔六三〕左右諸衛將軍、五府長史、上郡太守、下都督、大都護副，底卷中其前均無朱點，《劉釋》《法制文書》指出據《大唐六典》卷二"吏部郎中員外郎"條，此五職均從三品，清望官，底卷中脱朱點，茲從補。

〔六四〕食邑七百户，《劉釋》《法制文書》指出此伯爵之食邑數，應移爵階欄位於"開國伯"處，底卷誤入文職欄。

〔六五〕都護，《釋録》《法制文書》録作"都護府副"，誤。

〔六六〕宗正少卿，《法制文書》指出《大唐六典》《通典》《舊唐書》中載從四品上，底卷列入正四品上文職欄。

〔六七〕太子左右率府率，底卷中其前無朱點，《劉釋》《法制文書》指出《大唐六典》卷二"吏部郎中員外郎"條載此職爲清官，底卷中脱朱點，茲從補。

〔六八〕工部，底卷無，《劉釋》《法制文書》指出據《通典》《舊唐書》等"刑部"下當脱"工部"二字，茲從補。

〔六九〕左右諸衛中郎將，底卷中其前無朱點，《劉釋》《法制文書》指出《大唐六典》卷二"吏部郎中員外郎"條注及《舊唐書》載左右衛郎將爲清官，底卷中脱朱點，茲從補。

〔七〇〕八寺少卿，《法制文書》指出：唐制，共有太常、光祿、衛尉、宗正、太僕、大理、鴻臚、司農、太府等九寺，《通典》和《舊唐書》在正四品上階，合之"九寺少卿"。（按，《法制文書》此處所言有誤，應是《通典》和《舊唐書》在正四品上階列"太常少卿"，在從四品上階列其餘八寺少卿，合之"九寺少卿"。）底卷此處言"八寺少卿"，在正四品上文職欄中列太常少卿、宗正少卿，合之十寺少卿，與唐制不合。蓋底卷已經在正四品上欄列"宗正少卿"，此處又迻錄《通典》《舊唐書》之"八寺少卿"，故誤。《劉釋》則認爲"八"字當改"諸"，下文正六品上階文職欄有"諸寺丞"可證。茲從改。

〔七一〕太子左右副率、太子勳翊衛中郎將，底卷中其前無朱點，《劉釋》指出《大唐六典》卷二"吏部郎中員外郎"條注及《舊唐書》載太子左右率、左右内率府副率及太子左右衛率府中郎將爲清官，底卷統而言之，故其當脱朱點，茲從補。另，"親"，底卷無，據《大唐六典》及《舊唐書》"翊"字前當脱"親"字，茲從補；《釋錄》未補。

〔七二〕輕車都尉，底卷中無，《劉釋》《釋錄》指出據《通典》及《舊唐書》此欄當脱"輕車都尉"，茲從補。

〔七三〕大都護府司馬，底卷中無，《劉釋》《釋錄》指出據《通典》及《舊唐書》，"五府"指揚州、幽州、潞州、陝州、靈州等五大都督府，其下當脱"大都護府司馬"，下文正五品下階文職欄有"上都護府司馬"可證，茲從補。

〔七四〕將作大匠，《劉釋》《釋錄》指出"將作大匠"從三品，已見上文，故此"大"字當爲"少"之訛，茲從校。

〔七五〕食邑五百户，《劉釋》指出此子爵之食邑數，應移爵階欄位於"開國子"處，底卷誤入文職欄。

〔七六〕諳，底卷作"諳"，下同不再另出校。

〔七七〕左右諸衛郎將，底卷中其前無朱點，《劉釋》指出《大唐六典》卷二"吏部郎中員外郎"條注及《舊唐書》載左右衛郎將爲清官，底卷統而言左右諸衛郎將，故其當脫朱點，茲從補。

〔七八〕中，底卷無，《劉釋》《法制文書》指出據《舊唐書》《通典》載"太子舍人"正六品上，"太子中舍人"正五品下，故底卷中"舍"字前當脫"中"字，茲從補；《釋録》未補。

〔七九〕太子親勳翊衛郎將，底卷中其前無朱點，《劉釋》指出《大唐六典》卷二"吏部郎中員外郎"條注及《舊唐書》載左右率府郎將爲清官，底卷統而言太子親勳翊衛郎將，故其當脫朱點，茲從補。

〔八〇〕食邑三百户，底卷無，《劉釋》《法制文書》指出據《大唐六典》卷二"吏部司封郎中員外郎"條，"開國男"之"食邑三百户"，底卷脫，茲據底卷書寫格式補於此。

〔八一〕尚食尚舍、尚輦等奉御，《劉釋》《法制文書》指出據《通典》及《舊唐書》"尚食奉御"正五品下階，已見前文，此處"尚食"當"尚衣"之誤，另"尚舍"下當脫"尚乘"兩字，茲從校補。

〔八二〕游擊將軍，《劉釋》《法制文書》指出據《通典》及《大唐六典》"游擊將軍"從五品下武散官，"游騎將軍"從五品上武散官，故底卷中"擊"當爲"騎"之訛，茲從校。

〔八三〕苑，底卷作"菀"，"監監"底卷作"監〃"，"〃"重文符號，下同不再另出校。

〔八四〕下都督府司馬，底卷無，《劉釋》《法制文書》指出據《通典》及《舊唐書》"上郡司馬"前應脫"下都督府司馬"，茲從補。

〔八五〕宗正丞，《法制文書》指出唐制"宗正丞"從六品上，不應列入此處從五品下。據《舊唐書》卷四二《職官志》從五品上文職事官有"太史令"，此處"宗正丞"應爲"太史令"之訛，茲從校。

〔八六〕游騎將軍，《劉釋》《法制文書》指出據《通典》及《大唐六典》"游騎將軍"從五品上武散官，"游擊將軍"從五品下武散官，故底卷中"騎"當爲"擊"之訛，茲從校。

〔八七〕太子舍人，底卷原作"太子中舍人"，前正五品下欄處曾校"太子舍人"正六品上，"太子中舍人"正五品下，故"中"字當衍，茲不録。

〔八八〕千牛備身、備身左右、上鎮將，《劉釋》《法制文書》指出據《舊唐書》《通典》此三官皆正六品下階武職事官，底卷誤列入正六品上階欄，而正六品上階武職事官應爲"親勳翊衛校尉""諸衛左右司階"及"中府果毅"，茲從校。

〔八九〕驍騎尉，底卷無，《劉釋》《法制文書》指出據《舊唐書》《通典》正六品上勳官應爲"驍騎尉"，底卷脫，茲從補。

〔九〇〕郡公、柱國，《劉釋》《法制文書》指出唐制"郡公"正二品爵，"柱國"從二品勳，均不應列入此正六品上階勳欄。觀底卷下文，此處之所以列"郡公""柱國"等，蓋表示出身敘階法。據《大唐六典》卷二"吏部郎中員外郎"條載："凡敘階之法，有以封爵。"注云："謂郡王、嗣王，初出身從四品下敘；親王之子封郡王者，從五品上；國公，正六品上；郡公，正六品下；縣公，從六品上；侯及伯及子、男，並通降一等。"另，又載"有以勳庸"，注云："謂上柱國，正六品上敘；柱國已下，每降一等；至騎都尉，從七品下；驍騎尉、飛騎尉，正九品上；雲騎尉、武騎尉，從九品上。"據此，底卷中"郡公"當"國公"之訛，"柱國"當"上柱國"之訛，茲從校。

〔九一〕下郡司馬，《劉釋》《法制文書》指出據《通典》及《舊唐書》，"下郡司馬"從六品上階文職，應列入下欄，此處"司馬"當"長史"之誤，茲從校。

〔九二〕太子文學，《劉釋》《法制文書》指出據《大唐六典》卷二"吏部郎中員外郎"條注及《舊唐書》載此職爲清官，故其當脫朱點，茲從補。

〔九三〕千牛備身、上鎮將，底卷無，《劉釋》《法制文書》指出據《通典》及《舊唐書》，此欄當脫"千牛備身、上鎮將"，蓋誤列入上欄，茲從補。

〔九四〕郡公，底卷無，《劉釋》《法制文書》指出此欄列"柱國"蓋因其出身正六品下敘階，表示出身敘階法而雜入勳欄者。按"郡公"出身者亦正六品下敘，與"柱國"出身同，故底卷中當脫"郡公"，茲從補。

〔九五〕已下，底卷無，《劉釋》《法制文書》指出據《通典》及《舊唐書》"軍二万人司馬"當作"軍二万人已下司馬"。又，正八品上

階有 "鎮軍二万人已下判司" 亦可證，茲從補。

〔九六〕文學，底卷無，《劉釋》《法制文書》指出據《通典》及《舊唐書》 "主簿" 前當脫 "文學" 兩字，茲從補。

〔九七〕著，底卷作 "着"，下同不再另出校。

〔九八〕旅師，底卷作 "捡師"，下同不再另出校。另，《劉釋》指出 "師" 當爲 "帥" 之訛，茲從校；《山法》同《劉釋》；《釋錄》《法制文書》徑錄作 "帥"。

〔九九〕飛騎尉，底卷原位於右欄武職官欄內，《劉釋》《法制文書》指出 "飛騎尉" 從六品上階勳官，應列入勳階欄，茲從改。

〔一〇〇〕縣公、上護軍，《劉釋》《法制文書》指出此表示出身敘階法雜入勳欄，縣公封爵、上護軍正三品勳官，皆從六品上敘。

〔一〇一〕平，《劉釋》《法制文書》指出據《通典》《舊唐書》及《大唐六典》卷二二 "少府監" 條、《新唐書》卷四八《百官志》等， "平市監" 當作 "互市監"，茲從校。

〔一〇二〕總監丞，《劉釋》《法制文書》指出據《通典》及《舊唐書》當作 "宮苑總監副"， "宮苑總監副" 從六品下階， "宮苑總監丞" 從七品下階，見下文，茲從校，補 "宮苑" 二字，並改 "丞" 爲 "副"。

〔一〇三〕沙苑監，底卷無，《劉釋》《法制文書》指出據《舊唐書》從六品下階 "司農寺諸園苑監" 後有 "沙苑監"，底卷脫，下文正九品上階文職欄有 "沙苑丞" 亦可證，茲從補。

〔一〇四〕護軍，《劉釋》《法制文書》指出此表示出身敘階法雜入勳欄，護軍從三品勳官，出身從六品下敘階。

〔一〇五〕大都督，《法制文書》指出據《舊唐書》《通典》 "大都護府" 上當脫 "大都督" 三字，此條完整應爲 "三京、五府及大都督、大都護府錄事參軍"，茲從補；《劉釋》未出校。

〔一〇六〕副隊正，底卷無，《劉釋》《法制文書》指出據《舊唐書》《通典》 "隊正" 下脫 "副隊正"，茲從補。

〔一〇七〕雲騎尉，底卷原位於右欄武職官欄內，《劉釋》指出據《通典》及《舊唐書》 "雲騎尉" 正七品上階勳官，應列入勳階欄，茲從改。

〔一〇八〕開國侯、上輕車都尉、一品子，《劉釋》《法制文書》指

一　法典類　/　147

出此表示出身敘階法雜入勳欄，分別表示封爵、勳庸、資蔭、出身敘階正七品上。

〔一〇九〕諸倉、治、司竹、溫湯監監，《劉釋》指出據《大唐六典》卷二三"少府監"有諸冶監，故底卷"治"當"冶"之訛；《山法》《釋錄》同《劉釋》；《法制文書》逕錄作"冶"。

〔一一〇〕大，《劉釋》《法制文書》指出據《通典》及《舊唐書》"大都護府錄事參軍"正七品上階文職，已見前文，此處"大"應爲"中"之訛；《山法》《釋錄》未出校。

〔一一一〕尚食、尚舍、尚藥、尚輦直長，《劉釋》《法制文書》指出據《通典》及《舊唐書》"尚食、尚藥直長"正七品上階文職，已見前文，此處"尚食"應爲"尚衣"，"尚藥"應爲"尚乘"之訛；《山法》《釋錄》未出校。

〔一一二〕上鎮副，底卷中此職後原列"上鎮將"一職，《劉釋》《法制文書》指出"上鎮將"正六品下階武職，見校〔九一〕〔九六〕，此處當爲衍文，茲從，不錄。

〔一一三〕候，《劉釋》錄作"侯"，誤。《唐六典》卷二五"諸衛府"云："中候各三人，正七品下。"

〔一一四〕開國伯、輕車都尉、三品上柱國子、一品孫、二品子，《劉釋》《法制文書》指出此均表示出身敘階法雜入勳欄，表示分別以封爵、勳庸、資蔭、出身敘階正七品下。

〔一一五〕府及上郡錄事參軍中都督，底卷中此十一字無，《劉釋》《法制文書》指出據《舊唐書》《通典》此條當作"下都督府及上郡錄事參軍、中都督及上都護府判司"，茲從補。

〔一一六〕尚書都事，底卷中無，《劉釋》《法制文書》指出據《舊唐書》《通典》，"中書主書"下當脫"尚書都事"一職，茲從補。

〔一一七〕補闕，底卷原作"闕補"，旁加倒乙符號，現錄正。

〔一一八〕翊，《劉釋》《法制文書》指出據《通典》及《舊唐書》"太子翊衛"從八品上階，見下文；"太子親衛"從七品上階，故"翊"當爲"親"之訛，茲從校；《釋錄》未出校。

〔一一九〕武騎尉，底卷原位於右欄武職官欄內，《劉釋》指出據《通典》及《舊唐書》，"武騎尉"從七品上階勳官，應列入勳階欄，茲從改。

〔一二〇〕開國子、上騎都尉、三品上柱國孫、四品上柱國子、二品孫、一品曾孫、正三品子，《劉釋》《法制文書》指出此均表示出身敘階法雜入勳欄，表示分別以封爵、勳庸、資蔭、出身敘階從七品上。

〔一二一〕柒，據文義當爲"漆"之訛，《劉釋》錄作"柒"，未出校；《山法》錄作"柒"，校作"漆"；《釋錄》《法制文書》徑錄作"漆"。另，《法制文書》指出《舊唐書·職官志》從七品下階未見有"漆園監"，《通典》卷四〇《大唐官品》亦未見，《舊唐書》卷四二《職官志》正第九品上階下"牧監丞"注云："《神龍令》有漆園丞。"

〔一二二〕王，據唐制太子、公主置家令，底卷"王"字當爲"主"之訛，諸家錄文徑錄作"主"。

〔一二三〕署，底卷作"暑"，通"署"，諸家錄文徑錄作"署"，茲錄正，下同不再另出校。

〔一二四〕局，底卷作"局"，下同不再另出校。

〔一二五〕候，《劉釋》錄作"侯"，誤。

〔一二六〕師，《劉釋》指出當爲"帥"之訛，茲從校；《山法》《釋錄》《法制文書》徑錄作"帥"。

〔一二七〕四品上柱國孫，底卷原作"四品孫　上柱國孫"，《劉釋》《法制文書》指出"品"字後"孫"字當爲衍文，茲從校，不錄。

〔一二八〕騎都尉，底卷中"騎"字前原有"三品曾孫"四字，《法制文書》指出按唐制敘階法，正三品蔭孫，出身品階從七品下敘，故本欄列有"正三品孫"，曾孫降孫一等，從八品上敘，故底卷"從八品上"格列有"正三品曾孫"，此處當誤；《劉釋》則認爲"三品曾孫"應爲"三品上柱國曾孫"，但此欄另有"三品上柱國曾孫"，故其當爲衍文，茲不錄。

〔一二九〕《劉釋》指出此欄所列均表示出身敘階法雜入勳欄之官品，表示分別以封爵、勳庸、資蔭、出身敘階從七品下。以下各格勳欄所列均同，不再另出校。

〔一三〇〕武庫丞，底卷無，《劉釋》《法制文書》指出據《舊唐書》《通典》"軍器主簿"後還有"武庫丞"，上文"正六品上"文職欄列有"武庫令"，與之對應，此處應脫"武庫丞"，茲從補。

〔一三一〕博，底卷作"愽"，下同不再另出校。

〔一三二〕考寧丞，《舊唐書》《通典》正八品下階内未載。

〔一三三〕互市監丞，底卷無，《劉釋》《法制文書》指出《舊唐書》《通典》"諸宫農圃監"後有"互市監丞"，前文從六品下階文職載"平（互）市監"，亦可證底卷此處當脱"互市監丞"，兹從補。

〔一三四〕衛衛，底卷作"衛〃"，"〃"重文符號。

〔一三五〕下署令，底卷無，《劉釋》《法制文書》指出《舊唐書》《通典》"奚官、内僕、内府局令"後有"下署令"，前文從七品下階文職載"上署令"，正八品上階載"中署令"，亦可證底卷此處當脱"下署令"，兹從補。

〔一三六〕諸，底卷無，《劉釋》《法制文書》指出據《舊唐書》《通典》"左右衛司戈"當作"左右諸衛司戈"，兹從補。

〔一三七〕諸倉、冶，底卷無，《劉釋》《法制文書》指出據《舊唐書》《通典》，"司竹、温湯、大和等監丞"上當脱"諸倉、冶"等字。按，前文正七品下階文職欄載"諸倉、冶、司竹、温湯監監"亦可證當補此三字，兹從補。

〔一三八〕中都督及上都護府參軍，底卷無，《法制文書》指出《舊唐書》《通典》"王府行參軍"上有"中都督府、上都護府參軍"。按，據底卷書寫習慣，此當補作"中都督及上都護府參軍"，兹補；《劉釋》未出校。

〔一三九〕赤縣主簿，底卷原作"赤縣令主簿"，《劉釋》《法制文書》指出"赤縣令"正五品上階文職，已見前文，此處"令"字當衍，兹從，不録。

〔一四〇〕師，《劉釋》指出當爲"帥"之訛，兹從校；《山法》《釋録》《法制文書》徑録作"帥"。

〔一四一〕上署丞，底卷無，《法制文書》指出據《通典》及《舊唐書》此處當脱"上署丞"，下文正九品下階文職欄有"下署丞"，亦可證，兹從補；《劉釋》認爲"上署丞"當補入"諸屯監丞"後，兹從《舊唐書》卷四二《職官志》順序。

〔一四二〕中書門下及尚書省，《劉釋》《法制文書》指出據《通典》及《舊唐書》當作"中書門下尚書（《法制文書》漏"尚書"兩字）都省兵部、吏部考功，禮部主事"，茲從校。

〔一四三〕府，底卷無，據文義"中都督"下當脫"府"字，茲補；《釋録》《法制文書》逕録。

〔一四四〕中縣丞，底卷原作"下都督府中縣丞"，《法制文書》指出"下都督府"重出。按，《通典》《舊唐書》從八品下階僅載"下都督府參軍"，且《大唐六典》卷三〇"下都督府"條云："市令一人，從九品上。丞一人，佐一人，史二人，帥二人。"據此當知，底卷此處"下都督府"應爲衍文，茲不録。

〔一四五〕府，底卷無，據文義"中都督"下當脫"府"字，茲補；諸家録文未補。

〔一四六〕公主家丞，底卷原作"公主家令丞"，《劉釋》《法制文書》指出據《通典》及《舊唐書》"公主家令"從七品下階，已見前文，此處"令"字當衍，茲從，不録。

〔一四七〕掖庭宮闈局丞、太史都水監主簿，底卷中無，《法制文書》指出據《通典》及《舊唐書》"太子署令"下當脫"掖庭、宮闈局丞、太史、都水監主簿"；《劉釋》認爲"太子署令"下當脫"掖庭、宮闈局丞"，"都水監主簿"則當補入"親王國大農"前，且未補"太史"兩字。茲從《法制文書》及《舊唐書》補。

〔一四八〕關，底卷作"闗"，下同不再另出校。

〔一四九〕醫醫，底卷作"醫〻"，"〻"重文符號。

〔一五〇〕律，《劉釋》《法制文書》指出據《通典》及《舊唐書》"諸律令"當作"諸津令"，茲從校。

〔一五一〕下牧監丞，底卷原作"下牧監牧丞"，《劉釋》指出第二個"牧"字當爲衍文，茲從，不録。

〔一五二〕典直，底卷原作"典直録事"，《劉釋》《法制文書》指出據《通典》及《舊唐書》，"録事"兩字當衍，茲從，不録。

〔一五三〕下縣博士，《劉釋》《法制文書》指出據《通典》及《舊唐書》當作"下郡博士"，茲從校。

〔一五四〕上縣主簿，底卷原作"上縣及中縣主簿"，《法制文書》指出《舊唐書》卷四二《職官志》正第九品下階載"諸州上縣中縣主簿"，《通典》作"上縣主簿"，《舊唐書》卷四四《職官志》載：上縣主簿正九品下，中縣主簿從九品上。按，下文從九品上階文職欄中有"中下縣主簿"，據此及《通典》《舊唐書》，底卷中"及中縣"當爲衍文，茲不錄。

〔一五五〕太子左右内率、監門率府衛佐，底卷無，《劉釋》指出據《通典》及《舊唐書》，"太子三寺主簿"前應脱"太子左右内率、監門率府衛佐"；《法制文書》則認爲據《舊唐書》等當補"太子左右内率、監門率府諸曹參軍"。按，底卷中習慣將"諸曹參軍"統稱"衛佐"，故茲從《劉釋》補。

〔一五六〕大，《劉釋》《法制文書》指出據《通典》及《舊唐書》，"太史大辰"當作"太史司辰"，茲從校。

〔一五七〕尚子，《劉釋》《法制文書》指出據《通典》及《舊唐書》，"尚輦尚子輦"當作"尚輦掌輦"，"掌"下部"手"草寫似"子"，傳寫者誤録，遂成"尚子"，茲從校。

〔一五八〕尚藥醫佐，《劉釋》《法制文書》指出據《通典》及《舊唐書》，"尚食食醫"後當脱"尚藥醫佐"，茲從補。另，"尚食食醫"，底卷作"尚食〝醫"，"〝"重文符號。

〔一五九〕監，底卷無，茲據文義及《通典》《舊唐書》補，諸家録文未補。

〔一六〇〕内僕，底卷無，《劉釋》《法制文書》指出據《通典》及《舊唐書》，"奚官"下當脱"内僕"二字。另，"令"當爲"丞"之訛，奚官、内僕、内府局令正八品下階，已見前文，茲從校。

〔一六一〕教，《劉釋》《法制文書》指出據《通典》及《舊唐書》，"太子教書"當作"太子校書"，茲從校。

〔一六二〕市令，底卷無，《法制文書》指出"上都護、中都督、上郡録事"，《通典》及《舊唐書》中作"都督、都護府、上州（郡）録事、市令"。按，《大唐六典》卷三〇載大中下都督府下均有"市令"一人，從九品上，茲補"市令"二字。

〔一六三〕諸宫苑總監主簿，底卷原作"諸宫苑監總監主簿"，《劉釋》指出"宫苑監"之"監"字當爲衍文，茲從，不録。

〔一六四〕醫醫，底卷作"醫〝"，"〝"重文符號。

〔一六五〕太史司歷，底卷原作"太子史司歷"，《劉釋》《法制文書》指出據《通典》及《舊唐書》"子"應爲衍文，唐秘書省太史局有司曆一官，茲從校。

〔一六六〕義，《劉釋》《法制文書》指出據《通典》及《舊唐書》，"奉義郎"當作"奉禮郎"，茲從校。

〔一六七〕尚書諸司、御史臺主事，底卷無，《劉釋》《法制文書》指出據《通典》及《舊唐書》，"殿中省主事"前當脱"尚書諸司、御史臺主事"（《劉釋》所補文字無"諸司"兩字），茲從補。

〔一六八〕監，底卷無，茲據文義及上文從九品上階文職欄"中牧監主簿"補，諸家録文未補。

〔一六九〕中關丞，底卷無，《劉釋》《法制文書》指出據《通典》及《舊唐書》，"下關令"下當有"中關丞"。按，上文正九品下階文職欄有"上關丞""中關令"，亦證此處當脱"中關丞"，茲補；《劉釋》未出校。

〔一七〇〕尉，《法制文書》指出據《通典》及《舊唐書》，"赤縣尉"當作"赤縣録事"，赤縣尉從八品下階，已見上文，茲從校；《劉釋》未出校。

〔一七一〕録事，《法制文書》指出《通典》及《舊唐書》從第九品下階有"中州下州醫博士"，此處"録事"當作"醫學博士"，茲從校。

〔一七二〕下縣尉，《法制文書》指出據《舊唐書》卷四四《職官志三》，中縣、中下縣、下縣尉均從九品下階，故底卷中"下縣尉"當作"中縣、中下縣、下縣尉"。按，《通典》及《舊唐書》從九品上階均載"上縣中縣尉"，從九品下階載"中縣下縣尉"，底卷從九品上階文職欄有"上縣及中縣尉""中下縣主簿"，茲結合此幾點，補作"中下縣尉"；《劉釋》未出校。

〔一七三〕子，《劉釋》指出據《通典》及《舊唐書》，"太子監膳"當作"太官監膳"，"監膳"爲太官署官，茲從校；《法制文書》未出校。

〔一七四〕醫醫，底卷作"醫〻"，"〻"重文符號。

〔一七五〕監監，底卷作"監〻"，"〻"重文符號。

〔一七六〕卜，底卷無，《劉釋》《法制文書》指出據《通典》及《舊唐書》，"太署博士"當作"太卜署博士"，茲從補。

〔一七七〕咒，底卷作"呪"，下同不再另出校。

〔一七八〕算，底卷作"筭"，下同不再另出校。

〔一七九〕御史臺及國子、太史録事，《法制文書》指出"御史臺録事"，《舊唐書》卷四二《職官志》、《通典》卷四〇《職官·大唐官品》從九品下階漏列，《舊唐書》卷四四《職官志》、《大唐六典》卷一三等載"御史臺"有録事二人，從九品下。

陸　詔敕

一　唐天寶七載（七四八）册尊號大赦天下詔

斯四四六

【題解】

本件底卷編號斯四四六號。底卷首尾殘缺，共三十四行，字跡較清。原卷無題，《英藏》定作"唐玄宗加應道尊號大赦文"；《索引》定作"加應道尊號大赦文"，注解云"唐玄宗撰"；《索引新編》定名同《索引》；《釋録》定作"唐天寶七載（公元七四八年）册尊號敕"；《法制文書》定作"唐天寶七載（七四八年）册尊號大赦天下詔殘卷"；《郝録》定作"唐玄宗加應道尊號大赦文"。兹據文義擬定今題。

本底卷内容見《唐大詔令集》卷九《天寶七載册尊號敕》、《册府元龜》卷八六《帝王部·赦宥五·天寶七載五月壬午册尊號大赦天下詔》、《全唐文》卷三九《加應道尊號赦文》等，兩相對照可見，本底卷應為天寶七載（七四八）五月壬午册尊號開元天寶聖文神武應道皇帝大赦天下詔。由於在此之前，唐玄宗李隆基尊號曰：開元天寶聖文神武皇帝，這次僅加"應道"，故亦名"加應道尊號敕"。

本件《釋録》（肆二六〇—二六二）、《法制文書》（二五一—二五四）、《郝録》（貳三二二—三二四）有録文。兹據《英藏》（壹一九二）影印本及IDP彩圖，並參考前人録文，對底卷重新校録如下。

（前缺）

微[一]，綜緝直（真）經[二]，俾傳後學，並令有司審定[三]，子孫☒（將）有封植[四]，以副直（嗣真）也[五]。天師册為太師，貞白册贈太保[六]。其天下有洞宫山，各置天壇祠宇，每處度道士五人[七]，并取近山三十户，蠲免租税差科，永供灑掃。諸郡有自古得道昇仙之處[八]，雖先令醮祭，猶慮未周，宜［每處］度道士［二］人[九]；其靈跡殊尤[一〇]，功應遠大者，度三人，［永］修香火[一一]。其先☒（無）屋宇者[一二]，所管隨事營造；若舊有破壞者，亦量加修葺[一三]。其道士☒☒（並除）名屬本郡[一四]。大觀所度人，各令當郡長官精加簡試，取灼然有☒（行）者充[一五]，仍委採訪使重覆[一六]，度訖，一時録奏[一七]。其茅山、紫陽［觀］[一八]，取側近百姓二百户；本（太）平、崇元二觀[一九]，各一百户，並蠲免租税差科，長充修葺灑掃。應天下靈山仙跡，並宜禁斷樵採弋獵[二〇]。如問（聞）山林學道之士[二一]，每［被］搜括[二二]，且法之防取（邪）[二三]，本有所［以］[二四]，至於宿宵妖訛[二五]，亡命聚衆[二六]，誘陷愚人[二七]，故令禁斷。郡縣遂一概［迫］逐[二八]，使志道之者，不得安居。自今已後，審知清潔，更不得恐動，以廢修行。其五岳四瀆，名山大川，各令本郡長官致祭[二九]。朕刻意直（真）經[三〇]，虔誠至道，冀憑玄祐[三一]，永錫黔黎[三二]。每朝礼三清，則霄衣忘霞（寢）[三三]；式（或）齋戒（戒）一室[三四]，則蔬食屬厭[三五]。不以勤躬爲倦，務以徇物爲心。況於宰煞，尤加惻隱[三六]。自今已後，天下每月齋日[三七]，不得輒有宰煞[三八]。又聞閭閻之間，例有私社，皆預畜生命[三九]，以資宴集。仁者之心，有所不忍，亦宜禁斷，仍委郡縣長官切加捉搦[四〇]。且因親設教，式本於人備（倫）[四一]；自葉流根[四二]，必逮於榮養[四三]。内外文武職事官，☒☒（有五）品以上[四四]，其父、祖見在而無官者[四五]，宜各授一官[四六]，仍聽致仕。其祖母見在，准例處分[四七]。京官五品以上正員官[四八]，如父母已没[四九]，未有官者，亦宜追贈，所司勘會，即［與］處分[五〇]。朕（睦）親之義[五一]，恩心不忘[五二]，前開府儀同三司竇璵頃［以］容納微人[五三]，頗虧典憲[五四]，永懷舅氏[五五]，追感渭陽，宜申國恩，再復榮袟[五六]，可開府儀同三司，仍放優閑，不須朝會。王澤無私，豈殊於中外；天瑞有慶，頻属於京輦[五七]。寬大之典[五八]，則已溥覃[五九]；惠施之恩，特申曲被。其京城父老，宜入（人）各賜物十段[六〇]；七十已上，仍版授本縣令，其妻版授縣君[六一]；六十已上，

一　法典類　／　155

版授本縣丞。其城居鄉戶，今載所有差科，并已後應差丁防等，宜令放免。其僧道等共賜物一万疋，東京父老賜物五千段，仍並據人數分給[六二]。天下侍老，百歲已上，版授下郡太守[六三]，婦人版授郡君；九十☒（已）上[六四]，版授上郡司馬，婦人版授縣君；八十已上，版授縣令[六五]，婦人版授鄉君，仍並即量賜酒麵[六六]。內外見在（任）文武官九品已上[六七]，宜各賜勳兩轉。其京文武官見在（任）京[六八]，及致仕并陪位官[六九]、諸方通表使及月番官等[七〇]，一品賜物一百疋，二品、三品☒（八）十疋[七一]，四品、五品五十疋，六品、七品三十段，八品、九品二十段，兩京留守各八十疋[七二]。其節度[七三]、採訪使并清（諸）官充使未迴者[七四]，並同在京官賜物[七五]。書冊左仆射兼[七六]

（後缺）

【校記】

〔一〕微，底卷作"徵"，下同不再另出校。

〔二〕直，據《册府元龜》應爲"真"之訛，《釋錄》《法制文書》《郝錄》徑錄作"真"。

〔三〕定，底卷作"㝎"，下同不再另出校。

〔四〕將，底卷中此字殘存右半，現據殘存字形並參考《唐大詔令集》《册府元龜》補；《釋錄》錄作"予"，誤；《郝錄》徑錄。另，植，底卷作"植"，下同不再另出校。

〔五〕副直，《釋錄》《法制文書》均指出"以副直也"一句文義不通；《釋錄》認爲"副直"應爲"嗣真"之訛；《法制文書》則指出據《册府元龜》"以副直也"應爲"以隆真嗣"。按，《唐大詔令集》中"副直"作"嗣真"，故茲從《釋錄》。《郝錄》指出了底卷與《唐大詔令集》的區別，但僅校改了"真"字。

〔六〕册，底卷作"冊"，下同不再另出校。

〔七〕處，底卷作"虜"，下同不再另出校。

〔八〕得，底卷作"淂"，下同不再另出校。

〔九〕每處，底卷脱，據《唐大詔令集》及《册府元龜》補；《法制文書》補；《釋錄》《郝錄》未補。又，"二"字底卷脱，據《唐大詔令集》及《册府元龜》補；《釋錄》《法制文書》補同；《郝錄》補作"三"，誤。

〔一〇〕尤，底卷作"𠂆"，下同不再另出校。又，"永"字底卷脱，據《唐大詔令集》及《册府元龜》補；《釋錄》《法制文書》《郝錄》補同。又，"修"底卷作"脩"，下同不再另出校。

〔一二〕無，底卷中殘，茲據殘存字形並參考諸家錄文補。

〔一三〕茸，底卷作"宵"，下同不再另出校。

〔一四〕並除，底卷中殘，茲據殘存字形並參考諸家錄文補。

〔一五〕行，底卷中殘，茲據殘存字形並參考諸家錄文補。

〔一六〕覆，底卷作"霢"，下同不再另出校。

〔一七〕"其先無屋宇者……一時錄奏"共六十七字，《唐大詔令集》《册府元龜》缺載。

〔一八〕紫，底卷作"紫"，下同不再另出校。又，"觀"字底卷脱，據《唐大詔令集》及《册府元龜》補；《法制文書》《郝錄》補；《釋錄》未補。

〔一九〕本，據《唐大詔令集》及《册府元龜》應爲"太"之訛，茲改。

〔二〇〕斷，底卷作"斳"，下同不再另出校。

〔二一〕問，據《唐大詔令集》及《册府元龜》應爲"聞"之訛，茲改；《郝錄》《釋錄》《法制文書》徑錄作"聞"。

〔二二〕被，底卷脱，據《唐大詔令集》及《册府元龜》補；《郝錄》《釋錄》《法制文書》補同。

〔二三〕取，據《唐大詔令集》及《册府元龜》應爲"邪"之訛，茲改。

〔二四〕以，底卷脱，據《唐大詔令集》及《册府元龜》補；《郝錄》《釋錄》《法制文書》補同。

〔二五〕宿，底卷作"宿"；妖，底卷作"媃"，下同不再另出校。

〔二六〕亡，底卷作"𠃍"，下同不再另出校。

〔二七〕陷，底卷作"陷"，下同不再另出校。

〔二八〕概，底卷作"槩"，下同不再另出校。又，"迫"字底卷脱，據《唐大詔令集》及《册府元龜》補；《郝錄》《釋錄》《法制文書》

〔二九〕致，底卷作"致"，下同不再另出校。

〔三〇〕直，據《唐大詔令集》及《册府元龜》應爲"真"之訛，茲改。

〔三一〕冀，底卷作"冀"，下同不再另出校。

〔三二〕永，底卷作"永"，下同不再另出校。

〔三三〕忘，底卷作"忘"，下同不再另出校。又，"霞"字據《唐大詔令集》及《册府元龜》應爲"寢"之訛，茲改。

〔三四〕式齋戎一室，據《唐大詔令集》及《册府元龜》應爲"或齋戒一室"之訛；《郝録》校同；《釋録》《法制文書》逕録作"或齋戒一室"。

〔三五〕蔬，底卷作"蔬"，下同不再另出校。

〔三六〕惻，《釋録》《法制文書》録作"側"，誤。

〔三七〕月齋，底卷原作"齋月"，旁加倒乙符號，茲録正。另，"齋日"，《唐大詔令集》及《册府元龜》均作"十齋日"，《郝録》據此補"十"字。

〔三八〕輒，底卷作"輒"，下同不再另出校。

〔三九〕"預畜"，《唐大詔令集》作"殺"。

〔四〇〕切，底卷作"刃"；捉，底卷作"挼"，下同不再另出校。又，仍委郡縣長官切加捉搦，《唐大詔令集》及《册府元龜》無此十字。

〔四一〕備，底卷作"俻"，據《唐大詔令集》及《册府元龜》，"俻"應爲"倫"之訛。

〔四二〕葉流，底卷作"菜流"，下同不再另出校。

〔四三〕逮，底卷作"逯"，下同不再另出校。

〔四四〕有五，底卷中殘，茲據殘存字形並參考諸家録文補。

〔四五〕無，底卷作"無"，下同不再另出校。

〔四六〕宜，《唐大詔令集》中無此字。

〔四七〕准例處分，《唐大詔令集》及《册府元龜》作"准母例處分"；《郝録》録作"援例處分"，誤。

〔四八〕正員，底卷作"氐貟"，下同不再另出校。

〔四九〕没，《唐大詔令集》及《册府元龜》作"殁"。

〔五〇〕與，底卷脱，據《唐大詔令集》及《册府元龜》補；《郝録》《釋録》《法制文書》補同。

〔五一〕朕，據《唐大詔令集》及《册府元龜》應爲"睦"之訛，兹改。

〔五二〕恩，《郝録》據《唐大詔令集》校作"因"。"恩"字文義通，兹不改。

〔五三〕以，底卷脱，據《唐大詔令集》及《册府元龜》補；《郝録》《釋録》《法制文書》補同。又，"微"字，《法制文書》録作"細"，誤。

〔五四〕虧，底卷作"虧"；憲，底卷作"惪"，下同不再另出校。

〔五五〕氏，底卷作"氐"，下同不再另出校。

〔五六〕再，底卷作"再"，下同不再另出校。

〔五七〕辇，《唐大詔令集》作"幾"。

〔五八〕寬，底卷作"寬"，下同不再另出校。

〔五九〕底卷中"則"字前原有一"大"，據《唐大詔令集》及《册府元龜》應爲衍文，兹不録；《釋録》《法制文書》均未録，但未作説明；《郝録》照録，並出校。

〔六〇〕入，據《唐大詔令集》及《册府元龜》應爲"人"之訛，兹改。又，"段"字，底卷作"叚"，下同不再另出校。

〔六一〕版，《釋録》及《法制文書》均録作"板"，誤。

〔六二〕據，底卷作"㨿"；數，底卷作"數"，下同不再另出校。又，"其城居鄉户……據人數分給"，共四十九字，《唐大詔令集》及《册府元龜》失載。

〔六三〕下郡，《唐大詔令集》作"上郡"。

〔六四〕已，底卷殘，兹據殘存字形並參考諸家録文補。

〔六五〕版授，底卷原作"授版"，旁加倒乙符號，兹録正。

〔六六〕即，《唐大詔令集》無。又，"麵"字底卷作"麪"，下同不再另出校。

〔六七〕在，《唐大詔令集》及《册府元龜》作"任"，兹從改；《郝録》校改；《釋録》《法制文書》未出校。

〔六八〕文武，底卷中"文"字原寫作"武"，後改寫爲"文"，並於右行補寫"武"字，茲録正；《釋録》《法制文書》認爲原卷脱"文"字，誤。又，"見在"，《唐大詔令集》及《册府元龜》作"見任"。

〔六九〕位，《釋録》録作"住"，誤。

〔七〇〕番，底卷作"畨"，下同不再另出校；《釋録》《法制文書》録作"蕃"，誤。又，"表"《唐大詔令集》作"展"，疑誤。

〔七一〕八，底卷中殘，茲據殘存字形並參考諸家録文補。又，"八十疋"，《唐大詔令集》作"並八十疋"。

〔七二〕留，底卷作"畱"，下同不再另出校。

〔七三〕節，底卷作"卽"，下同不再另出校。又，"節度"，《唐大詔令集》作"節度使"。

〔七四〕清，據《唐大詔令集》及《册府元龜》應爲"諸"之訛，茲校改。又，"採訪使并清官充使未迴者"，《唐大詔令集》作"採訪使并諸官稱充使未迴"。

〔七五〕官，《唐大詔令集》及《册府元龜》作"例"。

〔七六〕書册左僕射兼，此六字，《唐大詔令集》《册府元龜》失載。

二　唐中和五年（八八五）車駕還京師大赦詔

伯二六九六

【題解】

本件底卷編號伯二六九六號。底卷首尾殘缺，現存五紙，共七十行，每整行字數十五—二十字，字跡清晰。原件無題，《索引》定作"唐僖宗時殘史籍一段"，《法藏》定作"唐僖宗中和五年三月車駕還京師大赦詔"；《劉釋》定作"中和五年三月十四日車駕還京師大赦制殘卷"；《索引新編》定作"唐僖宗中和五年（八八五）三月車駕還京師大赦詔"；《釋録》定作"唐中和五年（公元八八五年）三月車駕還京師大赦詔"；《法制文書》定作"唐僖宗中和五年（八八五年）三月車駕還京師改元光啓大赦詔殘卷"；大谷勝真定名爲"唐僖宗車駕還京師大赦文"；池田温、菊池英夫定名爲"唐僖宗中和五年（八八五年）三月車駕還京師大赦詔"。茲據文義擬定今題。

《劉釋》指出本件底卷第五—七行有"朕省方三蜀，於茲五齡""重固不圖，俾予復國"等語，第十一—十三行有"可大赦天下，自中和五年三月十四日昧爽以前""常赦所不原者，咸赦除之"等語。考諸史籍，唐僖宗廣明元年（八八〇）十二月，黃巢起義軍攻陷長安，唐僖宗逃往成都，至中和五年（八八五）三月駕返京師，其間正歷五年。唐僖宗駕返京師後，立即頒詔大赦，《舊唐書》卷一九《僖宗紀》云："（中和五年）三月丙辰朔。丁卯，車駕至京師。己巳，御宣政殿，大赦，改元光啓。"《新唐書》卷九《僖宗紀》、《資治通鑑》卷二五六《唐紀七二·僖宗光啓元年》所載同。按，中和五年三月丙辰朔，丁卯爲十三日，己巳爲十四日，由此可知本件爲唐僖宗中和五年三月十四日車駕還京師大赦制文也。《法制文書》則指出，本件底卷應同爲改元光啓詔，但由於底卷殘損，故未出現"光啓"字樣。

另外，《劉釋》還指出，本件底卷書寫時間似乎甚晚，因其中第十二行有"以結正、未結正"等字樣，而"結正"即結案判定之意，宋以前皆作"結竟"，至宋避翼祖諱，改"竟"爲"正"，始作"結正"，由此可推知本件書寫時間應在北宋初年。

本件《劉釋》（四二〇—四二五）、《釋錄》（肆二六三—二六七）、《法制文書》（二五九—二六四）、蔡治淮《敦煌寫本唐僖宗中和五年三月車駕還京大赦詔校釋》（《敦煌吐魯番文獻研究論集》，中華書局一九八二年版，六五〇—六五九，以下簡稱《蔡文》）有錄文。茲據《法藏》（壹柒二八九—二九一）影印本及IDP彩圖，並參考前人錄文，對底卷重新校錄如下。

（前缺）

犯京師，念慈（兹）生靈[一]，皆墜☒☒（塗炭）[二]。興役動衆，伐叛徵兵[三]。蔓草滋多[四]，原火益熾。賴[大]巨（臣）謀略[五]，上將機籌。率九土之諸侯[六]，召四方之勇果[七]，雲屯而（雨）驟[八]，電激雷奔[九]。三軍奮義烈之心[一〇]，百戰蹈戈鋌之刃[一一]，豺狼既剪[一二]，宗社永安。八柱再堅，九天弥固。朕省方三蜀，于兹五齡[一三]。託列聖之神威，獲上天之保祐。兢修補過[一四]，不敢怠荒[一五]。重固丕圖，俾矛（予）復國[一六]。其有直生難，委命全身，偶脫豺牙，潛逃賊網[一七]，可以俏（湔）滌瑕穢[一八]，寬有[宥]罪辜[一九]。當三春和煦之辰，值万物發生之際，順仁旻以覆云

(育)^[二○]，布惠澤以照蘇^[二一]，可大赦天下：

自中和五年三月十四日昧爽以前^[二二]，應天下大辟罪已下，以（已）發覺^[二三]、未發覺、以（已）結正^[二四]、未結正，見禁囚徒，罪無輕重，常赦所不原者^[二五]，咸赦除之。十惡五（反）逆^[二六]、官典犯贓、持杖行劫^[二七]、故煞人、合造毒藥、開劫墳墓、附助草賊黃巢同行兇逆者^[二八]，不在此限。左降官量移近處，已經量移者，更与量移。流人、配隸、效力等，自非返（反）逆緣坐^[二九]，一切放還。應因流貶，身歿未葬者，並許其家各據品秩以禮歸葬^[三○]。

諸陵園寢，有須修奉之處，委內外使臣，必期盡申哀敬。應緣祇備^[三一]，皆出內庫上供，已各嚴切指撝^[三二]，並不勞☒（擾）百姓^[三三]。更宜曉喻，冀體誠懷。

玉葉金枝，雖罹犯☒^[三四]，慮因潛竄^[三五]，尚在人間。先已有敕詔訪尋，令於京☒（城）候駕^[三六]，宜令府縣更詢問所在，分析聞奏。迺者，賊寇傾陷京師^[三七]，中外臣僚^[三八]，或遭屠害^[三九]，言念冤酷^[四○]，深可憫嗟^[四一]。宜委中書門下搜訪骨肉，量命官秩，以示優恩。如在外州府，仍委所在長吏尋訪聞奏。其有嘗効忠節，爲衆所聞，身已淪亡，家無骨肉者，即与褒贈。縱已贈典，更与贈官^[四二]。如有子孫，量家（加）錄用^[四三]，仍許門生故吏烈（列）狀申論^[四四]。滌瑕宥過，著在前言，推而行之，諒符弘恕^[四五]。

其有先爲黃巢脅從^[四六]，僞署官秩，已從貶降及旋賜照（昭）洗者^[四七]，即聽守官。其諸司官吏及諸道將吏，并諸色人等，皆因驅脅，遂陷在賊中人，除已投降諸道外，有雖☒（已）脫身^[四八]，未敢還鄉者，並從赦令^[四九]，一切不問。☒☒（車駕）經過^[五○]，鄉人望幸，合蠲稅賦，已（以）惠疲人^[五一]。但緣用軍□□（已來）^[五二]，事力虛竭，未可全免。應車駕經過處，於今年夏秋稅，三分之中，量議咸（減）放^[五三]。其中和三年已前逋懸，並宜放免，仍令所司先具分析申奏。其雜差役，並宜放免。

自狂寇侵陷京都，畿甸傷殘最甚，言念冤酷，深可憫嗟。應京城畿諸縣，夏、秋兩稅及雜□（差）配^[五四]，並宜放免。其縣司所由，及鄉村人戶，自經離☒（亂）^[五五]，傷煞因多^[五六]，縱偶得生全，又憂其差役，如聞散在諸處^[五七]，不敢歸還。今則兩稅既不徵收[五八]，又無諸色差配，足得却安生藁[五九]，各保家鄉。宜令縣令切加招攜，兼委側近州府准此告示。

扈從立功及收城將士，三品已上賜爵一級[六〇]，餘並加兩階；已賜勳者，仍更賜勳兩轉。其死王事，未經褒贈者，委本道使長速与聞奏[六一]，當加贈典。禁斬（軍）師徒[六二]，勳（勤）勞扈從[六三]；迎駕兵士，跋涉山川[六四]。或遠自成都，警蹕無怠[六五]；或來從本道，勤苦備嘗。用降優恩[六六]，以明忠懇。自西川扈從付（待）衛親軍兵士[六七]，及諸道迎▢（駕）兵士[六八]，宜委都指揮使各具夾名[六九]，分析申奏。當議▢（節）級[七〇]，優賞處分。錄功延賞[七一]，抑有故章[七二]；念舊申恩，斯爲令典。

尚父汾陽王郭子儀、贈太師晟、贈太師瑊、贈太師直（真）卿[七三]、贈太尉秀實，兼勳▢（舊）盟府事[七四]，宜眷忠勞，豈忘寢瘼，其子孫各与一子八品正員▢（官）[七五]。▢▢（西川）節度使、太尉潁川王敬瑄[七六]，自車駕巡遊，五年▢（祗）奉[七七]，竭誠盡節，憂國忘家，內則備六軍宴犒之資[七八]，外則給百辟廩食之▢（費）[七九]，庶務勞慮[八〇]，一毫不移。輔我中興，賴尔全德，大勳既集[八一]，殊寵宜加。自今後[八二]，論功行賞，並与郭子儀、渾瑊、李晟等同該恩例，書於史冊，傳尔子孫。

黃巢凌犯宮闕，關東兵力不支[八三]，並以承平已來，稍闕武備，生靈有流離之苦，豺狼恣毒螫之心[八四]。今▢（十）軍軍容田令孜[八五]，於震駭之時，決▢▢（巡狩）▢▢（之計）[八六]▢▢▢▢左神策軍衛內兵士[八七]，直冒白刃[八八]，▢▢▢▢設軍情[八九]，請由駱谷[九〇]，艱危萬狀，▢▢▢▢▢▢供饋告闕，又陳丹懇，移幸西川。▢▢▢▢▢▢▢忠力，百司俱設，万旅保安[九一]，于▢（茲）[九二]▢▢▢▢

（後缺）

【校記】

〔一〕慈，《劉釋》《法制文書》《蔡文》指出據文義應爲"茲"之訛，茲從改；《釋録》未出校。

〔二〕塗炭，底卷中殘，茲據殘存字形並參照諸家録文補。

〔三〕叛，底卷作"粄"，下同不再另出校。

〔四〕"蔓"底卷作"蓴"，"滋"底卷作"蒸"，下同不再另出校。又，"滋"，《釋錄》《法制文書》錄作"兹"；《劉釋》《蔡文》錄作"滋"。按，滋有增長之意，滋多即越來越多，兹從《劉釋》《蔡文》。

〔五〕巨，《劉釋》《蔡文》指出據文義應爲"臣"之訛，兹從改；《釋錄》《法制文書》徑錄作"臣"，誤。另，"大"字底卷中無，《劉釋》指出據下文"上將機籌"，"臣"字前應脱一"大"字，兹從補；《釋錄》《法制文書》《蔡文》未補。

〔六〕率，底卷作"牽"，下同不再另出校。又，"侯"，《釋錄》錄作"候"，誤。

〔七〕召，底卷作"凸"，下同不再另出校。

〔八〕而，諸家錄文均指出，據文義應爲"雨"之訛，兹從改。

〔九〕電，《法制文書》錄作"雷"，誤；《劉釋》將其錄入第四行首字，據圖版其應爲第三行末字。

〔一〇〕奮，底卷作"奮"，下同不再另出校。

〔一一〕"蹈"底卷作"蹈"，"刃"底卷作"刃"，下同不再另出校。

〔一二〕豹，底卷作"犳"，下同不再另出校。

〔一三〕兹，底卷作"兹"，下同不再另出校。

〔一四〕修，底卷作"修"，下同不再另出校。

〔一五〕荒，底卷作"荒"，下同不再另出校。

〔一六〕矛，《劉釋》《蔡文》指出據文義應爲"予"之訛，兹從改；《釋錄》《法制文書》徑錄作"予"。

〔一七〕網，底卷作"綱"，下同不再另出校。

〔一八〕偂，據文義推斷應爲"湔"之訛。據《漢語大詞典》：湔滌，即洗滌意。《釋錄》《法制文書》徑錄作"湔"；《劉釋》錄作"偂"，未出注。

〔一九〕有，《劉釋》《法制文書》《蔡文》指出，據文義應爲"宥"之訛；《釋錄》未出注。又，"宰"底卷作"宰"，下同不再另出校。

〔二〇〕云，諸家錄文均指出據文義應爲"育"之訛，兹從改。

〔二一〕底卷中"照"字前原有一"朕"字，諸家錄文均指出據文義其應爲衍文，兹從不錄。又，"蘇"底卷作"蘓"，下同不再另出校。

〔二二〕爽，底卷作"奕"，下同不再另出校。

〔二三〕以，《釋錄》《法制文書》指出據文義應爲"已"之訛，茲從；《劉釋》《蔡文》未出注。

〔二四〕以，《釋錄》《法制文書》指出據文義應爲"已"之訛，茲從；《劉釋》《蔡文》未出注。

〔二五〕赦，《劉釋》《蔡文》錄作"救"，校爲"赦"，據底卷圖版應爲"赦"。

〔二六〕五，《劉釋》指出唐律無"五逆"之罪，"五"當爲"反"之訛，唐赦文常將"十惡反逆"並稱；《蔡文》《釋錄》未出校。

〔二七〕劫，底卷作"刼"，下同不再另出校。

〔二八〕兇，底卷作"兇"，下同不再另出校。

〔二九〕返，《劉釋》指出據文義應爲"反"之訛，茲從改；《蔡文》錄作"返"，未出校；《釋錄》《法制文書》均徑錄作"反"。

〔三〇〕歸，底卷作"埽"，下同不再另出校。

〔三一〕祗備，底卷作"杙俻"，下同不再另出校。

〔三二〕嚴，底卷作"厰"，下同不再另出校。

〔三三〕擾，底卷中殘，茲據殘存字形並參考諸家錄文補。

〔三四〕底卷中此字漫漶，不能識讀。

〔三五〕竄，底卷作"鼠"，下同不再另出校。

〔三六〕城，底卷中殘，茲據殘存字形並參考諸家錄文補。又，"候"底卷作"俟"，下同不再另出校。

〔三七〕寇，底卷作"冦"，下同不再另出校。

〔三八〕僚，底卷作"寮"，下同不再另出校。

〔三九〕遭，底卷作"遣"，下同不再另出校。

〔四〇〕冤，底卷作"寃"，下同不再另出校。

〔四一〕"深"底卷作"深"，"嗟"底卷作"嗟"，下同不再另出校。

〔四二〕更，《劉釋》《釋錄》《法制文書》《蔡文》均錄作"再"，誤。

〔四三〕量，底卷中爲右行補寫，茲錄正。又，諸家錄文均指出，"家"據文義應爲"加"之訛，茲從改。

〔四四〕烈，諸家錄文均指出據文義應爲"列"之訛，茲從改。

〔四五〕符，《釋錄》《法制文書》錄作"荷"，誤。

〔四六〕脅，底卷作"憎"，下同不再另出校。

〔四七〕照，諸家錄文均指出據文義應爲"昭"之訛，茲從改。

〔四八〕已，底卷中殘，茲據殘存字形並參考諸家錄文補。

〔四九〕並，《劉釋》《蔡文》錄作"至"，誤。

〔五〇〕車駕，底卷中殘，茲據殘存字形並參考諸家錄文補。

〔五一〕已，《法制文書》指出，據文義"已"通"以"，茲從。

〔五二〕已來，底卷中缺，諸家錄文均指出據文義此處可補"已來"，茲從補。

〔五三〕咸，《劉釋》《蔡文》指出據文義應爲"減"之訛，茲從改；《釋錄》《法制文書》徑錄作"減"，誤。

〔五四〕差，底卷中缺，《釋錄》《法制文書》《蔡文》補作"科"；《劉釋》補作"差"。按，上文出現有"雜差役"，下文又有"又無諸色差配"之語，茲從《劉釋》。

〔五五〕亂，底卷中殘，茲據殘存字形並參考諸家錄文補。

〔五六〕因，《釋錄》錄作"固"，誤。

〔五七〕聞，《劉釋》錄作"閒"，誤。

〔五八〕徵收，底卷作"徵収"，下同不再另出校。

〔五九〕足得，底卷作"⾜淂"，下同不再另出校。又，"安"，《法制文書》錄作"還"，誤。

〔六〇〕爵，底卷作"爵"，下同不再另出校。

〔六一〕本，《釋錄》《法制文書》錄作"諸"，誤；《蔡文》作缺文，然後補"本"字。

〔六二〕斬，《劉釋》《蔡文》指出據文義應爲"軍"之訛，下文"親軍兵士"可證此應爲"禁軍師徒"，茲從校；《釋錄》未出注；《法制文書》錄作"塹"，誤。

〔六三〕勳，《釋錄》《法制文書》《蔡文》均指出據文義應爲"勤"之訛，茲從校；《劉釋》徑錄作"勤"，誤。

〔六四〕跋，底卷作"䟱"，下同不再另出校。

〔六五〕蹕，底卷中爲右行補寫，茲錄正。

〔六六〕恩，底卷作"㤙"，《蔡文》《法制文書》錄作"急"，校作

"恩",誤。

〔六七〕付,諸家錄文均指出據文義應爲"侍"之訛,茲從改。

〔六八〕駕,底卷中缺,《劉釋》指出據文義可補"駕"字,茲從補;《釋錄》《法制文書》徑錄作"駕"。

〔六九〕使,底卷中爲右行補寫,茲錄正。又,《蔡文》指出"夾"應爲"挾"的音代字,"挾名",唐官文書中常見。

〔七〇〕節,底卷中缺,《劉釋》《釋錄》《法制文書》指出,據文義可補"節"字,茲從補;《蔡文》作二缺字符,誤。

〔七一〕延,底卷作"延",下同不再另出校。

〔七二〕抑,底卷作"抑",下同不再另出校。

〔七三〕直,《劉釋》《蔡文》指出應爲"真"之訛,"真卿"即"顏真卿",茲從校;《釋錄》《法制文書》徑錄作"真"。

〔七四〕舊,底卷中殘,茲據殘存字形並參考諸家錄文補。

〔七五〕員,底卷作"負",下同不再另出校。又,"官"字底卷中缺,諸家錄文均指出,據文義此處當補"官"字,茲從補。

〔七六〕西川,底卷中殘,茲據殘存字形並參考諸家錄文補。又,穎,底卷作"頴",下同不再另出校。

〔七七〕祗,底卷中殘,茲據殘存字形並參考諸家錄文補。

〔七八〕犒,底卷作"犒",下同不再另出校。

〔七九〕費,底卷中殘,茲據殘存字形並參考諸家錄文補。

〔八〇〕庶,底卷作"庻",下同不再另出校。

〔八一〕集,底卷作"桒",下同不再另出校。

〔八二〕後,底卷作"浚",下同不再另出校。

〔八三〕關,底卷中作"関",下同不再另出校。

〔八四〕鏊,《法制文書》錄作"鏊",誤。

〔八五〕十,底卷中殘,茲據殘存字形並參考諸家錄文補。

〔八六〕巡狩,底卷中殘,茲據殘存字形並參考諸家錄文補。又,"之計"底卷中缺,《劉釋》《蔡文》指出據文義"巡狩"下可補"之計"兩字,茲從補。

〔八七〕策,底卷作"筞",下同不再另出校。

〔八八〕刃,底卷作"刄",下同不再另出校。

〔八九〕情，底卷中爲右行補寫，兹録正。
〔九〇〕請，底卷中有改寫痕跡。
〔九一〕旅，底卷作"旅"，下同不再另出校。
〔九二〕兹，底卷中殘，兹據殘存字形並參考諸家録文補。

二　判集類

一　唐判集殘卷（存十九道）
伯三八一三
【題解】

　　本件底卷編號伯三八一三號。原底卷首尾皆缺，存九紙，共二百零一行，每整行字數二十五—三十六字，卷背抄"晉書載記"。原卷無題，《法藏》定作"判文"；《索引》定名爲"判文"；《索引新編》定作"判文十九通"；《山法》定作"判集殘卷"；池田溫《中國古代籍帳研究》（中華書局二〇〇七年版，以下簡稱《籍帳》）定作"唐［七世紀後半？］判集"；《劉釋》定作"文明判集殘卷"；《釋録》定作"唐［公元七世紀後期？］判集"；《法制文書》定名與《劉釋》同。兹據文義擬定今題。

　　《劉釋》指出本底卷内容乃是判集，存判文十九道，其中一道缺答判。判文皆採唐代示例，引律令條文爲斷，而所標之人名，多擬於古人，如石崇、原憲、郭泰、李膺、李陵、繆賢、宋玉等，係取材於現實，而又加以虛構潤色者。另外，判文法律意識强，文筆樸素，剖析具體，有別於敦煌出土的文人之判，應出自法吏之手。《法制文書》則指出《文苑英華》中收錄有多道唐代判文，而此殘卷判文標題與《文苑英華》所存多有相似。

　　池田溫認爲本判集可能作於公元七世紀後期，而《劉釋》依據判集第一百五十九行"配充越王親事，令相州番。未上之間，王改任安州"及第四十三行"雍州"等記載，結合史籍推斷此判集可以永徽四年（六五三）爲上限，以開元元年（七一三）爲下限，又據第一百六十五行

"方今文明御曆"，推斷其可能作於"文明"之時。《法制文書》則認爲，殘卷中的"文明"恐非唐睿宗年號之文明，而是古典，故認同池田溫公元七世紀的判斷。

本件《山法》（五〇—五五）、《籍帳》（一七三——七六）、《劉釋》（四三六—四五〇）、《釋錄》（貳五九九—六〇九）、《法制文書》（二八五—二九八）、《敦煌法論》（二一四—二二九）有錄文。茲據《法藏》（貳捌一五二——五六）影印本及IDP彩圖，並參考前人錄文，對底卷重新校錄如下：

（前缺）

▨▨（梁）木先摧[一]，遊蘭遽阻，有歇西山之霧，空餘東魯之壇。弟子以物故無從，念易僕而增思；道在則是，擇似貌而攸尊[二]。不失宣尼之徒[三]，將崇伯起之訓。儻有符於入室，亦何譏於或人。足申請益之力，得欣強學之業。縣令不思高止，責以無知。請看問一之規，庶廣在三之教。將何決罰，竊未合宜。

奉判：得葬專道　河南丞便官錢事[四]。吴鞏

古訓攸制，威儀不忒，合於中庸，是謂達禮。哀彼之子，執親之喪[五]。怨飄風而莫追，痛昊天而在疚[六]。封樹遄迫，兆茲先啓[七]。日月其惛，將臨甫窆。厥柩而空，雖編於庶人；專道而行，許同於王者。且往實如慕，瞻遣奠而絕號[八]；還則如疑，將返虞而不忍。知是道也[九]，能用禮焉。若鄰未達[一〇]，其何妄告？筮事王朝，貳宰京邑，自可貞固守道，豈宜貪以敗官。方今善政必錄，徇財斯糾，敬聲盜賄，須從丕弊。不疑平反，當實閱實。准律以官物自貸用[一一]，無文記，以盜論；若有文記，減准盜論。詰以真盜，則鐵冠失刑[一二]；繩以枉法，則墨綬傷重。載詳決事之典，請依准盜之罰。

得從母事[一三]。房密

情以事感，禮因天屬。夫人之服，君子未言。同爨之德，蓋厚之爲遠[一四]；薄言往訴，寧辥尔之無辜。且以罪之亡，將同不吊；

非引而進，又哭爲服。玉帛徒施，何識禮云之意；緦麻有制，空明或日之規。淫刑遂呈於鞭朴，平典有乖於篚令。虔奉國章，誤入不應之罪；重惜人命，輕從致死之辜。仁則不足，政其彌遠。宜有宅[而]三居[一五]，更無勞於五聽。請依前斷，徒稱不伏大道之行，理應均彼至誠所感。[一六]

奉判：秦鸞母患在床，家貧無以追福。人子情重，爲計無從，遂乃行盜取資，以爲齋像。[論情]實爲孝子[一七]，准盜法合推繩，取捨二途，若爲科結？

秦鸞母患，久纏牀枕[一八]，至誠惶灼，懼捨慈顏。遂乃託志二乘，希銷八難；馳心四部，庶免三灾。但家道先貧，素無資產；有心不遂，追恨曾深。乃捨彼固窮，行斯濫竊。輒虧公憲[一九]，苟順私心。取梁上之資，爲膝下之福[二〇]。今若偷財造佛，盜物設齋，即得著彼孝名，成斯果業，此即齋爲盜本，佛是罪根。假賊成功，因贓致福，便恐人人規未來之果[二一]，家家求至孝之名。側鏡此途，深乖至理。據禮全非孝道，准法自有刑名。行盜理合計贓，定罪須知多少。多少既無疋數[二二]，不可懸科。更問盜贓，待至量斷。

奉判：石崇殷富[二三]，原憲家貧。崇乃用錢百文，雇憲濤（淘）井[二四]。井崩壓憲致死[二五]，崇乃不告官司，惶懼之間[二六]，遂弃憲屍於青門外。武候巡檢，捉得崇，送官司，請斷。

原憲家塗（途）窘迫[二七]，特異常倫，飲啄無數粒之資，栖息乏一枝之分。遂乃傭身取☐（給）[二八]，肆力求資。兩自相貪，遂令濤（淘）井。面欣斷當，心悅交關，入井求錢，明非抑遣[二九]。憲乃井崩被壓，因尔（而）致殂[三〇]。死狀雖關崇言，命[喪]實堪傷痛[三一]。自可告諸鄰里，請以官司，具彼雇由[三二]，申茲死狀。豈得弃屍寒野，致犯湯羅。眷彼無情，理難逃責[三三]。遂使恂恂朽質，望墳壠而無依[三四]；眇眇孤魂，仰靈櫬其何託。武候職當巡察，志在奉公。執崇雖復送官，仍恐未窮由緒。直云壓死，死狀誰明[三五]？空道弃屍，屍仍未檢[三六]。檢屍必無他損，推壓復有根由。狀實方可科辜，事疑無容斷罪。宜勘問得實[三七]，待實量科。

二 判集類 / 171

奉判：雍州申稱地狹，少地者三万三千户，全無地者五千五百人。每經申請，無地可給。即欲遷就寬鄉[三八]，百姓情又不願。其人並是白丁、衛士，身役不輕。若爲分給，使得安穩？又，前折衝趙孝信妻張，有安昌郡君告身。其夫犯奸除名，主爵追妻告身。張云：夫主行奸，元不知委，不服奪告身事。

用天分地，今古共遵，南畝東疇，貴賤同美。雍州申稱地狹，百姓口分不充。請上之理雖勤，撫下之方未足。但陸海殷盛[三九]，是号皇居；長安厥田，舊稱負郭[四〇]。至如白丁、衛士，咸曰王臣；無地少田，並皆申請。州宜量其貧富，均彼有無，給須就彼寬鄉，居宅宜安舊業。即欲遷其户口，棄彼枌榆；方恐楚奏未窮[四一]，越吟思切。既乖憲綱，又悁人情；公私兩虧，竊未爲允。且趙信身任折衝，爵班通貴，朝儀國範[四二]，順亦應知。自可志勵冰霜[四三]，心齊水鏡；豈得監臨之內，恣彼淫奔[四四]。無存秉燭之仁，獨守抱梁之信。貞清莫著，穢濁斯彰。敗俗傷風，此而尤甚。但奸源已露，罪合除名。除名官爵悉除[四五]，資蔭理從斯盡。妻張本緣夫職[四六]，因夫方給郡君；在信久已甘心，於張豈勞違拒。皮既斯敗，毛欲何施！欵云：不委夫奸，此狀未爲通理。告身即宜追奪，忽使更得推延[四七]。

奉判：弘教府隊正李陵，往者從駕征遼，當在踿駐陣，臨戰遂失馬亡弓。賊來相逼，陵乃以石亂投，賊徒大潰。總管以陵陣功，遂与第一勳。檢勾依定，判破不与陵勳。未知若爲處斷？

經緯乾坤，必藉九功之力；尅平禍亂[四八]，先資七德之功。往以蕞尔朝鮮[四九]，久迷聲教，掠遼東以狼顧，憑薊北以蜂飛。我皇鳳跱龍旋，天臨日鏡，掩八紘而頓網，籠万代以翔英。遂乃親總六軍，襲行九伐。羽林之騎，肅五校而風驅；傾（佽）飛之倫[五〇]，儼七萃而雲布。李陵雄心早著，壯志先聞。彎繁弱以從戎，負干將而應募。軍臨駐踿，賊徒蜂起，駭其不意，失馬亡弓。眷彼事由，豈其情願？于時凶徒漸逼，鋒刃交臨，乃援石代戈，且前交戰。氣擁万人之敵，膽壯疋夫之勇。投軀殞命，志在必摧。群寇譬威[五一]，卒徒魚潰。是以丹誠所感，魯陽迴落日之光；忠節可期，耿恭飛枯泉之液。以今望古，彼實多愍。于時總管敘勳，陵乃功標第一。司勳勾檢，咸亦無疑[五二]。兵部以臨陣忘（亡）弓[五三]，棄其勞効，以愚管見，竊未弘通。且飾馬彎弓，俱爲戰備。弓持禦賊，馬擬代勞。此非儀注合然，志在必摧凶醜[五四]。但人之稟性，工拙有殊；軍事多權，理不專一。陵或不便乘馬，情願步行；或身拙彎弓，性工投石。不可約其軍器，抑以不能。苟在破軍，何妨取便。若馬非私馬，弓是官弓，於戰自可錄勳，言失亦須科罪。今若勳依舊定，罪更別推。庶使勇戰之夫，見標功而勵己；怯懦之士，聞定罪而懲心。自然賞罰合宜，功過無失。失縱有罪，公私未分，更仰下推，待至量斷。

奉判：豆其谷遂本自風牛同宿，主人遂邀其飲，加藥令其悶乱。困後遂竊其資，所得之財，計當十疋。事發推勘，初拒不承[五五]。官司苦加拷掠[五六]，遂乃攣其雙脚，後便吐實，乃欸盜藥不虛[五七]。未知盜藥之人，若爲科斷？

九刑是設，爲四海之隄防；五禮爰陳，信兆庶之綱紀。莫不上防君子，下禁小人，欲使六合同風，万方攸則。谷遂幸霑唐化，須存廉恥之風[五八]；輕犯湯羅，自挂吞舟之網。行李与其相遇，因此蹔欸生平；良霄同宿主人，遂乃密懷奸匿。外結金蘭之好，內包谿壑之心。託風月以邀期，指林泉而命賞。啗茲芳酎，誘以甘言。意欲經求，便行酖毒。買藥令其悶乱，困後遂竊其資。語竊雖似非強，加藥自當強法。事發猶生拒諱，肆情侮弄官司。斷獄須盡根源，據狀便加拷掠；因拷遂攣雙脚，攣後方始承贓。計理雖合死刑，攣脚還成篤疾。篤疾法當收贖[五九]，雖死只合輸銅。正贓与倍贓，併合徵還財主。案律云：犯時幼小，即從幼小之法；事發老疾[六〇]，聽依老疾之條。但獄賴平反，刑宜折衷。賞功寧重，罰罪須輕。雖云十疋之贓，斷罪宜依上估。估既高下未定，贓亦多少難知。贓估既未可明，与奪憑何取定？宜牒市定估，待至量科。

奉判：婦女阿劉，早失夫婿[六一]，心求守志，情願事姑。夫亡數年，遂生一子。欻亡夫夢合，因即有娠。姑乃養以爲孫，更無他慮。其兄將爲恥辱，遂即私適張衡。已付娉財，尅時成納。其妹確乎之志[六二]，貞固不移。兄遂以女代姑，赴時成禮。未知合爲婚不[六三]？劉請爲孝婦，其理如何？

阿劉夙鍾深釁，早喪所天。夫亡願畢舊姑，不移貞節。兄乃奪其冰志[六四]，私適張衡。然劉固此一心[六五]，無思再醮。直置夫亡守志，松筠之契已深；復茲兄嫁不從，金石之情彌固。論情雖可嘉尚，語狀頗欲生疑。孀居遂誕一男，在俗誰不致惑。欻与亡夫夢合，夢合未可依憑[六六]。即執確有奸非，奸[非]又無的狀[六七]。但其罪難濫[六八]，獄貴真情，必須妙盡根源，不可輕爲与奪。欲求孝道，理恐難從。其兄識性庸愚，未閑禮法。妹適張衡爲婦，衡乃尅日成婚，參差以女代姑，因此便爲伉儷。昔時兄黨，今作婦翁；舊日妹夫，翻成女婿。顛到（倒）昭穆[六九]，移易尊卑。據法，法不可容；論情，情實難恕。必是兩和聽政（改），據法自可無辜[七〇]。若也罔冒成婚，科罪仍須政法。兩家事狀，未甚分明。宜更下推，待至量斷。

奉判：黃門繆賢[七一]，先娉毛君女爲婦。娶經三載，便誕一男。後五年，即逢恩赦[七二]，乃有西隣宋玉，追理其男，云与阿毛私通，遂生此子。依追毛問，乃承相許未奸。驗兒［貌］[七三]，酷似繆賢；論婦狀，似奸宋玉。未知兒合歸誰族？

阿毛宦者之妻，久積摽梅之歎。春情易感，水情難留。眷彼芳年，能無怨曠。夜聞琴調，思託志於相如；朝望壞垣，遂留心於宋玉。因茲結念，夫復何疑。況玉住在西隣，連甍接棟，水火交貿，蓋是其常[七四]。日久月深，自堪稠密。賢乃家風淺薄，本闕防閑；恣彼往來，素無閨禁。玉有悅毛之志，毛懷許玉之心。彼此既自相貪，偶合誰其限約。所歎雖言未合[七五]，當是懼此風聲。婦人唯惡奸名[七六]，公府豈疑披露。未奸之語，寔此之由；相許之言，足堪明白。賢既身爲宦者，理絕陰陽，妻誕一男，明非己胤[七七]。設令酷似，似亦何妨？今若相似者，例許爲兒，不似者，即同行路，便恐家家有父，人人是男。訴父競兒，此暄何已。宋玉承奸是實，毛亦奸狀分明。奸罪並從赦原，生子理須歸父。兒還宋玉，婦付繆賢，毛宋往來，即宜斷絕。

[奉判][七八]：長安縣人史婆陁，家興販，資財巨富，身有勳官驍騎尉[七九]。其園池屋宇、衣服器玩、家僮侍妾，比侯王。有親弟頡利[八〇]，久已別居，家貧壁立，兄亦不分給。有隣人康莫鼻[八一]，借衣不得，告言違法式事。

五服既陳，用別尊卑之敍；九章攸顯，爰建上下之儀[八二]。婆陁闤闠商人[八三]，旗亭賈豎，族望卑賤，門地寒微[八四]。侮慢朝章[八五]，縱斯奢僭，遂使金玉磊砢，無憗梁霍之家；綺縠繽紛，有逾田竇之室。梅梁桂棟，架迥浮空；繡栭彤（雕）楹，光霞爛目。歌姬舞女，紆羅袂以驚風[八六]；騎士遊童，轉金鞍而照日[八七]。公爲侈麗，無憚彝章[八八]。此而不懲，法將安措。至如衣服違式，並合没官；屋宇過制，法令修改。奢[僭]之罪[八九]，律有明文，宜下長安，任彼科決。且親弟貧匱，特異常倫，室惟三逕[九〇]，家無四壁。而天倫義重，同氣情深。罕爲落其一毛，無肯分其半菽。眷言於此，良深喟然。頡利縱已別居，猶是婆陁血屬。法雖不合徵給，[情却]深可哀矜[九一]。分兄犬馬之資，濟弟到（倒）懸之命[九二]。人情共允，物議何傷。並下縣知，任彼安恤。

奉判：趙州人趙壽，兄弟五十餘人，同居已經三紀[九三]。上下和睦，名著鄉閭。雖恭順有聞，更無瑞膺。申請義門，未知合不？

趙壽早遇昌辰，幸霑唐化，遂能懷恭履信，砥義栖仁[九四]，穆彼家風，光斯里閈。故以天倫義重，嗟斷臂而增懷；同氣情深，歎亡而軫慮[九五]。遂乃一門之內，五十餘人，人恥薛苞之異居[九六]，慕姜肱之共被。一榮花萼，三紀于茲。親親之義既隆，怡怡之顏斯在。雖尺布斗粟，俱懷飲啄之歡；弟瘦兄肥，無憚干戈之險。遂使桓山四鳥，長銷離別之聲；田氏三荊，永茂連枝之影。宜可嘉其節義，旌以門閭，庶使無賴之人，抱清風而知恥；有志之士，仰高躅而思齊。宜即下州，允其所請。

奉判：郭泰、李膺同船共濟，但遭風浪，遂被覆舟，共得一橈，且浮且競。膺爲力弱，泰乃力强，推膺取橈，遂蒙至岸。膺失橈勢，因而致殂。其妻阿宋，喧訟公庭[九七]，云其夫亡，乃由郭泰。泰共（供）推膺取橈是實[九八]。

郭泰、李膺同爲利涉，楊（揚）帆鼓枻[九九]，庶免傾免（危）[一〇〇]。豈謂巨浪驚天[一〇一]，奔濤浴日，遂乃遇斯舟覆，共被漂淪。同得一橈，俱望濟己。且浮且競，皆爲性命之憂[一〇二]；一弱一强，俄致死生之隔。阿宋，夫妻義重，伉儷情深。悴彼沉魂[一〇三]，隨逝水而長往；痛兹淪魄，仰同穴而無期[一〇四]。遂乃喧訴公庭，心讎郭泰。披尋狀跡，清濁自分。獄貴平反，無容濫罰。且膺死元由落水，落水本爲覆舟[一〇五]，覆舟自是天災，溺死豈伊人咎。各有競橈之意，俱無相讓之心。推膺苟在取橈，被溺不因推死，俱緣身命，咸是不輕。輒欲科辜，恐傷猛浪。宋無反坐，泰亦無辜。並各下知，勿令喧擾。

奉判：長安婦女阿劉新婦趙産子，劉往看，未到，聞啼聲，乃却迴。"此豺狼之聲，若不死，必滅吾族。"趙聞之，遂不舉。隣人告言，勘當得實。尉判趙當罪，丞斷歸罪於劉，縣令判劉、趙俱免。三見不定，更請覆斷。[一〇六]

奉判：選人忽屬泥塗[一〇七]，賃馬之省，泥深馬瘦[一〇八]，因倒致殂。馬主索倍（賠）[一〇九]，選人不伏。未知此馬，合倍（賠）已不？

但選人向省，遠近易知，平路雖泥，艱危可見。向使揚鞭抗策，故事奔馳，馬倒制不自由（不自由制）[一一〇]，取斃似如非理。披尋狀跡，懸亦可知；折獄片言，於兹易盡。向若因奔致倒，明知馬死因人。馬既因倒致殂，人亦無由自制。人乃了無傷損，馬倒即是乘閑。計馬既倒自亡，人亦故無非理。死乃抑惟天命，陪（賠）則竊未弘通[一一一]。至若馬倒不傷，人便致死，死狀雖因馬倒，馬主豈肯當辜。倒既非馬之心，死亦豈人之意，以人況馬，彼此何殊？馬不合倍（賠），理無在惑。

奉判，宋里仁兄弟三人，隨日乱離，各在一所。里仁貫属甘州，弟爲［美］貫属鄂縣[一一二]，美弟處智貫属幽州[一一三]，母姜元貫揚州不改。今三處兄弟，並是邊貫，三人俱悉入軍[一一四]。母又老疾，不堪運致，申省户部聽裁。又前陳王府親事王文達，奉敕改配，充越王親事[一一五]，令相州番。未上之間，王改任安州，達遂詣京披訴，不伏。

昔隨（隋）季道銷[一一六]，皇綱弛紊[一一七]；四溟波駭，五岳塵飛。兆庶將落葉而同飄，簪裾共斷蓬而俱逝。但宋仁昆季，属此凋殘，因而播遷，東西異壤。遂使兄居張掖，弟往薊門；子滯西州，母留南楚。俱霑邊貫，並入軍團；各限憲章，無由覲謁。瞻言聖善[一一八]，弥悽罔極之心；眷彼友于，更軫陟崗之思[一一九]。惸惸老母[一二〇]，絶彼璠璵[一二一]；悠悠弟兄，阻斯姜被。慈顔致參商之隔[一二二]，同氣爲胡越之分。撫事論情，實抽肝膽。方今文明御曆，遐迩乂安；書軌大同[一二三]，華戎混一。唯兄唯弟[一二四]，咸曰王臣；此州彼州，俱霑率土。至若名霑軍貫，不許遷移，法意本欲防奸，非爲絶其孝道。即知母年八十，子被配流，據法猶許養親，親殁方之配所[一二五]。此則意存孝養，具顯條章；舉重明輕，昭然可悉。且律通異義，義有多途，不可執軍貫之偏文，乖養親之正理。今若移三州之兄弟，就一郡之慈親，庶子有負米之心，母息倚閭之望。無虧户口，不損王徭；上下獲安，公私允愜。移子從母，理在無疑。且文達幸藉餘緒，早事陳府。王乃去兹蕃（藩）印[一二六]，作貳儲宫。達等奉敕優矜，皆令以近及遠。兵部以貫居趙郡，隣接相州，遂乃改配越王，誠爲允愜。配名已定，王轉安州。達以王既改蕃（藩），遂乃有兹披訴。但往者蒙恩得近，本爲緣王上遷[一二七]；今者去貫懸遥[一二八]，還是因王改任。遷改既一，遠近何殊？嫌遠☒（即）望改張[一二九]，天下人誰不訴。仰依蕃（藩）上[一三〇]，仍下州知。

□☒（奉判）[一三一]：折衝楊師，身年七十，准令合致仕。師乃自比廉頗，云己筋力堪用[一三二]，遂不□□[一三三]☒言告得實[一三四]。其男彥琮年廿一，又不宿衛。欵云患痔，身是殘疾，不合宿衛。未知☒□□□（若爲處斷）[一三五]？

卅强仕，往哲之通規；七十懸車，前王之茂範。楊師職班通貴，久積寒暄；年迫桑榆，志□（下）蒲柳[一三六]。故可辭榮紫極，解袂衡門；何得自比廉頗，安居爵祿。苟貪榮利，意有□□（叨據）[一三七]，鍾鳴漏盡，夜行不息。宜依朝典，退守丘園。以狀下知，忽令叨據。但師男彥琮，幸承父蔭。年餘弱冠，尚隱簪間；託疾推延，不令侍衛。父既貪榮顯職，已犯朝章；子又規免王徭，更羅刑網。前冒後詐[一三八]，罪實難容。欵云患痔不虛，冀此欲圖殘疾[一三九]。□（疾）仍未驗[一四〇]，真僞莫知。即欲懸科，恐傷猛浪。宜下本貫檢勘[一四一]，待實量科。

奉判：田智先娉孔平妹爲妻，去貞觀十七年大歸。至廿一年，智乃詐大疾，縣貌依定。至廿二年，智乃送歸還平家，對村人作離書棄放。至永徽二年，智父身亡，遂不來赴哀。智母令喚新婦赴哀，平云久已分別，見有手書，不肯來赴。其平妹仍有妻名在智籍下，其兩家父母亦斷絕。其婦未知離若爲[一四二]？

孔氏總角初笄，早歸田族。交歡就寵，悉改寒暄[一四三]；嫌婉綢繆，相期偕老。智乃心圖異計，規避王徭，不顧同穴之情，俄作參商之隔。詐稱大疾，送☒（婦）□□（還家）[一四四]；□（對）彼親隣[一四五]，給書離放。放後即爲行路，兩族俱絕知聞。覆水不可重□□□□□返[一四六]。但事多開合，情或變通。法有畫一之規，禮無再醮☒☒（之義）[一四七]。☒☒（違禮）□□□□□[一四八]如嫁女棄妻[一四九]，皆由父母；縱無恃怙，仍問近親[一五〇]。智是何□□□□□一紙離書[一五一]，離書不載舅姑[一五二]，私放豈成公驗。況田智藉（籍）□□□□□便除[一五三]。且貫爲黔首之根由，籍是生人之大信。今棄□□□□之明條[一五四]，順匹婦之愚志。下材管見，竊所未通。追婦☒（還）□□□□詐疾[一五五]，罪實難容。下縣付推，並自科上[一五六]。

☐（奉）判[一五七]：牛相仁先娶苟知節女爲妻[一五八]，已生二女。相仁後☐☐☐☐☐（年）方歸舊國[一五九]。婦已改適楊敬，其女携至楊家☐☐☐☐女未知[一六〇]，若爲處斷[一六一]。

☐☐☐（偕）老[一六二]，仁乃☐☐☐☐☐（天）[一六三]☐☐

（後缺）

【校記】

〔一〕梁，底卷殘。茲據殘存字形並參照諸家錄文補。

〔二〕貌，底卷作"皃"，下同不再另出校。

〔三〕尼，底卷作"尻"，下同不再另出校。

〔四〕便，《劉釋》指出據下文判文引律文"以官物自貸用"可證"便"應爲"使"之訛；《法制文書》則指出"便官錢"即借貸官錢，並引《資治通鑑》卷二七三"豆盧革嘗以手書便省庫錢數十萬"及敦煌文書中的"便物曆"等爲證，茲從《法制文書》；《籍帳》錄作"便"。

〔五〕喪，底卷作"㲮"，下同不再另出校。

〔六〕在疚，底卷原作"疚在"，旁加倒乙符號，茲錄正；諸家錄文同。

〔七〕兆，底卷作"地"，下同不再另出校。

〔八〕號，底卷作"𪨊"，下同不再另出校。

〔九〕是，底卷作"旻"，下同不再另出校。

〔一〇〕隣，《法制文書》錄作"孝"，誤。

〔一一〕物，底卷中爲右行補寫，茲錄正。

〔一二〕冠，底卷作"芧"，下同不再另出校。

〔一三〕得從母事，《劉釋》指出此句文義未完，應有脫文；《釋錄》《法制文書》則均補"奉判"二字；《籍帳》未補。茲照圖版釋錄。

〔一四〕蓋厚之爲遠，《山法》《劉釋》指出據下文"寧誶尔之無辜"，"厚"字前後當有脫文。按，判文爲四六駢體，應兩兩相對，故《山法》《劉釋》之脫文判斷無誤。

〔一五〕而，底卷無，《山法》指出"宅"字後應脫一字；《劉釋》

則指出據下文"更無勞於五聽","宅"字後似可補一"而"字，茲從補；《籍帳》《釋錄》《法制文書》未補。

〔一六〕徒稱不伏大道之行理應均彼至誠所感，《劉釋》指出此句文義不順，疑有脫文。

〔一七〕論情，底卷無，《劉釋》指出據文義推斷，此處似可補"論情"二字，茲從校；《籍帳》《釋錄》《法制文書》未補。

〔一八〕牀，底卷作"狀"，下同不再另出校。

〔一九〕憲，底卷作"㥜"，下同不再另出校。

〔二〇〕膝，底卷作"脾"，下同不再另出校。

〔二一〕人人，底卷作"人〃"，"〃"爲重文符號，下同徑錄正，不再另作説明。

〔二二〕多少多少，底卷作"多〃少〃"，"〃"爲重文符號，據文義判斷，應爲"多少多少"，茲錄正；《釋錄》《法制文書》均僅釋錄爲"多少"。

〔二三〕富，底卷作"冨"，下同不再另出校。

〔二四〕濤，據文義推斷似應爲"淘"之訛；《釋錄》《法制文書》均校爲"淘"字，茲從校；《籍帳》未校。

〔二五〕壓，底卷作"墬"，下同不再另出校。

〔二六〕惶懼，底卷原作"懼惶"，旁加倒乙符號，茲錄正；諸家錄文同。

〔二七〕塗，據文義推斷應爲"涂"，"家涂"通"家途"；《劉釋》徑錄作"途"。

〔二八〕身，底卷爲右行補寫，茲錄正。又，"給"，底卷僅存右側"合"字邊，茲據殘存字形並參照諸家錄文補。

〔二九〕明非，底卷原作"非明"，旁加倒乙符號，茲錄正；諸家錄文同。

〔三〇〕尓，據文義推斷應爲"而"；《劉釋》《釋錄》《法制文書》徑錄作"而"，誤；《籍帳》錄作"尓"。

〔三一〕喪，底卷無。按，據上文"死狀雖關崇言"，"命實堪傷痛"一句應有脫文，《劉釋》《籍帳》認爲應於"死"字上補一"人"字，《法制文書》則認爲應於"命"字後補一"喪"字。按文式推斷，茲從

《法制文書》；《釋錄》《籍帳》未補。

〔三二〕彼，《釋錄》《法制文書》錄作"被"，誤。

〔三三〕逃，《釋錄》錄作"巡"，誤。

〔三四〕填，《釋錄》錄作"填"，誤。

〔三五〕誰，《籍帳》校改作"雖"，據上下文義推斷，"誰"字應無誤。

〔三六〕檢，底卷作"撿"，下同不再另出校。

〔三七〕問，底卷爲右行補寫，兹錄正。

〔三八〕遷就，底卷原作"就遷"，旁加倒乙符號，兹錄正；諸家錄文同。另，"就"底卷作"就"，下同不再另出校。

〔三九〕但，底卷作"㦒"，下同不再另出校。

〔四〇〕墎，《釋錄》錄作"墩"，誤。

〔四一〕奏，《釋錄》《法制文書》錄作"秦"，誤。按，"楚奏"正與下文"越吟"相對。

〔四二〕範，底卷作"範"，下同不再另出校。

〔四三〕冰，底卷作"氷"，下同不再另出校。

〔四四〕淫，底卷作"滛"，下同不再另出校。

〔四五〕除名除名，底卷作"除〻名〻"，"〻"爲重文符號，據文義判斷，應爲"除名除名"，兹錄正。

〔四六〕緣夫職，底卷中於此三字右側又加寫"緣夫職"三字。

〔四七〕延，底卷作"廷"，下同不再另出校。

〔四八〕禍亂，底卷中爲右行補寫，兹錄正。

〔四九〕蕝，底卷作"蕞"，下同不再另出校。

〔五〇〕傾飛，《劉釋》《法制文書》均指出當爲"佽飛"之訛，"佽飛"爲唐禁軍名號，與上文"羽林"相對，兹從校；《籍帳》《釋錄》未出校。

〔五一〕群寇，底卷作"羣𥩈"，下同不再另出校。

〔五二〕疑，底卷作"𣪐"，下同不再另出校。

〔五三〕忘，《劉釋》《法制文書》均指出應爲"亡"之訛，"亡弓失馬"可證，兹從校。

〔五四〕凶，底卷作"凶"，下同不再另出校。

〔五五〕承，底卷中有改寫痕跡。

〔五六〕誶，底卷作"誶"，下同不再另出校。

〔五七〕欸，《劉釋》録作"款"；《籍帳》作缺文；《釋録》《法制文書》作"承"。底卷中此字略有漫漶，但從殘存字形來看，與前文"承"字不同，似爲"欸"字。

〔五八〕廉，底卷作"廉"，下同不再另出校。

〔五九〕篤疾篤疾，底卷作"篤〻疾〻"，"〻"爲重文符號，據文義判斷，應爲"篤疾篤疾"，茲録正。

〔六〇〕老，底卷作"老"，下同不再另出校。

〔六一〕婿，底卷作"壻"，下同不再另出校。

〔六二〕確，底卷作"確"，下同不再另出校。

〔六三〕婚，底卷作"昏"，下同不再另出校。

〔六四〕冰，底卷作"氷"，《劉釋》録作"永"，誤。

〔六五〕然，《籍帳》録作"阿"，誤。

〔六六〕夢合夢合，底卷作"夢〻合〻"，"〻"爲重文符號，據文義判斷，應爲"夢合夢合"，茲録正。

〔六七〕姧非姧，底卷作"姧〻非"，《山法》《劉釋》均指出據文義推斷"非"字後應脱一重文符號，補齊應爲"姧非姧非"，茲從校；《釋録》《法制文書》録作"姧姧非"。

〔六八〕其，底卷中爲右行補寫，茲録正。

〔六九〕到，諸家録文均指出，據文義推斷應爲"倒"之訛，茲從改。

〔七〇〕必是兩和聽政據法自可無辜，《籍帳》《釋録》《法制文書》點斷爲"必是兩和，聽政據法，自可無辜"，從文義看點斷應誤。《劉釋》指出，其中"政"字當爲"改"之訛，此句應爲"必是兩和聽改，據法自可無辜"，茲從。

〔七一〕繆，底卷作"繆"，下同不再另出校。

〔七二〕逢恩赦，底卷作"逢思敇"，下同不再另出校。

〔七三〕貌，底卷無。按，據下文"論婦狀"，"驗兒"兩字後應脱一字，《劉釋》指出此處所脱可能爲"皃"（貌之俗字），因字形與"兒"相似致脱也，茲從校；《籍帳》《釋録》《法制文書》未補。

〔七四〕是其，底卷原作"其是"，旁加倒乙符號，茲録正；諸家録文同。

〔七五〕歟，《籍帳》《劉釋》録作"欸"，《法制文書》録作"款"，《釋録》録作"疑"，均誤。

〔七六〕唯，底卷作"啡"，下同不再另出校。

〔七七〕胤，底卷作"胤"，下同不再另出校。

〔七八〕奉判，底卷無；《劉釋》指出據文書書寫格式，"長安"前當脱"奉判"兩字，茲從校。

〔七九〕驍騎尉，底卷作驍驍騎尉，衍一"驍"字，且"騎"字爲右行補寫，茲録正。

〔八〇〕弟，底卷中爲右行補寫，茲録正。

〔八一〕鼻，底卷作"鼻"，下同不再另出校。

〔八二〕建，底卷作"逮"，《劉釋》録作"遠"，誤。

〔八三〕商，底卷作"商"，下同不再另出校。

〔八四〕賤門，底卷原作"門賤"，旁加倒乙符號，茲録正；諸家録文同。又，族，底卷中爲右行補寫，茲録正。

〔八五〕慢，底卷作"慢"，下同不再另出校。

〔八六〕紆，《釋録》録作"行"，誤。

〔八七〕鞍，底卷作"鞌"，下同不再另出校。

〔八八〕無，底卷中"無"字前原衍一"舞"字，旁加抹毀符號，茲不録。

〔八九〕僭，底卷無，《劉釋》《法制文書》文書均指出"奢"字下應脱一字，據上文"縱斯奢僭"一語，可補"僭"字，茲從校。

〔九〇〕徑，底卷作"俓"，下同不再另出校。

〔九一〕情却，底卷無。按，據底卷四六駢體書式，"法雖不合徵給，深可哀矜"中"深"字前應脱二字，據文義似可補"情却"。

〔九二〕到，諸家録文均指出據文義推斷應爲"倒"之訛。

〔九三〕經，《籍帳》録作"徑"，誤。

〔九四〕砥，底卷作"砥"，下同不再另出校。

〔九五〕輚，底卷作"輚"，下同不再另出校。

〔九六〕薛，底卷作"薜"，下同不再另出校。

〔九七〕庭，底卷作"庭"，下同不再另出校。

〔九八〕共，《釋録》《法制文書》指出據文義應爲"供"之訛，茲從校。

〔九九〕帆，底卷作"帆"，下同不再另出校。另，據文義推斷，"楊"應爲"揚"之訛。

〔一〇〇〕免，諸家録文均指出據文義應爲"危"之訛，茲從校。另，底卷中"傾免"後原衍"傾危"二字，旁加抹毁符號，茲不録。

〔一〇一〕巨，《劉釋》録作"臣"，校爲"巨"，誤，底卷中原作"巨"。

〔一〇二〕憂，底卷作"憂"，下同不再另出校。

〔一〇三〕悴，底卷作"忰"，下同不再另出校。又，"沉"《籍帳》録作"沈"，誤。

〔一〇四〕期，底卷中"期"字前原衍一"由"字，旁加抹毁符號，現不録。

〔一〇五〕落水落水，底卷作"落〝水〝"，"〝"爲重文符號，據文義判斷，應爲"落水落水"，茲録正。下文"覆舟覆舟"同。

〔一〇六〕此條答判脱。

〔一〇七〕泥，底卷作"泜"，下同不再另出校。又，"忽"《釋録》《法制文書》録作"勿"，誤。

〔一〇八〕深，底卷作"深"，下同不再另出校。

〔一〇九〕倍，通賠，下同不再另出校。

〔一一〇〕自，底卷中爲右行補寫，茲録正。《籍帳》將"制不自由"校改作"不由自制"，文義更爲通順，且與下文"人亦無由自制"合，茲從改。

〔一一一〕陪，通賠，下同不再另出校。

〔一一二〕美，底卷無，《劉釋》指出據下文"羙弟處智"可知，"弟爲"後當脱一"美"字，茲從校。

〔一一三〕貫，底卷中爲右行補寫，茲録正。

〔一一四〕三，《劉釋》録作"之"，誤。

〔一一五〕越，《法制文書》録作"趙"，誤。

〔一一六〕隨，據文義推斷應爲"隋"之訛。

〔一一七〕弛，底卷作"弛"，下同不再另出校。

〔一一八〕聖，底卷作"聖"，下同不再另出校。

〔一一九〕崗，底卷作"崑"，下同不再另出校。

〔一二〇〕惇惇，底卷作"惇〃"，《劉釋》錄作"恂〃"，誤。

〔一二一〕璠，底卷作"璠"，下同不再另出校。又，"璵"《籍帳》疑作"瑛"。按，璠璵，美玉名，《初學記》卷二七引《逸論語》："璠璵，魯之寶玉也。孔子曰：美哉璠璵，遠而望之，煥若也；近而視之，瑟若也。"

〔一二二〕商，《籍帳》錄作"同"，誤。

〔一二三〕軌，底卷作"軌"，下同不再另出校。

〔一二四〕唯，《籍帳》錄作"惟"，非原形。

〔一二五〕之，《釋錄》《法制文書》錄作"至"，誤。

〔一二六〕蕃，通"藩"，下同不再另出校。又，"卬"底卷作"卯"，《釋錄》《法制文書》錄作"邦"，誤；《籍帳》《劉釋》逕錄作"卬"。

〔一二七〕遷，底卷作"遷"，下同不再另出校。

〔一二八〕遙，《釋錄》《法制文書》錄作"遠"，誤。

〔一二九〕即，底卷殘，茲據殘存字形並參照諸家錄文補。

〔一三〇〕蕃，《劉釋》認爲此"蕃"當爲"番"字；《山法》《籍帳》《釋錄》及《法制文書》等則認爲"蕃"當通"藩"。按，據文義推斷，此"仰依蕃上"與"仍下州知"相對，則"蕃"當指藩王封藩，故應以《山法》等判定爲是。

〔一三一〕奉判，底卷中"奉"字缺，"判"字殘，茲據文義及殘存字形並參照諸家錄文補。

〔一三二〕筋，底卷作"蓟"，下同不再另出校。

〔一三三〕底卷中此處缺三字，《法制文書》認爲可補"請致仕"，現存疑。

〔一三四〕底卷中"言"字前殘一字，僅存左側疑似"礻"字旁，《法制文書》補作"款"字，現存疑。

〔一三五〕若爲處斷，底卷中"若"字殘，茲據殘存字形及諸家錄文補。另，底卷中"若"字下缺，《劉釋》指出缺文可補"爲推斷"；《法制文書》則指出可補"爲處斷"或"爲科結"，茲暫補"爲處斷"三字；

《籍帳》《釋錄》作二缺字符，據圖版疑誤。

〔一三六〕下，底卷缺，茲據文義及諸家錄文補。

〔一三七〕叨據，底卷缺，《法制文書》指出據文義此處所缺似可補"叨據"兩字，茲從校。

〔一三八〕詐，底卷作"詑"，下同不再另出校。

〔一三九〕此，《釋錄》《法制文書》漏錄。

〔一四〇〕疾，底卷缺，《劉釋》《法制文書》均認爲此處可補一"疾"字，茲從補；《釋錄》《籍帳》未補。

〔一四一〕宜下本貫檢勘，《釋錄》漏錄"宜下本貫"四字；另"檢勘"底卷原作"勘檢"，旁加倒乙符號，茲錄正。

〔一四二〕據文義推斷，"其婦未知離若爲"應有脫文。據上文可知，"若爲"後應脫"處斷"或"科結"兩字；"其婦未知離"語義不全，疑"離"字後脫一"否"字。

〔一四三〕改，《釋錄》《法制文書》錄作"致"，誤。

〔一四四〕婦，底卷中此字左側稍殘，諸家錄文均錄作"歸"，但細審彩圖，其左側應爲"女"字殘筆，故其應爲婦字，而非歸字。又，"還家"二字底卷缺，《劉釋》指出據前文"智乃送歸還平家，對村人作離書棄放"等語，此處可補"平家"二字，《法制文書》同，但其前一字應爲"婦"而非"歸"，故其後似應補"還家"，而非"平家"。

〔一四五〕對，底卷缺，《劉釋》指出據前文"智乃送歸還平家，對村人作離書棄放"等語，此處可補"對"字；《法制文書》同，茲從。

〔一四六〕底卷中"返"字前缺，《劉釋》認爲此處可補"收放妻難於再"，現存疑。

〔一四七〕之義，底卷中此二字殘，茲據殘存字形並參照諸家錄文補。

〔一四八〕違禮，底卷中此二字殘，茲據殘存字形並參照諸家錄文補。又，"禮"字後所缺字不詳。

〔一四九〕妻，諸家錄文均錄作"女"，誤，茲據圖版改。

〔一五〇〕問，《劉釋》錄作"關"，誤。

〔一五一〕底卷中"一"字前缺字不詳。

〔一五二〕離書離書，底卷作"離〟書〟"，"〟"爲重文符號，據文義判斷，應爲"離書離書"，茲録正。

〔一五三〕底卷中"便"字前缺字不詳。

〔一五四〕條，底卷作"條"，下同不再另出校。又，"之"字前缺字不詳。

〔一五五〕還，底卷中殘，茲據殘存字形並參照《劉釋》《釋録》《法制文書》録文補；《籍帳》未補。又，"詐"，諸家録文均録作"作"，誤，茲據圖版改。另，"詐"字前缺字不詳。

〔一五六〕科上，底卷作"科上上"，衍一"上"字，茲不録。

〔一五七〕奉，底卷中殘，茲據殘存字形並參照諸家録文補。

〔一五八〕女，《釋録》《法制文書》漏録。

〔一五九〕年，底卷中殘，茲據殘存字形並參照諸家録文補。又，"年"字前缺字不詳。

〔一六〇〕底卷中"女"字前缺字不詳。

〔一六一〕處斷，底卷作"處斷斷"，衍一"斷"字，茲不録。

〔一六二〕偕，底卷中殘，茲據殘存字形並參照諸家録文補。又，"偕"字前缺字不詳。

〔一六三〕天，底卷中殘，茲據殘存字形並參照諸家録文補。又，"天"字前後缺字不詳。

二　唐西州都督府判集殘卷（存六道）

伯二七五四

【題解】

本件底卷編號伯二七五四號。原底卷首尾皆缺，存七紙，共八十一行，每整行字數二十三—二十五字。卷面有朱筆句讀及修改。原卷無題，《法藏》定作"唐安西判集"；《索引》定作"判文殘卷"；《索引新編》定作"唐安西判集殘卷"；《山法》定爲"安西判集殘卷"；《劉釋》題爲"麟德安西判集殘卷"；《釋録》定爲"唐安西判集殘卷"；《法制文書》定作"唐麟德二年？（六六五年？）安西都護府判集"。

《劉釋》指出本底卷內容乃是判集，存判文六道，其中首尾兩道不全。除一道言民事外，餘五道所言皆爲安西都護府管內伊州、西州及龜茲之兵事，應係集安西都護府官文書而成。另，《劉釋》《法制文書》均又指出判文第五十四—五十九行云："弓月未平，人皆奮臂；吐蕃侵境，士悉衝冠""崔使今春，定應電擊，于闐經略，亦擬風行"等語。又，第二十四行云："裴都護左右移向西州。"據《新唐書》卷三《高宗紀》、《資治通鑒》卷二〇一"唐高宗麟德二年（六六五）"條及《舊唐書》卷八四《裴行儉傳》等記載可知，底卷中的"崔使"應爲"崔智辯"，"裴都護"應爲"裴行儉"。崔智辯事爲麟德二年（六六五）疏勒、弓月引吐蕃侵于闐，西州都督崔智辯奉命往救；裴行儉事爲麟德二年（六六五）拜安西大都護。由此可知，此底卷時間應爲唐麟德二年（六六五）或二年以後。劉子凡《法藏敦煌 P.2754 文書爲西州都督府長史袁公瑜判集考》（《敦煌研究》二〇一五年第五期）一文則指出在顯慶三年（六五八）安西都護府遷到龜茲後，安西都護府就不再統領伊、西、庭三州，西州升級爲都督府，不能以安西來涵蓋西州與伊州。細審判文內容，此判集抄錄之官文書，應來自西州都督府，而非安西都護府，因而其不應被稱爲"安西判集"。另，由從"裴都護左右私向西州事"等判文內容來看，這些判文應是西州都督府長史袁公瑜的手筆。茲據此結合文義擬定今題。

本件《山法》（五六—五八）、《劉釋》（四六四—四七〇）、《釋錄》（貳六一〇—六一五）、《法制文書》（二六九—二七四）有錄文。茲據《法藏》（壹捌一〇三——〇四）影印本及 IDP 彩圖，並參考前人錄文，對底卷重新校錄如下。

  （前缺）
☐（際）深懼飛塵[一]，而府☐☐（縣官）☐☐☐☐☐☐☐夜嚴[二]，方全壘壁[三]，前茅晨警，始静邊隅，脱☐☐☐☐☐☐於千里，身嬰憲典，實所甘心；急陷軍人，將何塞責[四]。尚恐官☐☐☐☐☐處事，亦識科條，積習生常，仍懷怠慢。苟悦妻☐☐☐☐☐☐禄之資[五]。遠慮深謀，闕於謹慎[六]；危烽要路[七]，失不防閑。萬一辨☐侵疆[八]，引弓爲寇，入境便當難免，失户即遭死刑。假令素質寬疏，見罪如何不避。勤心職事，臣下常途；豈待提嘶，然爲尅己。比聞烽夫，差遣殘疾中男[九]。遠望必闕機宜[一〇]，聞者即可心寒，所部何能不懼。

略檢本州兵士，尚有二石（百）餘人[一一]，分捉城惶（隍）[一二]，雖言要重，校量烽候[一三]，於事即輕。望抽壹伯（百）餘兵，兼助諸烽守備[一四]。實冀縣官巡察，明示是非，令長務閑，親加檢校。必使在烽調度，無闕所須，覘候用心，☐（隨）機馳報[一五]。若處分明了，眾事尅條，歲暮綸（論）功[一六]，自昇上第。必聞指的，物務虧違，非直目下科繩，考日亦當貶降[一七]。退方磧外，特異中州，守境臨邊，尤資謹慎[一八]。幸宜勗勵，無掛刑書。並仰縣令專知[一九]，不得更推丞、尉。

奉判：伊州鎮人元孝仁、魏大師造僞印事。

大師遊宕，綿歷暄牒[二〇]，經科不歸[二一]，再移年歲。亦爲性非淳謹，違犯公私，觸處不容[二二]，奔波靡定。既懼本州杖罰，遷延遂至于今[二三]。往者遞送伊州，并身已付納職。縣司將爲常事，防援稍似涉寬。臨至伊吾，復來西出。後屬孝仁避鎮，道路相逢，同惡小人，更爲虛詐。刻印合當流坐[二四]，依律合從重論。不可私送伊州，灼然須於此斷。且孝仁至此，實且稽留[二五]，比日送身，竟不肯去。雖是縣官寬緩，終由懼責情深[二六]。以死爲期，不能更出。寄之欲投弓月，狀是戲劇之詞[二七]，既無真實可尋，計罪過於此，僞印事重，私獄極難。牒報伊州，請允不責[二八]。

奉判，裴都護左右移向西州事[二九]。

都護左右，事議積難。比更披尋，是非不易。安西再經聞奏，☐（符）下兩度改張[三〇]，俱爲邊鎮籍人[三一]，所以示依元請[三二]。士達流類，合住高昌。詳實臺符，理難抑邊。後屬將軍依請，云翅賊庭，都護圖方[三三]。忽聞奪擊[三四]，緣茲赴救，更請將行，別降綸言，始諧所奏。准旨勒令上道[三五]，限日便到龜茲[三六]，伏請想西州守文無失[三七]，而達士（士達）運達承事多年[三八]，送故迎新，遂生去就。巧引冬初符命，不遵年下敕文，無禮私歸，有虧公法[三九]。奉牒住（注）其逃狀[四〇]，官司依狀[四一]，即勒遣收。詰其方便來由，確稱都護面許[四二]。慮其虛詐，方得（待）送身[四三]。尋後買藥牒來，判語似如實☐（情）[四四]。下遇（愚?）管見[四五]，猶自生疑。久牒安西，佇思返報，更復了了歡，高證☒☒（相繼）□歸[四六]，通信言停[四七]，即云在手。雖無公驗，詞色不是全虛，免（俯）仰之間[四八]，且容在此。今者重詳後敕，是十一月下旬，遠准西州刺符[四九]，恐乖前式。西州是其本貫，容止即若罪名[五〇]。安西立蕃廳總[五一]，或貽誚礼儀，☒後迴無文牒[五二]，何妨設詐私來。若不計會相知，兩處豈能安穩。伏請都護，明示指揮。麴積出征，圖殄兇寇[五三]，陵鋒敗役[五四]，未見生還。訪問行人，多云不死。雖無音信，何必非真。今既莫惻（測）存亡[五五]，焉知長逝。預停田地[五六]，太似無情。待知的死不疑，追奪亦應未晚。職田下府且給，於後更聽符文。月料不多，即宜分別[五七]。都護臨邊，押城事重，若無左右，交闕軍威[五八]。士達之徒，早緣教習，行動之處，理合倍（陪）隨[五九]。但爲州將改官，身充鎮色，絕茲注記[六〇]，勞擾公庭。去冬救援之初[六一]，恩敕即令發遣。公瑜奉符之後，約勒不許更停。恐廢都護所須[六二]，限日使其上道。至彼無幾，拒（詎）遂逃歸[六三]。勘問擅來所由，確稱都護自放。雖有文怗（帖）[六四]，終欲色（送）身[六五]。忽奉報章，狀云判在。在此既無符命[六六]，留住事亦未安。伏請都護熟詳，得使兩州安穩。都護往任西州，當時左右蒙恩允許[六七]，敕有明文。尋後改向龜茲，重奏欲將自遂，中間事意，更不審知。比爲西域敗軍，其日欲加救援，發兵怱逼[六八]，方有敕來。西州下僚，依文遣去，不知此色，何故却迴。若是都護不須，計應更聽別旨。其人手無放牒[六九]，多恐遆狼逃歸。既日（曰）邊兵[七〇]，尤茲謹慎，牒安西急報。

奉判，伊州鎮人侯莫陳等請安西効力事[七一]。

弓月未平，人皆奮臂[七二]；吐蕃侵境，士悉衛（衝）冠[七三]。競願展効賊庭，用表誠心報國。伊州兵募，一百餘人，樓望鄉閭，一時迴駕，神□☒☒（流類）[七四]，索蕩雄圖。負戟從戎，每懷壯志。遂抑思歸之引，冀成定遠之功，語事論心，故難違拒。安西都護，鄰接寇塲，兵馬久屯，交綏未決，非是軍謀不及[七五]，良由兵力尚微[七六]。目下待人，必知飢謁（渴）[七七]；方獲圖滅[七八]，急若斷弦。崔使今春定應電擊，于闐經略亦擬風行。彼此俱藉雄兒，東西各資驍勇；得人即是濟要，添衆更益兵强。幸已裝束遵途，無義遲疑不遣。況京畿徑（勁）卒[七九]，倍勝河西。雖言廿九人，終敵瓜沙二百[八〇]。於國利益，事合機宜。忝日奉公[八一]，何容留礙。

高頭、阿龍，久諧琴瑟，昨因貧病，遂阻參商。龍遊蕩子之家，忽悲鸞而獨舞[八二]；頭寄[□]隅之徹[八三]，恒驚鵲以空栖。事非出於兩情，運以徵於聾（隻）意[八四]。無夫之媛，不可空擲春霄；闕妻之男，實是難窮秋夜[八五]。遠念和鳴之緒，近詢鰥寡之由[八六]。頭緣疹病頓身[八七]，龍遂猖狂自困[八八]。不能拘制，唯恐孤危。倚官豈敢致尤，抑從棄薄。生人之婦，昔時尚被奪將；死鬼之妻，今日何須不理。況有一女，見在掌中。既曰分腸，誠悲眼下。合之，則兩人全愛；離之，則一子無依。見子足可如初，憐妻豈殊於舊。何勞採藥自遇，下山已囑橐砧[八九]。任從再合[九〇]，於理無妨。以狀牒知，任爲公驗。

郭微先因傔從[九一]，爰赴二庭，遂補屯官，方牒万石。未聞检校之効，遽彰罪過之蹤。笞撻有情，豈緣公務；所爲無賴，只事陰私。握手足即破三人，役正副便輕一命。人聞馴鵪[九二]，[鵪]何僭而被嘆[九三]；兵下養駒，駒何好而抑買[九四]。城局專行粗杖[九五]，豈是使人之方。牛子無事再笞，難見牧群之失。況营農之務，本資氣力；悦喻之法[九六]，誠表難容。寒耕熱耘，霑體塗足[九七]。高宗所以逌野[九八]，帝舜由是號天。帶經之榮，於茲見矣；敬饁之貴[九九]，豈爲別途。常合免諸，以誠其事。何得不思其位，不恤其憂，浪有預忏，漫行威福[一〇〇]。略問並今符會，元情實可重科；但爲再問即臣，亦足聊依輕典。按《雜律》云："諸不應得爲而爲之者，笞☒（卌）[一〇一]□▭"[一〇二]

（後缺）

【校記】

〔一〕際，底卷殘，茲據殘存字形並參照諸家錄文補。又，"際"字前缺字不詳。

二　判集類　／　191

〔二〕縣官，底卷殘，茲據殘存字形並參照諸家錄文補。

〔三〕壘壁，底卷作"壘辟"，下同不再另出校。

〔四〕責，底卷原墨書作"青"，後以朱筆改作"責"，茲錄正。

〔五〕底卷"妻"字後缺，《山法》《法制文書》補錄"孥之樂且"等四字，《劉釋》補錄"孥之"兩字，但底卷中"妻"之後無字跡殘存，現存疑。

〔六〕慎，底卷原墨書作"愼"，後以朱筆改作"慎"，茲錄正。

〔七〕烽，底卷作"㷭"，下同不再另出校。

〔八〕侵疆，底卷作"㥻壃"，下同不再另出校。又，"侵"字前缺一字。

〔九〕差，底卷作"㢞"，下同不再另出校。又，底卷中"遣"字後原衍一"是"字，旁加朱筆刪除符號，茲不錄。

〔一〇〕望必，底卷原作"必望"，旁加倒乙符號，茲錄正；諸家錄文同。

〔一一〕石，諸家錄文均指出據文義應爲"百"之訛，茲從之。

〔一二〕惶，《山法》《劉釋》均指出據文義應爲"隍"；《釋錄》《法制文書》徑錄作"隍"。茲據底卷從《山法》《劉釋》。

〔一三〕底卷中"校量"與"烽候"間原有一行文字云："調度無闕所須覘候用心隨機馳報若處分明了衆事尅條歲"，《劉釋》《法制文書》指出此行僅存左半部殘筆畫，且文字與後文第十二—十三行相同，估計係原件在抄寫時，因第九行最末一字與第十二行"調度"上一字均爲"烽"字，故誤於第九行後接書此行，發現後又裁割重書，遂留下此行殘筆畫，應視作衍文。按，從底卷來看，《劉釋》《法制文書》判斷應無誤，茲從。

〔一四〕伯，通"百"。備，底卷作"偹"，下同不再另出校。

〔一五〕隨，底卷殘，茲據殘存字形並參照諸家錄文補。

〔一六〕綸，《劉釋》《法制文書》指出據文義應爲"論"之誤，茲從之。

〔一七〕降，底卷作"𨽾"，下同不再另出校。

〔一八〕謹，底卷原墨書作"縫"，後以朱筆改作"謹"，茲錄正。

〔一九〕令，底卷原墨書作"合"，後以朱筆改作"令"，茲錄正。

〔二〇〕牒，底卷中爲朱筆右行補寫，茲錄正。

〔二一〕經科不歸，底卷原墨書作"經方便不歸"，後以朱書將"方便不"三字塗抹，並於右行朱筆補寫"科不"兩字，茲錄正。

〔二二〕處不，原作"不處"，後以朱筆於右側補寫倒乙符號，茲錄正；諸家錄文同。

〔二三〕延，底卷原墨書作"㢋"，後以朱筆改作"延"，茲錄正。又，底卷中"今"字原寫作"金"，後於旁墨筆注刪除符，改寫爲"今"，又以朱筆將"金"字抹毀，茲錄正。

〔二四〕刻，底卷作"剋"，下同不再另出校。

〔二五〕稽留，底卷作"𣂇留"，下同不再另出校。

〔二六〕責，底卷爲朱筆右行補寫，茲錄正。

〔二七〕戲劇，底卷作"戱劇"，下同不再另出校。

〔二八〕允，底卷爲朱筆右行補寫，茲錄正。

〔二九〕移，底卷作"秒"，下同不再另出校。

〔三〇〕符，底卷中此字殘，《山法》未錄；《釋錄》《法制文書》錄作"門"，但未給出理由；《劉釋》認爲應作"符"，並指出可以下文"巧引冬初符命"爲證。茲從《劉釋》。

〔三一〕邊，底卷中此處紙張原有折皺，後被展開，故"邊"字被分開。

〔三二〕請，底卷中此字有改寫痕跡，似"請"又似"情"；《山法》《劉釋》《法制文書》錄作"請"；《釋錄》錄作"情"。據文義，應以"請"爲優。

〔三三〕圖，底卷作"啚"，下同不再另出校。

〔三四〕奪，《法制文書》認爲"奪"字應爲"奮"之訛；其他各家錄文俱認爲"奪"字無誤，茲不改。

〔三五〕旨，底卷作"言"，下同不再另出校。

〔三六〕日便，《山法》《劉釋》錄作"日便"；《釋錄》錄作"前便"；《法制文書》錄作"前使"。據底卷應爲"日便"。

〔三七〕伏，底卷作"伏"，下同不再另出校。

〔三八〕達士，諸家錄文均指出，據前文"士達流類"可知，"達士"應爲"士達"之訛，茲從之。又，"運達"，《山法》認爲應爲"運道"之訛，其餘諸家認爲"達"字無誤。

〔三九〕巧引冬初符命不遵年下敕文無禮私歸有虧公，底卷中此行文字斷裂。

〔四〇〕住，《劉釋》《法制文書》指出據文義應爲"注"之訛，茲從之。又，"狀"字，底卷中爲朱筆右側補寫，茲錄正。

〔四一〕司，底卷中爲朱筆右側補寫，茲錄正。

〔四二〕確稱，底卷作"礭稱"，下同不再另出校。

〔四三〕得，《劉釋》《釋錄》《法制文書》均錄作"待"；《山法》錄作"得"。據底卷應爲"得"，但據文義似應爲"待"。

〔四四〕情，底卷中此字缺，《劉釋》指出據文義推斷，應可補一"情"字，茲從之。

〔四五〕遇，《釋錄》《法制文書》認爲"遇"應爲"愚"之訛，現存疑。

〔四六〕相繼，底卷中此二字殘，現據殘存字形並參照諸家錄文補。又，"歸"字前缺一字，《釋錄》未標注。

〔四七〕停，《釋錄》《法制文書》錄作"定"，誤。

〔四八〕免，《劉釋》指出應爲"俛"，通"俯"，茲從之。

〔四九〕刺，底卷中原墨筆作"束"，後用朱筆補寫"刂"，茲錄正；《山法》《劉釋》錄作"來"，誤。

〔五〇〕止，《法制文書》錄作"上"，誤。又，"若"，《法制文書》認爲應爲"著"之訛，現存疑。

〔五一〕蕃，《山法》錄作"蓋"，誤。

〔五二〕底卷"後"字前一字殘，《山法》《釋錄》《法制文書》均疑其爲"放"，現存疑。又，底卷中"後"字上有一朱點，《劉釋》認爲其應爲刪除符號，但據文義，此字應非衍文。

〔五三〕矜兕，底卷中"矜"作"弥"，下同不再另出校；"兕"爲朱筆右行補寫，茲錄正。

〔五四〕鋒，《劉釋》錄作"餘"，誤。

〔五五〕惻，諸家錄文均指出據文義應爲"測"之訛，茲從之。

〔五六〕預，底卷作"䫂"，下同不再另出校。

〔五七〕即，底卷中爲朱筆右行補寫，茲錄正。又，"別"字，底卷中原墨筆作"惠"，後以朱筆在右側勾消，並補寫"別"，現錄爲"別"，

"惠"字不録;《山法》《劉釋》録作"別惠",應誤。

〔五八〕闕,底卷原以墨筆作"闖",後以朱筆改寫爲"闕",茲録正。

〔五九〕倍,《山法》《釋録》《法制文書》指出應通"陪",茲從之。

〔六〇〕記,《釋録》《法制文書》録作"託",誤。

〔六一〕去,底卷中爲朱筆右行補寫,茲録正。

〔六二〕廢,底卷作"㢠",下同不再另出校。

〔六三〕拒,《釋録》《法制文書》指出應爲"詎"之訛,茲從之。

〔六四〕怗,據文義應爲"帖",《釋録》《法制文書》徑録爲"帖"。

〔六五〕色,諸家録文均指出應爲"送"之訛,茲從之。

〔六六〕底卷中"在"字前原衍一"許"字,後朱筆勾消,茲不録。

〔六七〕允,底卷原墨筆作"元",後以朱筆改作"允",茲録正。《法制文書》云此處"允許"原作"許允",旁加倒勾符號,誤,底卷中即作"允許"。

〔六八〕忩,底卷作"㣺",下同不再另出校;《劉釋》録作"㣺",誤。

〔六九〕人手,《山法》《釋録》録作"全",誤。

〔七〇〕日,《山法》《劉釋》均指出據文義應爲"曰"之訛,茲録正;《釋録》《法制文書》徑録作"曰"。

〔七一〕侯,底卷作"矦",下同不再另出校。

〔七二〕奪臂,《釋録》《法制文書》認爲"奪"字應爲"奮"之訛,現存疑;另"臂",底卷作"臂",下同不再另出校。

〔七三〕衛,《山法》《劉釋》指出據文義應爲"衝"之訛,茲從之;《釋録》《法制文書》均徑録爲"衝",誤。

〔七四〕底卷中"神"字後缺一字,《法制文書》認爲可補"州"字,現存疑。又,"流類",底卷中此二字殘,現據殘存字形並參照諸家録文補。

〔七五〕非,《山法》録作"昨",誤。

〔七六〕微,底卷作"微",下同不再另出校。

〔七七〕謁,諸家録文均指出據文義應爲"渴"之訛,茲從之。

〔七八〕滅,《法制文書》録作"減",誤。

〔七九〕徑,《釋録》《劉釋》《法制文書》指出據文義應爲"勁"

之訛，茲從之。又，"卒"底卷作"卆"，下同不再另出校。

〔八〇〕敵，底卷作"敲"，下同不再另出校。

〔八一〕忝，底卷作"忝"，下同不再另出校。

〔八二〕舞，底卷作"儛"，下同不再另出校。

〔八三〕《釋錄》《劉釋》《法制文書》均指出，據上文"龍遊蕩子之家"之句式，此處"寄"字下應缺一字，茲從之。

〔八四〕軰，《山法》《釋錄》《法制文書》均指出其應爲"隻"之訛，茲從之。

〔八五〕窮，底卷作"窮"，下同不再另出校。

〔八六〕寡，底卷作"宣"，下同不再另出校。

〔八七〕疹，底卷作"痄"，下同不再另出校。

〔八八〕底卷中"自"字前原衍一"已"字，後以朱筆勾消，茲不錄。

〔八九〕囑，《釋錄》《法制文書》錄作"屬"，誤。

〔九〇〕底卷中"任"字前原衍一"境"字，後以朱筆勾消，茲不錄。

〔九一〕傔，底卷作"僺"，下同不再另出校。

〔九二〕馴鷯，"馴"《劉釋》錄作"訓"，誤；"鷯"，底卷中作"鸉"，下同不再另出校。

〔九三〕鷯，底卷中此字缺，《劉釋》指出據下文"兵下養駒ゝ何好而抑買"一句可知，此處應缺一個重文符號"ゝ"，茲從之，徑錄正。又，"慴"底卷作"㥧"，下同不再另出校。

〔九四〕駒駒，底卷作"駒ゝ"，"ゝ"爲重文符號，茲錄正，下同不再另出校。

〔九五〕粗，底卷作"麤"，下同不再另出校。

〔九六〕悅，底卷作"悦"，下同不再另出校。

〔九七〕塗，底卷作"塗"，下同不再另出校。

〔九八〕逌，《法制文書》錄作"遁"，誤。

〔九九〕貴，《釋錄》錄作"責"，誤。

〔一〇〇〕漫，底卷作"潯"，下同不再另出校。

〔一〇一〕册，底卷中此字殘，現據殘存字形並參照諸家錄文補。

〔一〇二〕《劉釋》《法制文書》指出此條爲引自《唐律疏議》卷二七《雜律·不應得爲》條："諸不應得爲而爲之者，笞四十，謂律令無條，理不可爲者；事理重者，杖八十。"

三　唐開元判集（存三道）

伯二五九三

【題解】

本件底卷編號伯二五九三號。原底卷首尾皆缺，存二紙，共三十一行，每整行字數十五—十八字，卷尾貼附紙書寫一行藏文小字。背面爲僧文書儀稿。原卷無題，《法藏》定作"判文三則"；《索引》定作"判文"；《索引新編》定作"判文三則"；《山法》定爲"判集殘卷（存三道）"；《劉釋》題爲"開元判集殘卷"；《釋錄》定爲"唐判集三道"；《法制文書》定作"唐開元年代判集（存三道）"。茲據文義擬定今題。

《劉釋》《法制文書》均指出本底卷載判文三道，其中一道不完，實含六事。判文辭藻華麗，但內容空洞，且不引具體律條，《索引》指出此件判文體例類似"龍筋鳳髓判"，甚是。另，底卷第十六行有"司錄論舉"一語，據《新唐書》卷四九《百官志》外官條"司錄參軍事"注云："武德初改州主簿曰錄事參軍事，開元元年（七一三），改曰司錄。"《大唐六典》卷三十"京兆、河南、太原府司錄參軍事"條注云："隋煬帝罷州置郡，有東西曹掾及主簿，皇朝省主簿，置錄事參軍，開元初改爲司錄參軍。"據此可知，本底卷應爲開元元年（七一三）以後判文。

本件《山法》（四九）、《劉釋》（四七九—四八一）、《釋錄》（貳五九六—五九八）、《法制文書》（三一三—三一五）有錄文。茲據《法藏》（壹陸一六六——六七）影印本及IDP彩圖，並參考前人錄文，對底卷重新校錄如下。

（前缺）

▢▢之有別。苦縣幽寂[一]，浮紫氣於函關；鄒邑弘傳，集青衿於槐市。雖復日遊雜處，焉知所好隨緣。三教各闡一門，儒道頗同其義。栢庭風度，時散牛頭之香；石渠水流，果逢鱣落之義。參驗二理，不改久長[二]。又庭舞祥鸞[三]，不孤王阜之化；桑馴乳雉，無忝魯恭之風[四]。猛獸傷牛[五]，下里詞訴；製錦非術，上達見尤。無弃犢之高風，有豺狼之搏煞[六]。自宜黜陟，無待告歸。

奉判：得隰州刺史王乙妻育子，令坊正雇奶母[七]，月酬一縑[八]，經百日卒，不与縑。又馮甲朝祥暮歌，自云服畢仰事。[九]

王乙門傳鍾鼎，地列子男，化偃百城[一〇]，風高千里。妖妻舞雪[一一]，翠鬱望山之眉[一二]；誕育仙娥[一三]，慶符懸弧之兆。雇茲奶母，石席明言，酬給縑庸，脂膏乳哺[一四]。輟深恩於襁褓[一五]，未變庭蘭；碎瓦礫於掌中，俄歸蒿里。不酬奶母之直[一六]，誠是無知；既論孩子之亡，嗟乎撫育。司錄論舉，情狀可知。足請酬還，勿令喧訟。

又父母之喪，三年服制；孝子之志[一七]，万古增悲。朝祥暮歌，是褻於禮[一八]。以哭止樂[一九]，斯慰所懷。訴詞既款服終[二〇]，言訟請依科斷。

奉判：得甲大廈成，龜筮不從。乙無所閱閱，科不伏。又春祫秋禘，豚肩不掩豆。祠人云：儉，所司辜[二一]。

三尺土階，伊堯闡文明之化；九仞堂宇[二二]，仲由彰孝行之名。緬惟甲焉，旋聞造舍。瓦含鴛色[二三]，梁隱虹姿。入鳥路以裁規，駕雲衢以聳構。從筮從兆，違背不祥；擇日擇時，遷移未偶[二四]。小人所欲，誠相鼠之無儀[二五]；大廈既成，聞鶺雀之相賀。告云不合[二六]，深達令文。不示蒲鞭，安息蒭末[二七]。

又春祫秋禘，國有恒典；豚牢之祭，豆不掩肩[二八]。人而無儀，胡不遄死。私祭容可約儉，官祀無宜節供。祠人職司，靜恭尔守，知過則改，是遵令條。

（後缺）

【校記】

〔一〕寂，底卷作"宑"，下同不再另出校。
〔二〕改，《釋錄》《法制文書》錄作"致"，誤。
〔三〕鷟，底卷作"𪃦"，下同不再另出校。

〔四〕魯，底卷作"兽"，下同不再另出校。
〔五〕猛獸，底卷作"猂獸"，下同不再另出校。
〔六〕豺，底卷作"犲"，下同不再另出校。
〔七〕奶，底卷作"妳"，下同不再另出校。
〔八〕縑，底卷作"縑"，下同不再另出校。
〔九〕奉判……仰事，底卷中字體較小。
〔一〇〕偃，底卷作"偃"，下同不再另出校。
〔一一〕妖，底卷作"妖"，下同不再另出校。
〔一二〕"翠鬱望"底卷作"翠欎壑"，"眉"底卷作"眉"，下同不再另出校。
〔一三〕誕，底卷作"誔"，下同不再另出校。
〔一四〕脂，底卷作"脂"，下同不再另出校。
〔一五〕襁褓，底卷作"襁褓"，下同不再另出校。
〔一六〕直，底卷作"宜"，下同不再另出校。
〔一七〕子，底卷爲右行補寫，茲録正。
〔一八〕褻，底卷作"褻"，下同不再另出校；《法制文書》録作"執"，誤。
〔一九〕哭，底卷作"哭"，下同不再另出校。
〔二〇〕款，底卷作"欵"，下同不再另出校。
〔二一〕辜，底卷中"辜"字前原衍一"辜"字，旁加抹毀符號，茲不録。另，"奉判……司辜"字體較小。
〔二二〕仞，底卷作"仞"，下同不再另出校。
〔二三〕含，《釋録》《法制文書》録作"舍"，誤。
〔二四〕遷，底卷作"遷"，下同不再另出校。
〔二五〕鼠，底卷作"鼠"，下同不再另出校。
〔二六〕云，《釋録》《法制文書》録作"示"，誤。
〔二七〕蒭，底卷作"蒭"，下同不再另出校；《法制文書》録作"芻"。
〔二八〕肩，底卷作"肩"，下同不再另出校。

二　判集類　/　199

四　唐開元二十四年（七三六）岐州郿縣尉牒判集（存十道）
伯二九七九
【題解】

本件底卷編號伯二九七九號。原底卷首尾皆缺，存九十六行，每整行字數二十三—二十四字。原卷無題，《法藏》定作"唐開元二十四年岐州郿縣縣尉判集"；《索引》定作"開元時判詞"；《索引新編》定作"唐開元廿四年（七三六）岐州郿縣縣尉判集"；《釋錄》定爲"唐開元二十四年（公元七三六年）九月岐州郿縣尉勛牒判集"；《法制文書》定作"唐開元二十四年（公元七三六年）九月岐州郿縣尉□勛牒判集"；《籍帳》定作"唐開元廿四年九月岐州郿縣尉□勛牒判集"。兹據文義擬定今題。

《法制文書》指出據底卷第九十二行可知，此卷原有判文三十三道，今存十道，其中郿縣應上州司戶牒三道，上御史臺推事使和採訪使牒各一道，移文隣縣岐陽縣牒二道，判署三道。內容主要涉及賦役的徵發、蠲免，及防丁上番和親隣資助等問題，既涉及政府法令，又關乎民間習慣。

關於本底卷的書寫地點、時間，薄小瑩、馬小紅《唐開元廿四年岐州郿縣縣尉判集研究——兼論唐代勾徵制》（載《敦煌吐魯番文獻研究論集》，中華書局一九八二年版）一文，認爲文書書寫地點應爲岐州郿縣，時間則應爲開元廿四年正月至年末；《籍帳》則認爲應是開元廿四年九月；《法制文書》判定同池田溫；潘春輝《P.2979〈唐開元廿四年岐州郿縣縣尉牒判集〉研究》（《敦煌研究》二〇〇三年第五期）一文認爲，因地方隨時向上呈遞牒文，上級亦及時批判所牒之事，且文書爲牒判文集，殘存十道，前缺二十三道，此十道前後歷時較長，在一個月內很難完成，故定爲九月恐有誤。

關於本底卷的性質，胡如雷《兩件敦煌出土的判牒文書所反映的社會經濟情況》（《唐史論叢》第二輯，一九八七年）一文認爲其應是爲了供人們寫判、牒而把這些官文書抄寫在一起的；薄小瑩、馬小紅前揭文認爲此文書是抄錄縣尉判文的副本，存檔備查的；《法制文書》則指出，文書第八十四行有"殷長官，威重旁邑"，可知殷長官當是郿縣令，第五十四行有"勖忝下司,敢忘百姓",可知勖當是郿縣尉,而文書所存十道內容均屬縣尉職掌,乃知文書應爲郿縣尉勖理庶務,判衆事之判文。

本件《釋錄》(貳六一六—六一九)、《法制文書》(三一八—三二四)、《籍帳》(二三〇—二三二)、薄小瑩、馬小紅《唐開元廿四年岐州郿縣縣尉判集研究——兼論唐代勾徵制》(載《敦煌吐魯番文獻研究論集》,中華書局一九八二年版)、潘春輝《P.2979〈唐開元廿四年岐州郿縣縣尉牒判集〉研究》(《敦煌研究》二〇〇三年第五期)有錄文。茲據《法藏》(貳拾三〇八—三〇九)影印本及IDP彩圖,並參考前人錄文,對底卷重新校錄如下。

　　　(前缺)
　　☐☐諸色被推勾剝破人等,恐有☐☐☐☐推問,具申所由,審更詳覆,盡理處分。☐☐☐☐☐申觀用父之蔭,告者元無所憑[一],事雪當時,豈☐☐(得語)偽[二]。☐☐☐(稱)偽[三],弊邑容識彼情[四],無偽言偽,吏曹何以臨斷,手執☐☐不是偽人,辯引　敕條,無憑改貫。況當華省公白,吏議無偏,欲抑此人[五],何明國典。具狀重上州司户,請乞據實爲申尚書户部,請裁垂下。

　　　不伏輸勾徵地稅及草,前申第廿五:
　　開元廿三年地稅及草等,里正衆款,皆言據實合蠲;使司勾推,亦云據實合剝。里正則按見逃見死,以此不徵;使司則執未削未除,由是却覽。爲使司則不得不尒,處里正又不得不然。而今見存之人,合徵者,猶羈歲月;將死之鬼,取辦者,何有得期。若專徵所由,弊邑甚懼。今盡以里正等錄狀上州司户,請裁垂下。

　　　不伏輸勾徵地稅及草,後申第廿六:
　　廿三年地稅及草等,被柳使剝由,已具前解,不蒙聽察,但責名品。若此稅合徵,官吏豈能逃責;只緣有據[六],下僚所以薄(簿)言[七]。今不信里正據薄(簿)之由,唯憑柳使按籍之勾,即徵即坐,不慮不圖。欲遣凋殘之郿[八],奚從可否之命。況准慮

（律）條[九]，自徒已下咸免；又承恩敕，逋欠之物合原。里正雖是賤流，縣尉亦誠卑品[一〇]，確書其罪，能不有醽。依前具狀[一一]，録申州司户，請乞審愼，無重所由。

朱本被誣，牒上臺使，第廿七：

初里正朱本，據户通齊舜著幽州行。舜負恨，至京詣臺，訟朱本隱強取弱，並或乞斂鄉村。臺使推研，追攝頗至，再三索上，爲作此申牒使曰[一二]：

此縣破縣，人是疲人，一役差科，群口已議。是何里正，能作過非。如前定行之時，所由簡送之日，其人非長大不可，非久行不堪。在朱本所差，与敕文相合，類皆壯健，悉是老行。簡中之初，十得其四。餘所不送[一三]，例是尫羸。不病不貧，即傷即[□][一四]。荐役者[一五]，准敕不取；交貧者[一六]，於法亦原。其中唯呂萬一人，稍似強壯，不入過薄簿。爲向隴州，且非高勳，又異取限。如齊舜所訟，更有何非。或云：遍歷鄉村，乞諸百姓。昨亦令人訪問[一七]，兼且追衆推研，總無所憑，渾是虚説[一八]。至如州縣發役，人間難務。免者即無響無聲，著者即稱冤稱訟。此搖動在乎群小，政令何關有司。衆證既虛，朱本何罪。昨緣此事，追攝亦勤，廿許人數旬勞頓，農不復理，身不得寧，悉是職司，敢不銜恤。具狀牒上御史臺推事使。

許資助防丁，第廿八：

初防丁競訴[一九]，衣資不充，合得親憐（隣）借助[二〇]，當爲准法無例，長官不令[二一]。又更下狀云：

雖無所憑，舊俗如此。况某等，往日並資前人，今及身行，即無後継。非唯取恨而去，亦恐不辦更逃。以故遂其所言，取濟官役。判署曰：頻遭凶年，人不堪命；今幸小稔，俗猶困窮。更属徴差，何以供辦。既聞頃年防者，必擾親鄉。或一室使辦單衣，或數人共出袷服。此乃無中相恤，豈謂有而濟賴。昨者長官見説資助，及彼資丁，皆歎人窮，不堪其事[二二]，幾欲判停此助，申減資錢。不奈舊例先成，衆口難抑。以爲防工一役，不請官賜，只是轉相資助[二三]，衆以相憐。若或判停，交破舊法[二四]，已差者，即須逃走；未差者，不免祗承。以是至再至三，惟憂惟慮，事不獲已，借救於人。既非新規，實是舊例，亦望百姓等，體察至公之意，自開救恤之門，一則仁義大行，二固風俗淳古[二五]。天時亦因此而泰，水旱則何田（由）以興[二六]。是事行之於人，益之以政，百姓何患乎辛苦[二七]，一境何憂乎不寧。勛忝守下司，敢忘百姓？實由事不得已，理不合違，亦望衆人無以爲憾。其應辦衣資等戶，衣服者最精，故者其次，唯不得破爛，及乎垢惡。仍限續得續納，無後無先，皆就此衙，押付官典，至今月廿日，大限令畢。輒違此約，或有嚴科。恐未遍知，因以告諭。仍牓示。

判問宋智咆悖，第廿九：

初資助防丁，議而後舉，不是專擅，不涉私求[二八]。因人之辭，遂其遺俗；務濟公役，或慰遠心。有宋智，衆口之兇，惟下之蠹，資其親近，獨越他人。且妄指麾，是以留問。判曰：

百姓凋殘，强人侵食。今發丁防，其弊公私。昨以借便衣資，長官不許；中得衆人引訴，再三方可。如宋智，闔門盡爲老吏，吞削田地，其數甚多。昨乃兼一戶人，共一氈裝，助其貧防，不著百錢，乃投此狀來，且欲沮（止也）議[二九]。既善言不率，亦法語不恭，怒氣高於縣官，指麾似於長吏[三〇]。忝爲職守，誰復許然？宋智帖獄留問，氈裝別求人助[三一]。

岐陽郎光隱匿防丁高元牒問，第卅：

高元，郿縣百姓，岐陽寄田，其計素奸，其身難管。昨以身著丁防，款有告身，往取更不報來，遣追因即逃避。至如郎光、郎隱，不知何色何人。既糾合朋徒，指麾村野，横捉里正毆打，轉將高元隱藏。若此朋兇，何成州縣？且見去年孫象，今日劉誠，皆是庸愚，起此大患，實由下人易爲扇動[三二]，狂狡迭爲英雄。若小不遂懲，必大而難挫。是事利國，當亦利人。其高元請送其身，郎隱乞推其黨。

岐山吕珣隱匿防丁王件牒問，第卅一：

人之云兇，不必待乱，但倚强作暴，恃力作欺，外捍州縣之權，居爲逋逸之藪。此則虐不可縱，患不可容。如岐吕珣，不知何者，家藏逃户無數。其人昨緣一户防丁，久匿其舍，有伯叔往以追括，執文書信足有憑。而吕珣逆而捍之，詛以爲賊，以物（拘）以縛^[三三]，不異攎掠其人^[三四]；將匿將攜，更以脅遷其黨。同奸之輩，所識者半是鄽人；儻（黨）合之朋^[三五]，与彼者咸非家属。今殷長官，威動旁邑；衆寮寀^[三六]，聲隱甸畿。則有此狷人^[三七]，潛蠹（乱也）明訓^[三八]，不知其故，敢乞圖之。其若于鵑子及王阿仵等^[三九]，實望公縛送來，無縱吕珣跋扈。具狀牒岐山縣。

新剝勾徵使責遲晚，第卅一（二）^[四○]：

岐下九縣，鄽爲破邑。有壞地不能自保，日受侵吞；有凋户不能自存，歲用奔走。况加之以師旅，因之以飢饉，遇之以疫癘，覯（見也）之以流亡^[四一]，安得蕞爾之鄽，坐同諸縣之例。應徵之數，敢不用甘；取納之期，實則多懼。具狀牒上採訪使並錄申。

署稅錢不納户，第卅三：

百姓之中，解事者少，見温言，則不知慙德；聞粗棒^[四二]，則庶事荒馳。如此倒看，何以從化？今長官恩惠已足，此輩頑嚚亦多^[四三]，仰並限此月十六日納畢。不畢，里正攝來，當与死棒。

【校記】

〔一〕憑，底卷作"㞢"，下同不再另出校。

〔二〕得語，底卷中"得"字存左半"氵"，應爲"淂"，通"得"，"語"存左半"言"；《法制文書》録作"語"，茲從；《籍帳》徑録"得"字，"語"字僅釋録"言"字旁。

〔三〕稱，底卷中殘存下部，現據殘存字形及諸家録文補。其前缺兩字不明。

〔四〕識，《法制文書》録作"議"，誤。

〔五〕抑，底卷作"抑"，下同不再另出校。

〔六〕只，《釋錄》錄作"祇"，非原字形。
〔七〕薄，薄、馬文指出，"薄"通"簿"。
〔八〕凋，底卷作"彫"，下同不再另出校。遣，《籍帳》校改作"譴"。
〔九〕慮，據文義推斷應爲"律"之訛。
〔一〇〕卑，底卷作"甲"，下同不再另出校。
〔一一〕狀，底卷中爲右行補寫，茲錄正。
〔一二〕牒，薄、馬文及潘文作"版"，誤。
〔一三〕餘，底卷中爲右行補寫，茲錄正。
〔一四〕據四六駢文書寫格式推斷，"即"字後應脱一字，諸家錄文未標注。另據文義推斷，疑脱"殘"字。
〔一五〕荐，底卷中爲右行補寫，且原作"茌"，後用朱筆改作"荐"，茲錄正；潘春輝文認爲應爲"簡"，誤。
〔一六〕交，《籍帳》校作"較"。
〔一七〕昨，底卷作"昨"，下同不再另出校。
〔一八〕虛，《釋錄》錄作"處"，誤。又，"説"字底卷中書寫原誤，後於右行改寫，茲錄正。
〔一九〕競訴，底卷中作"竟訴"，下同不再另出校。
〔二〇〕憐，諸家錄文均指出據文義應爲"隣"之訛，茲從。
〔二一〕令，潘春輝文錄作"合"，誤。
〔二二〕其事，底卷原作"事其"，旁加倒乙符號，茲錄正。
〔二三〕只，《釋錄》錄作"祇"，非原字形。
〔二四〕交，《籍帳》校作"教"。
〔二五〕淳，底卷作"淳"，下同不再另出校。
〔二六〕田，諸家錄文均指出據文義應爲"由"之訛，茲從。
〔二七〕辛，底卷作"辛"，下同不再另出校。
〔二八〕私，底卷作"私"，下同不再另出校。
〔二九〕止也，底卷中爲右行補寫"沮"字注文，字體較小；《釋錄》《籍帳》錄爲"此狀"，且錄於"議"字之後，誤。
〔三〇〕指，底卷作"拍"，下同不再另出校。
〔三一〕求，底卷書寫原誤，後於右行改寫，茲錄正。
〔三二〕實，底卷作"寔"，下同不再另出校。

〔三三〕物，諸家錄文均指出據文義應爲"拘"之訛，茲從。

〔三四〕擄，《籍帳》錄作"虜"，誤。

〔三五〕儻，據文義推斷應爲"黨"之訛。

〔三六〕寀，《籍帳》校作"最"，誤。按，寮寀，指僚属或同僚，北齐颜之推《颜氏家训·勉学》："孝元初出会稽，精选寮寀。"此處"衆寮寀"與"殷長官"相對。

〔三七〕狷，底卷作"㹟"，下同不再另出校。

〔三八〕乱也，底卷中爲右行補寫"黷"字注文，字體較小。

〔三九〕于，薄、馬文及《籍帳》《釋錄》《法制文書》均錄作"干"，潘春輝文指出其應爲"于"，據文義，茲從潘文。

〔四〇〕一，諸家錄文均指出據前後文排序應爲"二"之訛，茲從。

〔四一〕見也，底卷中爲右行補寫"覣"字注文，字體較小。

〔四二〕粗，底卷作"麁"，下同不再另出校。

〔四三〕底卷中"頑"字前原衍一字，後塗抹。

五 唐永泰年間（七六五—七六六）河西巡撫使判集（存四十七道）
伯二九四二

【題解】

本件底卷編號伯二九四二號。原底卷首尾皆缺，存二百二十八行，每整行字數二十一—二十一字。原卷無題，《法藏》定作"唐永泰年間河西巡撫使判集"；《索引》定作"歸義軍時代瓜沙等州公文集"；《索引新編》定作"瓜沙甘肅等州公文集"；《釋錄》定爲"唐永泰年代（公元七六五—七六六年）河西巡撫使判集"；《法制文書》定作"唐永泰年代（七六五—七六六年）河西巡撫使判集"；《籍帳》定作"唐年次未詳河西節度使判集"；安家瑤《唐永泰元年（七六五）—大曆元年（七六六）河西巡撫使判集（伯二九四二）研究》（《敦煌吐魯番文獻研究論集》，中華書局一九八二年版，以下簡稱《安文》）定爲"唐永泰元年（七六五）—大曆元年（七六六）河西巡撫使判集"。茲據文義擬定今題。

關於本底卷的性質，《索引》定爲"歸義軍時代瓜沙等州公文集"；池田温、安家瑤定爲"河西節度使判集"，安家瑤更指出其應爲唐代河西官文書的集錄；《法制文書》則指出本文書現存公文四十七道，內一道不全，其中絕大多數爲判，只有三道是牒及書札，內容涉及河西管內甘、肅、沙、瓜等州軍賦稅、兵士給養等事，並判州刺史及軍使的處罰。

關於本底卷書寫年代，《法制文書》指出，文書本身無紀年，但最後一條爲周逸與逆賊僕固懷恩書，按新、舊《唐書》載，僕固懷恩死於永泰元年（七六五）九月，書札大概作於懷恩生前或死不久，故定爲永泰年間；安家瑤則認爲應爲永泰元年（七六五）—大曆元年（七六六）之間。

關於本底卷的作者，學界爭議較大。唐長孺《敦煌吐魯番史料中有關伊、西、北庭節度使留後問題》（《中國史研究》一九八〇年第三期）一文推測道："是否有可能《判集》的主人不是河西節度使，而是觀察副使、行軍司馬呢？"關於具體爲誰，唐先生沒有給出結論，並很審慎地説："以上所述僅是一種推測，並無充分證據。"安家瑤上揭文中則認爲：文書中"'尚書'和判牒文的作者是兩個人……判牒文的作者雖然尊重這位'尚書'，但是還是處理了兩件與尚書有關的事情，這説明判牒文作者的身份從某一方面講甚至高於'尚書'。這樣高的身份有可能是朝廷特派的使節。""從文書的年代及處理事務的範圍來看，此卷文書的作者很可能就是永泰元年閏十月郭子儀'請遣使巡撫河西及置涼、甘、肅、瓜、沙等州長史，上皆從之'的巡撫河西使"，並進一步推測該巡撫使爲馬璘。史葦湘《河西節度使覆滅的前夕——敦煌遺書伯 2942 號殘卷的研究》（《敦煌研究》一九八三年第〇期）一文認爲本卷可定名爲"河西觀察使判集"或"河西觀察處置使判集"，同時文中通過對安史之亂後馬璘的任官經歷進行了詳細考證，指出馬璘未曾出任過河西巡撫使，並指出按唐朝官制，觀察使比節度使低一級，馬璘在永泰初已任邠寧節度使檢校工部尚書，不可能降級去巡撫河西。此番考證很有説服力，故以後學界無人再持作者爲馬璘的觀點。至於底卷作者是誰，史先生則推斷爲周鼎，這當與其認爲文書中被殺害的副帥是楊休明有關。陳守忠《公元八世紀後期至十一世紀前期河西歷史述論》［《西北師大學報（社會科學版）》一九八三年第四期］一文主張本底卷判案者"恰恰是河西節度使楊休明，而不是巡撫使某某"，這又與其認爲被殺害的副帥是楊志烈有關。馬德《關於 P. 2942 寫卷的幾個問題》［《西北師大學報（增刊）》一九八四年］一文雖未論證整卷底卷的作者是誰，但推測第四十三—五十行判文"是楊休明受理並簽署的",認爲第二百一十四行"謬司觀察,忝跡行軍"是周鼎和宋衡的謙稱,謂二人係"以觀察使和行軍司馬的名義起草牒文"。金瀅坤《敦煌本〈唐大曆元年河西節度觀察使判牒集〉研究》[《南京師大學報(社會科學版)》二〇一一年第五期]一文對前文所揭史料與所持觀點進行了綜述比對,提出了"楊休明爲文書的作者最爲合理"的觀點。楊寶玉《法藏敦煌文書P.2942作者考辨》(《敦煌研究》二〇一四年第一期)一文,則在梳理上述觀點的基礎上,指出本底卷爲判、牒、狀文集抄,筆跡一致只能説明爲一人所抄,但抄寫者並不等於就是原作者,作者問題必須靠分析公文內容並結合當時河西西域地區的歷史背景綜合考慮來解決,認爲本底卷作者至少三人:少量判文的判案者爲廣德年間(七六三—七六四)任河西兼伊西北庭節度使的楊志烈;大部分判文則爲於楊志烈被沙陀人殺害於甘州後代掌河西的楊休明所判;卷子後部所抄某些狀牒的作者則時任觀察副使、行軍司馬,有可能是楊休明於長泉遇害後繼任河西節度使的周鼎。

本件《籍帳》(四九三—四九七)、《安文》(二三二—二六四)、《釋錄》(貳六二〇—六三二)、《法制文書》(三二九—三四四)、楊寶玉《敦煌文書P.2942校注及"休明肅州少物"與"玉門過尚書"新解》[《隋唐遼宋金元史論叢》(第四輯),上海古籍出版社二〇一四年版,一〇三—一一八,以下簡稱《楊注》]有錄文。兹據《法藏》(貳拾一八〇—一八五)影印本及IDP彩圖,並參考前人錄文,對底卷重新校錄如下。

(前缺)
▨▨▨(藉)▨▨▨(方)[一]　　尚書判:
　　肅州建康,先行文牒,如妄推▨[二],必書長官,豈唯唇▨▨(亡齒)寒[三],或慮芝焚蕙歎。須存▨▨(禮)[四],無從小慈。王使君▨(處)事精通[五],固應割己[六];趙大使在▨▨▨[七],▨(必)藉用心[八]。各請及時般了速報。甘州切須撙節,不可專恃親鄰。

　　肅州請閉糴,不許甘州交易。

鄰德不孤，大義斯在。邊城克守，小利須通。豈唯甘、肅比州，抑亦人煙接武。見危自可奔救，閉糴豈曰能賢。商賈往來，請無壅塞；粟☒（麦）交易[九]，自☒（合）通流[一〇]。准狀，仍牓軍、州，切勒捉搦。少有寬許，當按刑書。

建康，尚書割留氍三百段[一一]，稱給付將士，不具人姓名。☒（分）給縑布[一二]，不具人名，既無節約，懸稱用盡。事涉瓜李，☒（法）在根尋[一三]。准狀，牒建康，并牒董芳蘭[一四]，切推問給賞事由上[一五]，如相容隱，當別書科。

管內倉庫宴設給納館遞樽節事[一六]。
艱難已來，軍州凋弊，支持不足，破用則多。非直損於公途，☒（亦）乃傷乎人庶[一七]。若無先見，何至後圖。儉約之資，公家所尚；給用之費，文薄（簿）須明[一八]，各牒所由。

豆盧軍請西巡遠探健兒全石粮[一九]。
子亭迥絕[二〇]，所以加粮；年下兩（西）巡[二一]，援例又請。若依支給[二二]，衆□無言[二三]。以此商量，理宜從記（跡）[二四]。

甘州送粮五千石，又請稱不足。
□□（甘州）斛斗[二五]，已送五千，以有均無，將爲適濟[二六]。更來申請，何□（貪）☒（無）厭[二七]。非直軍州有詞，抑亦般（搬）運難致[二八]。自須樽節支□（給）[二九]，豈得相次申陳。食粮之人，理資減省；灼然不濟，方可官支。須知來處艱辛，預作向前准擬。用盡更索[三〇]，計出何方？牒甘州，任自圓融取濟[三一]。

建康軍物被突厥打將[三二]，得陪（賠）半周兵馬使[三三]。
先公後私，聞諸古議；以小防大，未益今時。兵馬使所獲無多，建康所損又廣。以此處置，只合奉公。總仰入官，理將穩便。

豆盧軍健兒卌七人，春賜請加。

軍司既稱無物，使局何計能爲？比日曾不有言，今年忽然妄訴。有物任給，無物告停[三四]，一任當軍圓融處置。

建康軍使寧憘擅給緤布[三五]，充防城人賜。
尚書所留緤布，令給不濟之人。凡是行官，足得自養。不存後計，誰曰公心？先已牒徵，乃可知過；更來申訴，有似飾非。防☒（城）暫勞[三六]，便則給賞；卒更久戍，何以支持？若不徵收，無懲專擅，依前牒軍切徵。

豆盧軍兵健共卅九人，無賜。
沙州兵健，軍合支持。既欲優憐，復稱無物。空申文牒，徒事往來。不可因循，終須与奪。使司有布，准狀支充。如至冬裝，任自迴易。

甘州兵健冬裝，肅州及瓜州並訴無物支給。
甘州兵健冬裝，酒泉先申借助，及令支遣，即訴實無。只緣前政荒唐，遂令今日失望。即欲此支物往，又慮道路未清[三七]。時属霜寒，切須衣服。事宜應速，不可後時。瓜州既許相資，計亦即令付了。休明肅州少物[三八]，今請迴易皮裘，押衙此行，須成彼事。先博得麦，寄在戚昌。楊玼有書，寫白入案[三九]。切宜勾當[四〇]，以濟時須。王使君通才，亦請處置[四一]。恤隣救難[四二]，不可全無[四三]。請与籌量，早達前所。

沙州地稅，耆壽訴稱不濟，軍州請加稅四升。
艱難之時，倉廩虛竭[四四]，耆壽計料，雅合權宜。敢別加稅四升[四五]，計亦不損百姓。兼之官吏，各據田苗，立限徵收，並須戮力[四六]。
又判：
某乙自到沙州[四七]，偏（編）戶盡無率稅[四八]，費用約儉[四九]，且得支持。倉中年計則多[五〇]，人上秋收不少，何須加稅，頗涉食言。雖耆壽有詞，或得權宜之妙；而使車無信，實虧經久之謀。但仍舊而行，自然兼濟；何必改作，有紊彝章。牒沙州，依比年收税訖申[五一]，但據頃畝均徵，固無偏併。

甘州地税勾徵，耆壽訴稱納不濟。
彼州户人，頗聞辛苦。應緣張瓌稗政，遂令百姓艱勤。今既李牧撫臨，亦冀蒼生蘇息。尚頻申訴，何以而然？地子勾徵，俱非雜税；妄求蠲免，在法無文。馬料兵粮[五二]，固須支給；倉儲虛竭，何計供承？若望沙州相資，必恐不及時要。終須自活，豈可妄求。牒到，請使君審与耆壽商量，穩便處置，合放任放，須徵任徵。此間無物可支，彼處固須自給。終須設法，以叶權宜[五三]。

沙州祭社廣破用。
艱虞已来，庶事減省；沙州祭社，何獨豐濃[五四]。税錢各有區分，祭社不合破用。更責州狀，將何填陪（賠）牛直（值）[五五]，將元案通[五六]。

又判：
自属艱難，万事減省；明衣弊（幣）帛[五七]，所在不供。何獨沙州，廣爲備物。酒肉菓脯[五八]，已費不追；布絹資身，事須却納。

故沙州刺史王懷亮[五九]，擅破官物充使料，徵半放半[六〇]。
王亮在官，頗非廉慎，擅破財物，不懼章程。妄布目前之恩，果貽身後之累。既違令式，難免徵收。後件無多，伏緣公用[六一]。守［文］猶恐未免[六二]，論情須爲商量。

沙州訴遠年什物，徵收不濟。
磧中什物，並是遠［年］[六三]；管内破除，皆非今日。所由懇訴，須爲商量。人既云亡，物無徵處，徒行文牒，恐損孤窮。並放，仍与洗削文案，杜絕萌牙（芽）[六四]，俾其後昆，免有牽挽[六五]。

瓜州申欠勾徵，訴不濟。
凡是勾徵，理合填納，州申辛苦，須爲商量。作孽匪他[六六]，不可總放，量情疏决，必在州司。更牒所由，子（仔）細詳審[六七]。灼然困苦，須爲具申[六八]；如或可徵，自須切納。

兵馬使下馬，擇一百疋，加䐑秣飼。
蕃馬家生，粗細有别；減收秣飼，草䐑須殊。雖牧養之道可均，而貴賤之宜不等。事資通變，以適輪轅[六九]。

兩界來往般次食頓遞[七〇]。
尚書處置，非不分明。猶恐妄人，輒敢違越；尤宜切勒，犯者必科。各牒所由，仍牒路次。

判諸國首領停粮。
沙州率粮，非不辛苦，首領進奉，憑此興生。雖自遠而來[七一]，誠合優當[七二]。淹留且久，難遂資粮。理貴適時，事宜停給。

甘州請肅州使司貯粮。
肅州寄貯[七三]，其數頗多，近日破除，實將稍廣。終宜減割，以救時須，不可告勞，遂令乏絕。仰百方圓融一千石，依前轉送。張卿名行衆推，審慎孤［介][七四]，文閑政理，早著能聲，差攝支度副使判官，專注勾當。應須防援，任便指麾[七五]。所由慢官，必按軍令。

肅州刺史王崇正錯用官張瓌偽官銜。
王使君植性沉和，爲官審慎。實謂始終勿替，豈期歲寒有渝[七六]，便用偽銜[七七]，不曾下問；强索進馬[七八]，有忤中官。初似知情，誠宜正法[七九]；後能聞義[八〇]，或可全生。宜捨深刑，終須薄責。罰軍粮一百石。

建康軍請肅州多樂屯。
肅州無粮，或可率稅；建康乏絕，又要般踵。救患恤隣，何妨撥与[八一]？任自收獲[八二]，又省往來。

甘州欠年支糧及少冬裝。

《易》貴隨時,《書》稱議事。調弦理無膠柱[八三],求劍不可刻舟。事在官長運爲,豈得空行文牒？使司有物,尋已支持；倉庫無資,頻申何益？只合撙節處置[八四],兵健量事停糧,自可當州圓融,何須再三申請[八五]。李使君長材（才）廣度[八六],是以請行；諸官寮達識精明,方膺妙選。並請設法安養,無使坐見流離。其冬裝亦請預爲支計。

甘州請專使催糧。

李開府悉心奉公,威名宿著。既典彼郡,何事不臧[八七]。但取指麾,必能兼濟；更差專使,徒有煩勞。

條目處置冬裝、糧料、烽鋪事[八八]。

緝理軍州[八九],政惟牧守。既委賢行,佇聽良能,更此起予[九〇],必期聞命。如將未便,亦任改申。儻叶權宜,各請遵守。並須勠力,以俟時康[九一]。小有乖張,恐招議替。

思結首領遠來請糧事。

思結首領,久沐薰風。比在河西,屢申忠赤；頃馳漠北,頻被破傷。妻孥悉無,羊馬俱盡。尚能慕義,不遠歸投。既乏糧儲,略宜支給。

李都督惠甘、肅州斛斗一千石。

瓜州凋弊,爲衆所知,實賴仁賢,乃能蘇息。豈唯獨贍,更欲恤鄰[九二]。則知奉國忘家,生人濟物。然所［需］既廣[九三],力難獨成,且請盖藏,待後處分。

貸便沙州斛斗,頻徵不納。

貸便之物,不合遷延。在於官司,無由受欠。各合勠力,豈要再論？更牒所由,切須徵納。如更推注,必議刑書。

甘州兵健月粮，請加全支。

艱難之際，轉輸未通。彼又乏粮，將何全給？量支或可延命，頓飽或慮傷神。增氣猶得充虛，減粮何須懇訴。使司只辦如此，軍郡別任運爲。不可膠柱調弦，事資（貴）相時而動[九四]。

關東兵馬使請加米。

兵健粮儲，各合自備。廣爲費用，盡即請支。凡在所由，曾無愧色[九五]？以此從政，豈不內慙？撫狀可明，良增歎惋[九六]。交見辛苦，略有支持，皆出沙州，又須辦脚。官私勠力，薄得霑儒（濡）[九七]；兵健無知，更有求訴。所由信任，頻爲申論。如此効官[九八]，頗知識理，不能違衆，今又量加。

瓜州屯田，請取禾外[九九]，均充諸欠。

官物欠剩，各有區分。禾贖合納正倉[一〇〇]，覆欠合徵私室，人間大例，天下共同。況分配先殊，主守元別。瘠鹵（魯）未能肥杞[一〇一]，截鶴豈可續鳧[一〇二]。道理昭然，斷無疑矣。

瓜州別駕楊顏犯罪，出斛斗三百石贖罪。

楊顏所犯，罪過極多[一〇三]；縱不累科[一〇四]，事亦非少。既願納物，以用贖刑；正屬艱難，打煞何益[一〇五]？雖即屈法，理貴適時。犯在瓜州，納合彼處。事從發斷，義不可移。既有保人，任出輸納。

玉門過　尚書[一〇六]，妄破斛斗。

尚書當過，具有文牒；所由顏情，妄事周匝[一〇七]。既違公式，自合私填，何須再三，苦有申訴？所費既廣，不可盡陪（賠）。三分放二，餘仰即納。

建康無屯牛，取朱光財市充。

使司支計，只憑軍資。比年絕無，如何准給？今既府庫虛竭，自合當處圓融。建康懸軍，復無人户，若令獨辦，又恐闕如。終須量事支持，餘欠當軍率税。肅州朱光身死，承襲都無子孫。資畜已聞官收，且取用市牛直（值）[一〇八]。

瓜州尚長史採鑛鑄錢置作[一〇九]。
採鑛鑄錢，數年興作，粮殫力盡，万無一成。徒擾公家，苟潤私室。況艱難之際，寇盜不恒；道路復遙，急疾無援。到頭莫益，不可因循。收之桑榆，猶未爲晚。再三籌議，事須勒停。

肅州先差李庭玉秉定[一一〇]，又申蔡家令覆秉[一一一]。
李庭玉對秉已定[一一二]，蔡家令妄啓奸門。未能冰碧用心，頗招瓜李之謗。十羊九牧，吾誰的從？今是昨非，人將安仰？屯作既有專當，使司何要親巡！蔡家令勒停，牒所由，准狀。

子亭申作田苗秋收，稱虫損不成[一一三]，欠禾[一一四]。
虫霜旱潦，盖不由人；類會校量，過應在己。勒令陪（賠）備，又訴貧窮。不依鄉原，豈可無罪！

朱都護請放家口向西，并勒男及女婿送。
人惟邦本，本固邦寧[一一五]。時属艱難，所在防捍；稍有搖動，誰不流離？朱都護久典軍州，飽諳邊務，何自封植，撓紊紀網？[一一六]進退由衷[一一七]，是非在我。老親少女，或任遷居[一一八]；愛婿令男，無憑弃職。奴婢量事發遣，奏傔[一一九]不可東西。殉節佇冀忘家，臨難終期奉國。將子無努（孥）[一二〇]，義不緣私。

甘州鎮守畢温、楊珍、魏邈等[一二一]，權知軍州。
畢温等植性公忠，惟（推）誠吏道[一二二]。軍州畏慕，實藉撫綏；蕃漢懷恩，必資佐理。佇期能政，以副令名。

刺史張元瓌請替。
張使君心如盤石，智若湧泉。杖忠義以臨人，舉孫吳而却敵。

一從防捍，七變星霜。暴露則多[一二三]，成功不少。頗負膏蘭之患[一二四]，須均苦樂之宜。能奉國可佳（嘉）[一二五]，而謀身未便。理難膠柱，事貴適時。既有替人，交了赴使[一二六]。

關東防援。

左提右挈，實在親隣；以有均無，事資管內。稍乖應接，人何以康！況兵馬使撫綏[一二七]，固應得所，自合遵奉，以副時須。小有煙塵，深期輔佐。

張瓌詐稱節度。

張使君性本兇荒，志非忠謹。有正卯之五盜[一二八]，無日磾之一心[一二九]。潛構異端，公然從逆[一三〇]。僞立符敕，矯授旄麾；動搖軍州，結託戎狄。恣行險勃[一三一]，妄有覬覦。文牒太半死人，虛詿輒求進馬。論情巨蠹，在法難容。牒張判官與關東兵馬使對，推問得實，狀具申[一三二]，仍所在收禁訖，報。管內官吏，盡是賢良；無混淄澠[一三三]，須明逆順。細宜詳審，勿陷刑名[一三四]。甘州且（具）寮[一三五]，尤須擇地，儻被塵點，不得怨人[一三六]。如到覆亡，卒難迴避。各求生路，無事守株。

伊西庭留後周逸構突厥煞使主，兼矯詔河已西副元帥。

禍福無門，惟人所召；姦迴不軌，在法攸書。副帥巡內徵兵，行至長泉遇害；軍將親觀事跡，近到沙州具陳。建謨出自中權，縱逼方憑外寇。逐兔者犬[一三七]，可矜愚於小戎[一三八]；指蹤者人，宜責智於大匠[一三九]。覽三軍之狀，已辯淄澠；聽兩道之詞[一四〇]，了分曲直。館中毀玉[一四一]，曾未誶於守持[一四二]；衙內攫金[一四三]，何遽受於旄節？承僞便行文牒，憑虛莫畏幽明。侮法無懼三千，搏風妄期九萬[一四四]。尚書忠義，寮屬欽崇。生前人無間言[一四五]，歿後狀稱矯詔，假手志誣爲國[一四六]，披心恨不顯誅。豈惟名行湮沉，實謂奏陳紕謬[一四七]。將士見而憤激，蕃虜聞而涕流。咸謂煞國之忠良，更與謗讟；屏王之耳目，使不聰明[一四八]。伏尋表草之言，却似首陳之狀。上書自然不實，下策何煩漫行[一四九]。此乃欲蓋彌彰，將益反損。既知指的，方敢奏聞。又偽立遺書，躬親筆削。恣行貪猥，莫顧章程[一五〇]。況随使資財，盡知優贍；供軍玉帛，衆委豐饒。人雖非命薨亡，物合却歸府庫[一五一]。今者，馬承官印，貨被私收；雜畜全留，家僮半放[一五二]。語親殊非骨屬，論義正是血讎。更何因依，獨擅封植。且煞人求餉，尚召初征；害使貪榮，能無後患？離心速寇，當即非賖；奪魄喪名，期於不遠。事復彰露，跡甚猖狂。匪直紊乱二庭，亦恐動搖四海。察其情狀，法所難容。宜絕小慈，用崇大計。彼道軍將，早抱忠貞；數州具寮，素高節操。前車既覆，已莫辯於薰蕕；後轍須移，可早分於玉石。事上固能勦絕[一五三]，臨下豈憚鎚埋。請從曲突之謀，勿誤焦頭之禍。周逸非道，遠近盡知；理合聞天，義難釐務。既要留後，任擇賢良；所貴當才，便請知事。某乙謬司觀察[一五四]，忝跡行軍，欲寬泉下之魚，有慙弦上之矢。公道無隱，敢此直書。各牒所由，准狀勘報。當日停務，勿遺東西。仍錄奏聞，伏待進止。

　　差鄭支使往四鎮，索救援河西兵馬一万人。
　　勠力勤王，古今所重；帥義殄寇[一五五]，《春秋》則書。蓋生人之令謨，寔臣子之守節。況河湟尚阻，亭障猶虞[一五六]。元帥一昨親巡，本期兩□□□（道徵點）[一五七]，豈謂中途遇害，遂令孤館自裁。痛憤轅門，悲感□□。□□□□，□問水濱之人[一五八]；雜虜未平，須徵塞上之馬[一五九]。□□□□□，□□（俗）令必惟行周；獨坐忠信，臨邊謨無不□□。□□□□，□□日以遄征[一六〇]；四鎮驍雄，佇排風而驟進。彼此□□□□□及時[一六一]，勉哉是行，以副斯請。差河□□□□□□（贊善）[一六二]，專往計會，徵發訖先報。各牒所由，准狀，□□（條）表錄奏[一六三]。

　　周逸与逆賊僕固懷恩書[一六四]。
　　推亡固存，《商（尚）書》所重[一六五]；去順効逆，《春秋》則誅。周逸猖狂，素懷悖乱，□□（輦轂）□□□□□□□[一六六]□□□□
（後缺）

【校記】

〔一〕藉、方，底卷中此二字殘，茲據殘存字形補。另，"藉□□方"，《籍帳》《安文》《釋錄》《法制文書》均錄作"籍□勞"，茲參照圖版，從《楊注》錄文。

〔二〕底卷中"必"字前一字殘，不能識讀。

〔三〕亡齒，底卷中殘，茲據殘存字形並參考諸家錄文補。

〔四〕禮，底卷中殘存右半，茲據殘存字形及文義補。又，"禮"字前缺一字，據文義疑爲"大"字。"禮"諸家錄文均未錄。

〔五〕處，底卷中殘，據殘存字形看應爲"處"，同"處"。

〔六〕割，底卷作"剖"，下同不再另出校。

〔七〕底卷中"在"之後缺三字，缺字不詳。

〔八〕必，底卷中殘，茲據殘存字形並參考諸家錄文補。

〔九〕麦，底卷中殘，茲據殘存字形並參考諸家錄文補。

〔一〇〕合，底卷中殘，據文義及殘存字形推斷應爲"合"；《釋錄》作"可"，誤；《籍帳》《安文》《楊注》逕錄作"合"。

〔一一〕建康尚書割留氎三百段，《籍帳》點斷爲"建康　尚書，割留氎三百段"，《安文》點斷爲"建康　尚書割留氎三百段"，《釋錄》作"建康尚書割留氎三百段"。《楊注》指出底卷在"康"字與"尚"字之間留有半字距空白，其應爲對"尚書"的敬空，但《籍帳》《安文》《釋錄》在"建康"與"尚書"之間均不加標點，則形成了"建康尚書"的偏正詞組，意爲建康軍中的尚書，更進一步使該詞組成爲後文的主語，以致文義難解。只有在"建康"之後點斷，才能表明此判是針對建康軍的，且是建康軍使濫用了尚書留下的氎布，而不是尚書濫用的。茲從《楊注》。

〔一二〕分，底卷中殘，茲據殘存字形並參考諸家錄文補。又，"緤"底卷作"綵"，下同不再另出校。

〔一三〕法，底卷中殘存右部"去"，茲據殘存字形並參考諸家錄文補。

〔一四〕董，《籍帳》疑作"重"；《釋錄》《法制文書》《楊注》疑爲"董"。據圖版，似應以"董"爲是。另，"牒建康，并牒董芳蘭，切推問給賞事由上"，《籍帳》點斷作"牒建康并牒重，芳蘭切推，問給賞事由上";《安文》録作"牒建康,并牒重芳蘭,切摧問給賞事由上",並於注文中指出"重芳蘭"或爲"董芳蘭"誤書。

〔一五〕推,《籍帳》録作"摧",誤。

〔一六〕設,底卷作"設",下同不再另出校。

〔一七〕亦,底卷中殘,從殘存字形看,應爲"亣",同"亦"。

〔一八〕薄,通"簿",《籍帳》《釋録》《安文》《楊注》等徑録作"簿"。

〔一九〕兒,底卷作"皃",下同不再另出校。

〔二〇〕亭迴,底卷作"亭迵",下同不再另出校。又,《楊注》指出"子亭"又作"紫亭",地名,位於甘泉水(今黨河)上游東岸,唐五代時於該地置有子(紫)亭鎮。

〔二一〕年,《籍帳》《安文》《釋録》《法制文書》均録作"平";《楊注》指出"平下"文義不通,疑爲"年下",指農曆新年前後。從圖版來看,似應爲"年"字,茲從《楊注》。又,"兩",《楊注》指出應爲"西"之訛;《安文》徑録作"西",誤;《籍帳》《釋録》《法制文書》録作"兩",未出校。茲從《楊注》。

〔二二〕若,《楊注》疑爲"茲"字之訛,但未出注説明理由。

〔二三〕底卷中"無"字前缺一字,《籍帳》補作"堪",《安文》補作"當",暫存疑。

〔二四〕記,《楊注》指出應爲"跡"之訛,"從跡"謂襲用前例;《籍帳》《安文》《釋録》《法制文書》未出注。茲從《楊注》。

〔二五〕甘州,底卷缺,《籍帳》《釋録》據文義補,茲從;《法制文書》徑録,誤。

〔二六〕適,底卷作"適",下同不再另出校。

〔二七〕貪,底卷缺,《安文》《釋録》據文義補,茲從;《籍帳》未補;《法制文書》徑録;《楊注》從《釋録》。又,"無"字,底卷中殘存下部,茲據殘存字形並參考諸家録文補。另,"厭"底卷作"猒",下同不再另出校。

〔二八〕般,據文義通"搬"。

〔二九〕給,底卷缺,《籍帳》《釋録》據文義補,茲從;《法制文書》徑録,誤。

〔三〇〕索，底卷作"縈"，下同不再另出校。

〔三一〕圓，底卷作"圎"，下同不再另出校。

〔三二〕突，底卷作"宊"，下同不再另出校。

〔三三〕陪，據文義通"賠"，下同不再另出校。

〔三四〕停，底卷作"𠆢"，下同不再另出校。

〔三五〕寧，底卷作"宵"，下同不再另出校。

〔三六〕城，底卷中殘存右下角，茲據殘存字形並參考諸家録文補。又，"暫"底卷作"蹔"，下同不再另出校。

〔三七〕清，《楊注》録作"靖"，並指出《籍帳》《安文》《釋録》録作"清"，恐誤。但據圖版應爲"清"，"道路未清"文義也通。

〔三八〕休明，《楊注》指出其應爲底卷大部分判文作者楊休明的自稱。

〔三九〕寫，底卷作"冩"，下同不再另出校。另，《楊注》云："寫白"意即"謄清"。

〔四〇〕切，《籍帳》録作"如"，誤。

〔四一〕底卷中"亦"字前原衍一"之"字，旁加删除符號，茲不録。

〔四二〕隣，《安文》《釋録》《法制文書》録作"憐"，誤，"恤隣"該件文書多見。

〔四三〕底卷中"無"字前原有一"物"字，《釋録》《法制文書》指出據文義應爲衍文，茲從不録；《籍帳》照録。

〔四四〕廪，底卷作"㐭"，下同不再另出校。

〔四五〕加，《籍帳》漏録。

〔四六〕戮，底卷作"勠"，下同不再另出校。

〔四七〕乙，《籍帳》作重文符號，誤。

〔四八〕偏，《籍帳》《安文》《釋録》《法制文書》指出據文義應爲"編"之訛，茲從；《楊注》徑録作"編"，誤。

〔四九〕儉，底卷作"㑁"，下同不再另出校。

〔五〇〕倉中，底卷原作"中倉"，旁加倒乙符號，茲録正。

〔五一〕比，《籍帳》録作"此"，誤。

〔五二〕料，底卷作"秺"，下同不再另出校。

〔五三〕叶，《釋錄》認爲應爲"協"之訛；《楊注》認爲"叶"爲協助、幫助之意，下同不再另出校。

〔五四〕豐，底卷作"豊"，下同不再另出校。

〔五五〕直，據文義通"值"。敦煌文書中多將"值"寫作"直"，下同不再另出校。

〔五六〕元，《法制文書》錄作"無"，誤。

〔五七〕弊，《安文》《籍帳》《釋錄》《法制文書》《楊注》指出應爲"幣"之訛，茲從。

〔五八〕肉，底卷作"宍"，下同不再另出校。

〔五九〕亮，底卷作"亮"，下同不再另出校。

〔六〇〕底卷中"徵半"的"半"字，有改寫痕跡。

〔六一〕伏，《籍帳》《安文》《釋錄》《法制文書》均錄作"狀"；《楊注》錄作"伏"；據圖版應爲"伏"。

〔六二〕文，底卷脱，《釋錄》《法制文書》均指出據文義此處應脱一"文"字，"守文"即遵守成法，茲從。

〔六三〕年，底卷脱，《釋錄》《法制文書》均指出據文義此處應脱一"年"字，茲從補。

〔六四〕牙，據文義通"芽"。

〔六五〕牽，底卷作"拏"，下同不再另出校。

〔六六〕孽，底卷作"孼"，下同不再另出校。

〔六七〕子，據文義通"仔"。又，"審"字，《釋錄》錄作"蕃"，誤。

〔六八〕底卷中"須"字前原衍一"然"字，旁加刪除符號，現不錄。

〔六九〕轅，底卷作"輆"，下同不再另出校。

〔七〇〕般，《劉釋》《法制文書》錄作"彼"，誤；《楊注》指出"般次"，敦煌文書常見用語，本有分班、分批、當般之意，後來演變成專名，可用以指稱東來西往的使團商隊等。又，"頓遞"，置備酒食郵驛，以供軍用。

〔七一〕遠，底卷作"逺"，下同不再另出校。

〔七二〕當，《楊注》指出應爲"賞"之訛，"優賞"即厚加賞賜，茲從校；《籍帳》《安文》《釋錄》《法制文書》未出校。

〔七三〕寄，底卷作"寄"，下同不再另出校。又，"貯"，《法制文書》錄作"儲"，誤。

〔七四〕介，底卷中此處空白，應脫一字，《安文》指出此處可補"介"字，茲從補。

〔七五〕便，《釋錄》錄作"更"，誤。

〔七六〕渝，《籍帳》錄作"淪"，誤；《楊注》指出"渝"意爲變更，改變。

〔七七〕便，《釋錄》《法制文書》錄作"使"，誤。

〔七八〕進馬，《安文》注曰："進馬，指河西群牧向殿中省進貢良馬"。

〔七九〕情誠，底卷中原作"誠情"，旁加倒乙符號，茲錄正。

〔八〇〕義，底卷作"義"，下同不再另出校。

〔八一〕撥，底卷作"撥"，下同不再另出校。

〔八二〕獲，底卷作"穫"，下同不再另出校。

〔八三〕膠，底卷作"𦝩"，下同不再另出校。

〔八四〕只，《釋錄》錄作"祇"，非原字形。

〔八五〕再三，底卷中原作"三再"，旁加倒乙符號，茲錄正。

〔八六〕材，《楊注》校作"才"，茲從校。

〔八七〕臧，底卷作"咸"，下同不再另出校。

〔八八〕"置"底卷作"置"，"烽"底卷作"烽"，下同不再另出校。

〔八九〕緝，底卷作"緝"，下同不再另出校。

〔九〇〕起，底卷作"起"，下同不再另出校。

〔九一〕俟，《釋錄》《法制文書》錄作"候"，誤。

〔九二〕隣，《法制文書》認爲應爲"憐"之訛，但據上句"豈唯獨贍"一句來看，"隣"字應無誤，茲不改。

〔九三〕底卷中"既"字前原衍一"既"字，旁加抹毀符號，茲不錄。另，《法制文書》指出，據文義"所"字下應脫一"需"字，茲從補；《籍帳》《安文》《釋錄》未標注脫文；《楊注》標注此處脫一字，但未補。

〔九四〕資，《楊注》據文義校作"貴"，茲從校；《籍帳》《安文》《釋錄》《法制文書》均未出校。

〔九五〕愧，底卷作"媿"，下同不再另出校。

〔九六〕底卷中"歎"字前原衍一"良"字，旁加刪除符號，現不錄。

〔九七〕儒，《釋錄》《法制文書》認爲應爲"露"之訛；《籍帳》則認爲應爲"濡"之訛；《楊注》同《籍帳》。按，霑濡，謂蒙受恩澤、教化，司馬相如《難蜀父老文》："漢興七十有八載，德茂存乎六世，威武紛雲，湛恩汪濊，群生沾濡，洋溢乎方外。"《舊唐書·張廷珪傳》云："日月所燭之地，書軌未通之鄉，無不沾濡渥恩，被服淳化。"故《籍帳》所校爲是。

〔九八〕如，《法制文書》錄作"呈"，誤。

〔九九〕禾，《籍帳》錄作"禾"，疑作"采"；《釋錄》錄作"采"，誤；《安文》錄作"禾"，並據前後文義推斷，其應爲"屯田收穫物上交定額"之意；《楊注》指出據《龍龕手鑑》《中文大辭典》等，"禾"字義爲"禾麥知多少"，故從《安文》。

〔一〇〇〕禾贐，"禾"《釋錄》錄作"采"，誤；"贐"《法制文書》錄作"剩"，非原字形。

〔一〇一〕瘠鹵未能肥杞，李並成《〈河西節度使判集〉(P.2942) 有關問題考》(《敦煌學輯刊》二〇〇五年第三期) 一文考證指出，此句係化用"何必瘠魯以肥杞"這一典故，其中"魯"指魯國，"杞"指杞國，故底卷中"鹵"應爲"魯"字同音之訛；《籍帳》《安文》《釋錄》《法制文書》均未出注。另，"杞"，《籍帳》錄作"把"，誤；《安文》錄作"杞"，校作"杞"，注爲"杞樹"；《釋錄》《法制文書》錄作"杞"，未出校；《楊注》用李並成文出校。

〔一〇二〕鶴，底卷作"鸖"，下同不再另出校。

〔一〇三〕極，底卷作"抹"，下同不再另出校。

〔一〇四〕縱，底卷作"縱"，下同不再另出校。

〔一〇五〕益，底卷作"益"，下同不再另出校。

〔一〇六〕玉門過尚書，《楊注》指出，"玉門"指"玉門軍"，"過"指祭拜，此句係謂玉門軍軍將祭拜過世尚書。

〔一〇七〕匦，底卷作"迊"，下同不再另出校。

〔一〇八〕底卷中"市"字前原衍一"充"字，旁加刪除符號，現不録。

〔一〇九〕鑛，同"礦"，《法制文書》逕録作"礦"，下同不再另出校。李並成《〈河西節度使判集〉（P. 2942）有關問題考》認爲此處所言銅礦，即今安西縣輝銅山。

〔一一〇〕禾，《籍帳》録作"來"，《釋録》録作"未"，均誤。

〔一一一〕禾，《籍帳》録作"來"，《釋録》録作"采"，均誤。

〔一一二〕禾，《籍帳》録作"來"，《釋録》録作"未"，均誤。

〔一一三〕虫，底卷作"虽"，下同不再另出校。

〔一一四〕禾，《籍帳》録作"來"，《釋録》録作"采"，均誤。

〔一一五〕本本，底卷作"本〝"，"〝"爲重文符號，茲録正。又，"寧"底卷作"寕"，下同不再另出校。

〔一一六〕紀綱，底卷中"紀"原作"既"，後改寫爲"紀"，茲録正。"綱"，底卷作"綎"，下同不再另出校。

〔一一七〕衷，底卷作"裹"，下同不再另出校。

〔一一八〕任，《安文》録作"在"，誤。

〔一一九〕僄，底卷作"僬"，下同不再另出校。

〔一二〇〕努，《法制文書》指出據文義通"孥"，茲從。《楊注》將"努"釋義爲"努力，勉力"，疑有誤。

〔一二一〕邈，底卷作"邈"，下同不再另出校。

〔一二二〕惟誠，《釋録》録作"忠誠"，誤。又，"惟"，《楊注》校作"推"，並指出"推誠"意爲以誠心相待；《籍帳》《安文》《法制文書》未出校。茲從《楊注》。

〔一二三〕暴，底卷作"暴"。下同不再另出校。

〔一二四〕負，底卷作"負"，下同不再另出校。

〔一二五〕佳，《釋録》《法制文書》《楊注》均指出通"嘉"，茲從。

〔一二六〕交了，底卷原作"了交"，旁加倒乙符號，茲録正。

〔一二七〕使，《安文》漏録。

〔一二八〕卯，底卷作"夘"，下同不再另出校。

〔一二九〕磾，《釋録》録作"殫"，誤。

〔一三〇〕逆，底卷作"迸"，下同不再另出校。

〔一三一〕險，底卷作"隂"，下同不再另出校。

〔一三二〕《楊注》指出，據文義"狀"字前當脱一字。

〔一三三〕淄澠，底卷作"湽湣"，下同不再另出校。

〔一三四〕陷，底卷作"陷"，下同不再另出校。

〔一三五〕且，《安文》《劉釋》《法制文書》《楊注》均指出據文義應爲"具"之訛，茲從；《籍帳》録作"臣"，誤。

〔一三六〕怨，底卷作"惌"，下同不再另出校。

〔一三七〕"兔"底卷作"兎"，"犬"底卷作"犮"，下同不再另出校。

〔一三八〕矜，底卷作"矜"，下同不再另出校。《楊注》指出"矜愚"即"矜愚飾智"，謂裝作智慧，在愚人面前誇耀自己。

〔一三九〕智，《楊注》指出應爲"治"之訛，"責治"意爲"追究並懲處"。按，此處"責智"與"矜愚"相對，應以"智"爲是。

〔一四〇〕聽，《釋録》漏録。

〔一四一〕館，底卷作"舘"，下同不再另出校。又，"毀玉"，《楊注》指出即"龜玉毀櫝"之省稱。

〔一四二〕誶，《釋録》《法制文書》録作"許"，誤。"誶"，責駡之意。

〔一四三〕攫，底卷作"擢"，下同不再另出校。

〔一四四〕搏，《楊注》校作"搏"，並指出不出校亦可。

〔一四五〕人無，《安文》録作"無人"，誤。

〔一四六〕誣，底卷作"誈"，《安文》舉《龍龕手鑑》指出"誈"爲"誣"字俗體；《籍帳》録作"誈"；其餘各家録文均作"誣"。

〔一四七〕謬，底卷作"謬"，下同不再另出校。

〔一四八〕聰，底卷作"聡"，下同不再另出校。

〔一四九〕漫，底卷作"澷"，下同不再另出校。

〔一五〇〕顧，底卷作"顧"，下同不再另出校。

〔一五一〕歸府，底卷作"歸府"，下同不再另出校。

〔一五二〕半放，底卷原作"放半"，旁加倒乙符號，茲録正。

〔一五三〕勒，《法制文書》録作"巢"，誤。

〔一五四〕乙，《籍帳》《安文》《釋録》《法制文書》均將其視作重文符號，録作"某"，但從圖版來看，其與上文重文符號不同，應爲

二　判集類　／　225

"乙";《楊注》作"乙"。

〔一五五〕帥,底卷作"帥",《釋錄》《法制文書》作"師",誤;《楊注》指出"帥"意爲"遵循"。又,"珍"底卷作"𤣥",下同不再另出校。

〔一五六〕底卷中"猶"字前原衍一"亭"字,旁加刪除符號,現不錄。

〔一五七〕道徵點,底卷中此三字殘存右半,茲據殘存字形並參考諸家錄文補。

〔一五八〕底卷中"問"字前缺七字。

〔一五九〕須,《釋錄》錄作"頃",誤。

〔一六〇〕俗,底卷中殘存下部,茲據殘存字形並參考諸家錄文補。按,"俗"字前缺字及"日"字前缺字,《籍帳》《安文》《釋錄》《法制文書》均未推斷字數,《籍帳》點斷作"俗,令必惟行。周獨坐忠,信臨邊謨,無不□□日以遄征";《安文》點斷作"俗令,必惟行周。獨坐忠信,臨邊謨無不□□日以遄征";《釋錄》點斷作"俗令必惟行周,獨坐忠信,臨邊謨無不□□日以遄征";《楊注》推斷"俗"字前缺五字,"日"字前缺八字,且指出"必惟"與"無不"對仗,將其點斷作"□□□□□俗令,必惟行周;獨坐忠信臨邊謨,無不□□。□□□□,□□日以遄征"。按,據圖版看,"日"字前缺八字應無誤,但"俗"字基本與前一行"問"字對齊,其前應缺七字,而非五字,故依此點斷作"□□□□□,□俗令必惟行周;獨坐忠信,臨邊謨無不□□。□□□□,□□日以遄征",首缺二字或爲轉折用語,之後"□□□□,□俗令必惟行周"與"獨坐忠信,臨邊謨無不□□"對仗。另。"日"字《釋錄》《法制文書》未錄。

〔一六一〕底卷中"及"字前一字僅殘存下部兩點,且"及"字前約缺十字左右。

〔一六二〕底卷中此處存三字殘筆畫,據殘存字形,僅能推斷後兩字爲"贊善"。又,"贊"字前約缺四字左右。

〔一六三〕條,底卷中殘存左部,《籍帳》《安文》《釋錄》《法制文書》均推補作"條";《楊注》推補作"紙"。據殘存字形及文義推斷,似應爲“條”。

〔一六四〕僕，底卷作“㒒”，下同不再另出校。

〔一六五〕商，《楊注》指出據文義應爲“尚”之訛；《籍帳》《安文》《釋録》《法制文書》均未出校。玆從《楊注》。

〔一六六〕輦轂，底卷中殘，玆據殘存字形並參考諸家録文補。又，底卷中“轂”字下存六字殘痕，《籍帳》《安文》《釋録》及《法制文書》均補作“之下□見逃門”，但所存字畫較少，現存疑。

三　牒狀類

壹　告身

一　唐乾封二年（六六七）氾文開告身殘尾

伯三七一四

【題解】

本件底卷編號伯三七一四號。原卷首殘尾全，共二十行，字跡較清。底卷正面抄"新修本草"，背面抄此"乾封二年詔"及"乾封二年（六六七）至總章二年（六六九）傳馬坊牒案卷"。原卷無題，《法藏》未單獨定名；《釋錄》定爲"唐乾封二年（公元六六七年）詔"。

按，本卷殘存內容與吐魯番出土文書《唐乾封二年（六六七）郭毡丑勳告》（《吐魯番出土文書》錄文本第六册，第五〇四—五〇七頁；圖錄本第三册，第二六〇—二六二頁）頗多相同之處，據此可知其應爲"乾封二年（六六七）氾文開勳告"殘尾，茲據此擬定今題。

本件《釋錄》（肆二五八—二五九）、中村裕一《唐代公文書研究》（以下簡稱《公文書》，汲古書院一九九六年版，一一七—一一九）有錄文。茲據《法藏》（貳柒五一—五二）影印本及IDP彩圖，並參考前人錄文，對底卷重新校錄如下。

　　（前缺）
　　　　▨▨▨▨▨（主者施行）[一]。
　　乾封二年二月廿六日
　　　　兼右相、兼檢校太子左中護、上柱國、樂成縣開國男臣劉仁軌　▨（宣）[二]

　　　　　西臺侍郎、道國公臣戴至德　　奉[三]
　　　　　兼西臺舍人、輕車都尉臣蕭德［照］　行[四]
　　□　□（左　相）　闕[五]
　　□□□（文散官）東臺侍郎□□□□□□☒臣　文瓘[六]
　　□☒（東臺）舍人上□（騎）☒（都）尉臣　佺　等書[七]
　　　詔　書　如　右，　請　奉
　　　□□（詔，付）外施行[八]，謹言。
　　　　　　乾封二年四月廿一日
　　　制可。
　　　　　四月廿三日寅時　都事韓仁寶　受
　　　　　右　成　務　行　功　付　司　勳[九]
　　□（左）　匡　政　　闕[一〇]
　　□（右）　匡　政　　闕[一一]
　　□　□（司列）　太　常　伯　　闕[一二]
　　□□□□□□□（朝議大夫守司列少常伯）檢☒□（校太）子中右中護上輕車都尉[一三]
　　□□□□□□□☒（銀青光禄大夫行左肅機魏縣）開國子[一四]
　　□□□（告上護）軍氾文開，奉　　被[一五]
　（後缺）

【校記】

〔一〕主者施行，底卷此四字，前三字僅殘存左側，第四字缺，《釋錄》據文義補入，茲從；《公文書》將此處補作：
　　　沙州　　□□　　氾文開　白丁
　　　右可上護軍
　　　　東台……可依前件。主者施行。

〔二〕男，底卷作"昜"，下同不再另出校。又，"宣"字底卷中殘，茲據殘存字形並參考《釋錄》《公文書》補。

〔三〕戴，《釋錄》錄作"載"，誤。

〔四〕蕭，《釋錄》錄作"葉？"，誤。又，"照"字底卷無，據吐魯番出土文書《唐乾封二年郭邑丑勳告》可知，"德"字後應脫一"照"字；《公文書》補，茲從補。

〔五〕左相，底卷缺，茲據《唐乾封二年郭氈丑勳告》及《公文書》補。又，"闕"底卷作"聞"，下同不再另出校。

〔六〕此行文字，《釋錄》未釋讀，現據圖版補。"文散官"底卷缺，《公文書》補，茲從補。又，《唐乾封二年郭氈丑勳告》中此行文字作"朝議大夫、守臺侍郎、兼檢校太子右中護、上輕車都尉仁本"，與本件不同。按，此處文瓘，應爲張文瓘，乾封二年爲東臺侍郎。

〔七〕此行文字，《釋錄》錄作"□舍人□"，現據圖版並參考《唐乾封二年郭氈丑勳告》《公文書》補。

〔八〕詔付，底卷中缺，《釋錄》補作"制付"，但據《唐乾封二年郭氈丑勳告》可知應爲"詔付"；《公文書》補作"詔付"，茲從。

〔九〕右，《釋錄》錄作"左"，誤；付，《釋錄》漏錄，現據圖版補。另，《釋錄》於"勳"字後衍錄一缺字符號"□"，據圖版及文義應不缺。

〔一〇〕左，底卷缺，茲據《唐乾封二年郭氈丑勳告》及《公文書》補。

〔一一〕右，底卷缺，茲據《唐乾封二年郭氈丑勳告》及《公文書》補。

〔一二〕司列，底卷缺，茲據《唐乾封二年郭氈丑勳告》及《公文書》補。又，此行文字，《釋錄》錄作"太常□"。

〔一三〕朝議大夫守司列少常伯，底卷中缺，《公文書》補，茲從補。又，底卷中"校"字殘存上部，"太"字缺，茲據殘存字形並參考《公文書》補；《釋錄》逕錄。另，此行文字，《唐乾封二年郭氈丑勳告》作"中散大夫守司列少常伯"，與本件不同。

〔一四〕銀青光祿大夫行左肅機魏縣，底卷中此處缺，茲據《唐乾封二年郭氈丑勳告》及《公文書》補。又，此行文字，《釋錄》未釋錄。

〔一五〕軍，《釋錄》未釋錄，現據圖版補。又，"告上護"三字底卷中缺，茲據《唐乾封二年郭氈丑勳告》及《公文書》補。另，《公文書》中於此行下補：

　　　　詔書如右，符到奉行。

　　　　　　　　　　　　　主事　　姓名
　　　司勳郎中具官封名　　令史　　姓名
　　　　　　　　　　　　　書令史　姓名
　　乾封二年四月□日　下

二　唐高宗至武周載初元年（六八九）之前令狐懷寂告身殘片 EQ 一二〇八

【題解】

本件底卷編號 EQ 一二〇八號，爲伯希和獲自敦煌，現收藏於法國集美博物館，是貼在一件精美竹制經帙背面的三張文書殘片。原件無題，第二個殘片上鈐有八枚印鑒，印文全部爲"尚書吏部之印"，應爲告身原件。榮新江一九九四年在英國國家圖書館工作時注意到此文書，並於一九九六年指出"竹制經帙裏面裱糊的一件唐代告身文書，迄今似仍不爲研究唐代官文書者所知"（《敦煌藏經洞的性質及其封閉原因》，《敦煌吐魯番研究》第二卷，北京大學出版社一九九六年版）。二〇一〇年，唐星據榮新江提供的趙豐攝自法國的該經帙清晰照片，依據《制授告身式》及其他策勳告身，對該告身文書進行了復原，判定其爲令狐懷寂護軍勳告，並據用印情況、文書中赫連梵任司勳員外郎的年代以及武周新字使用情況等信息，將該告身時間斷於高宗年間〔除去龍朔二年（六六二）到咸亨元年（六七〇）〕到武周載初元年（六八九）以前（《釋令狐懷寂告身》，《敦煌吐魯番研究》第十二卷，上海古籍出版社二〇一一年版）。茲據此擬定今題。

本件唐星《釋令狐懷寂告身》、方廣錩《敦煌遺書散論》（上海古籍出版社二〇一〇年版）有錄文。茲據 IDP 彩圖，並參考前人錄文，對底卷重新校錄如下。

　　　　　　（前缺）
　　＿＿＿▨▨▨▨（驍雄）▨▨▨▨[一]＿＿＿＿＿＿＿▨（丞）經年載[二]，挺刃推▨（鋒）[三]，屢聞克＿＿＿
　　　　□□（可依）前件[四]，主者施行。[五]

（中缺）

　　　　　□□（尚書）左丞[六]

□（告）護軍令狐懷寂，□□（奉被）[七]

□（詔）書［如］右[八]，符到奉行。

　　　　　　　　　主事　師　倫

□□□□（司勳員外）郎梵[九]　令史[一〇]

　　　　　　　　　　書令史蘇淳

【校記】

〔一〕底卷中此行文字存八字左側殘痕，其中僅第三、四字所存筆畫較多，唐星錄文推補爲"驍雄"，茲從；方廣錩錄文此行文字未釋錄。

〔二〕亟，底卷中殘，茲據殘存字形並參考唐星錄文補；方廣錩錄文未釋讀。

〔三〕挺，底卷作"挻"，下同不再另出校。又，"鋒"字底卷中殘，茲據殘存字形並參考唐星及方廣錩錄文補。

〔四〕可依，底卷中缺，唐星錄文據唐代告身格式補，茲從補。

〔五〕可依前件主者施行，此行文字爲單獨一殘片，貼於經帙背面最左側，唐星錄文補於此處，茲從；方廣錩錄文未釋錄。

〔六〕尚書，底卷中缺，唐星錄文補，茲從補。又，唐星錄文於"左丞"字後補一"闕"字，據底卷應不缺。

〔七〕告、奉被，底卷中此三字缺，唐星錄文補，茲從補。又，"寂"底卷作"宼"，下同不再另出校。

〔八〕詔，底卷中缺，唐星錄文補，茲從補。又，"右"字底卷中脱，唐星錄文補，茲從補。

〔九〕司勳員外，底卷中缺，唐星錄文補，茲從補。

〔一〇〕唐星錄文於"令史"字後補一"闕"字，據底卷應不缺。

三　武周萬歲通天某年（六九六或六九七）某人告身殘片

北窟四八：二

【題解】

本件底卷出土於敦煌莫高窟北區第四十八窟，編號 B 四八：二，圖版收錄於彭金章等《敦煌莫高窟北區石窟》（第一卷）（文物出版社二〇〇〇年版，以下簡稱《北區石窟》）。該書指出第四十八窟出土紙鞋一隻，外表塗成黑色，用兩層舊文書剪成鞋幫形後再用針線縫製。從紙鞋上揭出文書三件，本底卷爲其中之一，另兩件分別爲《殘名籍》和《殘文書》。底卷現存兩件殘片，各存文字三行。底卷無題，殘片二有紀年"萬歲通天"，《北區石窟》（第一卷）定作"萬歲通天□年殘勳告"。

本件《北區石窟》（第一卷）（一五二）有錄文，該書後所附彩版（九）有文書圖版。茲據彩圖，並參考前人錄文，對底卷重新校錄如下。

（一）
（前缺）
▨▨加勳壹轉，准載初元年叁▨（月）[一]▨▨▨譯平訶第貳等陣，別加勳兩轉[二]，准證聖元年▨▨▨恪敘總▨（伍）[三]▨▨
（後缺）

（二）
（前缺）
□□（萬歲）通天□□（年）[四]▨▨▨
銀青光祿大夫、行鳳閣侍郎、同鳳閣鸞臺平章事臣皇孫上柱國[五]▨▨
朝散大夫、行鳳閣舍人、護軍▨▨
（後缺）

【校記】

〔一〕月，底卷中此字殘存左部殘筆畫，茲據殘存字形並參考《北區石窟》（第一卷）錄文補。

〔二〕兩，《北區石窟》（第一卷）錄作"雨"，校作"兩"，但從圖版看，似應爲"兩"。

〔三〕伍，底卷中此字殘存右半，茲據殘存字形並參考《北區石窟》（第一卷）錄文補。

〔四〕萬歲、年，底卷中均缺，《北區石窟》（第一卷）據文義補，茲從之。

〔五〕皇孫，底卷中漫漶不清，《北區石窟》（第一卷）疑爲"皇孫"二字，茲從之。

四　武周聖曆二年（六九九）氾承儼告身

伯三七四九

【題解】

本件底卷編號伯三七四九號。底卷首殘尾全，現存十七行。底卷背面用來抄寫"巫醫書"，字跡漫漶，很難辨認。原件無題，《法藏》定作"聖曆二年十二月貳拾日告書"；《索引》注解作"聖曆二年（六九九）昭武校尉行左衛涇州肅清府別將員外置同正員上柱國氾承儼奉到詔書告"；《索引新編》定作"聖曆二年（六九九）告書"；《釋錄》定作"武則天聖曆二年（公元六九九年）氾承儼告身"。茲據文義擬定今題。

本件《釋錄》（肆二七一—二七二）、中村裕一《唐代官文書研究》（以下簡稱《官文書》，中文出版社一九九一年版）及《公文書》（一一九—一二〇）有錄文。茲據《法藏》（貳柒二四〇—二四一）影印本及IDP彩圖，並參考前人錄文，對底卷重新校錄如下。

（前缺）

☐☐☐☐☐☐出☐☐☐☐☐[一]

☐（聖）曆貳年十二月拾叁日[二]

☐☐（制可）[三]。

　　　十　二　月　廿　日　時　都　事☐[四]

　　　　右　　司　　郎　　中☐

☐（文）　　昌　　左　　相　　闕[五]

文　　昌　　右　　相　　闕

銀青光祿☐☐☐☐☐☐☐（大夫、行夏官尚書、同）鳳閣鸞臺三品、建昌郡王　**攸寧**[六]

☐（銀）青光祿大夫、行夏官侍郎、永樂縣開國侯、[西]京留守［知一］[七]

太☐☐（中大）夫、守夏官侍郎、上柱國臣　元☐（崇）[八]

文　　昌　　右　　丞　　闕[九]

告昭武校尉、行左衛泾州肅清府別將、員囗（外）置同正員、上柱國氾承儼，奉☒（被）[一〇]

　　制　書　如　右，　符　到　奉　行。

　　　　　　　　　　　　　　主事　**玄成**

　　　　　　　　　　　　　　令史　**馮全**[一一]

　　　　　　　　　　　　　　書令史　**樊福**

　　　聖　曆　貳　年　十　二　月　貳　拾　日　下

【校記】

〔一〕底卷中爲兩行殘存文字，但字跡模糊漫漶，僅能釋讀出一"出"字；《釋録》《公文書》均未標注此兩行文字。

〔二〕聖，底卷中殘，茲據殘存字形並參考《釋録》《公文書》補。又，"曆"底卷作"厤"，下同不再另出校。

〔三〕制可，底卷中"制"字缺，"可"字殘，茲據唐代告身格式及殘存字形，從《釋録》《公文書》補。

〔四〕廿，《公文書》作"貳拾"。另，"時都事"，《釋録》録作"囗時受"，誤；《公文書》於"都事"後僅補一"受"字。按唐代告身格式，"受"字前還應有"都事"姓名。

〔五〕文，底卷中缺，據下文，從《釋録》《公文書》補。

〔六〕底卷中"鳳"字前缺，《釋録》未補；《公文書》補"大夫行夏官尚書同"等字。按《新唐書》卷四《則天順聖武皇后紀》載：聖曆元年（六九八）九月甲子，武攸寧任夏官尚書同鳳閣鸞臺三品，可知《公文書》所補無誤，茲從補。

〔七〕銀，底卷缺，茲據文義從《釋録》補；"銀青"二字《公文書》未録。又，"行夏官侍郎永樂縣"，《釋録》僅録出"夏官"兩字；《公文書》未録"永樂"兩字。另，"侯"字《公文書》未録。"京留守"三字底卷中爲右側補寫，且"留守"後無字。據《唐苑嘉賓制書》中載："銀青光禄大夫行夏官侍郎永樂縣開國侯知一"，該"制書"時間爲聖曆元年（六九八）五月，其中"夏官侍郎"應與本件告身中爲同一人，故可知其應爲"侯知一"。另據《侯知一墓誌》載:"天后聖帝封中岳禮畢,加銀青光禄大夫,授上柱國,進封永樂縣侯。服闋,西京留守,除華州刺史。"據《舊唐書》卷六《則天皇后紀》,武則天封中岳在聖曆二年(六九九)春,墓誌所載侯知一官職與本件告身同,可知推斷無誤,故在"京"字前補"西"字,"留守"後補"知一"二字;《釋録》《公文書》均未補。

〔八〕中大,底卷中缺,茲據文義及唐代官職補。又,"太"字,《釋録》《公文書》未録。另,"崇"字底卷中殘存上部,茲據殘存字形補;《釋録》未釋讀;《公文書》補。按,此應爲"姚元崇"。

〔九〕丞,底卷作"丞",下同不再另出校。

〔一〇〕底卷中"置"字前缺一字,據文義可補"外";《釋録》徑録;《公文書》補。又,"被"底卷中殘,茲據殘存字形並參考《釋録》《公文書》補。

〔一一〕《公文書》在"令史"前補"夏官郎中具官封名"等字。

五　唐景龍二年(七〇八)□文楚告身殘片

北窟四七:八

【題解】

本件底卷出土於敦煌莫高窟北區第四十七窟,編號B四七:八,圖版收録於《北區石窟》(第一卷)。底卷無首題,有紀年"景龍二年(七〇八)三月十一日",《北區石窟》定作"唐景龍二年(七〇八)奏授□楚計陪戎校尉殘官告文書",並指出本底卷現存殘片三件,不可拼接。另,本底卷爲背面抄寫,其中兩件殘片正面亦有文書,内容分别爲"貸錢折糧帳"和"殘名籍"。陳國燦《莫高窟北區第47窟新出唐告身文書研究》(《敦煌研究》二〇〇一年第三期)通過比對指出同窟出土的B四七:四二(b)和B四七:十七(b)兩件殘片應與B四七:八爲同一文書殘片,故本底卷應現存五件殘片。陳文除對各殘片關係進行釋録、考證之外,還對文書整體進行了復原。

本件《北區石窟》(第一卷)(一三七——三八)、陳國燦《莫高窟北區第47窟新出唐告身文書研究》有録文。茲據《北區石窟》(第一卷)(圖版二九)所收圖版,並參考前人録文,對底卷重新校録如下。

（一）B 四七：八（一）

（前缺）

▭▨（吴）保積[一]　▭▨（陳）[二]▭張乾翼、
王▭徐君奕等伍拾人擬官如右，▨（謹）[三]▭

　　景龍二年三月十一日朝請大夫、檢校兵部員外郎、上柱國
　　　　正議大夫、行給事中臣　齊▨（景）▭　▭（冑　讀）[四]
　　　　黄門侍郎、上柱國臣　楊廉　省
　　　　▭▨▭（侍中、上柱）國、舒國公臣韋巨源　▭（審）[五]
　　　　都事▭

（後缺）

（二）B 四七：四二（b）

（前缺）

▭三月十二日[六]▭

（後缺）

（三）B 四七：十七（b）

（前缺）

▭（銀）青光禄大夫、守兵部▭▭▭▭（尚書、上柱國）▭▭[七]
▭▭（太中）大夫、守兵部[八]▭
▭國從遠[九]

（後缺）

（四）B 四七：八（二）

（前缺）

大中大夫、守兵▭
銀青光禄大夫、行尚書右丞、上柱國▭
告　陪　戎　校　尉▭

（後缺）

（五）B 四七：八（三）

（前缺）

▭▭▭▭侍郎、▨（上）[一〇]▭▭▭▭

▭▭▭▭公、上柱國[一一]▭▭▭▭

▭▭▭▭▨（校）□□侍郎、上柱國[一二]

□（告）[一三]陪　戎　校　尉、守　左　武　衛　翊　府

▭▭▭▨（文）楚[一四]，計　奏　被

□□□□□（旨　如　右，符　到）奉　行[一五]。

（後缺）

【校記】

〔一〕吳，底卷中殘存下部，《北區石窟》錄作"文"，《陳文》推補作"吳"，茲據圖版從陳文。

〔二〕陳，底卷中殘存左半，《北區石窟》未釋讀，《陳文》推補作"陳"，茲從陳文。

〔三〕謹，底卷中殘，茲據殘存字形並參考《北區石窟》《陳文》錄文補。

〔四〕景，底卷中殘存上部，茲據殘存字形，並參考《北區石窟》《陳文》錄文補。又，"胄讀"，底卷中缺，《北區石窟》《陳文》據史籍及文義補，茲從之。

〔五〕侍中上柱，底卷中"侍""上柱"三字缺，"中"字殘，《北區石窟》漏錄"侍中"二字；《陳文》據殘存字形及文義補，茲從之。又，"審"底卷中缺，《北區石窟》及《陳文》據文義補，茲從之。

〔六〕《陳文》指出，此殘片"三月十二日"可與上件殘片最末一行"都事"拼合，拼合完整一句應爲"三月十二日都事□□□受"。

〔七〕銀，底卷中缺，《陳文》據文義補，茲從之。又，"守"，《北區石窟》未釋讀，《陳文》錄作"守"，茲從之。另，"尚書上柱國"底卷中缺，《陳文》據文義補，茲從之。

〔八〕太中，底卷中缺，《陳文》據文義補，茲從之。又，"守"，《北區石窟》未釋讀，《陳文》錄作"守"，茲從之。

〔九〕此行文字，《北區石窟》未釋讀，茲從《陳文》。

〔一〇〕上，底卷中殘，茲據殘存字形並參考《陳文》補，《北區石窟》未釋讀。

〔一一〕公，《陳文》未釋讀。

〔一二〕校，底卷中殘，茲據殘存字形並參考《北區石窟》及《陳文》補。

〔一三〕告，底卷缺，茲據其他唐代告身補，《北區石窟》及《陳文》未補。

〔一四〕文，底卷中殘，《北區石窟》未釋讀，《陳文》補作"文"，茲從補。

〔一五〕旨如右符到，底卷中缺，《陳文》據文義補，茲從之。

六　唐景雲二年（七一一）張君義告身

敦研三四一

【題解】

本件底卷編號敦研三四一號。底卷首尾完整，第二至三十三行殘缺一至五字，共存五十二行，字跡清晰。原件無題，《釋錄》定作"唐景雲二年（公元七一一年）張君義告身"；《甘藏》擬名同；《法制文書》定作"唐景雲二年（七一一年）二月廿一日張君義告身"。茲據文義擬定今題。

本件大庭脩《唐告身古文書學的研究》（《西域文化研究》Ⅲ，法藏館一九六〇年版，三五四—三五五）、王三慶《敦煌研究院藏品張大千先生題署的〈景雲二年張君義告身〉》（《敦煌學》第十八輯，一九九二年，九七—一〇五，以下簡稱《王文》）、《釋錄》（肆二七八—二八一）、《法制文書》（三五〇—三五三）、《公文書》（一二七—一二九）有錄文。茲據《甘藏》（貳九九—一〇〇）影印本，並參考前人錄文，對底卷重新校錄如下。

另，王三慶認為敦研三四一號為贗品，該件的真品在日本天理圖書館，茲將其附錄，供學者明識。

　　尚書司勳

　　安西鎮守軍鎮，起神龍元年十月至□□□□□□（二年十月

三　牒狀類　/　239

壹周年)[一]，至景龍元年十月貳周年，至二年十月叄周年，至三年十月□□□（肆周年)[二]。□□□（年）五月廿七日敕[三]：

磧西諸軍兵募，在鎮多年，宜令[四]□□□□[五]☒（酬）勳[六]。又准久視元年六月廿八日敕，年別☒☒（酬勳）壹轉[七]，總□□（肆轉)[八]□□□□□

　　牒白丁沙州張君義[九]燉煌☒（縣)[一〇]
　　　　右驍騎尉
　　尚　書　左　僕　射　闕
　　尚　書　右　僕　射　闕
　　吏　部　尚　書　　闕
　　正議大夫、檢校吏部侍郎、修文館學士、上柱國　乂[一一]
　　朝散大夫、試文（吏）部侍郎、柱國　從愿　等啓[一二]：謹☒（件)[一三]，□（雍）州□☒珪等伍拾捌人[一四]，洛州邵山客等壹拾捌人，貝州☒（劉)[一五]□□□□☒（人)[一六]，靈州齊思暢等貳人，同州鉗耳思簡等☒□（陸人)[一七]，□□（沙州）張君義等肆人[一八]，齒州白暉等肆人，秦州廉瀚右[一九]□□□□烏思晦等貳拾伍人[二〇]，合州安神慶壹人[二一]，瀛州裴☒□□□（人)[二二]，契州康醜胡壹人[二三]，岐州陳守璋等壹拾玖人[二四]，汝州趙□□□□（人），☒州康懷靜等伍人[二五]，西州張琰等捌人，涇州樊守忠☒（等）□□□□（人)[二六]，□州薛仁智等貳人，絳州谷元德等貳人[二七]，慶州高☒□□（人），☒（盧）州閻惠隱壹人[二八]，涼州楊寵君等壹拾玖人，夏州郭☒□□□☒（等貳）人[二九]，魏州郭元振等肆人，青州常彥賓壹人[三〇]，潤州韋□□□☒（人），華州趙思礼等肆人，肅州左長會等貳人，☒□（滑州）□□□☒等貳人[三一]，慎州李喧塞等玖人，汴州石餘惠壹□（人)[三二]，□□（州）☒薦固等陸人[三三]，波斯沙鉢那等貳人[三四]，澤州秦☒□□□（人），☒州儀法進壹人，鄯州司從（徒）法藏等貳人[三五]，汾州孫□□□（人），☒（岷）州曹思貞等貳人[三六]，昌州劉刈矣等貳人[三七]，蘭州□□□□（人），□☒（州）高元琛壹人[三八]，潞州鮑有像等貳人[三九]，洪州曹羯檻□□（人)[四〇]，素州曹師嫡壹人[四一]，會州康南山壹［人)[四二]，寧州樊思絢等☐☐（人），☐☐（州）☐☒英壹人[四三]，夷賓州州莫失壹人[四四]，銀州白金本等貳人[四五]，☐州薩布壹人[四六]，玄州屈去住壹人，燕州于同進壹人，☒☒（州）☐☐☒（人）[四七]，冀州張元福壹人，龜茲白野那壹人，婺州留子☒☒☒（平壹人）[四八]，☒（歸）州史薄地壹人[四九]，慈州吉思訓壹人，鄭州趙乾獎☐☐☐（人）[五〇]，☐☐（州）☐☒至壹人，鄜州韓伏養壹人，依州曹飯陁壹人，魯州☒（康）☒壹人[五一]，總貳伯陸拾叁人，加勳如右，謹錄啓聞，謹啓。

　　　　景雲二年二月☒☒☒☒☒☒（九日通議大夫、行）司勳員外郎、上柱國薛兼金上[五二]
　　　　中大夫、行司☒☒（議郎）　臣薛南金　讀[五三]
　　　　朝散大☒☒（夫、司）通議☐（郎）臣薛昭　省[五四]
　　　　正議大夫、檢校左庶子兼國史、上柱國、居巢縣開國子劉子玄審[五五]
　　諾[五六]
　　　　　　　二　月☒☐（日）☒（都）事　　純[五七]
　　　　　　　左司郎☒（中）　　直[五八]
　　文（吏）　部　尚　書闕[五九]
　　正議大夫、檢校吏部侍郎、修文館學士、上柱國☐☐☐☐☐
　　朝散大夫、識（守）吏部侍郎、柱國[六〇]☐☐☐☐☐
　　尚　書　左　丞
　　　　吉（告）驍騎尉張君義[六一]，計
　　　　啓，被
　　　旨如右[六二]，符到☒☒（奉行）[六三]。
　　　　　　　　　　　　　　　☐☐（主事）☐☒[六四]
　　　　元☐☐☐☐☐　　　　　☐☐（令史）☒珍[六五]
　　　　　　　　　　　　　　　☐☐（書令）史[六六]☐☐☐☐
　　左領軍衛府史張童八臣劉超[六七]
　　　　　　　　　　景☒（雲）二年☒（二）月廿一日下[六八]

【校記】

〔一〕二年十月壹周年，底卷中缺，《釋錄》《法制文書》《公文書》據文義補入，茲從之；《王文》未補。

三　牒狀類　／　241

〔二〕肆周年，底卷中缺，《釋録》《法制文書》《公文書》據文義補入，茲從之；《王文》未補。

〔三〕年，底卷中缺，《釋録》《法制文書》《公文書》據文義補入，茲從之；《王文》未補。又，"年"字前缺四字。

〔四〕令，《王文》録作"今"，誤。

〔五〕底卷此處殘缺，約缺五字左右，《王文》作缺三字。

〔六〕酬，底卷中殘，茲據殘存字形並參考諸家録文補。

〔七〕酬勳，底卷中殘，茲據殘存字形並參考《釋録》《法制文書》《公文書》録文補；《王文》未録。

〔八〕肆轉，底卷中缺，《法制文書》指出《大唐六典》卷二"吏部司勳郎中員外郎"條載："四轉爲驍騎尉"，張君義授驍騎尉，故"總"下可補"四轉"兩字，茲從補；《公文書》《王文》未補，且未録"總"字；《釋録》録"總"字，未補後兩字。

〔九〕儁，底卷作"雋"，下同不再另出校。

〔一〇〕縣，底卷中僅殘存左上部，茲據殘存字形並參考《釋録》《法制文書》《公文書》録文補；《王文》未録。

〔一一〕上柱國乂，《法制文書》指出即李乂，見《舊唐書》卷一〇一、《新唐書》卷一一九。

〔一二〕文，《公文書》校作"吏"，茲從；《王文》逕録作"吏"，誤。

〔一三〕件，底卷中僅存上部，茲據殘存字形並參考諸家録文補。

〔一四〕雍，底卷缺，茲據《公文書》補；"雍州"《釋録》《法制文書》未録；"雍州□⊘"《王文》作缺三字。

〔一五〕劉，底卷中僅存上部，茲據殘存字形並參考《釋録》《法制文書》録文補；《公文書》《王文》未録。

〔一六〕人，底卷中僅存左下部，茲據殘存字形並參考《公文書》補；《釋録》《法制文書》《王文》未録。又，"人"字前缺二—三字，《王文》於"靈"字前作缺二字，疑誤。

〔一七〕思，《王文》録作"忌"，誤。又，"陸人"，底卷中"陸"字僅存上部，"人"字缺，茲據殘存字形及文義，並參考《釋録》《法制文書》《公文書》録文補；《王文》逕録"陸"，未録"人"字。

〔一八〕沙州，底卷中缺，《釋録》《法制文書》《公文書》據文義補，茲從之；《王文》未補。

〔一九〕右，底卷中此字模糊，《釋錄》《法制文書》《公文書》疑作"右"，茲從之；《王文》徑錄作"右"。

〔二〇〕烏，《公文書》錄作"馬"，誤。又，《公文書》於"烏"字前缺字中補"人　州"兩字；《王文》則作"烏"字前缺三字。

〔二一〕含，底卷作"㝔"，下同不再另出校。

〔二二〕人，底卷缺，茲據文義並參考《公文書》補；《釋錄》《法制文書》《王文》未補。下同不再另出校。

〔二三〕契，《公文書》《王文》未錄。且，《王文》作"州"字前缺二字，誤。

〔二四〕陳，《釋錄》錄作"陣"，誤。

〔二五〕《王文》作"州"字前缺三字，應有誤，下同不再另出校。

〔二六〕涇，底卷作"泾"，下同不再另出校。又，"等"底卷中殘，茲據殘存字形並參考諸家錄文補；《王文》未錄。

〔二七〕德，底卷作"德"，下同不再另出校。

〔二八〕廬，底卷中殘存下部，茲據殘存字形補；《釋錄》《法制文書》《公文書》《王文》均錄作"疆"，誤。又，"惠隱"底卷作"恵隱"，下同不再另出校。

〔二九〕等貳，底卷中"等"字缺，"貳"字殘存下部，茲據殘存字形並參考諸家錄文補。

〔三〇〕彥，底卷作"産"，下同不再另出校。

〔三一〕滑州，底卷中"滑"字殘，"州"字缺，茲據殘存字形及文義補；《釋錄》《法制文書》徑錄"州"字；《公文書》徑錄"滑"字；《王文》徑錄"滑"，未錄"州"。

〔三二〕人，底卷中缺，茲據文義補；《公文書》補；《釋錄》《法制文書》《王文》未補。

〔三三〕州，底卷缺，茲據文義並參考《公文書》補。又，"薦"字《公文書》未錄；《王文》錄作"篤"。

〔三四〕"沙"底卷作"沙"，"那"底卷作"鄢"，下同不再另出校。

〔三五〕從，《釋錄》《法制文書》指出據文義應爲"徒"之訛，茲從校；《公文書》錄作"從"，未出校；《王文》將"司從"錄作"思"，誤。

〔三六〕峏，底卷中殘，茲據殘存字形並參考《釋錄》《法制文書》錄文補；《公文書》未錄；《王文》錄作"坻"，誤。

〔三七〕刈，《王文》錄作"河"，誤。

〔三八〕州，底卷中殘，茲據殘存字形並參考諸家錄文補。

〔三九〕像，底卷作"㒖"，下同不再另出校。

〔四〇〕檟，《公文書》《王文》未釋錄。又，"曹"，《王文》錄作"魯"，誤。

〔四一〕嫡，《王文》錄作"嘀"，誤。

〔四二〕人，底卷中脱，《釋錄》《法制文書》據文義補，茲從補；《公文書》徑錄；《王文》未補。

〔四三〕州，底卷缺，茲據文義並參考《公文書》補。

〔四四〕州莫失，《公文書》錄作"莫朱"，誤。

〔四五〕白，《王文》錄作"日"，誤。

〔四六〕□州薩，《王文》錄作"□薛"，誤。

〔四七〕州、人，底卷中殘，茲據殘存字形及文義，並參考《公文書》補；《釋錄》《法制文書》未補；《王文》作三缺字符，誤。

〔四八〕平壹人，底卷中殘，茲據殘存字形及文義，並參考《釋錄》《法制文書》補。但《釋錄》《法制文書》將"壹"補作"一"字，據殘存字形及底卷書寫習慣，應爲"壹"；《公文書》未錄"平壹"兩字；《王文》漏錄"壹人"。

〔四九〕歸，底卷中殘，茲據殘存字形並參考《釋錄》《法制文書》錄文補；《公文書》未錄；《王文》錄作"帶"，誤。

〔五〇〕"鄭"底卷作"鄿"，"奬"底卷作"獎"，下同不再另出校。又，"乾"，《釋錄》《法制文書》《公文書》錄作"軋"，誤；"奬"，《公文書》未錄。

〔五一〕康，底卷中殘，茲據殘存字形並參考諸家錄文補。

〔五二〕九日通議大夫行，底卷中此七字漫漶，茲據殘存字形及文義，並參考《公文書》補；《釋錄》《法制文書》《王文》均未錄。

〔五三〕議郎，底卷中殘存左部，茲據殘存字形並參考諸家錄文補。又，"臣"字，諸家錄文均漏錄。

〔五四〕夫司，底卷殘；郎，底卷缺，茲據殘存字形及文義補。此行文字《釋錄》《法制文書》錄作"朝散大夫□□日通議□□薛昭省";《王文》錄作"朝散大□　九日通議　薛昭省";《公文書》錄作"朝散大〔夫行中允〕□□薛昭省",均誤。

〔五五〕劉子玄審,底卷原作"劉玄審子",誤,茲錄正;《釋錄》《法制文書》照錄,未出校;《公文書》徑錄作"劉子玄審";《王文》錄作"劉玄審正"。又,"巢",《王文》錄作"朝",誤。

〔五六〕諾,《法制文書》指出,按唐制,授六品以下官,御畫"聞",太子監國畫"諾"。

〔五七〕日,底卷中缺,茲據文義補;《釋錄》《法制文書》未補;《公文書》補;《王文》未標注。又,"都",底卷中殘,茲據殘存字形並參考諸家錄文補。

〔五八〕中,底卷中殘,茲據殘存字形及文義補;《釋錄》《法制文書》《公文書》徑錄;《王文》未錄。

〔五九〕文,《公文書》指出其應爲"吏"字之訛,茲從校。

〔六〇〕識,《公文書》指出其應爲"守"字之訛,茲從校。

〔六一〕吉,據文義應爲"告"之訛,諸家錄文均徑錄作"告"。

〔六二〕旨,底卷作"盲",下同不再另出校。

〔六三〕奉行,底卷中殘,茲據殘存字形及文義補;《公文書》補;《釋錄》《法制文書》徑錄"奉",補"行"字;《王文》未補。

〔六四〕主事,底卷中缺,茲據其他告身文書格式補,諸家錄文均未補。

〔六五〕令史,底卷中缺,茲據其他告身文書格式補,諸家錄文均未補。又,珍,底卷作"珎",《法制文書》漏錄。

〔六六〕書令,底卷中缺,《釋錄》《法制文書》《公文書》據文義補,茲從補;《王文》未補。

〔六七〕八臣,《公文書》錄作一缺字符;《王文》錄作"官";《釋錄》《法制文書》錄作"八臣";茲據圖版從《釋錄》。又,"左",《王文》錄作"右",誤。

〔六八〕雲、二,底卷中殘,茲據殘存字形並參考諸家錄文補。

七　唐開元二十九年（七四一）張懷欽等告身殘片

伯二五四七 P 一 + 伯二五四七 P 二 + 伯二五四七 P 七

【題解】

本件底卷爲三個殘片，編號伯二五四七 P 一 + 伯二五四七 P 二 + 伯二五四七 P 七號。

其中，底卷一首尾俱殘，共存五行，每行約十一字，右部鈐有五枚方形印章，前四枚右部均殘，第五枚底卷僅存左上部殘角，背面寫"釋門文範"。底卷無首題，無紀年，《法藏》定作"敦煌郡張懷欽等告身"；《索引新編》定作"敦煌郡張懷欽等告身"。

底卷二首尾俱殘，共存兩行十六字，上部及下部均有殘損。底卷上鈐有兩枚尚書印，據此《法藏》定名作"尚書印"；《索引新編》定作"印鑒一方"。底卷有紀年"（開）元廿九年（七四一）正月廿八日"。

底卷三上、下、首、尾俱殘，共存三行，每行六字。底卷無首題，無紀年。《法藏》定作"文書"；《索引新編》定作"殘片一"。

本件三件底卷，《釋録》統一定作"張懷欽等告身殘片（三件）"。兹據文義擬定今題。

本件《釋録》（肆二八五—二八六）有録文。兹據《法藏》（壹伍二七八—二七九、二八二）影印本及 IDP 彩圖，並參考前人録文，對底卷重新校録如下。

（一）

　　（前缺）

　　　　　　　右可騎☒☒（都尉）[一]

　　門下燉煌郡張懷欽等☒☒（壹伯）貳拾漆（柒）人[二]，西河郡王禪觀☒（等）貳伯（百）壹拾人[三]，京兆府田思☒☒☒☒（崇等壹伯）陸拾叁人[四]，總伍伯（百）人，☒☒☒☒

　　（後缺）

（二）

　　（前缺）

☐☐☐前瀚海軍經略使[五]☐☐☐
☐☐☐☐（開）元廿九年正月廿八日☐[六]☐☐☐
（後缺）

（三）
（前缺）
右吉安府校☐（尉）[七]☐☐☐☐[八]熟時向團下[九]☐☐☐雍雍英俊列之☐[一○]☐☐
（後缺）

【校記】

〔一〕都尉，底卷中缺，據文義補入；《釋錄》徑錄。另，底卷中本行鈐印章五枚與文字疊壓。

〔二〕壹伯，底卷中"壹"字殘存下部，"伯"字缺，茲據殘存字形及文義補。又，"漆"據文義應爲"柒"之訛；《釋錄》徑錄作"柒"，不妥。

〔三〕等，底卷中略有殘損，茲據殘存字形補；《釋錄》徑錄。

〔四〕崇等壹伯，底卷中此四字殘，茲據殘存字形補。除"等"字外，其餘三字《釋錄》徑錄。

〔五〕海，《釋錄》漏錄。

〔六〕開，底卷中缺，據文義補。又，底卷中鈐印章一枚，與文字疊壓。

〔七〕尉，底卷中殘存上部，茲據殘存字形補；《釋錄》徑錄。

〔八〕底卷中此字漫漶不清，無法釋讀。

〔九〕向，《釋錄》錄作"迴"，誤。

〔一○〕雍雍，底卷作"雍丶丶"，"丶丶"爲重文符號，茲錄正。

八　唐天寶十四載（七五五）秦元告身

斯三三九二

【題解】

本件底卷編號斯三三九二號。底卷首殘尾全，共存二十九行，每行

三 牒狀類 / 247

字數不等。大字部分行書，筆跡流暢；小字部分楷書，字跡工整。底卷無首題，有紀年"天寶十四載"。本件定名，《英藏》定作"天寶十四載（七五五）三月十七日騎都尉秦元告身"；《索引》定作"天寶十四載殘制"；《索引新編》定作"天寶十四載殘制三通"；《釋錄》定作"唐天寶十四載（公元七五五年）騎都尉秦元告身"；《法制文書》定作"唐天寶十四載（七五五年）騎都尉秦元告身"；《公文書》定作"秦元□告身"。茲據文義擬定今題。

本件大庭脩《唐告身古文書學的研究》（見《西域文化研究》Ⅲ）、內籐乾吉《中國法制史考證》（《史學雜誌》，一九六三年）、《釋錄》（肆二八七—二八九）、《法制文書》（三五七—三五八）、《公文書》（一二〇—一二二）、張弓《〈英藏敦煌文獻〉第五卷敘錄》（以下簡稱《張弓敘錄》，載宋家鈺等編《英國收藏敦煌漢藏文獻研究：紀念敦煌文獻發現一百周年》，中國社會科學出版社二〇〇〇年版，一三一—一三二）有錄文。茲據《英藏》（伍六六—六八）影印本及IDP彩圖，並參考前人錄文，對底卷重新校錄如下。

　　　　（前缺）
▨▨▨（疆禦寇）[一]，底定爲▨（勞）[二]，▨▨▨（宜策勳）庸[三]，以勤征戍。可依前件，□（主）者施行[四]。
　　　　天寶十四載三月十七▨（日）[五]
　　　　　　　司空兼右相、文部尚書臣　國忠　□（宣）[六]
　　　　　　　中　書　侍　郎　□（闕）[七]
　　　　　　　中　書　舍　人、上　柱　國　臣　宋昱　奉□（行）[八]
　　武部尚書同中書、門下平章事臣　見素
　　門　下　侍　郎　闕
　　給　事　中、上　柱　國　臣　納　等言
　　　制書如右，請奉
　　　　制，付外施行，謹言。
　　　　天寶十四載五月九▨（日）[九]
　　　　　　制可。
　　　　　　五月　日申時都事▭▭▭▭

　　　　　　　左　司　郎　中☐☐☐☐
司　空　兼　文　部　尚　書
尚　書　左　僕　射　在　范　陽[一〇]
尚　書　右　僕　射　闕
文　部　侍　郎、上　柱　國[一一]
文　部　侍　郎　闕
尚　書　左　丞　闕

告騎都尉秦元[一二]
奉被
制書如右，符到奉▨（行）[一三]。
　　　　　　　主事　　湘[一四]
員外郎　希寂　　　令史　郭彥☐[一五]
　　　　　　　書令史　劉觀☐[一六]
天寶十四載五月十一☐☐（日下）[一七]。

【校記】

〔一〕疆禦寇，底卷中殘，從殘存字形看，底卷作"疆禦寇"，茲據殘存字形補；《釋錄》《法制文書》《公文書》徑錄；《張弓敘錄》錄作"張衛冠"，誤。另，《公文書》在此行文字之前，補二行文字如下：

　　　　右可騎都尉
　　　門下，云云。……

〔二〕勞，底卷中殘，茲據殘存字形並參考諸家錄文補；《釋錄》《法制文書》《公文書》《張弓敘錄》徑錄。另，"底"，《釋錄》《法制文書》《張弓敘錄》錄作"應"。

〔三〕宜策勳，底卷中殘，茲據殘存字形並參考諸家錄文補；《張弓敘錄》徑錄此三字；《釋錄》《法制文書》《公文書》均徑錄"宜策"兩字。另，"勳"字《法制文書》錄入下一行，誤。

〔四〕主，底卷中缺，《釋錄》《法制文書》《公文書》據文義補，茲從補；《張弓敘錄》未錄。另，《法制文書》將"主"字補入下一行，誤。

〔五〕日，底卷中殘，茲據殘存字形及文義補；《釋錄》《法制文書》

《公文書》《張弓敘錄》徑錄。又，底卷中此行及下一行鈐有五枚"尚書司勳告身之印"。

〔六〕宣，底卷中缺，茲據唐代告身格式補；《釋錄》《法制文書》徑錄；《公文書》補；《張弓敘錄》未補。

〔七〕闕，底卷中缺，茲據文義補；《釋錄》《法制文書》《公文書》徑錄；《張弓敘錄》未錄。

〔八〕行，底卷中缺，茲據文義補；《釋錄》《法制文書》《公文書》徑錄；《張弓敘錄》未錄。

〔九〕日，底卷中殘，茲據殘存字形及文義補；《釋錄》《法制文書》《張弓敘錄》徑錄；《公文書》補。另，底卷中本行鈐有五枚"尚書司勳告身之印"。

〔一〇〕尚書左僕射在范陽，《法制文書》指出即指尚書左僕射安禄山在范陽。

〔一一〕侍郎，《釋錄》《法制文書》錄作"尚書"，誤。

〔一二〕底卷中本行及以下兩行共鈐有九枚"尚書司勳告身之印"。又，《公文書》於"元"字後補一缺字符，據圖版看，似不缺。

〔一三〕行，底卷中殘存上部一點殘痕，茲據殘存字形並參考諸家錄文補。

〔一四〕《公文書》於"湘"字後補一缺字符，據圖版看，似不缺。

〔一五〕底卷中"彥"字下被裁切，疑缺一字，《釋錄》《法制文書》未標注。

〔一六〕底卷中"觀"字下被裁切，疑缺一字，《釋錄》《法制文書》未標注。

〔一七〕日下，底卷中缺，《釋錄》《法制文書》《公文書》據文義補，茲從補；《張弓敘錄》未錄。

九 唐大中五年（八五一）至咸通十年（八六九）僧洪䇕、悟真告身（抄件）

伯三七二〇

【題解】

本件底卷編號伯三七二〇號。本底卷爲長卷，正背雙面書寫，正面依次書"大中五年（八五一）洪䎮、悟真告身""大中十年（八五六）悟真告身""受賜官告文牒詩文序""咸通三年（八六二）悟真告身""咸通十年（八六九）請立悟真爲都僧統牒並敕""大中五年（八五一）洪䎮、悟真告身""右街千福寺首座辯章讚獎詞""河西沙門和尚墓誌銘並序""前燉煌毗尼藏主始平陰律伯真儀讚""張淮深造窟記"等；背面書"莫高窟記"及雜寫。本件釋錄其中與"告身"相關的前六件文書。《法制文書》指出，文書中的"河西都僧統"是沙州歸義軍節度使統治地區的最高僧官，而洪辯是第一任都僧統，悟真則是咸通十年出任河西都僧統。本件定名，《法藏》依次定作"敕河西都僧統洪䎮、都法師悟真告身""敕都法師悟真告身""受賜官告文牒詩文序""敕副僧統告身""沙州刺史張淮深奏白當道請立悟真爲都僧統牒並敕文""敕河西都僧統洪䎮、都法師悟真告身"；《索引》《黄目》《索引新編》均定作"錄大中五年至咸通十年賜僧洪䎮及悟真告身及長安名僧贈悟真詩"；《釋錄》定作"唐大中五年至咸通十年（公元八五一—八六九年）賜僧洪辯、悟真等告身及贈悟真詩"；《法制文書》定作"唐大中五年至咸通十年（八五一—八六九年）僧洪辯、悟真告身"。兹據文義擬定今題。

本件塚本善隆《敦煌佛教史概説》（《西域文化研究》Ⅰ，法藏館一九五八年版）、大庭脩《唐告身古文書學的研究》（《西域文化研究》Ⅲ，法藏館一九六〇年版，三三九—三四三、三四八—三四九）、竺沙雅章《敦煌的僧官制度》（《東方學報》京都，三一號）、陳祚龍《敦煌寫本"洪䎮、悟真等告身"校注》（以下簡稱《陳注》，《敦煌資料考屑》，台灣商務印書館一九七九年版，三七—四八）、《釋錄》（肆二九—三六）、《法制文書》（一三三九—一三四六）有錄文。兹據《法藏》（貳柒一一二—一一四）影印本及 IDP 彩圖，並參考前人錄文，對底卷重新校錄如下。

  第一件☒☒（告身）[一]：
  敕：釋門河西都僧統攝沙州僧政（正）[二]、法律、三學教主洪䎮[三]，入朝使、沙州釋門義學都法師悟真：
  盖聞其先出自中士（土）[四]，領（頊）因及瓜之戌（代）[五]，陷爲辮髮之宗。尔等誕質戎疆[六]，栖心釋氏，能以空王之法，革其異類之心。獷捍（悍）皆除[七]，忠貞是激。虔恭教旨，夙夜修行。或傾向天朝,已分其覺路;或奉使魏闕[八],頓出其迷津[九]。心惟可嘉,跂頗(跡頗)勞止[一〇]。宜酬節義之效,或將(獎)道途之勤[一一]。假內外臨壇之石(名)[一二],錫中華(華)大德之号[一三]。仍榮紫服,以耀戎緇。洪晉可京城內外臨壇供奉大德,悟真可京城臨壇大德[一四],仍並賜紫[一五],餘各如故。

　　　　大中五年五月廿一日[一六]

第二件:

　　敕:京城臨壇大德兼沙州釋門義學都法師賜紫僧厶乙[一七]:

　　以八解修行,一音演暢,善開慈力,深入教門。降伏西土之人[一八],付囑南宗之要。皆聞福祐,莫不歸依。邊地帥臣,願加錫命。宜從奏請,勉服寵光,可供奉充沙州都僧錄,餘如故。

　　　　大中四年四月廿二日

　　河西都僧統、京城內外臨壇供奉大德兼僧錄、闡揚三教大法師賜紫沙門悟真,自十五出家,二十進具,依師學業,專競寸陰。年登九夏,便講經論,閑孔無餘[一九]。特蒙前河西節度、故太保隨軍驅使,長爲耳目,修表題書。大中五年入京奏事,面對玉階,特賜章服。前後重受官告四通[二〇],兼諸節度使所賜文牒。兩街大德及諸朝官,各有詩上。累在軍營,所立功勳,題之於後。

第三件副僧統告身:

　　敕:京城內外臨壇供奉大德、沙州釋門義學都法師兼僧錄[二一]、賜紫沙門悟真[二二]:

　　[□]復故地[二三],必由雄傑之才;誘迪群迷,亦賴慈悲之力。聞爾天資穎拔,性稟[二四]精嚴,深移覺悟之門,更潔修時(持)之操[二五]。慧燈一照,疑網洞開。雲屯不俟於指麾[二六],風靡豈勞於譚笑[二七]。想河源之東注,素是朝宗;覲像教之西来,本爲嚮化。師臣上列[二八],弘濟攸多,持(特)示鴻私[二九],以光紺宇。可河西副僧統,餘如故。

　　　　咸通三年六月廿八日

河西副僧統、京城內外臨壇大德、都僧錄、三學傳教大法師賜紫僧悟真：

右河西道沙州諸軍事兼沙州刺史、御史中丞張淮深奏：

臣當道先有敕授河西管內都［僧］統賜紫僧法榮[三〇]。前件僧去八月拾肆日染疾身死，悟真見在當州。切（竊）以河西風俗[三一]，人皆臻敬空王，僧徒累阡[三二]，大行經教。悟真深開闡諭，動躓微言，勸導戎惑，寔憑海辨[三三]。今請替亡僧法榮，便充河西都僧統。裨臣弊政，謹具如前。

中書門下　牒　沙州

牒奉　敕，宜依。牒至，准敕，故牒。

咸通十年十二月廿五日牒

黃牒[三四]：

敕：釋門河西都僧統攝沙州僧政（正）、法律、三學教主洪䇿，入朝使、沙州釋門義學都法師悟真等：

蓋聞其先出自中土，須（頃）因及瓜之戍（代）[三五]，陷爲辮髮之宗。尔等誕質戎疆，栖心釋氏，能以空王之法，革其異類之心。獷悍皆除，中（忠）貞是激[三六]。虔恭教旨，夙夜修行。或傾向天朝[三七]，已分其覺路[三八]；或奉使魏闕，頓出其迷津。心惟可嘉，跡頗（頗）勞止[三九]。宜酬節義之效，或獎道途之勤。假內外臨壇之名[四〇]，錫中華大德之号。仍榮紫服，以耀戎緇。洪䇿可京城內外臨壇供奉大德，悟真可京城臨壇大德[四一]，仍並賜紫，餘各如故。

大中五年五月廿一日

【校記】

〔一〕告身，底卷中右側略有殘泐，茲據殘存字形補；諸家錄文徑錄。另，本件告身內容與同號文卷所錄第六件文書"黃牒"內容相同，同時其還見於《西陲石刻錄》之"賜沙州僧政敕"，且"賜沙州僧政敕"內容更全，可互相參校。

〔二〕政，《陳注》校作"正"，茲從；《釋錄》《法制文書》未出校。

〔三〕訾，通"辯"，"巧言"爲"辯"，底卷作"䛒"，係由"訾"傳寫而來，《陳注》均錄作"䛒"；《釋錄》《法制文書》均徑錄作"辯"；《法藏》《索引》《黃目》《索引新編》定名中均作"䛒"，誤。本錄文下文徑錄作"訾"。

〔四〕士，《陳注》據大庭脩錄文校作"土"，"賜沙州僧政敕"即作"土"，茲從；《釋錄》《法制文書》徑錄作"土"。

〔五〕領，諸家錄文據文義校作"頃"，"賜沙州僧政敕"即作"頃"，茲從校；"戍"，《陳注》據《左轉·莊公八年》："及瓜而代"的典故校作"代"，茲從；其餘諸家錄文未出校。

〔六〕誕質，《陳注》指出該詞爲敦煌寫卷中碑、銘、讚、記之習用語，意即"闊育氣質"之謂。又，"疆"底卷作"壃"，下同不再另出校。

〔七〕捍，《陳注》據文義校作"悍"，"賜沙州僧政敕"即作"悍"，茲從校；《釋錄》《法制文書》徑錄作"悍"。"獷悍"即"橫蠻"之意。

〔八〕魏闕，《陳注》指出義爲帝宫門外懸法之所。

〔九〕津，底卷中書寫原誤，塗抹後於右側改寫，茲錄正。

〔一〇〕跤頍，《陳注》據文義校作"跡頗"，"賜沙州僧政敕"即作"跡頗"，茲從；《釋錄》《法制文書》未出校。

〔一一〕將，《陳注》據文義校作"獎"，"賜沙州僧政敕"即作"獎"，茲從校；《釋錄》《法制文書》未出校。

〔一二〕石，諸家錄文均據文義校作"名"，"賜沙州僧政敕"即作"名"，茲從校。

〔一三〕莘，《陳注》指出據文義應爲"華"之訛，"賜沙州僧政敕"即作"華"，茲從校；其餘諸家錄文徑錄作"華"。

〔一四〕《陳注》據本號第六件文書"黃牒"及大庭脩錄文，於"京城"後補"内外"兩字，但本號文卷所錄"第二件告身"即"悟真告身"，無"内外"二字，"賜沙州僧政敕"中也無"内外"二字；本號第三件文書中"悟真"爲"京城内外臨壇供奉大德"則是在其成爲"河西都僧統"後所稱，故此處當無"内外"二字，茲不補。

〔一五〕賜紫，底卷原作"紫賜"，旁加倒乙符號，茲錄正。

〔一六〕據"賜沙州僧政敕"，本句下原有以下内容：

中書令闕
中書侍郎兼吏部尚書平章事臣崔　龜從　宣奉
中書舍人臣崔瑤　行

奉
敕如右，牒到奉行。
　　　　　　　　　　　　　大中五年五月　日
侍中闕
右僕射兼門下侍郎平章事鉉
給事中係
　　　　　　　　　月　日　時　都事
　　　　　　　　　左司郎中
禮部尚書闕
禮部侍郎愨
尚書左丞璟
　告京城內外臨壇供奉大德兼釋門河西都僧統、攝沙州僧政法律、三學教主賜紫洪䛒，奉
　敕如右，符到奉行。
　　　　　　主事祝英
郎中□　　　　　令史鄭全璋
　　　　　　書令史□
　　　　　　　　　　　　　大中五年五月　日下

〔一七〕此處"厶乙"當即"悟真"。
〔一八〕人，《法制文書》錄作"門"，誤。
〔一九〕閑，通"嫻"，"嫻熟，文雅"之意，"嫻孔"即嫻熟通達之意。
〔二〇〕告四，底卷原作"四告"，旁加倒乙符號，茲錄正。
〔二一〕底卷中"都法師"三字前原有"教主"二字，旁加抹毀符號，茲不錄。又，"師"字書寫原誤，於右側改寫，茲錄正。
〔二二〕賜紫，底卷中原作"紫賜"，旁加倒乙符號，茲錄正。
〔二三〕據後文"誘迪群迷"一語可知，此句"復"字前當脫一字；《釋錄》《法制文書》未標注。
〔二四〕禀，底卷作"禀"，據文義通"秉"，下同不再另出校。

〔二五〕時，據文義應爲"持"之訛；《釋錄》《法制文書》未出校。

〔二六〕俟，《釋錄》《法制文書》錄作"候"，誤。

〔二七〕靡，《釋錄》《法制文書》錄作"麾"，誤。又，"譚"同"談"。

〔二八〕師臣，對居師、保之位或加有太師官號的執政大臣的尊稱。又，"師"字前原有一"之"字，旁加抹毁符號，茲不錄。

〔二九〕持，據文義應爲"特"之訛；《釋錄》《法制文書》徑錄作"特"。

〔三〇〕僧，底卷無，茲據文義補。

〔三一〕切，《法制文書》據文義校作"竊"，茲從；《釋錄》未出校。

〔三二〕阡，據文義通"千"。

〔三三〕辨，《釋錄》錄作"辦"，疑此字爲"辯"之訛。

〔三四〕此件"黃牒"與本號"第一件告身"内容基本相同，爲同一告身的二次抄録。

〔三五〕須，《釋錄》《法制文書》據文義校作"頃"，茲從校。另，"戍"，據注〔五〕校作"代"；《釋錄》《法制文書》未校。

〔三六〕中，據文義及同號"第一件告身"當爲"忠"之訛；《釋錄》《法制文書》未出校。

〔三七〕或傾，底卷原作"傾或"，旁加倒乙符號，茲録正。

〔三八〕其，底卷原作"其其"，據文義當有一字不讀。

〔三九〕頞，據注〔一〇〕當爲"頗"之訛；《釋錄》《法制文書》未出校。

〔四〇〕内外，底卷原作"外内"，旁加倒乙符號，茲録正。

〔四一〕底卷中"大德"前原有"供奉"二字，後塗抹，茲不録。又，底卷中"京城"後原有"内外"二字，據本號"第一件告身"及"賜沙州僧政敕"，可知其或爲衍文，茲不録。

一〇　西漢金山國宋惠信告身

伯四六三二＋伯四六三一

【題解】

本件底卷編號伯四六三二＋伯四六三一號。底卷一首全尾殘，共存七行，每行字數不等，背面書"宋惠信告身"；底卷二首尾均殘，行楷書，現存十五行，背面鈐印章一枚，爲"金山白衣王印"。原件無題，《法藏》將底卷一定作"西漢金山國聖文神武白帝敕"，將底卷二定作"宋惠信改官敕"；《釋錄》將兩件綴合，定作"西漢金山國聖文神武白帝敕宋惠信可攝押衙兼鴻臚卿知客務"；《法制文書》則定作"西漢金山國宋惠信告身"。茲據文義擬定今題。

《法制文書》指出，"西漢金山國"爲歸義軍節度使張承奉所建，宋惠信爲金山國開國功臣，本件乃仿唐制，授宋惠信"攝押衙、兼鴻臚卿、知客務仍舊"的告身。

本件大庭脩《唐告身古文書學的研究》（見《西域文化研究》Ⅲ）、《敦煌石室真跡錄》丁（第一頁）、《敦煌石室遺書·沙州文錄》（二八一三〇）、《釋錄》（肆二九一—二九二）、《法制文書》（三六四—三六六）有錄文。茲據《法藏》（叁貳二〇六—二〇八）影印本及IDP彩圖，並參考前人錄文，對底卷重新校錄如下。

　　西漢金山國聖文神武白帝敕：
　　　　前散兵馬使兼知客將宋惠信。
　　右可攝押衙、兼鴻臚卿、知客務仍舊，餘如故。
　　敕攝押衙、兼鴻臚卿、知客務宋惠信：儒門俊骨，晚輩英靈；體備三端，深明六藝。故得文伻擲地，寔不異於鄭言；武亞穿楊，雄不殊於楚勇。宣知四寇，習陜不墜之國儀；去住彌安，瞻支不謬於曲直。遂乃東西奉使，況聞說過甘羅；南北輸忠，壯節堅之金石。所以勳効既曉[一]，宜獎功流；負德幹材，堪爲金擢。寵茲恩渥，唯竭忠誠。後▨▨▨[二]，▨▨▨▨（則當榮美）[三]。
　　　　（後缺）

【校記】

〔一〕既，底卷作"旣"，下同不再另出校。

〔二〕底卷中此三字僅存右半，其中第一字存右側"肖"部，第二字存右側"青"部，第三字所存不清。

〔三〕則當榮美，底卷中殘，茲據殘存字形並參考諸家錄文補。

貳　補官牒

一　唐大中三年（八四九）前後悟真補充沙州釋門義學都法師牒（稿）

伯三七七〇背

【題解】

本件底卷編號伯三七七〇背。本底卷爲長卷，正背雙面書寫，正面依次書"十戒經""願文""捨施發願文""安傘文""禳災文""張族慶寺文""俗講莊嚴迴向文"等；本件爲背面第四件，其前爲"恒安騎縫押""願文""二月八日文"，後爲"藏文題記""律疏"及"包紙題記"。本件首全尾未完，共文字七行，塗改痕跡嚴重，應爲牒稿。有首題"敕河西節度使牒"，無紀年。本底卷載"悟真"補充沙州釋門都法師一事，齊陳駿、寒沁《河西都僧統悟真作品和見載文獻係年》（《敦煌學輯刊》一九九年第二期）一文指出據伯三七二〇號"悟真告身"和"黃牒"記載，大中五年（八五一）悟真入京的僧官職爲"沙州釋門義學都法師"，而這次入朝時間據《通鑒考異》記載是在大中五年（八五一）正月到達中原的，故本件牒文所作時間應在大中五年（八五一）之前的大中二年至四年（八四八—八五〇）間，茲從。本件定名，《法藏》定作"敕河西節度使牒"；《索引》《黃目》未定名；《索引新編》定名同《法藏》。茲據文義擬定今題。

本件齊陳駿、寒沁《河西都僧統悟真作品和見載文獻係年》（以下簡稱《齊、寒文》），郝春文、陳大爲《敦煌的佛教與社會》（甘肅教育出版社二〇一三年版，三五四）有錄文。茲據《法藏》（貳柒三六四）影印本及IDP彩圖，並參考前人錄文，對底卷重新校錄如下。

　　敕：河西節度使牒
　　　僧悟真☒（補）充沙州釋門義學都法師[一]，俗姓唐，部管靈圖寺[二]。
　　前件僧[三]，性惟冰净[四]，行潔霜明。學富五乘[五]，解圓八藏。釋宗既奧[六]，儒道兼知[七]。縱辯流瑧，談玄寫（瀉）[八]玉。普請導引群迷[九]，津樑品物，邵隆爲務，夙夜忘疲[一〇]。入京奏☒

（事）[一一]，爲國赤心。對策龍庭[一二]，申論展効；☐流鳳閣[一三]，敕賜衣官（冠）[一四]。爲我股肱，更并耳目。又随軍幕[一五]，☐（修）表題書[一六]。非唯継紹真宗[一七]，抑亦軍州要客[一八]。據前動（勳）効[一九]，切宜飄昇[二〇]。牒舉者，各牒所由知者，故牒。（底卷書寫止此）

【校記】

〔一〕補，底卷中殘，《齊、寒文》據文義補，茲從；《敦煌的佛教與社會》徑錄。

〔二〕部，《齊、寒文》錄作"都"，誤。

〔三〕前件僧，底卷中爲右側補寫，茲錄正。

〔四〕冰，底卷作"氷"，《齊、寒文》及《敦煌的佛教與社會》均錄作"水"，誤。

〔五〕學富，底卷中原作"洞曉"，塗抹後於右側改寫，茲錄正。

〔六〕既，《齊、寒文》未釋錄。

〔七〕道，《齊、寒文》錄作"學"，誤。又，"知"字前原有一字，被塗抹，茲不錄。

〔八〕寫，據文義應爲"瀉"之訛。

〔九〕普請，底卷中爲右側補寫文字的右側再補寫，《齊、寒文》與《敦煌的佛教與社會》均漏錄。

〔一〇〕導引群迷津樑品物邵隆爲務夙夜忘疲，底卷中此十六字爲右側補寫，"普請"又於"導引"右側補寫，茲錄正。

〔一一〕事，底卷中僅殘存下部，茲據殘存字形及文義補；《齊、寒文》《敦煌的佛教與社會》徑錄。

〔一二〕底卷中"對"字右側寫一"面"字，"庭"字右側寫一"顔"，似爲改寫文字，但據文義"對策龍庭"更爲通順，茲錄原文；《敦煌的佛教與社會》即作"對策龍庭"；《齊、寒文》作"對策龍庭（顔）"。又，"策"，底卷作"筞"，下同不再另出校。

〔一三〕底卷中"流"字前一字殘，無法釋讀。

〔一四〕官，據文義應爲"冠"之訛；《齊、寒文》《敦煌的佛教與社會》徑錄作"冠"，義對而字誤。

〔一五〕更并耳目又随軍幕，底卷原作"繼言策☐"，塗抹後於右側改寫，茲録正。

〔一六〕修，底卷漫漶，茲據殘存字形及文義補；《齊、寒文》及《敦煌的佛教與社會》徑録。

〔一七〕唯，《齊、寒文》《敦煌的佛教與社會》均録作"爲"，誤。又，"宗"，《齊、寒文》録作"師"，誤。

〔一八〕抑，底卷有改寫痕跡，《齊、寒文》《敦煌的佛教與社會》均漏録。"州"，《齊、寒文》録作"務"，誤。又，"客"，《齊、寒文》與《敦煌的佛教與社會》均録作"害"，誤。

〔一九〕動，據文義應爲"勳"之訛，《敦煌的佛教與社會》徑録作"勳"，《齊、寒文》録作"勤"，誤。又，"據"字，《齊、寒文》未釋録。

〔二〇〕昇，《齊、寒文》未釋録。

二　唐大順末至景福初（八九二）請舉索勳守使持節瓜州刺史牒

伯四六三八

【題解】

本件底卷編號伯四六三八號。此件首尾均殘，現存十七行，整行十四—十八字，有朱筆校改痕跡，前接"大潙警策""隋朝三祖信心銘""節度押衙張某乙敬圖大慈大悲觀音菩薩並侍從壹鋪發願文""曹大王夫人宋氏邈真贊""結壇文""右軍衛十將使孔公浮圖功德銘並序""大番故燉煌郡莫高窟陰處士公修功德記""曹良才邈真贊"等。本底卷紙張略小於前接各文卷。原件無題，《法藏》定作"瓜州牒狀"；《索引》將本號文卷總定名爲"雜文集"，其中本底卷未單獨定名；《索引新編》定作"索中丞贊"；《沙州文録》《釋録》擬名同《法藏》；《法制文書》定作"請舉索勳守使持節瓜州刺史牒"。茲據文義擬定今題。

《法制文書》指出本底卷中"中丞"指御史中丞，索中丞即索勳，乃張議潮的女婿，曾繼張淮鼎之後，爲歸義軍節度使。底卷無紀年，但考之大唐河西道歸義軍節度索公紀德之碑、大順四年（八九三）瓜州營田使武安君牒後索勳判詞等，此牒大致在大順末景福初（八九二），內容與告身、補官牒相近。

本件《敦煌石室遺書·沙州文録》、《釋録》（肆三七四）、《法制文書》（三五九—三六〇）有録文。兹據《法藏》（叁貳二三二）影印本及 IDP 彩圖，並參考前人録文，對底卷重新校録如下。

（前缺）

牒：河西開復，綿地數千。建旗起自於龍沙[一]，襲逐☒☒（遽聞）於破竹[二]。太保應五百之間生[三]，宣宗盛垂衣之美化[四]。介開疆宇，退拓河源[五]。猛將誇刺虎之能，士卒尚接鳶之勇[六]。東擒羌落[七]，☒（西）牧獫戎[八]。一月三捷以飛章，戰馬萬蹄而獨嘶於瀚海[九]。

索中丞出身隴上，文武☒（雙）兼[一〇]。有陳安撫養之能[一一]，懷介子馘戎之效[一二]。一從旌旆[一三]，十載征途。鐵衣恒被於嚴霜，擊劍幾勞於大漠。積功累効，豈愧於曹參；向國輸誠[一四]，無懟於己（紀）信[一五]。況當親意[一六]，德合潘陽[一七]；久輔轅門，頗修職業[一八]。專城符竹[一九]，須籍明仁；剖析疆場[二〇]，必憑武略。切以晉昌古郡，曾駐全軍[二一]，城堅鳳鳥之形，地控☒（天）山之險[二二]。必資果敢，共助皇風；継接連營[二三]，☒☒（共美）曹公之術[二四]。事須請守使持節瓜州刺史[二五]，仍☒☒（便交）割印文[二六]，表次聞奏。寶袟刁弋[二七]，西來非浼。☒☒（准牒）舉者[二八]，謹狀。[二九]

（後缺）

【校記】

〔一〕底卷中"建"字上有朱筆勾劃痕跡；"起"字爲右行補寫，兹録正。又，於龍，底卷作"扵䮾"，且"扵"字原爲行草書，右側注一朱筆楷書"扵"字，下同不再另出校。

〔二〕底卷中"襲"字右側有一墨書"集"字；"遽聞"，底卷漫漶，《沙州文録》作"遽聞"；《釋録》《法制文書》疑作"遠聞"；據殘存字形及文義，兹從《沙州文録》。

〔三〕《法制文書》指出"太保"即張議潮。

〔四〕宗，底卷中爲右行朱筆補寫，兹録正；《法制文書》指出"宣宗"即唐宣宗。又，"盛垂"底卷作"咸垂"，"美"底卷作"菱"，下同不再另出校。

〔五〕河，底卷中爲右行朱筆補寫，兹録正。

〔六〕勇，底卷作"勈"，下同不再另出校。

〔七〕擒羌，底卷作"搞羌"，下同不再另出校。

〔八〕西，底卷中殘，兹據殘存字形並參考諸家録文補。

〔九〕於，底卷中原爲行草書，右側注一朱筆楷書"扵"字。又，"瀚"底卷作"澣"，下同不再另出校。按，"一月三捷以飛章，戰馬萬蹄而獨嘶於瀚海"，據文義，"章"字後疑脱三字。

〔一〇〕雙，底卷中下部殘，兹據殘存字形並參考諸家録文補。

〔一一〕陳，底卷中原作"陣"，後以朱筆改作"陳"，兹録正。

〔一二〕效，底卷作"効"，下同不再另出校。

〔一三〕斾，底卷作"斾"，下同不再另出校。另，底卷中"斾"字右側有一朱筆文字，漫漶不清。

〔一四〕誠，底卷中原作"城"，後以朱筆改作"誠"，兹録正。

〔一五〕己，《法制文書》指出據文義應爲"紀"之訛，兹從校。紀信，趙人，曾參與鴻門宴，隨劉邦起兵抗秦。

〔一六〕意，底卷中原作"懿"，後以朱筆於右側改寫作"意"，兹録正；《沙州文録》録作"懿"。

〔一七〕潘，底卷作"潘"，下同不再另出校。

〔一八〕修職，底卷作"宥職"，下同不再另出校。

〔一九〕專，底卷作"専"，下同不再另出校。又，"城"，底卷中原作字漫漶不清，後於右側用朱筆注寫"城"字，兹録正。

〔二〇〕析，底卷作"抌"，下同不再另出校。又，"剖析"《沙州文録》録作"割折"，誤。

〔二一〕駐，《沙州文録》僅釋録左側"馬"旁。

〔二二〕天，底卷中殘，兹據殘存字形並參考諸家録文補。又，"險"底卷作"嶮"，下同不再另出校。

〔二三〕継，底卷中原作"遜"，後於右側改寫作"継"，兹録正。

〔二四〕共美，底卷中殘，兹據殘存字形並參考諸家録文補。又，"必資果敢，共助皇風；継接連營，共美曹公之術"，據文義，應有脱文。

〔二五〕瓜州，底卷中爲右側朱筆補寫，兹録正。

〔二六〕便交，底卷中殘，茲據殘存字形並參考諸家録文補。

〔二七〕刁，底卷中原作"与"，後以朱筆改作"刁"，茲録正。又，"袾"《沙州文録》録作"族"，誤。

〔二八〕准牒，底卷中殘，茲據殘存字形並參考《釋録》《法制文書》補；《沙州文録》徑録"准"，未録"牒"字。

〔二九〕底卷中"狀"字後有兩個朱筆文字，疑爲"刁刁"。

三　唐天復元年（九〇一）開元寺律師神秀補充攝法師牒

斯五一五背

【題解】

本件底卷編號斯五一五背。本底卷爲正背雙面書寫，正面爲"齋文文樣"；本件爲背面第二件，前一件爲"歸義軍節度度牒文樣"。本件首尾俱全，共十二行，每行字數不一。有首題"敕歸義軍節度使牒"，紀年僅書"十月廿日牒"。榮新江《沙州歸義軍歷任節度使稱號研究》（《敦煌吐魯番學研究論文集》，漢語大詞典出版社一九九〇年版，七八八—七八九）一文指出本件底卷中的"使檢校工部尚書兼御史大夫張"，應是張承奉的自稱，文中還推測本底卷的年代當在天復元年，茲從。本件定名，《英藏》將其與"度牒文樣"合定作"敕歸義軍節度使牒式二通"；《索引》《黃目》定作"敕歸義軍節度牒"；《索引新編》定名同《英藏》；《釋録》定作"開元寺律師神秀補充攝法師牒"；《法制文書》定作"歸義軍張氏時期開元寺律師神秀補充攝法師牒"。茲據文義擬定今題。

本件郝春文、陳大爲《敦煌的佛教與社會》（三五五）、《釋録》（肆四四）、《法制文書》（一三四九）有録文。茲據《英藏》（壹二二三）影印本及IDP彩圖，並參考前人録文，對底卷重新校録如下。

　　　　敕：歸義軍節度使牒
　　　　　　開元寺律師沙門神秀，補充攝法師。
　　牒奉處分：前件僧，釋中英傑，衆内超群，行業傳於流浪（沙）[一]，聲跂傳布[二]沙門。戒如金寶，法護神融，仍雖束身，更擬遷昇提奬。牒帖所由，故牒知者。

節度判官兼承奉郎張[三]
十月廿日牒

使檢校工部尚書兼御史大夫張

【校記】

〔一〕浪，《敦煌的佛教與社會》據文義校作"沙"，茲從；《釋錄》《法制文書》未出校。

〔二〕布，底卷中作"佈"，下同不再另出校。

〔三〕節度判官兼承奉郎張，《敦煌的佛教與社會》錄作"節度判官承奉郎張"；《釋錄》《法制文書》均錄作"節度判官張承奉□□"；茲據圖版改。

四　唐乾寧六年（八九九）某甲差充右一將第一隊副隊帖（稿二件）

伯四〇四四

【題解】

本件底卷編號伯四〇四四號，共兩件帖文，各存十行，整行十至十三字，後接"光啓三年（八八七）五月十日文坊巷社肆拾貳家創修私佛塔記""大目乾連冥間救母變文""修文坊巷再緝上祖蘭若標畫兩廊大聖功德讚並序"等。

本件《法藏》將帖文一定作"乾寧六年某甲差充右一將第一隊副隊帖"，帖文二定作"某年甘州使頭都頭某甲帖"；《索引》將本號文卷總定名爲"襍文數篇"；《索引新編》將帖文一定作"乾寧六年（八九九）使檢校吏部尚書兼御史大夫曹使帖"，帖文二定作"使帖（有關甘州事）"；《釋錄》統一定作"乾寧六年（公元八九九年）某甲差充右一將第一隊副隊帖等稿₂件"；《法制文書》定作"唐乾寧六年（八九九年）某甲差充右一將第一隊副隊帖等稿₂件"。茲據文義擬定今題。

《法制文書》指出本件是沙州歸義軍節度使所發由某任第一隊隊副、某任出使甘州使頭的任命稿，其性質類似於委任狀，與授官憑證告身頗接近。

本件《釋錄》（肆二八九—二九〇）、《法制文書》（三六二—三六三）有録文。兹據《法藏》（叁壹三〇）影印本及 IDP 彩圖，並參考前人録文，對底卷重新校録如下。

（一）
　　使檢校吏部尚書兼御史夫大（大夫）曹[一]
　　使　　帖
　　　右某甲差充右一將第一隊副隊[二]。
　　右奉　處分[三]：前件人仍以隊頭同勾當一隊健卒，並須在心鉗轄[四]，點檢主管一切軍器，並須揪揪[五]。緩急賊寇，稍見功勞，當便給与隊頭職牒[六]，仍須准此指撝者。
　　　乾寧六年十月廿日　　帖。

（二）
　　使　　帖甘州使頭都頭某甲
　　　　　　兵馬使某專甲更某人數。
　　右奉　處分：汝甘州充使，亦要結耗和同[七]，所過砦堡州城[八]，各須存其礼法。但取使頭言教，不得乱話是非。沿路比此迴還[九]，仍須守自本分。如有拗東挍西[一〇]，兼浪言狂語者，使頭記名，將來到州，重當形（刑）法者[一一]。
　　　厶年月日帖。

【校記】
〔一〕夫大，據文義"夫大"應爲"大夫"，兹改；《釋録》《法制文書》徑録作"大夫"。又，《法制文書》指出此處"使檢校吏部尚書兼御史大夫曹"當指節度使曹仁貴，是沙州歸義軍曹氏時期的第一任節度使。關於曹仁貴任節度使的起首時間，一説據本底卷應爲乾寧六年（八九九）；另一説認爲僅此孤證，尚不足以成立，而定爲九一四年。關於曹仁貴其人，一説曹仁貴爲曹議金之父，另一説曹仁貴即曹議金。

〔二〕第，底卷作"弟"，通"第"，下同不再另出校。

〔三〕處，底卷作"虖"，下同不再另出校。

〔四〕轄，底卷作"鍇"，下同不再另出校。

〔五〕摐摐，底卷作"摐〃"，"〃"爲重文符號，茲録正。
〔六〕与，底卷作"与"，下同不再另出校。
〔七〕耗，底卷中作"耗"，下同不再另出校。
〔八〕堡，底卷作"堡"，下同不再另出校。
〔九〕沿，底卷作"沗"，下同不再另出校。
〔一〇〕"拗"底卷作"抝"，"捩"底卷作"捩"，下同不再另出校。
〔一一〕形，《法制文書》指出據文義應爲"刑"之訛，茲從校。

五 甲戌年（九一四）鄧弘嗣改補充第五將將頭牒

伯三二三九

【題解】

本件底卷編號伯三二三九號。底卷首尾俱全，共存十五行，每行約十三字，楷書，字體渾厚，字跡清晰。底卷尾部有紀年"甲戌年十月十八日"；有首題"敕歸義軍節度兵馬留后使牒"。《法藏》據原題定名作"敕歸義軍節度兵馬留后使牒"；《索引》定作"甲戌年歸義軍節度兵馬留後使曹賜鄧弘嗣牒"；《索引新編》定作"甲戌年歸義軍節度兵馬留後使曹賜鄧弘嗣牒"；《釋録》定作"甲戌年（公元九一四年）鄧弘嗣改補充第五將將頭牒"；《法制文書》定作"甲戌年（九一四年）鄧弘嗣改補充第五將將頭牒"。茲據文義擬定今題。

《法制文書》指出本底卷爲歸義軍節度留後使曹仁貴牒補鄧弘嗣充第五將將頭牒。據唐制，授官告身有册授、制授、敕授、奏授、判補。安史之亂，專以官爵賞功，告身不足，聽以牒補。牒補，即信牒授官。《資治通鑑》卷二一九"唐肅宗至德二載（七五七）四月"條云："是時，府庫無畜積，朝廷專以官爵賞功，諸將出征，皆給空名告身，自開府、特進、列卿、大將軍，下至中郎、郎將，聽臨事注名。其後，又聽以信牒授人官爵，有至異姓王者。"胡三省注："信牒者，未有告身，先給牒以爲信也。"牒補與告身一樣，都是授官憑證，只是形式不同。沙州歸義軍時期，通常都是以牒授官。

本件《釋録》（肆二九三）、《法制文書》（三六八—三六九）、李正宇《曹仁貴名實論——曹氏歸義軍創始及歸奉後梁史探》（以下簡稱《李文》；《敦煌史地新論》，新文豐出版公司一九九六版，三〇七—三〇八）

有錄文。茲據《法藏》（貳貳二六九）影印本及IDP彩圖，並參考前人錄文，對底卷重新校錄如下。

敕歸義軍節度兵馬留後使　☒（牒）[一]：

前正兵馬使、銀青光祿大夫、檢校太子賓客鄧弘☒（嗣）[二]，

右改補充左廂第五將將頭[三]。

牒奉　處分：前件官，弱冠從戎，久隨旌旆，夙懃王事，雅有殊才。臨戈無後顧之心[四]，寢鐵更增雄☒（毅）[五]。兼懷武略，善會孤虛。主將管兵，☒（最）爲重務[六]。塵飛草動，領步卒雖（須）到毬場[七]；烈（列）陣排軍[八]，更宜盡終（忠）而効節[九]。上直三日，校習點檢而無虧[一〇]；弓箭修全，不得臨時而敗闕。立功必償（賞）[一一]，別如遷轉而提攜。有罪難逃，兢心守公。依已（上）件補如前[一二]，牒舉者，故牒。

甲戌年十月十八日牒[一三]。

使檢校吏部尚書兼御史大夫曹　仁貴[一四]

【校記】

〔一〕牒，底卷下部略有殘泐，茲據殘存字形並參考諸家錄文補。

〔二〕嗣，底卷下部略有殘泐，茲據殘存字形並參考諸家錄文補。

〔三〕廂，《李文》錄作"箱"，校作"廂"，誤，底卷即爲"廂"。又，將將，底卷作"將〃"，"〃"爲重文符號，茲錄正。

〔四〕顧，底卷作"頋"，下同不再另出校。

〔五〕寢，底卷作"寑"，下同不再另出校。又，"毅"底卷中下部略有殘泐，茲據殘存字形並參考諸家錄文補。

〔六〕最，底卷下部略有殘泐，且據殘存字形應爲"宔"，爲"最"之俗體，茲據殘存字形並參考諸家錄文補。

〔七〕雖，《李文》據文義校作"須"，茲從。

〔八〕烈，《李文》據文義校作"列"，茲從；《釋錄》《法制文書》未出校。

〔九〕終，《李文》據文義校作"忠"，茲從；《釋錄》《法制文書》

未出校。

〔一〇〕"點檢"底卷作"點檢","無"底卷作"无",下同不再另出校。

〔一一〕償,據文義通"賞",《釋錄》《法制文書》《李文》未出校。

〔一二〕已,據文義似應爲"上"之訛;《釋錄》《法制文書》未出校;《李文》錄作"上",誤。

〔一三〕年,底卷作"秊",下同不再另出校。

〔一四〕本件底卷共鈐有九顆方印,第二—三行鈐有四顆,十三—十五行鈐有五顆,陳祚龍釋此印文作"沙州觀察處置使之印"。

六　後唐同光三年（九二五）宋員進改補充節度押衙牒

伯三八〇五

【題解】

本件底卷編號伯三八〇五號。底卷首尾俱全,共十九行,每行約九字。底卷尾部有紀年"同光三年（九二五）六月",有首題"敕河西歸義軍節度使牒"。《法藏》《索引》及《索引新編》均定名作"曹議金賜宋員進改補充節度押衙牒";《釋錄》定作"後唐同光三年（公元九二五年）六月一日宋員進改補充節度押衙牒";《法制文書》定作"後唐同光三年（九二五年）宋員進改補充節度押衙牒"。茲據文義擬定今題。

本件《釋錄》（肆二九四—二九五）、《法制文書》（三七〇—三七一）有錄文。茲據《法藏》（貳捌一〇七）影印本及IDP彩圖,並參考前人錄文,對底卷重新校錄如下。

敕河西歸義軍節度使　　牒：

前子弟、銀青光禄大夫、檢校太子賓客、上柱國宋員進,

右改補充節度押衙。

牒奉　處分：前件官,儒門勝族,晚輩英靈[一],每事卓然,無幽不察。故得三端備體,懷蘊七德之深機;指矢彎弧[二],遂驗猿悲而鴈泣[三]。致使東朝入貢,不辭涉歷艱崄[四],親覲龍顏[五]。公事就成,歸西土軍前。早年納效[六],先鋒不顧苦莘（辛）[七];疋馬單槍,塵

飛處全身直入。念汝多彰雄勇，獎擢榮班[八]。更宜抱節輸忠，別乃轉遷班次。件補如前，牒舉者，故牒。

同光叁年六月壹日牒[九]

使檢校司空兼太保曹議金。

【校記】

〔一〕輩，底卷作"軰"，下同不再另出校。

〔二〕彎，底卷作"弯"，下同不再另出校。

〔三〕鴈，底卷作"鹰"，下同不再另出校。

〔四〕辭涉歷，底卷作"辝涉厯"，下同不再另出校。

〔五〕顏，底卷作"顔"，下同不再另出校。

〔六〕年，底卷作"秊"，下同不再另出校。

〔七〕莘，據文義，"莘"應爲"辛"之訛。

〔八〕班，底卷作"𤯹"，下同不再另出校。

〔九〕本件底卷共鈐有九枚"沙州觀察處置使之印"，其中二—三行四枚，本行五枚。

七　後唐天成元年（九二六）某改補散將依舊充本院曹司牒

伯五〇〇四

【題解】

本件底卷編號伯五〇〇四號。底卷首尾俱殘，共存十四行，每行約十字，楷書，字體工整，字跡清晰。底卷缺首題，有紀年"天成元年（九二六）十二月"。《法藏》定名作"天成元年十二月改補散將依舊充本院曹司牒"；《索引》定作"天成元年十二月□□□改補散將依舊充作本院曹司牒"；《索引新編》定作"天成元年（九二六）改補散將依舊充作本院曹司牒"；《釋錄》定作"後唐天成元年（公元九二六年）十二月某某改補散將依舊充本院曹司牒"；《法制文書》定作"後唐天成元年（九二六年）某某改補散將依舊充本院曹司牒"。茲據文義擬定今題。

《法制文書》指出本底卷亦爲歸義軍節度使以牒授官，改補某爲散將，依舊充都鹽院曹司。另，本件紀年天成元年（九二六），正值曹議金統治沙州時期。

本件《釋録》（肆二九六）、《法制文書》（三七二—三七三）有録文。兹據《法藏》（叁肆六）影印本及 IDP 彩圖，並參考前人録文，對底卷重新校録如下。

（前缺）

都鹽院[一]□

　　　　右改補散將，依舊充本院曹司。

牒奉　處分：前件官，澡身不染[二]，挺操無迴。實會府之良家，乃襲門之令嗣。早昇近地[三]，久列劇司[四]。推材幹以尤高，剸繁難而靡滯。尚聞未霑階職，豈耀器能。今者特示明恩，俾新美級。既榮資歷，更益聲光。尔其別盡勤劬，報余寵澤。件補如前，准狀牒知者，故牒。

　　　　　　　　天成元年十二月☒□（日牒）[五]。

（後缺）

【校記】

〔一〕鹽，底卷作"盐"，下同不再另出校。
〔二〕染，底卷作"㴱"，下同不再另出校。
〔三〕昇，底卷作"昇"，下同不再另出校。
〔四〕劇，底卷作"劇"，下同不再另出校。
〔五〕日牒，底卷中"日"字殘，"牒"字缺，兹據殘存字形及文義補；《釋録》《法制文書》同補。

八　後晉天福三年（九三八）張員進改補充衙前正十將牒

伯三三四七

【題解】

本件底卷編號伯三三四七號。底卷首尾俱全，共十二行，每行約十字，正書。底卷有首題"敕歸義軍節度使牒"，有紀年"天福三年（九三八）十一月"。《法藏》定名作"天福三年十一月五日歸義軍節度使曹授張員進銜前正十將牒";《索引》定作"歸義軍曹授張員進銜前正十將牒";《索引新編》定作"歸義軍節度使曹（元德）授張員進銜前正十將牒";《釋錄》定作"後晉天福三年（公元九三八年）張員進改補充銜前正十將牒";《法制文書》定名同。茲據文義擬定今題。

本件《釋錄》（肆二九七）、《法制文書》（三七三—三七四）有錄文。茲據《法藏》（貳叄二五七）影印本及IDP彩圖，並參考前人錄文，對底卷重新校錄如下。

敕歸義軍節度使　　☒（牒）[一]：

前作坊隊副隊張員進，

右改補充銜前正十將。

牒奉　處分：前件官，☒（英）靈晚輩[二]，博覽多奇[三]，六☒（藝）久蘊於胸懷[四]，三端每施於所內[五]。故得奇工傑世，巧性出群[六]，致使東西尤聞恪節。念汝勞勳，以給班行。件補如前，牒舉者，故☒（牒）[七]。

天福叄年十一月五日　牒。[八]

☒☒（使檢）校司徒兼御史大夫曹　示[九]。

【校記】

〔一〕牒，底卷中下部殘，茲據殘存字形並參考諸家錄文補。

〔二〕英，底卷中下部殘，茲據殘存字形並參考諸家錄文補。

〔三〕奇，底卷作"竒"，下同不再另出校。

〔四〕藝，底卷中此字漫漶，略有殘損，茲據殘存字形並參考諸家錄文補。又，"胸"底卷作"胷"，下同不再另出校。

〔五〕所，底卷中爲行草書，《釋錄》按照原字形描畫，且存疑；《法制文書》未釋讀。據圖版應作"所"。

〔六〕巧，底卷作"丂"，下同不再另出校。

〔七〕牒，底卷中下部殘，茲據殘存字形並參考諸家錄文補。

〔八〕底卷中本行和第二行均鈐有"歸義軍印"數枚。

〔九〕使檢，底卷中殘，茲據殘存字形並參考諸家錄文補。又，示，底卷爲草書書寫。《法制文書》指出，曹氏家族相繼爲節度使者，有曹仁貴（九一四—九二二年）、曹議金（九二二—九三五年）、曹元德（九三六—九四〇年）、曹元深（九四〇—九四五年）、曹元忠（九四五—九七四年）、曹延恭（九七五—九八〇年）、曹延禄（九八〇—一〇〇二年）、曹宗壽（一〇〇二—一〇一四年）、曹賢順（一〇一四—一〇二六年），本件底卷紀年爲天福三年（九三八）十一月，其中的"曹"當指曹元德。

九　後晉天福七年（九四二）史再盈改補充節度押衙牒

斯四三六三

【題解】

本件底卷編號斯四三六三號。底卷首尾俱全，共二十三行，正文每行十字，正書，字跡清晰。底卷有首題"敕歸義軍節度使牒"，有紀年"天福七年（九四二）七月二十一日"。《英藏》定作"天福七年（九四二）七月二十一日歸義軍節度使改補周再盈充節度押衙牒"；《索引》及《索引新編》定作"敕歸義軍節度使牒"；《釋錄》定作"後晉天福七年（公元九四二年）七月史再盈改補充節度押衙牒"；《法制文書》定作"後晉天福七年（九四二年）史再盈改補充節度押衙牒"。茲據文義擬定今題。

本件《釋錄》（肆二九八）、《法制文書》（三七五—三七六）有錄文。茲據《英藏》（陸四六）影印本及 IDP 彩圖，並參考前人錄文，對底卷重新校錄如下。

敕歸義軍節度使　　　牒：

　　　　　前正兵馬使、銀青光禄大夫、檢校太子賓客兼試殿中監史再☒（盈）[一]，

　　　　右☒（改）補充節度押衙[二]。

牒奉　　處分：前件官，龍沙勝族[三]，舉郡英門。家傳積善之風，代繼忠勤之美。況再盈幼齡入訓，尋詩万部而精通；長事公衙，善曉三端而傑衆[四]。遂使聰豪立性，習者婆秘密之神方；博識天然，

效楡附宏深之妙術[五]。指下知六情損益，又能迴死作生；聲中了五藏安和[六]，兼乃移凶就吉。執恭守順[七]，不失於儉讓温良[八]；抱信懷忠，無乖於仁義禮智[九]。念以久經驅策[一〇]，榮超非次之班；憲袟崇階，陟進押衙之位[一一]。更宜納效，副我提携[一二]；後若有能，別加獎擢。件補如前，牒舉者，故牒。

天福柒年柒月貳拾壹日牒。

使檢校司徒兼御史大夫曹　　示[一三]。

【校記】

〔一〕盈，底卷中僅殘存上部，茲據殘存字形並參考諸家録文補。

〔二〕改，底卷中下部殘，茲據殘存字形並參考諸家録文補。

〔三〕族，底卷作"族"，下同不再另出校。

〔四〕善，底卷作"善"，下同不再另出校。

〔五〕妙術，底卷作"妙術"，下同不再另出校。

〔六〕五藏，據上文"六情損益"，疑"五藏"應爲"五臓"。

〔七〕恭，底卷作"恭"，下同不再另出校。

〔八〕儉讓，底卷作"儉讓"，下同不再另出校。

〔九〕乖，底卷作"乖"，下同不再另出校。

〔一〇〕策，底卷作"祭"，下同不再另出校。

〔一一〕陟，底卷作"陟"，下同不再另出校。

〔一二〕我，底卷作"我"，下同不再另出校。

〔一三〕示，底卷中爲草書書寫。

一〇　天福十年（九四五）五月補官牒（二件）

伯三〇一六背

【題解】

本件底卷編號伯三〇一六號背，正面書"字書"及"天福十年（九四五）五月補充討擊使牒"。底卷爲兩件文書，均首尾俱全，倒寫，夾寫於"天興九年（九五八）西朝走馬□富住狀"的行間，前接"天興七年（九五六）于闐迴禮使壽昌縣令索全狀"。底卷第一件存文字十二行，每行數不等，有首題"散兵馬使"，有紀年"天福十年（九四五）五月"；第二件共二十一行，每行同樣字數不等，有首題"衙前兵馬使"，有紀年"天福十年（九四五）五月"。底卷略有漫漶，部分字跡難於辨識。《法藏》未單獨命名；《索引》及《索引新編》定作"天福十年（九四五）牒兩件"；《釋錄》定作"天福十年（公元九四五年）五月牒_{二件}"；《法制文書》定作"天福十年（九四五年）五月補官牒稿_{二件}"。茲據文義擬定今題。

本件《釋錄》（肆三〇〇—三〇一）、《法制文書》（三七七—三七九）有錄文。茲據《法藏》（貳壹六一—六三）影印本及IDP彩圖，並參考前人錄文，對底卷重新校錄如下。

（一）

散兵馬使

牒奉　處分：彰善癉惡者，干格言賞；功任（成）狗［烹者］[一]，傳諸古訓[二]。苟立貔貅之績[三]，或彰虎兕之雄[四]，須特示於甄酬[五]，俾別加於恩惠[六]。勸其來者，可不務乎？前件官，氣稟崆峒[七]，名揚［□］漠[八]，識移孝資忠之道，懷見危致命之誠。自歷⊠（歸）於和門[九]，實立戎旅，守信而不僭風雨[一〇]，擒奸而⊠蕩蛭蟆[一一]。⊠⊠之嘉猷[一二]，蘊匪石之推（雅）操[一三]。今當溥轉[一四]，宜示優恩。尔其善保迺圖，無墮今（令）間[一五]。更勵鷹揚之志[一六]，別呈隼擊之能。佇當陸以坴霄[一七]，必擺鱗於張羽[一八]。勉崇懿績，勿怠初心。事須改補充衙前兵馬使，牒知者，故牒。

　　　　　　天福十年五月　日　牒[一九]。

（二）

衙前兵馬使

牒奉處分：威柔獷狉[二〇]，壯觀藩垣，外則式仗於群雄，內則允資於衆彥[二一]。然可鏡清境，霧廓三邊[二二]，永言馭物之方，寔在惟良之左，謂難能也，得不然乎。前件官，名者（著）山西[二三]，聲聞龍（隴）右[二四]，或簪纓之洪胤，或冠劍之華宗[二五]。昂［昂］掩千里之駒[二六]，落落邁百夫之特。松貞有操，玉潤無瑕。盛懷入室之才，皆禀修墙之敬。事君盡節，王常鐵石推堅[二七]；字俗多能，孔鷰之脂膏莫染[二八]。而自迴旋官路，綿歷周星，未伸蠖屈之形，尚戢鵬搏之翼[二九]。昨叨膚渥澤，獲正節旄，緬惟盡瘁之誠[三〇]，是降敘遷之命。尔其無渝厥志[三一]，慎保克終，常懷匡救之心，勿起徒勞之嘆[三二]。世上之腰金撫紫[三三]，於尔爲榮[三四]；人間之厚禄高官，在吊不悌[三五]。其酰獎[三六]，須自勉旃。事須改補充節度押衙，准狀各帖所由[三七]，仍牒知者，故牒。

天福十年五月　日　牒。

【校記】

〔一〕功任狗烹者，底卷中"功"作"玏"，"狗"作"犲"，下同不再另出校。另，《釋録》指出據文義"任"應爲"成"之訛，且"狗"字後應脱"烹"字；《法制文書》校"任"字與《釋録》同，但認爲"狗"字後應補"烹者"兩字，兹從《法制文書》。

〔二〕古，《釋録》《法制文書》録作"五"，誤。

〔三〕苟，底卷作"茍"，下同不再另出校。

〔四〕虎，底卷作"虝"，下同不再另出校。

〔五〕甄，底卷作"甄"，下同不再另出校。

〔六〕俾，底卷作"偋"，下同不再另出校。

〔七〕禀，底卷作"稟"，下同不再另出校。

〔八〕名揚漠，據文義此處應脱一字。《釋録》《法制文書》均認爲應是"漠"字後脱一字，但從底卷圖版看，"揚"與"漠"字之間字距較大，疑應是"漠"字前脱一字。

〔九〕歷，底卷作"歴"，下同不再另出校。又，"歸"底卷中殘，兹據殘存字形並參考諸家録文補。另，"和"《釋録》録作"加"，並存疑，誤；《法制文書》未釋讀。

〔一〇〕僭，底卷作"僣"，下同不再另出校。

〔一一〕擒，《釋録》録作"陰"，《法制文書》録作"擒"，據圖版似以"擒"字爲是，兹從《法制文書》。又，"蕩"底卷作"盪"，下同不再另出校。底卷中"盪"字前一字漫漶不清。另，"蛭"《釋録》《法制文書》録作"蚟"，誤。

〔一二〕底卷"嘉"字前三字漫漶不清，第一字存"礻"字邊。又，"猷"底卷作"猷"，下同不再另出校。

〔一三〕推，據文義推斷應爲"雅"之訛；《釋錄》《法制文書》逕錄作"雅"，不妥。

〔一四〕溥，《釋錄》《法制文書》錄作"傳"，誤。

〔一五〕今，據文義推斷應爲"令"之訛；《釋錄》《法制文書》逕錄作"令"，不妥。

〔一六〕勵鷹，底卷原作"鷹勵"，旁加倒乙符號，茲錄正。

〔一七〕奎，《釋錄》《法制文書》未釋讀，茲據圖版描畫。

〔一八〕鱗，底卷作"鱗"，下同不再另出校。

〔一九〕天福十年，《法制文書》指出，"天福"爲後晉石敬瑭年號，僅八年，十年已是開運二年，敦煌僻遠，不知改元，仍用天福。

〔二〇〕猂，同"悍"，《釋錄》逕錄作"悍"，不妥。

〔二一〕允，底卷作"兂"，下同不再另出校；《釋錄》《法制文書》錄作"毛"，誤。

〔二二〕廊，《釋錄》《法制文書》錄作"廓"，誤。又，"邊"底卷作"邊"，下同不再另出校。

〔二三〕者，據文義推斷應爲"著"之訛；《釋錄》《法制文書》逕錄作"著"，不妥。

〔二四〕龍，《法制文書》指出據文義應爲"隴"之訛，茲從校；《釋錄》未出校。

〔二五〕華，《釋錄》疑作"籌"，《法制文書》疑作"壽"，據圖版應爲"華"。

〔二六〕昂，底卷中僅書一個"昂"，但據下文"落落邁百夫之特"，應脱一"昂"字，茲補；《釋錄》《法制文書》未補。

〔二七〕王常鐵石推堅，據下文之"孔鵊之脂膏莫染"，此處疑有脱文。

〔二八〕"脂"底卷作"脂"，"莫"底卷作"奠"，下同不再另出校。

〔二九〕鵬，底卷作"鵬"，下同不再另出校。

〔三〇〕瘁，底卷作"瘁"，下同不再另出校。

〔三一〕厥，底卷作"瘚"，下同不再另出校。

〔三二〕起，《釋錄》錄作"赴"，誤。

〔三三〕世，底卷作"廿"，《釋錄》錄作"甘"，誤。又，"腰"底卷作"䝫"，下同不再另出校。另，"撫"《釋錄》《法制文書》錄作"掩"，誤。

〔三四〕尔，《釋錄》未釋讀。又，《釋錄》於"榮"字旁錄一小字"克"，誤。

〔三五〕悌，底卷作"悌"，下同不再另出校。

〔三六〕酖，《法制文書》錄作"甄"，誤。

〔三七〕狀，底卷中爲右行補寫，茲錄正。

一一　天福十年（九四五）五月補充討擊使牒

伯三〇一六正

【題解】

本件底卷編號伯三〇一六號正。底卷中本件牒文前接"字書"，"字書"後書寫此牒文。牒文首全尾殘，現存九行，整行十九至二十一字，有首題"散將"，無紀年。《法藏》定作"牒"；《索引》《索引新編》定作"牒一件"。茲據文義擬定今題。

按，本底卷從內容來看，應爲補充某任討擊使的信牒，其字跡與背面的"天福十年（九四五）牒"相同，書寫形式相似，故其應爲同批文書，故本底卷也應爲天福十年（九四五）牒之一。

茲據《法藏》（貳壹六一）影印本及IDP彩圖，對底卷校錄如下。

散將[一]

牒奉　處分：修進之誠[二]，宜於獎錄[三]。勞能備著，用顯其資[四]。動馼兼拔擢名[五]，何尔勤劭之績[六]。俾甄酬效[七]，難怪梯航[八]。前件官，藝極六鈞，學窮三略。氣雄雄而出衆[九]，瞻落落而過人[一〇]。施前驅後殿之功，有斬馘搴旗之狀。勦除抄騎，將陳百戰之名；殺賊圍兵[一一]，解厝七☒之計[一二]。方俟忠良之節，更崇職位之資。勉勵壯圖，仍精盡瘁。尔宜行馬，即可摶鵬，冀彰階級之昇，何忠超騰之賜。事須改補充討擊使，餘務仍舊。牒知者，故牒。

　　（後缺）

【校記】

〔一〕散，底卷作"㪚"，下同不再另出校。
〔二〕修，底卷作"俢"，下同不再另出校。
〔三〕底卷中"於"字前原衍一"獎"字，後塗抹，茲不録。
〔四〕顯，底卷作"顕"，下同不再另出校。
〔五〕拔，底卷作"㧞"，下同不再另出校。
〔六〕勑，底卷作"煞"，下同不再另出校。
〔七〕底卷中"俾"字有改寫痕跡。
〔八〕悇，底卷作"怿"，下同不再另出校。
〔九〕衆，底卷作"㐺"，下同不再另出校。
〔一〇〕落落，底卷作"落〃"，"〃"爲重文符號，茲録正。
〔一一〕殺，底卷作"煞"，下同不再另出校。
〔一二〕解，底卷中爲右行補寫，茲録正。

一二　宋至道二年（九九六）索定遷改補充節度押衙牒

伯三二九〇背

【題解】

本件底卷編號伯三二九〇號背。本號正面書"乙亥年十二月二日某寺算會分付黄麻憑"及"至道元年（九九五）受田籍"。本底卷爲背面所書，首尾俱殘，共存十五行，正文每行約七字。無首題，尾部有紀年"至道二年（九九六）三月十日"。《法藏》定名作"至道二年三月索定遷改補充節度押衙牒"；《索引》及《索引新編》定作"至道二年（九九六）索定遷改補節度押衙牒"；《釋録》定作"宋至道二年（公元九九六年）三月索定遷改補充節度押衙牒"；《法制文書》定作"宋至道二年（九九六年）索定遷改補充節度押衙牒稿"。茲據文義擬定今題。

本件《釋録》（肆三〇二）、《法制文書》（三八〇—三八一）有録文。茲據《法藏》（貳叁八八—八九）影印本及 IDP 彩圖，並參考前人録文，對底卷重新校録如下。

（前缺）

前子弟、銀青光禄大夫、检校太子宾客索定遷，

右改補充節度押衙。

牒奉　處分：前件官，門風清雅，望族宗高[一]，久著雄毫，侶占子疾。況某天生英哲，廩（稟）性獿獶[二]。陣上播生而盡命[三]，爲國防虞而守隘。吾覩察斯，特薦班榮。更若所效，功勳轉加，千而袟疾。件補如前，牒舉者，故牒。

至道二年三月☒☒☒（十日牒）[四]。

【校記】

〔一〕高，底卷作"髙"，下同不再另出校。

〔二〕廩，據文義應爲"稟"之訛；《釋録》未出注；《法制文書》徑録作"稟"。又，"廩"，底卷作"廫"，下同不再另出校。另，"性獿"底卷原作"獿性"，旁加倒乙符號，茲録正。

〔三〕播，底卷作"搔"，下同不再另出校。

〔四〕十日牒，底卷中"十日"殘，茲據殘存字形並參考諸家録文補；"牒"，底卷中缺，茲據文義補，《釋録》《法制文書》未補。

一三　歸義軍時期索力力改補充兵馬使牒

伯三二九八Ｐ一

【題解】

本件底卷編號伯三二九八Ｐ一號。底卷首尾俱全，楷書，字跡清晰工整，共存十一行，每行上部殘損若干字，正文每行現存約六字。底卷有首題"☐☐節度使牒"；本有紀年，因上部殘損，僅存下部"月廿二日"，具體年代待考。《法藏》定作"敕歸義軍節度使改補索力力爲兵馬使牒"；《索引》及《索引新編》定作"歸義軍改授索力力兵馬使殘牒（裱托）"；《釋録》定作"敕歸義軍節度使改補索力力爲兵馬使牒"。茲據文義擬定今題。

本件《釋録》（肆三〇三）有録文。茲據《法藏》（貳叁八八—八九）影印本及IDP彩圖，並參考前人録文，對底卷重新校録如下。

□□□☒（敕歸義軍節）度使　牒[一]：

　　　　兵馬使索力力。

　　　　☒移招撫使額往□□□□宜依者。前件官□□□□☒服我戎事[二]，隨使□□□□勞事，須改補節□□□□☒（馬）使[二]。准狀各帖，牒□□□（件補如前）[三]，□□☒（牒舉者）[四]，故牒。

　　　　］月廿二日牒

　　　　　　　　　　　評事董　兩
　　　　□□□☒（盧）[五]　　　　熺

【校記】

〔一〕敕歸義軍節，底卷中"敕歸義軍"等四字缺，《釋錄》據文義補，茲從補；"節"，底卷中殘，茲據殘存字形並參考《釋錄》錄文補。

〔二〕馬，底卷中上部略殘，茲據殘存字形並參考《釋錄》錄文補。

〔三〕件補如前，底卷中此四字缺，茲據文義並參考其他補官牒補；《釋錄》未補。

〔四〕牒舉者，底卷中"牒舉"二字缺，"者"字上部殘，茲據殘存字形並參考其他補官牒補；《釋錄》僅補"者"字。

〔五〕盧，底卷中上部略殘，茲據殘存字形並參考《釋錄》錄文補。

一四　沙州歸義軍節度授官牒（樣式）

伯三八二七背

【題解】

本件底卷編號伯三八二七號背。本號文卷正面寫有權歸義軍節度使"曹延祿上表"。本底卷為背面所書，首殘后缺，共存八行，每行約十七字，無首題，無紀年。《法藏》《索引》《索引新編》均定名作"歸義軍授官牒"；《釋錄》定作"歸義軍節度授官牒樣式"；《法制文書》定作"沙州歸義軍節度授官牒（樣式）"。茲據文義擬定今題。

本件《釋錄》（肆三〇四）、《法制文書》（三八一——三八二）有錄文。茲據《法藏》（貳捌二五五）影印本及IDP彩圖，並參考前人錄文，對底卷重新校錄如下。

牒奉　處分：前件官，扶風名望，文武承家[一]。祖宗累顯於功勳，子姪常遷於官爵。況某自生人世，聰惠資心[二]。幼年入於學堂[三]，博達之百家奧典[四]；壯歲出於軍仵（伍）[五]，勇猛之三略沉謀[六]。才德振於一時[七]，名利傳於二郡。吾今覩斯能解，擢獎恩榮[八]，宜可守職奉公，堅持仁道[九]。若能唯忠盡孝[一〇]，直納勤勞[一一]，日日無住於賽酬[一二]，選選有登於高路[一三]。件補如[一四]（底卷書止此）

【校記】

〔一〕文武，底卷原作"儒學"，後塗抹，並於右側改寫"文武"，茲錄正。又，"承"底卷作"丞"，下同不再另出校。

〔二〕心，底卷原作"身"，後塗抹，並於右側改寫"心"，茲錄正。

〔三〕學，底卷作"孝"，下同不再另出校。

〔四〕奧，底卷中爲右行補寫，茲錄正。

〔五〕仵，據文義應爲"伍"之訛；《釋錄》《法制文書》徑錄作"伍"，不妥。

〔六〕底卷中"勇"字前原衍一"雄"字，後塗抹，茲不錄。又，"猛"字底卷中爲右行補寫，茲錄正。另，底卷中"沉"作"浣"，下同不再另出校；"謀"字底卷中原作"機"，後塗抹，並於右側改寫"謀"，茲錄正。

〔七〕底卷中"才"字前原有一"芳"字，後塗抹，茲不錄。

〔八〕恩榮，底卷中原作"官資"，後塗抹，並於右側改寫"恩榮"，茲錄正。

〔九〕仁道，底卷中原作"雅操"，後塗抹，並於右側改寫"仁道"，茲錄正。另，"仁"字仍有改寫痕跡。

〔一〇〕若能唯，底卷中原作"如武不"，後塗抹，並於右側改寫"若能唯"，茲錄正；"能"字仍有改寫痕跡。又，底卷中"忠"字前原有"替心力"三字，後塗抹，茲不錄。

〔一一〕直，底卷中原作"辦"，後塗抹，並於右側改寫"直"，茲錄正。

〔一二〕日日，底卷作"日〃"，"〃"爲重文符號，茲錄正。

〔一三〕選選，底卷作"選〃"，"〃"爲重文符號，茲錄正。又，

"於"字,底卷中爲右行補寫,兹録正。

〔一四〕有登於高路件補如,底卷中爲伯三八二七正面書寫。另,據其他補官牒可知,"如"字後應缺"前,牒舉者,故牒"等字。

叁　爭訟牒狀

一　唐大曆七年(七七二)客尼三空請追徵負麥牒並判

伯三八五四背

【題解】

本件底卷編號伯三八五四號背。本號文卷正面書"諸寺藏經流通録""僧人轉經録"。本底卷爲背面所書,字跡漫漶,首尾完整,共八行,每行約存十七字,下接"祭外甥女文"。有紀年"大曆七年(七七二)九月";卷首無題,《法藏》定作"大曆七年客尼三空追徵李朝進負麥牒";《索引》定作"牒一件";《黃目》與《索引》同;《索引新編》定作"大曆七年客尼三空牒(有批語)";《釋録》定作"唐大曆七年(公元七七二年)客尼三空請追徵負麥牒並判詞";《法制文書》定作"唐大曆七年(七七二)客尼三空請追徵負麥牒並判詞——爲債務糾紛";王震亞、趙熒《敦煌殘卷爭訟文牒集釋》(甘肅人民出版社一九九三版,以下簡稱《爭訟》)定作"唐大曆七年(七七二年)客尼三空請追徵負麥牒並判詞"。兹據文義擬定今題。

本件《釋録》(貳二八〇)、《法制文書》(四三七—四三八)、《爭訟》(三)有録文。兹據《法藏》(貳捌三八〇)影印本,並參考前人録文,對底卷重新校録如下。

　　　百姓李朝進、麴惠忠[一],共負麦兩石九斗。[二]
　　　　　右件人,先負上件麦,頻索付,被推延。去前月經三
　　　空陳狀[三],蒙判追還,至今未蒙處分。三空貧客,衣鉢懸
　　　絶,伏乞追徵[四],請處分。
　　　牒　件　狀　如　前,謹　牒。
　　　　　大曆七年九月　　日客尼三空牒[五]。

先狀徵還，至今延引，公私俱慢，終是頑佷（狠）[六]，**追過對問**[七]。
九日。𢼄[八]

【校記】
〔一〕惠，底卷作"恵"，下同不再另出校。
〔二〕底卷中此處下有"十一日使"四字，字體較大，非本牒文內容，茲不錄。
〔三〕月，《釋錄》《法制文書》錄作"日"，《爭訟》錄作"曰"，誤。又，"三空"，《釋錄》《法制文書》《爭訟》均作"□□"。
〔四〕乞，底卷作"乞"，下同不再另出校。
〔五〕曆，底卷作"曆"，下同不再另出校；《法制文書》錄作"歷"，誤。
〔六〕佷，據文義推斷應爲"狠"之訛；《釋錄》《法制文書》《爭訟》均徑錄作"狠"。
〔七〕追，底卷作"追"，下同不再另出校。
〔八〕𢼄，據文義推斷，此字應爲署名或簽押；《釋錄》疑作"繼"；《法制文書》疑作"絓"；《爭訟》徑錄作"繼"。

二　吐蕃申年（八〇四）正月令狐子餘訴孟授索底渠地牒並判

伯三六一三

【題解】

本件底卷編號伯三六一三號。底卷首尾完整，共存二十一行，分爲前後兩件，每件正文每行約存十六字，首尾字數不等。兩件各有獨立之首尾，因所述內容相關，故視爲同一文書。首行有題"孟授索底渠地六畝"，《法藏》定作"申年正月令狐子餘索地狀與判憑"；《索引》定作"狀兩件（申年爲百姓令狐子餘土地事）"；《黃目》定作"百姓令狐子餘狀兩件"；《索引新編》定作"狀兩件及判憑"（後加說明：申年百姓令狐子餘土地事）；《釋錄》定作"申年（公元八〇四年）正月令狐子餘牒及判詞";《法制文書》定作"吐蕃申年(八〇四年)令狐子餘牒並判詞——爲請求卻還本地";《籍帳》定作"吐蕃申年(八〇四)正月沙州百姓令狐子餘牒附某潤判、沙州營田副使闞某牒附某潤判";《爭訟》定作"申年正月令狐子餘牒及判詞"。茲據文義擬定今題。

本件《釋錄》(貳二八一)、《法制文書》(四三八—四三九)、《籍帳》(三七三)、《爭訟》(三一四)有錄文。茲據《法藏》(貳陸八二)影印本及IDP彩圖,並參考前人錄文,對底卷重新校錄如下。

孟授索底渠地六畝[一]:
　　右子餘上件地,先被唐朝換与石英☒(順)[二],其地替在南支渠,被官割種稻,即合於絲綿部落得替,望請却還本地[三]。子餘比日已來,唯憑此地与人分佃,得少多粮用,養活性命,請乞免矜處分[四]。
　　牒　件　狀　如　前,　謹　牒。
　　　　申年正月　　日百姓令狐子餘牒。

付水官与營田官同检上,润示。
　　　　　　　　　　九日。

--------------------------------潤[五]--------------------------------

孟授渠令狐子子餘地陸畝[六]:
　　右件地,奉判,付水官与營田官同检上者。謹依就檢[七],其地先被唐清換与石英順[八]。昨尋問令狐子[餘][九],本口分地分付訖。謹錄狀上。
　　牒　件　狀　如　前,　謹　牒。
　　　　申年正月　　　日營田副使闞☒牒
　　　　　　　　　　　　水官令狐玟[一〇]
准　狀。　潤　示。
　　　　十五日。

【校記】

〔一〕底卷中"畝"字有一勾劃符號"┐"，應爲終止符。

〔二〕換，底卷作"擤"，下同不再另出校。又，"唐朝"，下件牒文作"唐清"，兩者必有一誤。另，"順"字底卷僅存上部殘笔畫，茲據殘存字形並參考諸家錄文補。

〔三〕《爭訟》於"地"字前衍錄一"土"字。

〔四〕乞，底卷中爲後補寫，字體較小。又，"免矜"，《釋錄》《法制文書》《爭訟》均錄作"哀矜"；《籍帳》錄作"羌矜"。按，據圖版，其應爲"免矜"，意同"矜免"。敦煌文書中多見有"矜免"兩字，如伯三三二四背："餘者知雜役次，並總矜免"，又如伯三五〇一號背："特賜矜免地稅"等。另，"矜"，底卷作"矝"，下同不再另出校。

〔五〕潤，底卷中此字位於兩紙粘結處，應爲防止私揭文卷所書，作用同騎縫章。

〔六〕底卷中"畝"字有一勾劃符號"┐"，應爲終止符。又，據上件文書及文義，"子子"中應衍一"子"字。

〔七〕就，底卷作"尵"，下同不再另出校。

〔八〕地，《釋錄》《爭訟》錄作"他"，誤。又，"唐清"，上件牒文作"唐朝"，兩者必有一誤。

〔九〕餘，底卷脱，《釋錄》《法制文書》據文義補，茲從。

〔一〇〕珽，《釋錄》《法制文書》《爭訟》錄作"通"；《籍帳》錄作"珽"。據圖版似應爲"珽"字，茲從《籍帳》。

三　吐蕃丑年（八二一）十二月沙州僧龍藏訴遺產分割糾紛牒

伯三七七四

【題解】

本件底卷編號伯三七七四號。底卷首殘尾全，字跡較清晰，書寫工整，共存七十三行，每行約二十二字，行書，前部有殘損。底卷有紀年"丑年"，《籍帳》定爲八二一年。原件無題，《法藏》定作"丑年十二月僧龍藏析產牒"；《索引》定作"僧龍藏呈明與大哥析產牒"；《黃目》《索引新編》定名同《索引》；《籍帳》定作"吐蕃丑年（八二一）一二月沙州僧龍藏牒"；《釋錄》定作"丑年（公元八二一年）十二月沙州僧龍藏牒——爲遺産分割糾紛";《法制文書》定作"吐蕃丑年（八二一）沙州僧龍藏牒——爲遺産分割糾紛";《爭訟》定作"丑年十二月沙州僧龍藏牒"。茲據文義擬定今題。

本件《籍帳》（三九五—三九八）、《釋錄》（貳二八三—二八六）、《法制文書》（四三九—四四四）、《爭訟》（五一九）有錄文。茲據《法藏》（貳捌一〇——一）影印本及 IDP 彩圖，並參考前人錄文，對底卷重新校錄如下。

（前缺）

☒☒（漆椀）疊（楪）并漆☒（盤）[一]，□□☒（事）[二]，所有緣身☒（什）☒[三]，後經一年，空身却歸沙州來，娶妻陰二娘，又分家中什物。

□（一）□□至閻開府上[四]，大番兵馬下，身被捉將。經三箇月，却走來，在☒（家）中潛藏六箇月[五]。齊周諮上下，始得散行。至僉牟使筭會之日[六]，出鎝（鈿）貝鏡一面[七]，与梁舍人，附在尼僧脚下。後妻陰二娘死，其妻陰二娘衣服綊綠羅裙一腰[八]、紅☒☒☒（錦袴一）[九]、☒☒（羅衫）子一[一〇]，碧羅被子一，皂綾襖子一，剪刀及針線等物，並大哥收拾。

一　去丙寅年①至昨午年②卅年間，伯伯私種田卅畝[一一]，年別收斛㪷卅䭾。已上并寄放，合計一千䭾，盡是大哥收掌。伯伯亡之日，所有葬送追齋，盡在大家物內，齊周針線寸尺不見[一二]。

一　稱床九張者，伯伯共父分割之日，家中房室總有兩口，其床在何處安置，此乃虛言。

一　先家中無羊，爲父是部落使，經東衙筭賞羊卅口[一三]、馬一疋、耕牛兩頭[一四]、犉牛一頭，緋毯一。齊周自出牧子，放經十年，後群牧成，始雇吐渾牧放。至丑年③，羊滿三百、小牛驢共卅頭[一五]。已上耕牛十頭，盡被賊將，殘牛一頭、驢一頭。

----

① 《籍帳》指出"丙寅年"應爲"七八六年"。
② 《籍帳》指出"昨午年"應爲"八一四年"。
③ 《籍帳》指出"丑年"應爲"八〇九年"。

一　其時大哥身著箭，宣子病臥。賊去後，齊周請得知己親情百姓，遮得羊一百卅口[一六]、牛驢共十一頭[一七]。又知己親情与耕牛：安都督一頭、趙再兴一頭、張英玉一頭、安恒處二齒牛二博得大牛兩頭[一八]，人上得牛五頭。

一　未得牛中間，親情知己借得牛八具，種澗渠地[一九]。至畢功，其年收得麦一十七車，齊周自持打[二〇]。

一　其丑年①後，寅年、卯年②大兄納突，每年廿馱，計卅馱[二一]，并取大家物納。

一　齊周於官種田處，種得床，寅、卯、辰三年③，每年得床三車。巳年④兩支種[二二]，得麦三車。已上計床、麦一十二車[二三]，并入家中共用。

一　齊周身充将頭，當户突稅、差科並無。官得手力一人，家中種田駈使，計功年別卅馱。從分部落，午年⑤至昨亥年⑥[二四]，計卅年，計突課九百馱，盡在家中使用[二五]。

一　大兄初番和之日，齊周阝（附）父脚下[二六]，附作奴。後至僉牟使上析出爲户[二七]，便有差稅身役，直至于今。自齊周勾當之時，突田大家輸納[二八]，其身役、知更、遠使，並不曾料。

一　先家中種田，不得豐饒，齊周自開酒店，自雇人，并出本床、粟卅石造酒。其年除喫用外，得利苅價七十畝[二九]、柴十車[三〇]、麦一百卅石。內卅五石，齊周買釜一口[三一]，餘並家中破用。

一　齊周差使向柔遠送粮却迴，得生鐵、熟鐵二百斤已來，車釧七隻，盡入家中使[三二]。內卅斤[三三]，貼當家破釜鏃，寫得八斜釜一口。手功麦十石，於裴俊處取付王菜。

一　齊周差芿（瓜）州送菓物[三四]，并分種田麦。其時用驢一

---

① 《籍帳》指出"丑年"應爲"八〇九年"。
② 《籍帳》指出"寅年""卯年"分別爲"八一〇年""八一一年"。
③ 《籍帳》指出"寅、卯、辰三年"分別爲"八一〇、八一一、八一二年"。
④ 《籍帳》指出"巳年"應爲"八一三年"。
⑤ 《籍帳》指出"午年"應爲"七九〇年"。
⑥ 《籍帳》指出"昨亥年"應爲"八一九年"。

頭、布半疋，買得車一乘。又麦十駄、八綜布一疋，買車轂三隻并釧，並入家中。

一　大兄嫁女二：一氾家[三五]，一張家。婦財麦各得廿石[三六]，計卅石，並大兄當房使用[三七]。

一　齊周嫁女二：一張家，一曹家。各得麦廿石[三八]，並入大家使用。

一　宣子娶妻，婦財麦廿石。羊七口、花氈一領、布一疋、油二斗五升，充婦財。

一　大兄度女平娘[三九]，於安都督處買度印[四〇]，用驢一頭、牸牛一頭。

一　宣子趁入所由印[四一]，用麦八駄付張劒奴，驢一頭与部落使乞心兒。

一　齊周去酉年①看絲綿磑[四二]，所得斛斗，除還外課羅底價、買鏾一面及雜使外，餘得麦、粟一百卅石，並入大家用。

一　齊周後母亡後，有新絨纈羅裙一腰、新白錦袴一腰、新羅衫子一、新羅被子一，已上物，並大哥收用。

一　城南佛堂，并油樑，及大乘寺明覺房內鐺、鏾、釜、床什物等，並不忏大家之事，一一盡有來處[四三]。

一　齊周所是（事）家中修造舍宅[四四]、豎立莊園[四五]，犁鏵、鍬钁、車乘、釧鐺、靴鞋，家中少小什物等，並是齊周營造。自尔已來，用何功直，一一請說。

右齊周不幸，父母早亡。比日已來，齊周与大哥同居合活[四六]，並無私已之心。今見齊周出家，大哥便生別居之意[四七]。昨齊周与大哥以理商量，分割什物及房室、畜生（牲）等[四八]，所有好者，先進大哥收檢，齊周亦不諍論。昨大哥取外人之言，妄說異端，無種誼競。狀稱欺屈者，此乃虛言，妄入仁耳。復云："齊周用度家中物者，亦有用大家物者，亦有外邊得者。"今大哥所用斛斗、財物[四九]、牛畜，及承伯伯私種斛斗，先經分割財物，約略如

---

① 《籍帳》指出"去酉年"應爲"八一七年"。

前，一一並無虛謬。更有細碎，亦未措言。比者已來，齊周所有運爲斛㪷及財物、畜生（牲）、車牛、人口，請還齊周。今大哥先經伯伯數度分割財物，各有區分[五〇]。今更論財，似乖法式，伏望仁明詳察，請處分。

牒　件　狀　如　前，謹　牒。

　　　　五年十二月　　　日僧龍藏牒

【校記】

〔一〕漆梡，底卷中此兩字殘存左半，第一字殘存"日"，第二字殘存"木"，《籍帳》將第一字補作"睞"，校作"漆"；《釋録》《法制文書》《爭訟》均徑補作"漆"；第二字，《籍帳》《釋録》僅録左側"木"字旁，《法制文書》《爭訟》均徑録作"相"。按，據文義看，此字疑爲"梡"，通"碗"，與下文"漆盤"相對。"梡"字後"疊"字，據文義應通"碟"，《爭訟》録作"疊"，誤。又，"漆盤"，"漆"字底卷中作"睞"，下同不再另出校；《釋録》《法制文書》《爭訟》均録作"柒"，校作"漆"；"盤"底卷中殘存上部，茲據殘存字形並參考諸家録文補。

〔二〕事，底卷中殘存下部，茲據殘存字形並參考諸家録文補，其前缺兩字，缺字不明。

〔三〕所，底卷作"所"，下同不再另出校。又，"什"底卷中右下部殘，茲據殘存字形並參考諸家録文補。其後一字，底卷中僅殘存下部"日"，原字不明。

〔四〕一，據下文可知，此爲事項符號短橫杠，底卷缺；《法制文書》據文義補，茲從補。又，"至"字前缺二字，缺字不明。

〔五〕家，底卷中右上部殘，茲據殘存字形並參考諸家録文補。

〔六〕筭，通"算"，下同不再另出校。又，"日"，《爭訟》録作"中"，誤。

〔七〕鐶貝鏡，"鐶"同"鈿"，鑲嵌之意。鈿貝鏡，背面鑲嵌有各種螺貝磨成的薄片的銅鏡。

〔八〕綊，底卷作"綊"，下同不再另出校；《法制文書》漏録。又，"緑"，《釋録》《法制文書》録作"禄"，誤。

〔九〕錦袴一，底卷中此三字殘存右部，茲據殘存字形並參考諸家録文補。

〔一〇〕羅衫，底卷中此二字殘存右部，茲據殘存字形並參考諸家録文補。

〔一一〕伯伯，底卷中第二個"伯"字爲省文符號，茲録正。又，"種"，《爭訟》録作"耕"，誤。

〔一二〕綫，底卷中有改寫痕跡。

〔一三〕賞，《爭訟》録作"嘗"，誤。

〔一四〕耕，底卷作"耞"，下同不再另出校。

〔一五〕卅，《爭訟》録作"三十"，誤。

〔一六〕遮，底卷作"遜"，下同不再另出校。

〔一七〕一，《爭訟》漏録。

〔一八〕"齒"底卷作"歯"，"博"底卷作"愽"，下同不再另出校。

〔一九〕渠，《釋録》《法制文書》録作"朵"，誤。

〔二〇〕朾，《釋録》《法制文書》《爭訟》録作"打"，誤。"朾"，有撞擊之意，持朾應無誤。

〔二一〕卌，《爭訟》録作"卅"，誤。

〔二二〕巳，《爭訟》録作"已"，誤。

〔二三〕上，《爭訟》漏録。

〔二四〕亥，底卷作"亥"，下同不再另出校。

〔二五〕盡，《爭訟》録作"尺"，誤。

〔二六〕阝，《釋録》校作"附"，茲從；《法制文書》未出校；《爭訟》徑録作"附"；《籍帳》則認爲其可能爲衍文，"附"只寫了偏旁而止。

〔二七〕僉，底卷作"僉"，下同不再另出校。又，"析出"，"析"底卷作"折"，"出"底卷原作"出出"，衍一"出"字，茲不録。

〔二八〕田，《爭訟》録作"由"，誤。

〔二九〕苅，同"刈"；《籍帳》録作"苅"，校作"刈"；《法制文書》徑録作"刈"。

〔三〇〕柴，底卷作"柴"，下同不再另出校。

〔三一〕釜，《爭訟》録作"金釜"，誤。

〔三二〕使，《爭訟》錄作"使用"，誤。

〔三三〕卅，《爭訟》錄作"三十"，誤。

〔三四〕周，《釋錄》《法制文書》錄作"州"；《爭訟》錄作"州"，校作"周"，均誤，底卷即作"周"。又，"苽"，據文義可知應爲"瓜"之訛；《釋錄》《法制文書》《爭訟》徑錄作"瓜"；《籍帳》錄作"苽"，校作"瓜"。

〔三五〕氾，底卷作"汜"，下同不再另出校。

〔三六〕廿，《爭訟》錄作"二十"，誤。

〔三七〕房，《爭訟》漏錄。

〔三八〕各，《爭訟》錄作"名"，誤。

〔三九〕度，底卷作"庋"，下同不再另出校。

〔四〇〕都，底卷中爲右側補寫，字體較小。

〔四一〕趁，底卷作"趂"，下同不再另出校。

〔四二〕看，底卷作"著"，下同不再另出校。

〔四三〕一一，底卷中第二個"一"爲省文符號，兹錄正。

〔四四〕是，《籍帳》據文義校作"事"，兹從。

〔四五〕莊園，底卷作"茬薗"，下同不再另出校。

〔四六〕活，《爭訟》錄作"和"，誤。

〔四七〕居，底卷中爲補寫，字體較小。

〔四八〕生，據文義通"牲"，《爭訟》徑錄作"牲"，下同不再另出校。

〔四九〕財，《爭訟》錄作"賜"，誤。

〔五〇〕區，《釋錄》《法制文書》錄作"處"，誤。

四 吐蕃丑年（八二一）八月女婦令狐大娘訴張鸞鸞侵佔舍宅牒

斯五八一二

【題解】

本件底卷編號斯五八一二號。底卷首尾俱全，共二十七行，每行約二十二字，字跡清晰，書寫工整。底卷有紀年"丑年八月"，藤枝晃考訂爲八三三年。按，本件中"閻開府"還見於伯三七七四號"吐蕃丑年（八二一）十二月沙州僧龍藏牒"，故將本底卷年代暫定作"八二一年"。

本件定名，《英藏》定作"丑年八月令狐大娘訴張鸞侵奪舍宅牒"；《索引》定作"令狐大娘爲田宅糾葛狀"；《黃目》定作"令狐大娘爲田宅糾葛狀"；《索引新編》定作"丑年令狐大娘爲田宅糾葛狀"；《釋錄》定作"丑年八月女婦令狐大娘牒"；《法制文書》定作"吐蕃丑年（八二一年？）令狐大娘牒——爲舍院產權糾紛"；《爭訟》定作"丑年八月女婦令狐大娘牒"。兹據文義擬定今題。

本件《釋錄》（貳二八七—二八八）、《法制文書》（四四五—四四七）、藤枝晃《吐蕃統治時期的敦煌》（《東方學報》，三一）、《爭訟》（一三—一四）有錄文。兹據《英藏》（玖一六二）影印本及IDP彩圖，並參考前人錄文，對底卷重新校錄如下。

絲綿部落無賴横相羅識人張鸞鸞[一]，見住舍半分[二]：尊嚴舍總是東行人舍，收得者爲主居住，兩家總無憑據。後聞開府上，尊嚴有文判，四至内草院不囑張鸞分，强構扇見人侵奪，請检虚實[三]。

  一 論悉諾息來日，百姓論宅舍不定，遂留方印，已後見住爲主[四]，不許再論者。又論莽羅新將方印來[五]，於亭子處分百姓田薗、舍宅依舊[六]，亦不許侵奪論理。
  右尊嚴翁家在日，南壁上有厨舍一口[七]，張鸞分內，門向北開[八]。其時張鸞父在日，他取穩便，换將造堂舍了。尊嚴遂收門廡舍，充走堂地替便[九]，著畜生。經四五年，張鸞阿耶更無論理[一〇]。及至後時嫁女与吴诠，得他勢便，共郭歲達相知[一一]，設計還奪☒（堂）舍[一二]。將直至蕃和巳來，吴诠著馬。後吴诠向東後，其廡舍當時尊嚴自收[一三]，著畜生。經七、八年，後致三部落了監軍，借張鸞堂一、南房一、厨舍一、小廡舍，共四口。又借尊嚴廡舍草院，著馬，亦經五、六年。監軍死後，兩家各自收本分舍，更無言語論理。今經一十八年，昨四月內[一四]，張鸞因移大門，不向舊處安置，更侵尊嚴地界巳理（里）[一五]。共語便稱：須共你分却門道，量度分割，盡是張鸞。及至分了，并壘墙了，即道："廡舍草院，先亦不囑杜家。"此人攬擾公衙[一六]，既若合得[一七]，緣何經廿年巳上不論[一八]，請尋问。

右件人，從上已來，無賴有名，欺尊嚴老弊婦人，無處識故。又不識公衙道理，縱有言語[一九]，亦陳説不得。向裏換舍子（仔）細[二〇]，外人不知，並舍老人委知南壁上將舍換廡舍[二一]。其張鸞所有見人[二二]，共他兄弟相似[二三]，及是親情，皆總爲他説道理。又云："你是女人，不合占得宅舍[二四]。"氣（豈）有此事[二五]。絲綿部落人論事，還問本部落見人爲定。自裁自割，道理自取。尊嚴婦人，說理不得諭。若後母憐兒乳，亦終當不与。伏望　殿下仁明詳察，處分。

　　牒件狀如前，謹牒。
　　　　五年八月女婦令狐大娘　　牒。

【校記】

〔一〕橫，底卷作"橫"，《釋録》《法制文書》疑作"抾"；《爭訟》録作"扶"，疑應爲"橫"。又，"鸞鸞"，底卷中首"鸞"字作"鷥"，第二個"鸞"字爲省文符號，茲録正。另，"張鸞鸞"，《法制文書》漏録。

〔二〕舍半，《爭訟》録作"合平"，誤。

〔三〕虚，《釋録》《法制文書》《爭訟》均録作"處"，誤。

〔四〕見，《釋録》《法制文書》《爭訟》均録作"現"，誤。

〔五〕莽，底卷作"莾"，下同不再另出校。

〔六〕子，《爭訟》録作"之"，誤。

〔七〕壁，底卷作"璧"，下同不再另出校。

〔八〕開，底卷作"閙"，下同不再另出校。

〔九〕走，《釋録》疑作"支"；《法制文書》《爭訟》徑録作"支"，誤。

〔一〇〕耶，底卷作"耺"，下同不再另出校。

〔一一〕歲，底卷作"咸"，下同不再另出校。

〔一二〕堂，底卷漫漶，茲據殘存字形並參考諸家録文補。

〔一三〕當，《爭訟》録作"常"，誤。

〔一四〕昨，《釋録》《法制文書》《爭訟》均録作"於"，誤。

〔一五〕理，《釋録》《法制文書》《爭訟》均録作"北"，誤。另，據文義推斷,"已理"當爲"已里",即"以里"。

〔一六〕攪擾,底卷原作"擾攪",旁加倒乙符號,茲錄正。

〔一七〕合得,《釋錄》《法制文書》《爭訟》錄作"舍等",誤。

〔一八〕緣,《釋錄》《法制文書》《爭訟》錄作"分",誤。又,"已",《爭訟》錄作"以",非原形。

〔一九〕縱,底卷誤寫作"繳",《釋錄》《法制文書》《爭訟》徑錄作"縱"。

〔二〇〕子,通"仔",下同不再另出校。

〔二一〕並,底卷作"竝",下同不再另出校。

〔二二〕其,《釋錄》《法制文書》《爭訟》均未釋讀。

〔二三〕兄弟,底卷作"兄苐",下同不再另出校。

〔二四〕宅,《釋錄》《法制文書》錄作"堂",《爭訟》錄作"上",誤。

〔二五〕氣,據文義應爲"豈"之訛。

五　唐大中七年（八五三）王伽兒訴男趁賊不見狀

俄敦一三二六

【題解】

本件底卷編號俄敦一三二六號。底卷首尾俱全,共十一行,滿行十五至二十字,字跡清晰,書寫工整。有首題"王伽兒等狀上",有紀年"大中七年（八五三）二月"。《俄藏》定作"大中七年二月僧王伽兒等牒",茲據文義擬定今題。

茲據《俄藏》（捌九二）影印本,對底卷校錄如下。

　　　☒☒（王伽）兒等　　狀上[一]:
　　　　☒☒（右伽）兒子父三人,正月廿七日夜,一男威威城上知☒[二],又一男談子共配,同路止宿。其夜上[三],後同院居住吐渾,唱賊叫喚,稱賊入舍,其男相共趁賊不見。今於法曹請牌印論事。昨新榜示所事並亭（停）[四],不許論爭。今被法曹兩家對詞☒居[五],今交俉物,☒處孔告[六]。伏望大夫仁明照察,請乞判驗。寸壠壠忙[七],十月答限,似不違格。請乞處分。

☒（牒）　件　狀　如　前[八]，　謹　牒。
　　大中七年二月　日僧王伽兒等牒

【校記】
〔一〕王伽，底卷中殘存右半，茲據殘存字形補。
〔二〕威威，底卷中第二個"威"爲省文符號，茲錄正。又，"知"字後一字，底卷中僅存下部殘笔畫，無法識讀。
〔三〕上，底卷中爲右側補寫，茲錄正。
〔四〕亭，據文義疑爲"停"之訛。
〔五〕☒居，底卷中此二字爲右側補寫，茲錄正。
〔六〕底卷中"處"字前一字漫漶，無法識讀。
〔七〕壠壠，底卷中第二個"壠"爲省文符號，茲錄正。
〔八〕牒，底卷中僅存下部殘笔畫，茲據殘存字形及文義補。

六　唐咸通六年（八六五）前後張智燈訴趙黑子地狀（稿）

伯二二二二 B

【題解】

本件底卷編號伯二二二二 B 號。底卷首全尾缺，倒書，文字潦草，有多處塗改，格式不整，應爲狀子草稿，共存八行，每行字數不一。底卷有題"僧張智燈狀"，《法藏》據以爲題；《索引》定作"咸通六年文件"；《黃目》未命名；《索引新編》定作"咸通六年（八六五）僧智燈狀"；《籍帳》定作"唐咸通年間前後（八六五）沙州僧張智燈狀"；《釋錄》定作"唐咸通六年（八六五）前後僧張智燈狀（稿）"；《法制文書》定作"唐咸通六年（八六五？）前後僧張智燈狀稿——爲地產糾紛"；《爭訟》定作"唐咸通六年前後僧張智燈狀（稿）"。底卷本無紀年，同紙寫"咸通六年（八六五）正月敦煌鄉百姓張祇三狀"，《籍帳》據此考證爲八六五年前後。茲據文義擬定今題。

本件《籍帳》（四二八）、《釋錄》（貳二八九）、《法制文書》（四四八—四四九）、《爭訟》（一五—一六）有錄文。茲據《法藏》（玖二二九）影印本及 IDP 彩圖，並參考前人錄文，對底卷重新校錄如下。

僧張智燈[一]　　　　　狀：

　　　　右智燈叔姪等，先蒙尚書恩造[二]，令將鮑壁渠地迴入玉關鄉趙黑子絶户地，永爲口分，承料役次。先請之時[三]，亦令鄉司尋問實虛[四]，兩重判命。其趙黑子地在於澗渠[五]，鹹鹵荒漸[六]，佃種不堪。自智燈承後，經今四年，總無言語[七]，車牛人力，不離田畔，沙糞除練[八]，似將堪種。昨通頗言[九]：我先請射，忓悋苗麦[一〇]。不聽判憑[一一]，虛效功力，伏望（底卷書此爲止）

【校記】

〔一〕僧，底卷作"冐"，諸家録文均徑録作"僧"。

〔二〕造，底卷中"造"字前原有一"賜"字，後塗抹，茲不録。另，"造"，《爭訟》録作"選"，誤。

〔三〕先請之時，底卷爲右側補寫，茲録正。

〔四〕問，底卷書寫原誤，塗抹後於右側改寫，茲録正。

〔五〕地，底卷中有改寫痕跡。又，"於澗渠"，底卷中"於"字爲右側補寫，茲録正；"渠"字下原有"下尾"兩字，後塗抹，茲不録；"澗"，《釋録》《法制文書》《爭訟》録作"間"，誤。

〔六〕底卷中"荒"字前原有一字，"漸"字後原有一"總"字，均塗抹，茲不録；《爭訟》將"荒"字前衍録一缺字符號。

〔七〕經今四年總無言語，底卷中爲右側補寫，茲録正。

〔八〕沙糞，底卷中爲右側補寫，茲録正。

〔九〕昨，底卷原作"今被"，塗抹後於右側改寫，茲録正。又，"言"，底卷原作"其"，塗抹後於右側改寫，茲録正。

〔一〇〕忓悋苗麦，底卷中"忓"字右側原補寫"每被"兩字，後塗抹；"悋"後原有"每（《籍帳》録作"不"）忓施功力"等字，後塗抹，茲不録；"苗麦"兩字底卷中爲"悋"字右下側補寫，茲録正。

〔一一〕憑，底卷中"憑"字後原有"伏望"兩字，後塗抹，茲不録。

七　歸義軍張氏時期（八九二前後）康漢君訴弟户口狀（稿）

伯三七五三

【題解】

本件底卷編號伯三七五三號。底卷共六行，每行字數不一，塗改痕跡嚴重。底卷正背雙面書寫，本件位於正面，前接"色法疏義"，後接"大順三年（八九二）十一八日□弟子小娘子狀"（此件爲逆書），本件書寫於二者之間"普光寺尼定忍牒及悟真判"的牒文與判文中間；背面爲"俱舍論疏""兒郎偉"。本件無紀年，但據同面前"定忍牒"爲"大順二年"，後"小娘子牒"爲"大順三年"可知，其應爲八九二年前後。首行書"燉煌鄉百姓康漢君狀"，《法藏》據此定名；《索引》將其與前件文書合併，定作"普光寺尼定忍等狀"；《黃目》定名同《索引》；《索引新編》定作"敦煌鄉百姓康漢君狀"；《法制文書》定作"歸義軍張氏時期康漢君狀稿——爲弟户口歸屬"。茲據文義擬定今題。

本件《法制文書》（三八九）有錄文。茲據《法藏》（貳柒二四九）影印本及IDP彩圖，並參考前人錄文，對底卷重新校錄如下。

　　燉煌鄉百姓康漢君　　狀：
　　　　右漢君阿耶亡後，阿孃不知共誰相逢，生一兒子。男女無別[一]，養成七歲，名悉歾都[二]，被迴鶻打將。更得十年，却走到沙州[三]，一心☒去[四]。再合户時，便入本户[五]，親生无別，役次行人，依例无闕。年今廿有三，今被土（吐）渾部落爭論[六]，言我土（吐）渾[七]。況前都不知聞[八]，依理有屈。伏望大夫仁恩，詳察无辜[九]。天下共同要人役料的漢、番、渾[一〇]，役次是一。總管沙州[一一]，乞賜文憑，免矜攪擾[一二]，請處分。（底卷書寫至此。）

【校記】

〔一〕男女无別，底卷中此四字爲右行補寫，茲錄正。

〔二〕名悉歾都，底卷中此四字爲右行補寫，茲錄正。

〔三〕却，底卷中原作"後□"，後塗抹並於右行改寫"却"字，茲錄正。

〔四〕底卷中"心"字前一字不清,《法制文書》錄作"一吐",疑誤,暫存疑。

〔五〕本,《法制文書》錄作"人",誤。

〔六〕土,據文義應爲"吐"之訛,《法制文書》徑錄作"吐",下同不再另出校。

〔七〕言,底卷中書寫原誤,塗抹後於右側改寫,茲錄正。又,"言我",《法制文書》錄作"定裁",誤。

〔八〕況前,底卷中此二字爲右側補寫,茲錄正。

〔九〕无辜,底卷原作"火熱水冷",後塗抹並於左側書"无辜",茲錄正。

〔一〇〕天下共同,《法制文書》未錄,應是將其作爲被塗抹文字,但從圖版看,其上未見塗抹痕跡,茲錄。又,"要人料役的",底卷中此五字爲右側補寫,茲據文義錄於此處;"的"《法制文書》漏錄。另,"漢"字後原有一"役"字,後塗抹,茲不錄。

〔一一〕總管沙州,底卷中此四字爲"役次是"三字右側補寫,茲據文義錄於此處,且"總"字後原有一"是"字,後塗抹,茲不錄;《法制文書》錄作"總是管□",誤。

〔一二〕《法制文書》於"攬"字前衍錄"无事"兩字,其應是將上行補寫"无辜"二字誤爲"无事",補於此處。

八　唐大順四年（八九三）瓜州營田使武安君訴田地糾紛狀並判

伯三七一一

【題解】

本件底卷編號伯三七一一號。底卷首殘尾全,共存十四行,每行字數不一。有紀年"大順四年（八九三）正月　日"。底卷無題,《法藏》定作"大順四年瓜州營田使武安君狀判憑";《索引》定作"大順四年瓜州營田使武安君狀（後有批語）";《黃目》定作"大順四年瓜州營田使武安君狀";《索引新編》定作"大順四年（八九三）瓜州營田使武安君狀及判憑";《籍帳》定作"唐大順四年（八九三）正月瓜州營田使武安君牒　付判";《釋錄》定作"唐大順四年（公元八九三年）正月瓜州營田使武安君牒並判詞"；《法制文書》定作"唐大順四年（八九三年）瓜州營田使武安君牒並判詞——爲地產權糾紛"；《爭訟》定作"唐大順四年正月瓜州營田使武安君牒並判詞"。茲據文義擬定今題。

本件《釋錄》（貳二九〇）、《法制文書》（四四九—四五〇）、《籍帳》（四四七）、《爭訟》（一七）有錄文。茲據《法藏》（貳柒四二）影印本及IDP彩圖，並參考前人錄文，對底卷重新校錄如下。

（前缺）
☒□□□過☒□□□下，乃被通頗☒（董）悉[一]，并妄陳文狀請將[二]。伏乞大夫阿郎仁明詳察，沙州是本，日夜上州，無處安下，只憑草料，望在父租（祖）田水[三]，伏請判命處分。
　　牒 件 狀 如 前[四]，謹牒。
　　　　　大順四年正月　日瓜州營田使武安君□（牒）[五]

係是先祖產業，董悉卑戶，則不許入，權且丞（承）種[六]**，其地內☒（割）与外生（甥）安君地柒畝佃種**[七]**。**
十六日　✸[八]**。**

【校記】
〔一〕董悉，底卷中"董"字殘存下部筆畫，茲據殘存字形並參考諸家錄文補。
〔二〕妄，底卷作"妾"，下同不再另出校。
〔三〕租，諸家錄文均指出據文義應爲"祖"之訛，茲從。
〔四〕件，《爭訟》漏錄。
〔五〕牒，底卷缺，《法制文書》據文書格式補，茲從；其餘諸家錄文未補。
〔六〕丞，據文義應爲"承"之訛；《釋錄》《法制文書》《爭訟》徑錄作"承"；《籍帳》錄作"丞"，校作"承"。
〔七〕割，底卷中漫漶，諸家錄文均疑作"割"。又，"生"，據文義通"甥"。

〔八〕☗，疑爲簽押，但諸家録文均作"勳"，現存疑。

九　唐景福二年（八九三）押衙索大力訴師姑遺産狀

伯二八〇三

【題解】

本件底卷編號伯二八〇三號。底卷首尾俱全，共存十一行，正文平均每行約十一字。底卷爲長卷，雙面書寫，正面共存九件文書，本件位於"天寶九載（七五〇）八月廿八日至九月十八日敦煌郡倉納穀牒"的行間，其前一件和後一件分別爲"押衙張良真狀稿""願文"；背面書"深密解脱要略"。底卷有首題"押衙索大力"，有紀年"景福二年（八九三）二月"，據此《法藏》將其定作"景福二年二月押衙索大力牒"；《索引》未正式定名，而是在"天寶九載（七五〇）八月廿八日至九月十八日敦煌郡倉收入粟麥豌豆等簿"之後附加説明，將本件稱作"索大力狀"；《黄目》將本件收入，但未定名；《索引新編》處理方式與《索引》同，稱本件爲"索大力景福二年（八九三）狀"；《釋録》定作"唐景福二年（公元八九三年）二月押衙索大力狀"；《法制文書》定作"唐景福二年（八九三年）押牙索大力狀——爲遺産糾紛"；《爭訟》定作"唐景福二年二月押衙索大力狀"。茲據文義擬定今題。

本件《釋録》（肆四九一）、《法制文書》（四五一——四五二）、《爭訟》（二一八）有録文。茲據《法藏》（壹捌三〇一）影印本及IDP彩圖，並參考前人録文，對底卷重新校録如下。

　　押衙索大力[一]：
　　　　右大力故師姑在日[二]，家女滿子有女三人，二女諸處
　　（出）嫁[三]，殘小女一[四]，近故尚書借与張使君娘子。其
　　師姑亡化[五]，万事並在大力，別人都不關心，万物被人使
　　用，至甚受屈。伏望將軍仁恩照察，特乞判命處分。
　　牒　件　狀　如　前，謹　牒。
　　　　景福二年二月　　日押衙索大力
　　　　　靈府狀。

【校記】

〔一〕大力，底卷原作"力大"，旁加倒乙符號，茲録正。
〔二〕姑，《釋録》《爭訟》漏録。
〔三〕處，據文義疑應爲"出"字。
〔四〕一，底卷中"一"字前原衍一"女"字，茲不録。
〔五〕姑，《爭訟》録作"故"，誤。

一〇　唐景福二年（八九三）九月盧忠達訴高再晟侵移田地狀

伯二八二五背

【題解】

本件底卷編號伯二八二五號背，《釋録》誤作伯二八二五號。本號文卷正背雙面書寫，正面書"太公家教一卷"，本件寫於背面，前後均爲雜寫，首行前雜寫"使檢校國子祭酒兼御使大夫張"。文書首尾俱全，共八行，每行字數不一，書寫欠規整，可能爲狀紙底稿，有紀年"景福二年（八九三）九月"，有題"百姓盧忠達狀"。《法藏》定作"景福二年九月押衙兼侍御史盧忠達狀"；《索引》《黃目》均未定名；《索引新編》定作"景福二年（八九三）盧忠達狀"；《釋録》定作"唐景福二年（公元八九三年）九月盧忠達狀"；《法制文書》定作"唐景福二年（八九三年）九月盧忠達狀——爲地產糾紛"；《爭訟》定作"唐景福二年九月盧忠達狀"。茲據文義擬定今題。

本件《釋録》（貳二九一）、《法制文書》（四五二—四五三）、《爭訟》（二〇）有録文。茲據《法藏》（壹玖五）影印本及IDP彩圖，並參考前人録文，對底卷重新校録如下。

　　百姓盧忠達　　狀：
　　　　　右忠達本户於城東小第一渠地一段廿畝[一]，今被押衙高再晟侵移將[二]，不放取近。伏望常侍仁恩照察[三]，乞賜公憑。伏請處分[四]。
　　　　牒件狀如前[五]，謹牒。
　　　　　景福二年九月　日押衙兼侍御史盧忠達☒（狀）[六]

【校記】

〔一〕叚，底卷作"叚"，下同不再另出校。又，"廿"，《爭訟》録作"二十"，誤。

〔二〕侵移，底卷中"侵"字有改寫痕跡；《釋録》《爭訟》録作"侵劫"，誤；《法制文書》漏録"移"字。

〔三〕仁，底卷中有改寫痕跡。

〔四〕底卷中"分"字下有"法靈是百陽"等字，據文義應爲雜寫，兹不録。

〔五〕狀，《釋録》《法制文書》《爭訟》漏録。

〔六〕狀，底卷殘存上部，兹據殘存字形並參考諸家録文補。

一一　唐乾寧四年（八九七）石和滿狀

斯三三三〇背

【題解】

本件底卷編號斯三三三〇號背。本號文卷正背雙面書寫，正面爲"毛詩故訓傳"；本件位於背面，前爲"書啓"，僅存一行，後爲兩件"書啓"，其中一件倒書。本件首尾俱全，現存文字九行，滿行二十一字左右，有紀年"乾寧四年（八九七）二月廿八日"。本件定名，《英藏》定作"乾寧四年（八九七）二月廿八日石和滿訴狀"；《索引》定作"乾德四年石和滿狀"，其所云"乾德"年號有誤；《黄目》《索引新編》定名同《英藏》。兹據文義擬定今題。本件中的"石和滿"又見於伯五五四六號"神沙鄉人名目（殘）"。

兹據《英藏》（伍四八）影印本及IDP彩圖，對底卷校録如下。

　　諸門石和滿狀：
　　　　右和滿夫妻二人，孤妻存括（活）[一]，少有羅麥，於佛堂家下磑磑麵[二]。和滿新婦磑麵以（已）吉[三]，分付囗（余）衆以磑户敦替力輦、山山、張安囗三人[四]。新婦不見羅破磑户莊羅，是他打破[五]，言道和滿新婦打破，囗妻囗囗囗便照納[六]，立便頭上帛朵使布羅全，亦共不壓三人麵，囗人把囗劫釵子壹雙持去，亦共不壓。明日囗之外，

☒[七]交新婦主☒☒交裴衆門☒日巷。二人後恐指不安，且走☒一錢来[八]。伏望將軍阿郎仁明詳察，伏乞裁下處分。

牒　件　狀　如　前，謹牒。

乾寧四年二月廿八日整門石☒☒□（和滿　牒）[九]

【校記】

〔一〕括，據文義推斷疑爲"活"之訛。

〔二〕佛，底卷中作"仏"，下同不再另出校。又，礎礎，底卷中第二個"礎"爲省文符號，茲錄正。

〔三〕以，據文義推斷應爲"已"之訛。

〔四〕余，底卷中左側殘，茲據殘存字形及文義推補。又，"三"字前一字，底卷漫漶不清。

〔五〕是他打破，底卷中"是他破"三字爲右側補寫，茲據文義錄正。

〔六〕☒妻☒☒☒，底卷中此五字爲右側補寫，但底卷漫漶。

〔七〕明日☒之外☒，底卷中此幾字爲右側補寫，茲錄正。

〔八〕底卷中"一"字前一字書寫原誤，塗抹後於右側改寫，但改寫字不清，無法識讀。

〔九〕和滿牒，底卷中"和滿"兩字殘，"牒"字缺，茲據殘存字形及文義補。

一二　唐天復年間（九〇一—九〇三）神力訴兄墳田被侵案卷

伯四九七四 + 俄敦二二六四 + 俄敦八七八六

【題解】

本件底卷由伯四九七四、俄敦二二六四、俄敦八七八六三號文書綴合而成。

其中，伯四九七四號（底一）首缺尾殘，現存二十一行，每行約二十一字，字跡清晰、書寫工整，雖有年號"天復"，但具體年代待考。卷首無題，《法藏》定作"天復年間沙州龍神力墓地訴訟狀"；《索引》定作"神力狀爲其故兄與迴鶻戰死墳地爲人所侵佔事（末署天復下殘）"；《黃目》定作"天復年間神力牒狀"；《索引新編》定作"天復年間沙洲龍神力墓地訴訟狀"；《釋錄》定作"唐天復年代神力爲兄墳田被侵陳狀並判"；《法制文書》定作"唐天復年間（九〇一—九〇三年？）神力狀並判詞——爲兄墳田被侵"；《爭訟》定作"唐天復年代神力爲兄墳田被侵陳狀並判"。俄敦二二六四（底二）現存文字三行，可與底一末二行綴合；俄敦八七八六，首缺尾殘，現存文字二十行，上部殘。《俄藏》將底二、底三合併擬題爲"押衙朗神達牒"。茲據文義擬定今題。

本件《釋錄》（貳二九二）、《法制文書》（四五三—四五四）、《爭訟》（二一—二二）有錄文，但僅釋錄底一，底二、底三未收錄；陸離《俄、法所藏敦煌文獻中一件歸義軍時期土地糾紛案卷殘卷淺識——對Дх.02264、Дх.08786 與 P.4974 號文書的綴合研究》（《敦煌學輯刊》二〇〇〇年第二期）收錄有三件底卷錄文。茲據《法藏》（叁叁三二五）影印本及 IDP 彩圖、《俄藏》（玖一二二）影印本，並參考前人錄文，對底卷重新校錄如下。

（前缺）
▢▢▢▢▢[////]更有[一]▢▢▢

▢▢▢▢▢[二]

　　右神力去前件迴鶻賊來之時，不幸家兄陣上身亡。緣是血腥之喪，其灰骨將入積代墳墓不得[三]。伏且亡兄只有女三人，更無腹生之男，遂則神力兼姪女，依故曹僧宜面上，出價買得地半畝，安置亡兄灰骨。後經二十餘年，故尚書阿郎再製户狀之時，其曹僧宜承户地，被押衙朗神達請將。況此墓田之後[四]，亦無言語。直至司空前任之時，曹僧宜死後，其朗神達便論前件半畝墳地。當時依衙陳狀[五]，蒙判鞫尋三件，兩件憑由見在，稍似休停。後至京中尚書到來，又是澆却，再亦爭論。兼狀申陳，判憑見在，不許校（攪）撓[六]，更無啾唧。昨來甚事不知[七]，其此墓田被朗神達放水瀾澆，連根耕却。堂子灰骨，本末不殘。如此欺死劫生，至甚受屈[八]。凡爲破墳壞墓，亦有明條。況此不遵判憑，便是白地天子，澆來五件。此度全耕，攪乱幽魂，擬害生衆。伏望司空仁恩照察，請檢前後憑由，特賜詳理。兼前狀謹連呈過[九]，伏聽裁下處分。

牒件狀如前，謹牒。

       天復☐☐日押衙　龍神力　謹牒[一〇]

付都虞☒（候）☐☐神達緣何☐☐九日（簽押）[一一]

  ☐☐（都虞候陰英達）[一二]：

  ☐☐押衙朗神達☐緣何專有澆損他人墓所者。☐☐已故尚書過點户口之☒（時）[一三]，☒（神）達[一四]遂請☐☐內半畝[一五]，先被押衙龍神力安置墳墓，當便☐☐龍神力云：此地先押衙曹良進佃種[一六]，於他面☐☐☒失却[一七]。後至☐☐☒（龍）神力爭論此地[一八]。其龍神力便於☐☐龍神力設盟曹良進男祇當墓田[一九]，☐☐咒[二〇]，曹良進亦不支与墓田價。後至漢☐☐☒（龍）神力論覓地替[二一]。龍神力於前經☐☐達但據見在收，因何更有挍☒（攪擾）[二二]☐☐內被龍神力充爲墓田。官中☐☐☒（澆）却者實。今蒙勘責[二三]，更☐☐☒（分）[二四]。

         押衙朗神達（簽押）

☐☐謹錄狀　上。

    ☐☐日右馬步都虞候陰英達　牒

☐☐廿日（簽押）

☐☐☒不合攪擾他龍☐☐脱，並總發☒☐☐墓地半畝內☒[二五]☐☐甚惡神達☒☐☐是☒（除）滅他龍[二六]☐☐無見單貧☐☐

（後缺）

【校記】

〔一〕底卷中此行文字，僅殘存四字，第一字不清，第二字存左半

"亻"，第三、四字爲"更有"，諸家録文均將其作爲神力牒的第一行標注，但均未釋讀。按，從圖版來看，此行殘存文字，筆跡與本件牒文正文不同，字體較大，與神力牒後面的判文筆跡、字體相同，應爲判文，非神力牒文的第一行。

〔二〕據其他牒文格式可知，上行殘存文字與"右神力"之間應缺一行，內容應是神力籍貫、姓名等。

〔三〕灰，底卷作"灰"，下同不再另出校。

〔四〕墓，《爭訟》録作"墳"，誤。

〔五〕陳，《爭訟》録作"承"，誤。

〔六〕校，據文義推斷應爲"攬"字的同音訛誤字；《釋録》《法制文書》未出校；《爭訟》録作"校悦"，誤。

〔七〕底卷中"昨"字前原衍一"昨"字，旁加抹毁符號，兹不録。

〔八〕受，底卷作"受"，下同不再另出校。

〔九〕前狀，底卷原作"狀前"，旁加倒乙符號，兹録正。又，《爭訟》於"呈"字前衍録一"□"。

〔一〇〕復，《爭訟》録作"福"，誤。又，"龍"底卷作"尤"，下同不再另出校。按，"天復"兩字及其前文字，均爲底一所書；"日押衙龍神力謹牒"位於底二。

〔一一〕候，底卷殘存上部，兹據殘存字形及文義補；《釋録》未録"虞候"二字。又，"付都虞候"等四字位於底一，"神達緣何□□□□九日（簽押）"位於底二。

〔一二〕據圖版及文義可知，此處應缺一行文字。另，據下文及參考伯三二五七《寡婦阿龍案卷》可知，此處所缺一行文字應爲"都虞候陰英達"，兹據補。另，以下爲底三。

〔一三〕時，底卷殘，兹據殘存字形及文義補。

〔一四〕神，底卷殘，兹據殘存字形及文義補。

〔一五〕畝，底卷作"宙"，下同不再另出校。

〔一六〕曹良進，應即上件"龍神力牒"中所云之"曹僧宜"。

〔一七〕失，底卷作"失"，下同不再另出校。又，"失"字前一字，僅存下部。

〔一八〕龍，底卷中殘，茲據殘存字形及文義補。

〔一九〕盟，底卷中作"盟"，下同不再另出校。

〔二〇〕咒，底卷作"呪"，下同不再另出校。

〔二一〕龍，底卷中殘，茲據殘存字形及文義補。

〔二二〕挍，據文義應爲"攪"同音借字。又，"攪"，底卷殘存上部，茲據殘存字形及文義補。

〔二三〕底卷中"責"之後衍一"伏"字，旁加抹毀符號，茲不錄。

〔二四〕分，底卷中僅殘存下部，茲據殘存字形及文義補。

〔二五〕以上判文，覆寫於"押衙朗神達（簽押）"至"日右馬步都虞候陰英達牒"等行之上。

〔二六〕除，底卷中殘，茲據殘存字形及文義補。

一三　唐天復四年（九〇四）衙前押衙兵馬使子弟隨身等爲免雜役狀

伯三三二四背

【題解】

本件底卷編號伯三三二四號背。本號文卷正背雙面書寫，正面書《維摩詰所説經觀衆生品第七》；本件書於背面，首尾俱全，共十七行，每行約十四字，字跡清晰。底卷有年號"天復四年"（九〇四）。本件定名，《法藏》定作"天復四年八月八日應管衙前押衙兵馬使子弟隨身等狀"；《索引》定作"應管衙前押衙兵馬使子弟隨身等狀"；《黃目》《索引新編》定名同《索引》；《釋録》定作"唐天復四年（公元九〇四年）衙前押衙兵馬使子弟隨身等狀"；《法制文書》定作"唐天復年間（九〇四）衙前押衙兵馬使子弟隨身等牒——爲免雜役"；《爭訟》定作"唐天復四年衙前兵馬使子弟隨身等狀"。茲據文義擬定今題。

本件《釋録》（貳四五〇）、《法制文書》（四五五—四五六）、《爭訟》（二三九—二四〇）有録文。茲據《法藏》（貳叁一九〇—一九一）影印本及IDP彩圖，並參考前人録文，對底卷重新校録如下。

隨身官判　　善通[一]

應管銜前押衙兵馬使子弟隨身等　　狀：

　　　　　右伏緣伏事在衙已来，便即自辦馳馬駞駞[二]。不諫三更半夜，喚專之徒[三]，聲鼓亦須先到[四]。恐罪有敗關[五]，身役無處身（申）説[六]。囗（貳）馳商囗（量）[七]，更亦無一人貼。遂針草自便，典家買（賣）舍[八]，囗（備）立鞍馬[九]。前使、後使，見有文憑。復令衙前軍將子弟隨身等[一〇]，判下文字：若有戶内别居兄弟者，則不喜（許）霑捭[一一]；如若一身，餘却官布、地子、烽子、官柴草等大礼（例）[一二]，餘者知雜役次，並總矜免，不喜（許）差遣。文狀見在，見今又（有）鄉司差遣車牛、艾蘆茭者[一三]，伏乞司空阿郎，仁恩照察，伏請公憑裁下處分。

牒　件　狀　如　前，謹　牒。

　　　　　天復四年甲子八月八日。

【校記】

〔一〕判，《釋録》《法制文書》《爭訟》録作"劉"，誤。又，此行疑爲雜寫，與狀文無關。

〔二〕駞駞，底卷中第二個"駞"爲省文符號，茲録正。

〔三〕喚，底卷作"喚"，下同不再另出校。又，"專之徒"，《釋録》《法制文書》《爭訟》均録作"召之繼"，誤。

〔四〕聲鼓，底卷作"聲皷"，下同不再另出校。

〔五〕關，《釋録》《法制文書》均疑作"闕"，但據圖版似應爲"關"。

〔六〕身，據文義應爲"申"的同音訛誤字；《釋録》《法制文書》《爭訟》未出校。

〔七〕貳，底卷漫漶，茲據殘存字形補；《釋録》《法制文書》《爭訟》未釋讀。又，"量"字，底卷漫漶，《釋録》《法制文書》《爭訟》均録作"量"，茲從。

〔八〕買，據文義應爲"賣"之訛。

〔九〕備立，底卷中"備"字漫漶，茲據殘存字形及文義補；《法制文書》補作"備"；《釋録》《爭訟》未釋讀。又，"立"，《釋録》疑作

"置",《爭訟》徑錄作"置",誤。

〔一〇〕復,底卷作"澓",下同不再另出校。

〔一一〕喜,《釋錄》《法制文書》均指出據文義應爲"許"之訛,茲從,下同不再另出校。又,"捽"底卷作"捭",下同不再另出校。

〔一二〕却,《爭訟》錄作"舍",誤。又,"礼",《釋錄》《法制文書》《爭訟》均指出據文義應爲"例"之訛,茲從。

〔一三〕又,據文義應爲"有"之訛。另,"茭",《法制文書》錄作"交",誤。

一四　丙申年（九三六）正月馬軍武達兒訴罰羊有屈狀

伯四六三八背

【題解】

本件底卷編號伯四六三八號背,本號文卷正背雙面書寫,正面書"大潙警策""隋朝三祖信心銘""節度押衙張某乙敬圖大慈大悲觀音菩薩並侍從壹鋪發願文""曹大王夫人宋氏邈真贊""結壇文""右軍衛十將使孔公浮圖功德銘並序""大番故燉煌郡莫高窟陰處士公修功德記""曹良才邈真贊""瓜州牒狀"等;本件爲背面書寫,前爲"馬軍宋和信狀稿",後爲"丁酉年漠高鄉百姓陰賢子契稿"。本件首尾俱全,倒寫,字跡工整,共存十七行,平均每行約二十字,有首題"馬軍武達兒",有紀年"丙申年正月"。本件定名,《法藏》定作"丙申年馬軍武達兒狀";《黃目》定作"馬軍武達兒牒";《索引新編》將其與其它兩件合定作"丙申年馬軍武達兒、宋苟子、宋和信狀";《釋錄》定作"丙申年（公元九三六年）正月馬軍武達兒狀";《法制文書》定作"丙申年（九三六年）馬軍武達兒狀——爲罰羊有屈"。茲據文義擬定今題。

本件《釋錄》（肆五〇七）、《法制文書》（四五八—四五九）有錄文。茲據《法藏》（叁貳二三四）影印本及IDP彩圖,並參考前人錄文,對底卷重新校錄如下。

　　馬軍武達兒：
　　　　右伏以達兒先送皇后年,其弟名管馬軍[一],奉命西州充使,不達鄉際亡殁[二]。兄達兒未入名字,有寄來瘦馬壹疋,氾都知專擅攪繞（擾）[三]，言道着馬嚇，將細緤壹疋[四]，不知東西。此年捉本分，同鋪人見在。自後人言，緤則不合与他作其恩義，且亦潤却司人。去歲，甘州爲使破散，比置立鞍馬[五]，中間請官馬壹疋，然後私便買馬。去七月令捉道，氾都知將壯羊壹口放却[六]。同月聞瓜州賊起[七]，再復境界寧謐[八]，軍迴至東定點檢，達兒只當一役枉躭[九]，罰羊壹口[一〇]，准合氾都知招丞（承）[一一]。昨向取自羊去来，不肯聽納，恰似有屈。今被羊司逼迫，難可存活，無處投告[一二]，伏乞司空阿郎仁恩，照察貧流，特賜与氾都知招丞（承），始有存濟[一三]。伏聽公憑，裁下處分。

牒件狀如前，謹牒。

　　　　　　　　丙申年正月　日馬軍武達兒　狀

【校記】

〔一〕馬軍，底卷原作"軍馬"，旁加倒乙符號，茲録正。

〔二〕"鄉"底卷作"鄉"，"殁"底卷作"殁"，下同不再另出校。

〔三〕繞，據文義應爲"擾"字同音訛誤字；《釋録》《法制文書》《爭訟》未出校。

〔四〕緤，底卷作"緤"，下同不再另出校。

〔五〕置，底卷作"置"，下同不再另出校。

〔六〕壯，底卷作"壯"，下同不再另出校。

〔七〕瓜，底卷作"苽"，下同不再另出校。

〔八〕再，底卷作"再"，下同不再另出校。

〔九〕躭，底卷作"躭"，下同不再另出校。

〔一〇〕罰，底卷作"罸"，下同不再另出校。

〔一一〕丞，據文義應爲"承"之訛，《法制文書》徑録作"承"，下同不再另出校。

〔一二〕"無"底卷作"无"，"投"底卷作"投"，下同不再另出校。

〔一三〕濟，底卷作"济"，下同不再另出校。

一五　後唐清泰三年（九三六）洪潤鄉百姓辛章午訴氾万通押良为賤狀

伯四○四○

【題解】

本件底卷編號伯四○四○號。底卷首尾俱全，共十六行，每行約十二—十四字，字跡清晰，正反雙面書寫，牒尾位於紙背，有年號"清太三年（九三六）"，下接"佛經論釋"。本件定名，《法藏》定作"清太三年五月洪潤鄉百姓辛章午牒"；《索引》定作"洪潤鄉百姓辛章午牒（清太三年）"；《黃目》定作"洪潤鄉百姓辛章午牒"；《索引新編》定作"九三六年洪潤鄉百姓辛章午牒"；《釋錄》定作"後唐清太三年（公元九三六年）洪潤鄉百姓辛章午牒"；《法制文書》定作"後唐清泰三年（九三六年）洪潤鄉百姓辛章午牒——爲罰作期滿請求放免"；《爭訟》定作"後唐清泰三年洪潤鄉百姓辛章午牒"。兹據文義擬定今題。

本件《釋錄》（貳二九四）、《法制文書》（四五六—四五七）、《爭訟》（二四）有錄文。兹據《法藏》（叁壹二七）影印本及IDP彩圖，並參考前人錄文，對底卷重新校錄如下。

　　　洪潤鄉百姓辛章午：[一]
　　　　　右章午只緣自不謹慎，冒犯官☒明條[二]，☒（違）格偷牛[三]，罪合万死[四]。伏蒙前王鴻造，矜捨罪愆，腹生女子一人收將北宅駈使。伏奉處分，遣章午与氾万通家造作[五]，三五年間，便乃任意寬閑。章午陪（賠）牛之時，只是取他官布一疋、白羊一口[六]，餘外更不見針草。章午女子亦早宅内駈將[七]，總合平折已了[八]。如此公子百姓，被他押良为賤，理當怨屈。伏望司空仁造，念見貧兒，矜放寬閑，始見活路。伏請處分。
　　　　牒件狀如前，謹牒
　　　　　　清太（泰）三年五月　　日百姓辛章午牒[九]

【校記】

〔一〕《釋錄》於"午"字後補一"狀"字；《法制文書》《爭訟》

則徑録一"狀"字。據圖版,"午"字後無字,且據其他相似文書可知,可不補。

〔二〕底卷中"明"字前一字漫漶,不可釋讀,"明"字較清晰;《釋録》《法制文書》《爭訟》均作"□□"。

〔三〕違,底卷殘,兹據殘存字形及文義補;《釋録》《法制文書》《爭訟》未釋讀。

〔四〕《爭訟》於"万"字前補一"皆"字,誤。

〔五〕遣,《爭訟》録作"遺",誤。

〔六〕一口,底卷中爲右側補寫,兹録正。

〔七〕亦,底卷中爲右側補寫,兹録正。

〔八〕平,《爭訟》録作"乎",誤。

〔九〕太,據文義通"泰"。

一六　乙未年（九三九?）前後赤心鄉百姓令狐宜宜等訴不與帖户狀（稿）

伯二五九五

【題解】

本件底卷編號伯二五九五號。本號文卷爲長卷,正面共存六件文書,分别爲"净名經集解關中疏""乾符二年（八七五）六月七日慈惠鄉陳都衒賣地契""乙未歲正月七日忠信祭師兄文""赤心鄉百姓令狐宜宜等狀""乙未歲正月七日尼綿子等祭姪文""維摩詰所説經疏釋";背面爲"維摩詰所説經疏釋"。本件首全尾殘,共存四行,每行約存十七字。本件無紀年,因其位於底卷正面第四件,上接"乙未歲正月七日忠信祭師兄文",下接"乙未歲正月七日尼綿子等祭姪文",故可基本確定其爲"乙未年前後"所作。有題"赤心鄉百姓令狐宜宜氾賢集等"。本件定名,《法藏》定作"赤心鄉百姓令狐宜宜等狀";《索引》將同卷背面非佛經類文書合擬名作"契約祭文等";《黄目》將其與上件合定作"祭文殘文書";《索引新編》定名與《索引》同;《釋録》定作"乙未年前後赤心鄉百姓令狐宜宜等狀（稿）";《法制文書》定作"乙未年（九三九年?）前後赤心鄉令狐宜宜等狀稿";《爭訟》定作"乙未年前後赤心鄉百姓令狐宜宜等狀稿"。兹據文義從《法制文書》所定年代擬定今題。

本件《釋録》（貳三〇九）、《法制文書》（四五九）、《爭訟》（四六）有録文。兹據《法藏》（壹陸一七四）影印本及 IDP 彩圖，並參考前人録文，對底卷重新校録如下。

赤心鄉百姓令狐宜宜、氾賢集等[一]：
右宜宜等，總是單身差著烽子[二]，應著忙時[三]，不与貼户，數諮鄉官[四]，至与虛户。總是勢家取近，不敢屈苦至甚，免濟單貧。伏請處分。（底卷書寫至此。）

【校記】
〔一〕宜宜，底卷中第二個"宜"爲省文符號，兹録正。
〔二〕單，底卷作"单"，下同不再另出校。
〔三〕忙，底卷作"忩"，下同不再另出校。
〔四〕數，底卷作"敷"，下同不再另出校。

一七　十世紀中期（九四三年前後）神沙鄉百姓賈憨憨訴兒不見狀（稿）

斯二一〇四背

【題解】

本件底卷編號斯二一〇四號背。本號文卷正背雙面書寫，正面爲佛教文獻；本件位於背面，前後均爲雜寫。本件首全尾缺，現存文字六行，滿行二十二字左右，書寫未完，且有多處朱筆塗抹之處，應爲狀稿。有題"神沙鄉百姓賈憨憨等狀"，無紀年。本件定名，《英藏》定作"神沙鄉百姓賈憨憨等狀"；《索引》《黃目》定作"神沙鄉百姓狀"；《索引新編》定名同《英藏》；《郝録》定作"神沙鄉百姓賈憨憨等狀稿"。兹據文義擬定今題。本件中的"賈憨憨"又見於伯四六三五號"癸卯年（九四三）二月十三日便粟豆曆"、俄敦二八五＋俄敦二一五〇＋俄敦二一六七＋俄敦二九六〇＋俄敦三〇二〇＋俄敦三一二三背"十世紀中期某寺破曆"，故本件底卷也應爲相同時期。

本件《郝録》（壹壹一七）有録文，兹據《英藏》（肆四）影印本及 IDP 彩圖，並參考已有録文，對底卷重新校録如下。

三　牒狀類　／　313

　　神沙鄉百姓賈憨憨　　等狀[一]：
　　　　右伏以憨憨，腹生男四人，弟（第）三男潤定[二]，遂
　　雇与鄉官某家家中就山牧羊，經今三載，互相不見[三]。言
　　道昨人来，被牧羊人失羊，却打煞，其他家人都不肯問
　　信[四]。但則雇取，悉兒不言交（教）失羊[五]，却打煞[六]，
　　療今有見人道是不聽修取[七]。伏望司空阿郎仁明照察[八]，
　　哀（底卷書寫止此）

【校記】
　〔一〕憨憨，底卷中第二個"憨"爲省文符號，兹録正，下同不再另
出校。
　〔二〕弟，《郝録》據文義校改作"第"，並指出"弟"爲"第"之
本字，兹從。
　〔三〕互，底卷作"牙"，《郝録》録作"身"，誤。
　〔四〕底卷中"被牧羊人失羊却打煞其他家"等字均被朱筆塗抹，但
若不録，文義不通，兹照録。
　〔五〕兒，《郝録》録作"見"，誤。另，"交"，《郝録》據文義校作
"教"，兹從。
　〔六〕却打煞，底卷中被朱筆塗抹，兹據文義照録。
　〔七〕療今，底卷中被朱筆塗抹，兹據文義照録。又，"療"，《郝録》
録作"病"，但校記中作"療?"，據圖版應爲"療"。
　〔八〕郎仁明照察，底卷中此五字被朱筆塗抹，兹據文義照録。

一八　後晉開運二年（九四五）十二月寡婦阿龍口分地案卷
伯三二五七
【題解】
　　本件底卷編號伯三二五七號。底卷共分三部分，每部分首尾俱全，
可視爲三件獨立之文書，但因三件文書涉及同一事件，故將其作爲一個
文卷釋録。其中，第一件文書十九行，是寡婦阿龍的狀稿和歸義軍節度
使曹元忠的指示；第二件文書十行，是寡婦阿龍和夫兄關於土地耕種的
契約；第三件文書三十七行，是歸義軍左馬步都押衙王文通詢問土地佔

有者索佛奴、陳狀人阿龍、種地人索懷義的筆錄和曹元忠的批示。底卷有指節畫押，中間略有殘損，但基本上不影響閱讀，背後有若干雜寫。底卷定名，《法藏》定爲"開運二年寡婦阿龍等口分地案牒"；《索引》及《索引新編》定爲"寡婦阿龍等牒數件（開運二年有指畫押）"；《黃目》定作"寡婦阿龍等牒數件"；《籍帳》定爲"後晉開運二年（九四五）十二月河西歸義軍左馬步都押衙王文通勘尋寡婦阿龍還田陳狀牒及關係文書"；《釋錄》定爲"後晉開運二年（公元九四五年）十二月河西歸義軍左馬步押衙王文通牒及有關文書"；《法制文書》定爲"後晉開運二年（九四五年）十二月河西歸義軍左馬步押衙王文通牒及有關文書"；李正宇《敦煌遺書一宗後晉時期敦煌民事訴訟檔案》（《敦煌研究》二〇〇三年第二期）定爲"後晉開運二年（九四五）敦煌寡婦阿龍訴訟案卷"（以下簡稱《李錄一》）；李正宇《敦煌學導論》（甘肅人民出版社二〇〇八年版）定爲"後晉開運二年（九四五年）寡婦阿龍地產訴訟案卷"（以下簡稱《李錄二》）；山本達郎、池田溫合編《敦煌吐魯番社會經濟文獻（三）券契》（東洋文庫一九八七年版，以下簡稱《山契》）收錄了本卷第二件文書，定爲"甲午年（九三四）二月十九日索義成付與兄懷義佃種憑"；沙知《敦煌契約文書輯校》（江蘇古籍出版社一九九八年版，以下簡稱《沙契》）也收錄了本卷第二件文書，定爲"甲午年（九三四）索義成付與兄懷義佃種憑"；《爭訟》定作"後晉開運二年十二月河西歸義軍左馬步軍押衙王文通牒及有關文書"；劉進寶《敦煌文書〈後晉開運二年寡婦阿龍牒〉考釋》（《敦煌研究》二〇一六年第三期，以下簡稱《劉釋》）定作"後晉開運二年（九四五）十二月歸義軍左馬步都押衙王文通勘尋寡婦阿龍還田陳狀牒"。茲據文義擬定今題。

本件《籍帳》（五〇七—五〇九）、《釋錄》（貳二九五—二九八）、《法制文書》（四六〇—四六五）、《敦煌遺書一宗後晉時期敦煌民事訴訟檔案》（《敦煌研究》二〇〇三年第二期，四二—四六）、《敦煌學導論》（二八九—二九一）、《敦煌文書〈後晉開運二年寡婦阿龍牒〉考釋》（《敦煌研究》二〇一六年第三期，六〇—六一）、《爭訟》（二五—二八）等有全篇錄文；《山契》（一一七）、《沙契》（三三七—三三八）收錄了本件第二部分錄文。茲據《法藏》（貳貳三一七—三一八）影印本及IDP彩圖，並參考前人錄文，對底卷重新校錄如下。

三　牒狀類　／　315

寡婦阿龍[一]：

　　右阿龍前緣業薄[二]，夫主早喪。有男義成，先蒙大王世上身着瓜州[三]。所有少多屋舍，先向出買（賣）与人[四]，只殘宜秋口分地貳拾畝[五]。已來恐男義成一朝却得上州之日[六]，母及男要其濟命。▢▢▢▢（義成瓜州）去時[七]，地水分料，分付兄懷義佃種[八]，恰▢（得）[九]▢▢▢▢（居）[一〇]，索佛奴兄弟言說：其義成地空閑，更▢▢▢▢（兼佛奴房）有南山兄弟一人投來[一一]，無得地水居業，當便義成地分貳拾畝[一二]，割与南山爲主。其他（地）南山經得三兩月餘[一三]，見沙州辛苦難活[一四]，却投南山部族。義成地分，佛奴收掌爲主，針草阿龍不取。阿龍自從將地，衣食極難，良求得處[一五]，安存貧命。今阿龍男義成身死[一六]，更無丞忘（承望）處[一七]。男女恩親，緣得本居地水，与老身濟侫（接）性命[一八]。伏乞司徒阿郎仁慈祥照[一九]，特賜▢▢（孤寡）老身[二〇]，念見苦累。伏聽公憑，裁判▢□（處分）[二一]。

　　牒　件　狀　如　前，謹　牒。
　　　　開運二年十二月　　　日寡婦阿龍牒

付都押衙王文通，細与尋問申上者。
十七日

甲午年二月十九日，索義成身着瓜州，所有父祖口分地叁拾貳畝，▢（分）付与兄索懷義佃種[二二]。比至義成到沙州得來日[二三]，所着官司諸雜▢（烽）子、官柴草等小大稅役[二四]，並總兄懷義應料，一任施功佃種[二五]。若收得麥粟，▢（任）自兄收[二六]，顆粒亦不論說。義成若得沙州來者，却收本地。渠河口作稅役，不忓□（自）兄之事[二七]。兩共面平章[二八]，更不許休悔[二九]。如先悔者，罰壯羊壹口。恐人無信，▢（故）立文憑[三〇]，用爲後驗[三一]。

☒（種）地人兄索懷義（簽押）[三二]
種地人索富子（簽押）
見人索流住（簽押）
見人書手判官張盈潤[三三]

都押衙王文通

　　右奉判付文通，勘尋陳☒☒☒☒☒（狀寡婦阿龍及）取地姪索佛奴[三四]，據狀詞理，細与尋問申上者。

　　問得姪索佛奴稱[三五]：先有親叔索進君，幼小落賊，已經年載，並不承忘（望）。地水屋舍，並總支分已訖。其叔進君，賊中偷馬兩疋，忽遇至府，官中納馬壹疋。當時恩賜馬賈（價）[三六]，得麥粟壹拾碩、立機緤伍疋、官布伍疋。又請得索義成口分地☒☒☒☒（貳拾貳畝）[三七]，☒（進）君作戶生（主）名[三八]。佃種得一兩秋來[三九]，其叔久☒☒☒（居部族）[四〇]，不樂苦地，却向南山爲活[四一]。其地佛奴承受，今經一十餘年，更無別人論說。其義成瓜州致死，今男幸通及阿婆論此地者，不知何理。伏請處分。

　　　　　　　取地人姪索佛奴[四二]　［左手　中旨（指）　節[四三]］

　　問得陳狀阿龍稱：有☒☒☒☒（男義成干犯）公條[四四]，遣着瓜州，只殘阿龍。有口分地叄拾貳畝，其義成去時，出買（賣）地拾畝与索流住[四五]，餘貳拾貳畝与伯父索懷義佃種，濟養老命。其他（地）[四六]，佛奴叔賊中投來，本分居父業[四七]，總被兄弟支分已訖，便射阿龍地水將去。其時欲擬諮申，緣義成☒☒（犯格）[四八]，意中怕怖，因茲不敢詞說。况且承地叔在，☒☒☒（不合論）諍[四九]。今地水主叔却投南山內去[五〇]，阿龍口分別人受用。阿龍及孫幸通，無路存濟，始過（是故）陳狀者[五一]，有實。

　　　　　　　陳狀寡婦阿龍　　［右手　中旨（指）　節］

　　問得佃種伯父索懷義稱：先☒（姪）義成犯罪遣瓜州[五二]，地水立契仰懷義作主佃種[五三]，經☒☒☒（得一秋）[五四]，懷義着防馬群不在。比至到來，此地被索進君射將[五五]。懷義元不是口分地水，不敢論說者，有實[五六]。

　　　　　　　立契佃種人索懷義　［左手　中旨（指）節］

右謹奉付文通，勘尋陳狀▨▨▨▨（寡婦阿龍）及姪索佛奴、懷義詞理[五七]，一一分析如前，謹録狀上。

牒　件　狀　如　前，謹　牒。

開運二年十二月　日左馬步都押衙王文通牒

其義成地分賜進君，更不迴戈（過）[五八]。其地便任阿龍及義成男女爲主者。

廿二日 

【校記】

〔一〕寡，底卷作“𡨥”，下同不再另出校。

〔二〕薄，底卷作“薄”，下同不再另出校。

〔三〕世，底卷作“丗”，下同不再另出校。

〔四〕買，據文義推斷應爲“賣”之訛；《釋録》《法制文書》均録作“買”，校作“賣”；《籍帳》徑録作“賣”。

〔五〕只，《爭訟》録作“口”，誤。

〔六〕已，《爭訟》録作“以”，誤。

〔七〕義成瓜州，底卷僅存右側殘筆畫，茲據殘存字形並參考諸家録文補。

〔八〕懷，底卷作“懐”，下同不再另出校。

〔九〕恰，底卷原作“更”，後塗抹，於右旁改寫“恰”，茲録正；《李録一》録爲“更恰”，《李録二》録爲“恰更”；《籍帳》《釋録》《法制文書》均先録“更”，於右旁補“拾”字；《爭訟》録作“更”。又，“得”字，底卷中僅存右上部一點殘筆畫，《籍帳》《釋録》《法制文書》《爭訟》均補作“得”，茲從；《李録》補作“遇”。

〔一〇〕居，底卷中左上部殘，但從字形看應爲“居”；《籍帳》《釋録》《法制文書》《爭訟》均補作“房”；《李録一》録爲“居”，《李録二》録爲“房”。另，在“恰”與“居”之間有六七字殘缺，《李録一》補爲“遇索進君迴沙州就”八字，《李録二》爲六個空格。

〔一一〕兼佛奴房，底卷殘存左側殘筆畫，《籍帳》《釋録》《爭訟》

補作"弟佛奴房";《法制文書》《李録一》直接録爲"弟佛奴房";《李録二》則録爲"佛奴房別"。按,《劉釋》指出據底卷殘筆看,"佛奴房"三字比較明顯,而"兼"字不明顯,但與同卷的"弟"卻有差別,從其前後文義及殘筆字形看,似爲"兼",茲從。

〔一二〕便,《爭訟》録作"使",誤。

〔一三〕他,據文義推斷應爲"地"字形近而訛,《籍帳》《劉録》録作"他",校作"地";《釋録》《法制文書》《爭訟》等徑録作"地"。

〔一四〕苦,底卷作"苫",下同不再另出校。

〔一五〕良求,《釋録》《法制文書》校爲"懇求";《李録一》録爲"艮",校爲"懇";《李録二》録爲"良",並指出:"良,實也",以《漢書·吳王濞傳》"徵求滋多,誅罰良重"中顏師古注曰"良,實也,信也"爲據作了説明;《爭訟》録作"墾",誤。茲從《李録二》。

〔一六〕今,《爭訟》録作"合",誤。

〔一七〕丞忘,本件第三部分作"承忘",《籍帳》録作"丞忘",校作"承忘";《劉釋》指出,此或可釋爲"承望",即想望、指望之義,茲從之。

〔一八〕佞,同"佞",《劉釋》指出,"佞"字文義不通,應爲"接"之訛;諸家録文徑録作"接"。

〔一九〕徒,底卷作"佉",下同不再另出校。

〔二〇〕孤寡,底卷中左側殘,茲據殘存字形並參考諸家録文補。

〔二一〕處分,底卷只殘存"處"的右上部,據字形和文義可補作"處分";《籍帳》《釋録》《李録》已補;《法制文書》《爭訟》徑録。

〔二二〕分,底卷中殘存上部,茲據殘存字形及文義補;諸家録文徑録。

〔二三〕到,底卷作"刲",下同不再另出校;《法制文書》録作"至",誤。

〔二四〕烽,底卷中殘存上部,茲據殘存字形及文義補;諸家録文徑録。又,"小大",《釋録》録作"大小";《爭訟》漏録之前"等"字。另,"稅"底卷作"税",下同不再另出校。

〔二五〕一任,底卷中有改寫痕跡。

〔二六〕任,底卷中殘存右上部筆畫,茲據殘存字形並參考諸家録文補。又,"自兄",《李録二》校爲"兄自"。

〔二七〕自,底卷缺,《籍帳》《山契》録爲"□";《釋録》《沙契》《爭訟》補爲"自",兹從之;《法制文書》徑録作"自";《李録一》録爲"自",《李録二》録爲"□"。

〔二八〕事兩,底卷原作"兩事",旁加倒乙符號,兹録正。又,《釋録》《法制文書》《爭訟》在"面"後補一"對"字,成"面對平章";《李録》在"面"字前面補一"對"字,成"對面平章"。按,"兩共面平章",文義也通,兹不補。

〔二九〕《釋録》《法制文書》《爭訟》於"悔"字後衍録一"者"字。

〔三〇〕故,底卷殘存下部,《籍帳》《釋録》《爭訟》補爲"故";《山契》《沙契》《法制文書》徑録作"故"。

〔三一〕底卷中"驗"字有一勾劃符號"┐",應爲終止符。

〔三二〕種,底卷殘,《籍帳》補作"種";《沙契》《劉釋》徑録作"種";《釋録》《法制文書》《爭訟》補作"佃"。按,據殘存字形看,應爲"種"字。

〔三三〕張盈潤,《籍帳》《山契》《沙契》録爲"張䒕□";《釋録》《法制文書》《爭訟》録爲"張盈□";《李録》録爲"張盈潤"。從字形看,應爲"盈潤",兹從《李録》。另,"盈",底卷作"䒕",下同不再另出校。

〔三四〕狀寡婦阿龍及,底卷中"狀寡婦阿龍"缺,"及"字殘,諸家録文均補爲"狀寡婦阿龍及",兹從之。

〔三五〕稱,底卷作"秤",下同不再另出校。

〔三六〕買,據文義應爲"價"。

〔三七〕貳拾貳畝,底卷中此四字有程度不同的殘損,諸家録文已補,兹從補。

〔三八〕進,底卷中殘,諸家録文已補,兹從補。又,"生",據文義應爲"主"之訛,諸家録文均出校,兹從校。

〔三九〕種,底卷作"蕇",下同不再另出校。

〔四〇〕居部族,底卷中殘存左部,《籍帳》《釋録》《李録一》《法制文書》補作"居部族";《李録二》録作"居戎狄"。按,據殘存字形看,應爲"居部族"。另,"久"《爭訟》録作"又",誤。

〔四一〕活,《爭訟》録作"話",誤。

〔四二〕姪，《釋録》《法制文書》《爭訟》漏録。

〔四三〕旨，據文義通"指"。

〔四四〕男義成干犯，底卷中"男"字下部已殘，"犯"字殘存下部一點殘筆，《籍帳》《釋録》《法制文書》《李録》《爭訟》已補，茲從之。另，《劉釋》指出在"男"和"犯"之間有三字的殘缺，《籍帳》《釋録》《法制文書》《李録》《爭訟》補爲"索義成"，但根據上下文義，可補爲"義成干"。

〔四五〕買，據文義應爲"賣"之訛，諸家録文均出校，茲從。

〔四六〕他，據文義應爲"地"之訛，諸家録文均出校，茲從。

〔四七〕本，底卷中爲右行補寫，字體較小。

〔四八〕犯格，底卷中左側殘，茲據殘存字形並參考諸家録文補。

〔四九〕不合論，底卷中右側殘，茲據殘存字形並參考諸家録文補。

〔五〇〕内，《釋録》《法制文書》《爭訟》漏録。

〔五一〕始過，《釋録》《法制文書》《爭訟》指出據文義應爲"是故"之訛，茲從。

〔五二〕姪，底卷中左側殘，茲據殘存字形並參考諸家録文補。

〔五三〕懷，底卷中爲右行補寫，字體較小。

〔五四〕得一秋，底卷中右部殘，茲據殘存字形並參考諸家録文補。

〔五五〕將，底卷中爲右行補寫，字體較小。

〔五六〕有實，《爭訟》録作"實有"，誤。

〔五七〕寡婦阿龍，底卷中左側殘，茲據殘存字形並參考諸家録文補。

〔五八〕迴戈，《劉釋》指出："迴戈"即"回過"，爲一俗語詞，其義爲回還。

一九　丙午年（九四六）前後沙州敦煌縣慈惠鄉百姓王盈子兄弟四人爲取亡弟舍地填還債負狀（稿）

斯四六五四背

【題解】

本件底卷編號斯四六五四號背。本件首全尾缺，前部字跡清晰，後部模糊，共存十二行，每行約二十一字。底卷爲長卷，正面書"薩訶上人寄錫雁閣留題並序"等文書共九件；本件位於背面，其前爲"丙午年正月九日金光明寺僧慶戒出便斛斗曆"，後爲"敦煌昔日舊時人詩四首"。本件無紀年，因其前有"丙午年正月九日金寺僧慶戒出便與人"的抄錄與"大周廣順四年"的紀年，《釋錄》據此考定本件應爲丙午年（九四六），茲從之。本件有題"慈惠鄉百姓王盈子王盈君王盈進王通兒"，《英藏》定作"慈惠鄉百姓王盈君請公憑取亡弟舍地填還債負訴狀"；《索引》定作"慈惠鄉百姓王盈子兄弟四人爲家務糾葛牒"；《黃目》定名同《索引》；《索引新編》定作"丙午年（九四六）前後沙州敦煌縣慈惠鄉百姓王盈子兄弟四人狀（稿）"；《釋錄》定作"丙午年（公元九四六年）前後沙州敦煌縣慈惠鄉百姓王盈子兄弟四人狀（稿）"；《爭訟》定名同《釋錄》。茲據文義擬定今題。

本件《釋錄》（貳三〇〇）、《爭訟》（三二）等有錄文。茲據《英藏》（陸二一七）影印本及IDP彩圖，並參考前人錄文，對底卷重新校錄如下。

    慈惠鄉百姓王盈子、王盈君、王盈進、王通兒：
      右以盈子等兄弟四人，是同胎共乳兄弟[一]。父母亡没（殁）去後[二]，各生無儀（義）之心[三]，所有父母居産、田莊[四]、屋舍，四人各支分。弟盈☒（進）[五]，共兄盈君一處同活。不經年載，其弟盈進身得患累，經數月除治不可[六]，昨者至死[七]。更兼盈進今歲次着重役[八]，街☒無人替當，便作流户，役價未可填還。更緣盈進病亡☒（時）[九]，羊債[一〇]、油麵債[一一]，總甚繁多[一二]，無人招當，並在兄盈君上[一三]。其亡弟盈進分了城外有地十畝[一四]，有舍壹；城内有舍莊子[一五]，況与兄盈君擬欲併取[一六]，填還債負及役價[一七]，其盈子攔憐不放。君取近無類[一八]，無門投生。伏望太保阿郎惠照貧乏之流[一九]，不敢不☒，伏請公憑，裁下處分。（底卷書寫至此。）

【校記】

〔一〕同胎共乳，《釋錄》將"乳"錄作"氣"，《爭訟》則錄作"同胞共氣"，誤。

〔二〕没，據文義應爲"殁"之訛；《爭訟》錄作"殁"。

〔三〕儀，《釋錄》錄作"議"，校作"義"，其釋錄有誤，但校錄應無誤，兹從其校；《爭訟》逕錄作"義"。

〔四〕莊，底卷作"茌"，下同不再另出校。

〔五〕進，底卷中殘存上部，兹據殘存字形並參考《釋錄》錄文補；《爭訟》逕錄作"進"。

〔六〕經，《爭訟》錄作"徑"，誤。又，"除"底卷作"除"，《釋錄》《爭訟》錄作"險"，誤，下同不再另出校。另，"可"，《爭訟》校作"好"，不必。

〔七〕死，《釋錄》《爭訟》未釋讀。

〔八〕役，底卷中爲右行補寫，兹錄正。

〔九〕時，底卷中下部殘，兹據殘存字形並參考已有錄文補。

〔一〇〕羊，《釋錄》《爭訟》錄作"弟"，誤。

〔一一〕麵，底卷作"麵"，下同不再另出校。

〔一二〕總，底卷作"𢠵"，應爲"惣"之訛；《釋錄》《爭訟》錄作"將"，誤，下同不再另出校。

〔一三〕《釋錄》《爭訟》均於"上"字後補一缺字符，據圖版及文義，其後應不缺。

〔一四〕城，底卷中有改寫痕跡。又，"十"，《爭訟》錄作"七"，誤。

〔一五〕莊子，《釋錄》《爭訟》未釋讀。

〔一六〕擬欲併，《釋錄》《爭訟》未釋讀。另，"欲"底卷作"欵"，下同不再另出校。

〔一七〕及役，《釋錄》《爭訟》錄作"如後"，且以下內容未釋錄。

〔一八〕類，底卷作"頪"，下同不再另出校。

〔一九〕乏，底卷作"㐫"，下同不再另出校。

二〇　丁丑年（九一三或九七七？）金銀匠翟信子等三人請放免舊債狀並判

北敦四六九八背

【題解】

本件底卷編號北敦四六九八號背（劍字九八號背）。本號文卷正背雙面書寫，正面書"妙法蓮華經卷二"；本件爲背面書寫，首尾完整，共十三行，字跡尚清。原件無題，《國圖》定作"翟信子等爲矜放舊年宿債狀及判詞"；《索引》未定名；《黄目》定作"金銀匠翟信子等三人望矜放舊債文"；《索引新編》定作"金銀匠翟信子等三人放舊年宿債文"；《沙契》定作"乙亥年（九一五？）金銀匠翟信子等三人狀"；《釋録》定作"丁丑年（公元九七七？）金銀匠翟信子等狀並判詞"；《法制文書》定作"丁丑年（九七七？）金銀匠翟信子等狀並判詞——爲大赦放免宿債糾紛"。按，本件翟信子又見伯三八六○號《丙午年（八八六或九四六）翟信子翟定君父子欠麥粟憑》。兹據文義擬定今題。

本件《釋録》（貳二五八）、《法制文書》（四六五—四六六）、《沙契》（四二○—四二一）有録文。兹據《國圖》（陸叁二四一二五）影印本，並參考前人録文，對底卷重新校録如下。

  金銀匠翟信子、曹灰灰[一]、吴神奴等二（三）人狀[二]：
    右信子等三人，去甲戌年，緣無年粮種子，遂於都頭高康子面上寄取麦叁碩[三]，到舊年秋翻作陸碩[四]。其陸碩内[五]，填還納壹碩貳斗。亥年翻作玖碩陸斗，於丙子年秋填還冂（納）柒碩陸斗[六]，更餘殘兩碩。今年阿[郎]起大慈悲[七]，放其大赦，矜割舊年宿債。其他家乘（剩）兩碩[八]，不肯矜放。今信子依理有屈，伏望阿郎仁恩[九]，特賜公憑，裁下處分。

其翟信子等三人，若是宿債，其兩碩矜放者[一〇]。

【校記】
  〔一〕灰灰，底卷中第二個"灰"爲省文符號，兹録正；《釋録》《法制文書》均録作"灰子"；《沙契》録作"灰灰"。按，從圖版看，第二字明顯與上"翟信子"之"子"字不同，應爲省文符號，兹從《沙契》。
  〔二〕二，據文義應爲"三"之訛；《釋録》《法制文書》《沙契》

徑錄作"三"，誤。

〔三〕面，底卷作"靣"，下同不再另出校。

〔四〕舊年，底卷原作"今年"，塗抹後於右側改寫，茲錄正。又，"翻"底卷作"飜"，《沙契》錄作"斷"，誤，下同不再另出校。

〔五〕其，《釋錄》《法制文書》錄作"共"，誤。

〔六〕冈，此字應爲"内"之訛；《釋錄》《法制文書》徑錄作"内"；《沙契》錄作"内"，校作"納"，茲從。

〔七〕阿郎，底卷中"年"字後原衍一"阿"字，茲不錄。另，"郎"，底卷脱，《釋錄》《法制文書》均據文義補，茲從；《沙契》未補。又，"大慈悲"，《契約》錄作"大慈大悲"，誤。

〔八〕乘，《法制文書》據文義校作"剩"，茲從。

〔九〕恩，《沙契》錄作"慈"，誤。

〔一〇〕此處文字應爲判文。

二一　宋雍熙二年（九八五）六月慈惠鄉百姓張再通訴遺產糾紛狀（稿）

斯四四八九背

【題解】

本件底卷編號斯四四八九號背。本號文卷正背雙面書寫，正面爲"寫金剛經題記"；本件爲背面書寫，首尾俱全，共存十三行，每行約十八字。尾部有紀年"雍熙二年（九八五）六月"，卷首有題"慈惠鄉百姓張再通"。本件定名，《英藏》定作"雍熙二年（九八五）六月慈惠鄉百姓張再通乞判分割祖産訴狀"；《索引》定作"慈惠鄉百姓張再通牒"；《黄目》定名與《索引》同；《索引新編》定作"慈惠鄉百姓張再能牒"（能字誤）；《籍帳》定作"宋雍熙二年（九八五）六月沙州慈惠鄉百姓張再通牒稿"；《釋錄》定作"宋雍熙二年（公元九八五年）六月慈惠鄉百姓張再通牒"；《法制文書》定作"宋雍熙二年（九八五年）六月慈惠鄉百姓張再通牒稿——爲遺産糾紛"；《爭訟》定作"宋雍熙二年六月慈惠鄉百姓張再通牒（稿）"。茲據文義擬定今題。

本件《釋錄》（貳三〇七）、《法制文書》（四六六—四六七）、《籍帳》（五一八）、《爭訟》（四三）有錄文。茲據《英藏》（陸一一二）影

三　牒狀類　／　325

印本及 IDP 彩圖，並參考前人錄文，對底卷重新校錄如下。

　　☒（慈）惠鄉百姓張再通[一]：
　　　　右再通，先者早年房兄張富通便被再通自身傳買（賣）与買丑子[二]，得絹陸疋，總被兄富通收例，再通寸尺不見。況再通已經年歲，至到甘州迴来，收贖本身，諍論父祖地水、屋舍[三]。其養男賀通子，不肯割与再通分料舍地。今者，再通債主旦暮逼迫[四]，不放通容。其再通此理有屈，無以投告[五]。伏望☒（大）王阿郎高懸寶鏡[六]，鑒照蒼生，念見再通單貧，为因兄張富通先廣作債負[七]，買（賣）却再通所有父祖地水[八]，不割支分[九]。從甘州来，經今三載，衣食無處方覓，又兼債家往来馱牽。[一〇]伏乞仁恩，特賜判憑，裁下處分[一一]。
　　　牒 件 狀 如 前，謹 牒。
　　　　　　雍熙二年六月　日慈惠鄉再通　□（牒）[一二]

【校記】
　〔一〕慈，底卷中殘存下部，茲據殘存字形並參考諸家錄文補。
　〔二〕富，底卷作"冨"，下同不再另出校。又，"買"，諸家錄文均據文義校作"賣"，茲從，下同不再另出校。
　〔三〕屋，底卷作"室"，下同不再另出校；《爭訟》錄作"房"，誤。
　〔四〕"旦"底卷作"旱"，"迫"底卷作"迫"，下同不再另出校。
　〔五〕以，《釋錄》《法制文書》《爭訟》錄作"門"，誤。
　〔六〕大，底卷中殘存下部，茲據殘存字形並參考諸家錄文補。又，"郎"，《釋錄》《法制文書》《爭訟》錄作"朗"，據文義應爲"郎"。
　〔七〕負，《爭訟》錄作"價"，誤。
　〔八〕父，《爭訟》漏錄。
　〔九〕分，《爭訟》錄作"文"，誤。
　〔一〇〕從甘州来經今三載衣食無處方覓又兼債家往来馱牽，底卷中此句文字補寫於"因兄張富通先廣作債負買却再通所有父祖地"一句的左右兩側，其中"從甘州来經今三載衣食無"補寫於右下側，"處方覓又兼債家往来駈牵"補寫於左上側；《籍帳》《釋録》《法制文書》均照原書寫位置釋録；《爭訟》將其補於"負（《爭訟》録作"價"，誤）"和"買"字之間。據文義推斷，其補於"分"字後更爲通順。另，"牵"，《爭訟》録作"索"，誤。

〔一一〕底卷中"裁"字前原衍一"伏"字，後塗抹，茲不録；《籍帳》照録。

〔一二〕牒，底卷無，茲據文義補；《籍帳》未補，《法制文書》《爭訟》徑録。

二二　宋雍熙五年（九八八）十一月神沙鄉百姓吳保住訴地稅糾紛狀

伯三五七九

【題解】

本件底卷編號伯三五七九號。本號文卷爲雙面書寫，本件位於正面，背面爲"將取西州去物色目"，有紀年"雍熙五年（九八八）"，無題。本件首殘尾全，共存十九行，右上部殘損嚴重，部分字跡漶漫不清，每行字數不一。本件定名，《法藏》定作"雍熙五年十一月神沙鄉百姓吳保住牒"；《索引》定作"雍熙五年百姓吳保住牒（殘）"；《黃目》定作"雍熙五年百姓吳保住牒"；《索引新編》定作"雍熙五年（九八八）百姓吳保住牒（殘）"；《釋録》定作"宋雍熙五年（公元九八八年）十一月神沙鄉百姓吳保住牒"；《法制文書》定作"宋雍熙五年（九八八年）十一月神沙鄉百姓吳保住牒——爲地稅利息等糾紛"；《爭訟》定作"宋雍熙五年十一月神沙鄉百姓吳保住牒"。茲據文義擬定今題。

本件《釋録》（貳三〇八）、《法制文書》（四六七—四六八）、《爭訟》（四四—四五）有録文。茲據《法藏》（貳伍三七八）影印本及IDP彩圖，並參考前人録文，對底卷重新校録如下。

（前缺）

▭▭▭▭☒（債）負難還[一]，晝夜方求，都無計路。

▭▭▭☒差着甘州，奉使當便去来[二]，至▭▭▭☒（賊）

三 牒狀類 / 327

打破[三]，般次馱拽，直到伊州界内。□□□□却，後到十一月沙州使安都知般次□□□□☒押衙曹閏成收贖，於柔叐家面上還帛[四]□□□☒疋、熟絹兩疋[五]，當下贖得保住身，与押衙曹閏成□□□□☒到路上粮食乏盡，□□並乃不到家鄉[六]，便乃□□□□☒得人主左於達怛邊賣老牛壹頭[七]，破与作粮□□□□☒牛價銀盌壹枚。到城應是贖人主並總各自出銀，□□□氾達怛牛價，其他曹押衙遣交納保住銀價[八]，又贖身價□□□□拾叁畝，准折絹拾疋。其地曹押衙佃種[九]，今經三年，内□□□□内科税[一〇]、地子、柴草、户羊價及官布[一一]，不肯輸納。又貸末□□☒（壹）个[一二]、細斜褐壹段[一三]。是他言稱[一四]：絹利☒☒不得[一五]。其保住此理有☒（屈）[一六]，無門告訴[一七]。伏望大王阿郎高懸寶鏡，鑒照蒼生，念見保住窘乏之流[一八]，今被押衙曹閏成横生欺負。伏乞仁恩，特賜判憑，裁下處分[一九]。

牒　件　狀　如　前，謹　牒。

雍熙五年戊子歲十一月　日神沙鄉百姓吴保住牒。

【校記】

〔一〕債，底卷中僅存下部殘筆畫，兹據殘存字形並文義補。

〔二〕當，《爭訟》録作"常"，誤。

〔三〕賊，底卷中殘存下部，兹據殘存字形並參考諸家録文補。

〔四〕叐，《釋録》《法制文書》《爭訟》均録作"軟"，應是將此字釋讀爲"叐"，誤。

〔五〕熟，底卷作"孰"，下同不再另出校。

〔六〕底卷中"並"字前一字爲省文符號，但其前一字不清，《釋録》《法制文書》《爭訟》均録作"涓涓"，據圖版字形不像，暫存疑。

〔七〕怛，底卷作"怛"，《釋録》《法制文書》《爭訟》均録作"坦"，誤，下同不再另出校。另，"因"，底卷作"㘣"，下同不再另出校。

〔八〕他，《法制文書》録作"地"，誤。又，"保住"，底卷中爲右側補寫，《釋録》《法制文書》録作"□付"，誤；《爭訟》漏録。

〔九〕地，《爭訟》録作"他"，誤。

〔一〇〕内，《釋録》《法制文書》《爭訟》録作"因"，誤。

〔一一〕户羊，《釋録》《爭訟》録作"□羊"；《法制文書》録作"□等"。又，"及"，《釋録》《法制文書》《爭訟》録作"又"，據字形及文義疑應爲"及"。

〔一二〕末，《釋録》《法制文書》《爭訟》録作"壹"，誤。又，"壹"，底卷中右上角殘，茲據殘存字形並參考諸家録文補。另，"壹"字前應缺二字。

〔一三〕細，《釋録》《法制文書》《爭訟》未釋讀。又，"叚"底卷作"叚"，下同不再另出校。

〔一四〕是他言稱，《釋録》《法制文書》《爭訟》未釋讀。

〔一五〕底卷中"不"字前兩字漫漶不清，無法釋讀。

〔一六〕屈，底卷中右上角殘，茲據殘存字形並參考《釋録》《爭訟》録文補；《法制文書》未補。

〔一七〕無門告訴，《釋録》《法制文書》《爭訟》未釋讀。

〔一八〕窘，《爭訟》録作"窮"，誤。

〔一九〕處分，《釋録》《法制文書》均作推補之文，圖版中現存此二字。

二三　甲午年（九九四）洪潤百姓氾慶子訴唐奴子不納地税狀（稿）

伯三四五一 P 一

【題解】

本件底卷編號伯三四五一 P 一號。底卷左上部殘缺，首全尾殘，共存九行，每行十八字左右。底卷有題"洪潤鄉百姓氾慶子伏以慶子去癸巳年於遠田共人户唐奴子合種"。本件定名，《法藏》定作"洪潤鄉百姓氾慶子去癸巳年於遠田共人户唐奴子合種狀"；《索引》及《寶藏》定作"氾慶子狀"；《索引新編》定作"殘片六片"，並於説明中指出第一件爲"洪潤鄉百姓氾慶子去癸巳年於遠田共人户唐奴子合種狀"；《釋録》定作"甲午年（公元九九四年）洪潤鄉百姓氾慶子請理柱屈狀"；《法制文書》定作"甲午年（九九四年？）洪潤鄉百姓氾慶子牒稿——爲家資刀一口被官柱奪";《爭訟》定作"甲午年洪潤鄉百姓氾慶子請理枉屈狀"。茲據文義擬定今題。

本件《釋録》（貳三二〇）、《法制文書》（四六九—四七〇）、《爭訟》（六三）有録文。茲據《法藏》（貳肆二五六）影印本及IDP彩圖，並參考前人録文，對底卷重新校録如下。

洪潤鄉百姓氾慶子：[一]
　　伏以慶子去癸巳年①，於遠田爲犁牛主，共人户唐奴子合種[二]。秋收之時，先量地子，後總停分，一無升合交加[三]。是他怠慢[四]，不納地税王宅[五]，官奪將慶子家資刀一口[六]，□☒☒（追）尋不得[七]，理當有屈，枉劫貧流[八]。伏望□□□（大王阿）郎鴻慈[九]，詳照劫貧之理[一〇]，伏請☒□（處分）[一一]。
　　　　五日[一二]

【校記】
〔一〕底卷中此行文字前有一行文字"洪潤鄉百姓氾慶子，伏以慶子去癸巳年，於遠田共人户唐奴子合種"，應爲衍文；《釋録》《法制文書》《爭訟》均未釋録，茲從。
〔二〕唐奴子，底卷中爲右側補寫，茲録正。
〔三〕升，底卷作"升"，下同不再另出校。
〔四〕交加是，底卷原寫作"偏□是"，塗抹後於右側改寫，茲録正。另，《爭訟》於"交"字前衍録一"之"字。
〔五〕王，《爭訟》漏録。
〔六〕將，底卷中爲右側補寫，茲録正。又，"刀"，《爭訟》録作"万"，誤。
〔七〕底卷中"尋"字前殘損，殘損約三字。其中，存兩字殘筆畫，第一字僅存一點殘筆畫，無法推補原字；第二字據殘存字形應爲"追"，《釋録》《法制文書》《爭訟》徑録作"追"。

---

① 癸巳年，即宋太宗淳化四年，公元九九三年。

〔八〕貧流，底卷中原作"平人"，塗抹後於右側改寫，茲録正；《釋録》《法制文書》《爭訟》均録作"貧人"，誤。

〔九〕大王阿，底卷中"郎"字前約缺三字，據文義可補爲"大王阿"；《釋録》《爭訟》只補"阿"字；《法制文書》作四字缺，末一字補作"阿"。

〔一〇〕劫貧之理，底卷中原作"枉劫之理"，後將"枉"字塗抹，並於"之"字右側補寫"貧"字，茲録正；《釋録》《法制文書》《爭訟》均録作"枉劫之理"。

〔一一〕處分，底卷中"處"字殘，"分"字缺，茲據殘存字形及文義，並參考諸家録文補。

〔一二〕五日，《釋録》《法制文書》録作"五月"，誤；《爭訟》漏録。

二四　卯年八月録事索榮國狀並判

斯二五九〇背

【題解】

本件底卷編號斯二五九〇號背。本號文卷爲正背雙面書寫，正面書"御刊定禮記月令"；本件爲背面所書，首缺尾全，現存文字六行，前後字跡不一，前三行爲索榮國牒文，後三行爲判文内容。無首題，有紀年"卯年八月"，《敦煌社邑文書輯校》（以下簡稱《社邑》，江蘇古籍出版社一九九七年版）指出，從其用干支紀年來看，當屬吐蕃時期文書。本件定名，《英藏》定作"卯年八月録事索榮國牒及判"；《索引》與《索引新編》定作"卯年八月索榮□殘牒"；《黃目》定作"卯年八月日録事索榮殘牒"；《郝録》定作"卯年八月録事索榮國牒並判"。茲據文義從《郝録》定題。

本件《社邑》（七一八）、《郝録》（壹貳四六八）有録文。茲據《英藏》（肆——二）影印本及 IDP 彩圖，並參考前人録文，對底卷重新校録如下。

（前缺）

　　　　請處分。

　牒　件　狀　如　前，謹　牒。

　　　　　　　卯年八月　日録事索榮國牒

付案准條,廿七日。
　　什德☒☒
　　粟付使☒☒☒[一]

【校記】
〔一〕底卷中此二行文字墨色極淺,部分文字無法釋讀。

二五　甲午年五月百姓李英弁狀並判
伯四七二一
【題解】
　　本件底卷編號伯四七二一號。底卷現存文字二行,二行字跡不一,第一行爲李英弁狀尾,第二行爲判文。無首題,有紀年"甲午歲五月",從其用干支紀年來看,當屬吐蕃時期文書,"甲午年"應爲"九三四"或"九九四"年。本件定名,《法藏》定作"甲午歲五月百姓李英弁牒";《索引》《黃目》定作"李英弁殘狀";《索引新編》定作"甲午年五月日百姓李英弁啓"。兹據文義擬定今題。
　　兹據《法藏》(叁叁一三二)影印本及IDP彩圖,對底卷校録如下。

(前缺)
▬▬▬▬▬]甲午歲五月　日百姓李英弁　謹牒

既共兄合活,☒☒☒与免分[一]
(後缺)

【校記】
〔一〕底卷中"与"字前三字殘存右半,無法釋讀。

二六　辛丑年五月三日惠深牒
伯三二一二背
【題解】
　　本件底卷編號伯三二一二號背。本號文卷爲長卷,正背雙面書寫,正面兩件，分別爲"付法藏傳略抄"和"大般若經第四至第六會序文"；背面共四件，分別爲"大般若經第四至第六會序文""佛名經""辛丑年五月三日惠深交割文書""夫妻相別書一道"。本件係背面第三件，前後兩件均爲倒書。本件首尾俱全，字跡清晰，僅最後一行稍有漫漶，共存十七行，每行二十三字左右。底卷首句有紀年"辛丑年五月三日"，無題。本件定名，《法藏》定作"辛丑年五月三日惠深交割文書"；《索引》《黃目》未定名；《索引新編》定作"辛丑年五月三日有關惠深的交割文書"；《釋録》定作"辛丑年五月三日惠深牒（？）"；《爭訟》定作"辛丑年五月三日惠深牒"。另，《爭訟》指出本件中"辛丑年"應爲宋真宗咸平四年（一〇〇一），但未説明理由，暫存疑。兹據文義擬定今題。

本件《釋録》（貳三一二）、《爭訟》（五二—五三）有録文。兹據《法藏》（貳貳—七五）影印本及 IDP 彩圖，並參考前人録文，對底卷重新校録如下。

　　　　辛丑年五月三日，惠深聽阿舊与立機緤一疋，交小師作汗衫。其惠深寺僧[一]，多有不及洗立機，惠深且交達家漢兒洗去來。其洗了，皷送家中也，无人，是他漢兒石家店內典酒五升，被至小師續（贖）[二]。這是他二郎神將粟一斗讒緤將，于闐使驛頭[三]，更着兩个買綿綾繼子一个与了[四]。將鎌一張，又秋被讒將，又衙前倉內取粟肆碩、秋六碩，其兩碩伍斗，与張通信。更白氈一領，折斷半立機一疋，与了。其薛家地收續（贖）之時[五]，舊時文書大開[六]，地主竹急無處藏，被惠深自出意志，更加物色，於他年兮好作文書物色[七]，總得黃絲生絹一疋，長肆拾一尺[八]，福（幅）闊一尺玖寸[九]。更安星布一疋[一〇]，又折叁斷立機一疋、粟一石伍斗、麦兩石，總相分付与他二郎神。其惠深常樂去之時[一一]，八月十日黑草捌死[一二]，隨分肉菜，買得一兩碩來，公物餘殘屈裏一个、迎一个[一三]，總是看弟兄朝☒[一四]。更一个博屈李迴鶻覓牛☒☒，小師常樂到來之日，牛皮在，出搏馬靴一兩。其阿舊去了，与後物士總讒將去，共他語不得[一五]，却他☒前言道：是你有甚，惣是我造着活境，小師收☒，人前説不得，大阿來分伯[一六]，抄録如後。

【校記】

〔一〕僧，底卷作"倡"，疑爲"僧"，且底卷中此爲右側補寫，《釋錄》《爭訟》未釋讀。另，《爭訟》漏錄"寺"字。

〔二〕續，《釋錄》《爭訟》據文義校作"贖"，茲從。

〔三〕闃，《爭訟》錄作"聞"，誤。

〔四〕縧，底卷作"袮"；《釋錄》錄作"條"；《爭訟》漏錄。

〔五〕續，據文義應爲"贖"之訛；《釋錄》《爭訟》未出校。

〔六〕時，《釋錄》《爭訟》錄作"持"，誤。

〔七〕兮，底卷作"兮"；《釋錄》漏錄。

〔八〕一，《爭訟》漏錄。

〔九〕福，據文義應爲"幅"之訛；《釋錄》未出校；《爭訟》逕錄作"幅"。

〔一〇〕安，《釋錄》《爭訟》錄作"要"，誤。

〔一一〕之，《爭訟》漏錄。

〔一二〕八月十日，底卷中爲右側補寫，茲錄正。

〔一三〕迎，底卷作"迊"，下同不再另出校；《爭訟》錄作"還"，誤。

〔一四〕底卷中此字爲右側補寫，漫漶不清，不易釋讀；《釋錄》錄作"有"，暫存疑；《爭訟》同錄作"有"，並將其補於"更"字下．從圖版看，其應位於"更"字前。

〔一五〕共，《爭訟》錄作"其"，誤。

〔一六〕伯，《釋錄》《爭訟》均錄作"物"，誤。

二七　年代未詳永壽寺主靈賢等狀並判

伯四七二二

【題解】

本件底卷編號伯四七二二號。本件現存文字六行，字跡不一，前四行爲靈賢狀尾，後二行爲判文。無首題，紀年殘。本件定名，《法藏》定作"永壽寺主靈賢等牒"；《索引》定作"殘狀（下署款永壽寺主靈賢等）"；《黃目》定作"永壽寺虛賢等牒狀"；《索引新編》定作"永壽寺主靈賢殘牒狀"。茲據文義擬定今題。

茲據《法藏》（叁叁一三三）影印本及 IDP 彩圖，對底卷校錄如下。

（前缺）

　　　　　□□□□□（什趙）[一]，伏□□□[二]□諍競，請處分。
牒　件　狀　如　前，　謹　牒。
　　　　　□□□□　□□（年四月　日永）壽寺主靈賢等牒[三]

某□□薄量輕一員，任重□□□告勞土房據京東行元□□
（後缺）

【校記】

〔一〕底卷中"什"字前二字殘存左半，第一字殘存"亻"字旁，後一字不清。又，"什趙"二字，底卷中也殘存左半，茲據殘存字形推補。

〔二〕底卷中此二字殘存左半，其中第二字殘存"日"字旁。

〔三〕年四月日永，底卷中此五字左側殘，茲據殘存字形及文義補。

二八　年代未詳永安寺法律願慶與老宿紹建相諍根由責勘狀

伯三二二三

【題解】

本件底卷編號伯三二二三號。本件首尾俱殘，共存二十五行，每行約二十字，楷體書寫，字跡工整。本號文卷正背兩面書寫，本件位於正面，背面書"大乘百法明門論開宗義記"。本件無紀年，無首題，《法藏》定作"老宿紹建與僧法律願慶相諍根由責勘狀"；《索引》定作"判永安寺老宿紹建狀（有指印）"；《黃目》定作"老宿紹建與僧法律願慶相諍事責勘書"；《索引新編》亦定作"老宿紹建與法律願慶相爭事責勘書"並附說明；《釋錄》定作"永安寺法律願慶與老宿紹建相諍根由責勘狀"；《法制文書》《爭訟》定名與《釋錄》同。茲據文義擬定今題。"紹建"亦見於伯二九三〇號諸色破用曆。

本件《釋錄》（貳三一〇）、《法制文書》（四七〇—四七二）、《爭訟》（四七一四八）有錄文。茲據《法藏》（貳貳一九九）影印本及IDP

彩圖，並參考前人錄文，對底卷重新校錄如下。

（前缺）

一車，見折麦、粟肆碩。▨▨▨（願慶亦）下樫一車[一]，恰折豆、粟伍碩，樫則共法德一般。折儻（償）中間[二]，上人面孔不等，因茲願慶向老宿説此偏併之事[三]，便乃老宿掉杖打棒願慶。不是四面人捉却，打死願慶，一賞万了[四]。並是實理，因茲陳告者[五]。

法律願慶　中指節[六]

問老宿紹建，既登年侵蒲柳[七]，歲逼桑榆；足合積見如山，添聞似海。何用不斟寸土，不酌牛津[八]。随今時昏駁之徒，逐後生猖強之輩。官人百姓，貴賤而息。明知將肘宣捧[九]，而皆了覺幻化。何期倚仗年老[一〇]，由自[一一]不息忿嗔，掉棒打他僧官，臨老却生小想。有何詞理，仰其分析者。

責得老宿紹建口云：年逾耳順，智乏荒愚；髮白年尊[一二]，齒黃者舊。數年永安寺內，不曾押弱扶強。紹建取僧政指撝，是事方能行下。今年差遣，次着執倉。當初以（與）僧政商量[一三]："倉內穀麦漸漸不多[一四]，年年被徒衆便將[一五]，還時折入乾貨，因茲倉庫減沒，頓見圖轉不豐。官中税麦之時，過在倉司身上。"昨有法律智光，依倉便麦子来，紹建説其上事，不与法律麦子。鄧法律特地出来："沒時則大家化覓，有則寄貸[一六]。須容若僧政共老宿獨用招提，餘者例皆無分[一七]。阿你老宿是當尖佛赤子，作此偏波（頗）抵突老人[一八]，死當不免。"實乃紹建掉杖打僧官，過重丘山，愆深滄海。更無餘訴者。

老宿紹建　中指節

右謹奉勘尋法律願慶以（與）老宿紹建相諍根由，兼及寺徒責勘，一一▨▨▨▨

（後缺）

【校記】

〔一〕願慶亦，底卷中此三字殘存左半，茲據殘存字形並參考諸家録文補。

〔二〕儅，《釋録》《法制文書》據文義校作"償"，茲從之；《爭訟》校作"愷"。

〔三〕茲，《釋録》《法制文書》《爭訟》均録作"慈"，誤。

〔四〕賞，《爭訟》録作"甞"，誤。

〔五〕茲，《爭訟》録作"慈"，誤。

〔六〕此行文字，底卷中爲後補寫，字體較小。"指"，底卷作"拍"，且底卷"中指節"上有一中指白描，下同不再另出校。

〔七〕柳，底卷作"桺"，下同不再另出校。

〔八〕津，底卷作"津"，下同不再另出校。

〔九〕捧，《釋録》《法制文書》《爭訟》均録作"棒"，誤。

〔一〇〕倚，底卷作"倚"，下同不再另出校。

〔一一〕由自，底卷原作"自由"，旁加倒乙符號，茲録正；《爭訟》録作"自由"。

〔一二〕髮，底卷作"髪"，下同不再另出校。

〔一三〕以，據文義推斷疑應爲"與"之訛，下同不再另出校。又，"商"底卷作"商"，下同不再另出校。

〔一四〕漸漸，底卷中第二個"漸"字爲省文符號，茲録正。

〔一五〕年年，底卷中第二個"年"字爲省文符號，茲録正。

〔一六〕貸，底卷作"俄"，下同不再另出校。

〔一七〕無，《爭訟》録作"元"，誤。

〔一八〕波抵，"波"，《釋録》《法制文書》《爭訟》均校作"坡"，據文義似應校作"頗"；"抵"底卷作"柢"，下同不再另出校。

二九　年代未詳（十世紀）龍勒鄉百姓曹富盈訴索馬價狀（稿）

伯二五〇四P一

【題解】

本件底卷編號伯二五〇四P一號。底卷首尾俱全，共十二行，每行約二十字，行草。無紀年，有題"龍勒鄉百姓曹富盈"。本件定名，《法藏》定作"龍勒鄉百姓曹富盈牒";《索引》將本件與其他兩件合定作"借券二通、釋子文一篇";《黃目》處理方式同,定作"借券兩通、釋子文一篇";《索引新編》定作"狀一通";《釋錄》定名爲《年代未詳(公元十世紀)龍勒鄉百姓曹富盈牒》;《法制文書》定作"年代未詳(十世紀)龍勒鄉百姓曹富盈牒——爲索馬價糾紛";《爭訟》定名同《釋錄》。茲據文義擬定今題。

本件《釋錄》(貳三一三)、《法制文書》(四七二—四七三)、《爭訟》(五四—五五)有錄文。茲據《法藏》(壹肆三六四)影印本及IDP彩圖,並參考前人錄文,對底卷重新校錄如下。

  龍勒鄉百姓曹富盈:
    右富盈小失慈父[一],狗(苟)活艱辛[二]。衣食之間,多有欠闕[三]。只有八歲駃馬一疋[四],前日叔父都囗(衙)賣將[五],判絹兩疋已來[六],內一疋斷麦、粟廿七石,見十二(二十)石直布兩疋[七],又欠七石;又一疋斷牛一頭。過價之囗(後)[八],都衙領之。昨日富盈共寡母索馬價去來,定延押衙應門,富盈母是他親房孀嬬[九],無有尊卑[一〇],去就罵辱貧窮,只出粗言;便擬揮拳應對,還答粗醉。遂見都衙[一一],乍二人飲氣忍之[一二]。不是浪索馬價,實乃有其辜欠。都牙(衙)累年當官[一三],万物閏(潤)於命中[一四];富盈雖霑微眷,久受單貧而活。如斯富者欺貧,無門投告,伏乞(底卷書寫至此。)

【校記】
〔一〕父,底卷中"父"字前原有一"母"字,後塗抹,茲不錄。
〔二〕狗,底卷中有改寫痕跡,且據文義應爲"苟"字同音訛誤字。
〔三〕闕,《爭訟》校作"缺",不必。
〔四〕駃,《法制文書》錄作"父",誤。
〔五〕叔父,底卷中爲右側補寫,茲錄正。又,"衙",底卷中僅存上側一點殘筆畫,茲據文義並參考諸家錄文補。
〔六〕已,底卷中有改寫痕跡。

〔七〕見，底卷中有改寫痕跡，《釋錄》《法制文書》《爭訟》錄作"内"，誤。又，"十二"，據文義及前後數值計算應爲"二十"之訛。

〔八〕後，底卷中殘存左側筆畫，茲據殘存字形並參考諸家錄文補。

〔九〕孀孀，底卷中第二個"孀"字爲省文符號，茲錄正。

〔一〇〕無，《釋錄》疑作"豈"；《法制文書》《爭訟》逕錄作"豈"；據圖版字形及文義其應爲"無"。

〔一一〕遂，底卷中"遂"字前原有一字，後塗抹，茲不錄。又，"遂"，《爭訟》錄作"逐"，誤。

〔一二〕二人，底卷中有改寫痕跡。

〔一三〕牙，通"衙"，下同不再另出校。

〔一四〕閏，《法制文書》據文義校作"潤"，茲從之。又，"命"底卷作"余"，爲"命"字俗寫，《釋錄》《法制文書》《爭訟》錄作"舍"，誤。

三〇　後唐孔員信女三子爲分遺產事上司徒訴狀（稿）

斯六四一七背

【題解】

本件底卷編號斯六四一七號背。本號文卷爲正背雙面書寫，本件位於背面，上接患文、亡尼文、願齋文等樣文，下接"放妻書樣文"、雜寫；正面有貞明六年（九二〇）題記、同光四年（九二六）及長興二年（九三一）、清泰二年（九三五）牒狀，則本件底卷的年代大致在後唐時期。本件首全尾缺，共二十四行，每行十七字左右，書寫潦草。本件定名，《英藏》定作"孔員信女三子爲分遺物事上司徒狀"；《索引》定作"分三子遺物契（擬）"；《黃目》《索引新編》定名與《索引》同；《釋錄》定作"年代不詳（公元十世紀前期）孔員信三子爲遺產糾紛上司徒狀（稿）"；《沙契》定作"孔員信女三子爲遺產事訴狀稿"；《法制文書》定作"年代未詳孔員信女三子爲遺產糾紛上司徒狀"；《爭訟》定名同《釋錄》。茲據文義擬定今題。

本件《釋錄》（貳二九九）、《沙契》（五一七—五一八）、《法制文書》（四七三—四七四）、《爭訟》（三〇—三一）、《敦煌資料》（壹四二〇）、Tun-Huang and Turfan Documents Ⅲ（A）（一四〇）有錄文。茲據

《英藏》（壹壹六六）影印本及 IDP 彩圖，並參考前人錄文，對底卷重新校錄如下。

  女三子[一]：
    右三子，父孔員信在日，三子幼少，不識東西。其父臨終[二]，遺囑阿姊二娘子[三]。緣三子少失父母，後恐成人[四]，忽若成人之時，又恐無處活命，囑二娘子比三子長誠（成）時節[五]，所有些些資產[六]，並一仰二娘子收掌。若也長大，好与安置。其阿姊二娘子日往月直，到今日全不分配[七]。其三子不是不孝阿姊，只恐☒老難活[八]，全没衣食養命。其父在日，与留銀釵子一雙、牙梳壹、碧綾裙壹、白練壹丈五尺[九]、立機一疋、十二綜細褐六十尺、十綜昌褐六十尺、番褐壹段、被一張、安西緤交褐綾一事、小一事[一〇]、職（織）機壹[一一]、櫃壹口并鏁具全[一二]、青銅鏡子一[一三]、白絁襠襠壹領[一四]。已上充三子活具，並在阿姊二娘子爲主，今三子不得針草。共他諍説[一五]，不放開口[一六]。其三子自後用得氣力，至今一生（身）隨阿姊效作[一七]，如此不割父財[一八]，三子憑何立體[一九]？伏望司徒造大[二〇]，照察單貧。少失二親，隨姊虛納氣力，兼口分些些，悋惜不与者[二一]，似當☒☒[二二]。特乞憑判，伏聽處分[二三]。

  （後缺）

【校記】

〔一〕三子，《爭訟》錄作"子三"，誤。

〔二〕父，底卷中爲右側補寫，兹錄正。

〔三〕阿姊，底卷中有改寫痕跡，《釋錄》《爭訟》錄作"阿姨"，誤，下同不再另出校。

〔四〕後恐，《沙契》錄作"恐後"，誤。

〔五〕長誠，《釋錄》《法制文書》《爭訟》均錄作"長識"；《敦煌資料》（第一輯）錄作"舍識"；Tun-Huang and Turfan Documents Ⅲ（A）錄作"展識"，誤。據文義推斷，"誠"應爲"成"之訛，《沙契》徑錄作"成"。

〔六〕些些，"些"，底卷作"虫"，且第二個"些"爲省文符號，茲錄正，下同不再另出校。

〔七〕全，底卷中"全"字前原有"其三子只日"等五字，後塗抹，茲不錄；《釋錄》《爭訟》照錄。

〔八〕☒老，底卷中第一字有改寫痕跡，不易釋讀，且"☒老"原作"老☒"，旁加倒乙符號，茲錄正；《釋錄》錄作"姨老"；《沙契》錄作"老姊"；《敦煌資料》及《法制文書》錄作"老頭"；《爭訟》錄作"阿姨老"，暫存疑。

〔九〕練，《釋錄》《爭訟》疑作"綾"；《沙契》《法制文書》《敦煌資料》錄作"練"；據圖版應爲"練"。

〔一〇〕緤交褐綾一事小一事，《釋錄》《爭訟》錄作"緤二丈，綠綾□□□一□"；《法制文書》將"交褐"錄作"緣夌"；《沙契》將"緤"錄作"綺"，"褐"錄作"綠"。

〔一一〕職機壹，《沙契》據文義將"職"校作"織"，茲從；《爭訟》漏錄"壹"。

〔一二〕鑠具，《釋錄》《爭訟》漏錄"鑠"，且《釋錄》《法制文書》《爭訟》將"具"字錄作"匙"，誤。

〔一三〕銅，《釋錄》《爭訟》錄作"鈿"，誤。

〔一四〕襠，《沙契》釋錄左邊"衤"字旁，校作"襌"，茲從《釋錄》《法制文書》《爭訟》。另，"絁"，《爭訟》未釋讀。

〔一五〕今三子不得針草共他諍説，《釋錄》《爭訟》錄作"今至□副□□□□□元"。

〔一六〕囗，《釋錄》《沙契》《爭訟》未釋讀；《法制文書》、Tun-Huang and Turfan Documents Ⅲ（A）錄作"匕"，誤。

〔一七〕生，《法制文書》、Tun-Huang and Turfan Documents Ⅲ（A）錄作"出"；《沙契》錄作"生"；《釋錄》《爭訟》錄作"身"。據圖版應爲"生"字，但據文義推斷，疑其應爲"身"之訛。又，"效"，底卷中作"効"，下同不再另出校。

〔一八〕父，底卷中"父"字前原有"分支"兩字，後塗抹，茲不錄。

〔一九〕體，底卷作"躰"，下同不再另出校。
〔二〇〕造大，《釋錄》錄作"鴻造"，《爭訟》錄作"鳴造"，誤。
〔二一〕不，《爭訟》漏錄。
〔二二〕似當▨▨，底卷中後二字漫漶，不易釋讀；《法制文書》錄作"拙□"，暫存疑。另，"不當"二字，《釋錄》《爭訟》未釋讀。
〔二三〕伏聽處分，《釋錄》《爭訟》錄作"伏望□□□□"。

三一　年代未詳王寡婦借麥糾紛狀（稿）

伯四七〇六

【題解】

本件底卷編號伯四七〇六號。底卷無紀年，僅提及"辛酉年"，具體年代待考。底卷無題，《法藏》定作"甘州闇江清共阿王寄物狀"；《索引》定作"襆記王寡婦借麥及家用物事"；《黃目》定名與《索引》同；《索引新編》定作"王寡婦借麥糾紛牒"；《釋錄》定作"年代不明王寡婦借麥糾紛牒"；《爭訟》同《釋錄》。茲據文義擬定今題。按，本底卷《法藏》將其作爲兩件殘片收錄，《釋錄》也認爲其是"二個斷片，筆鋒同，內容關連"，但《索引新編》指出其爲"兩面書寫"，即目前《法藏》所收兩件圖版應爲一件殘片的正背兩面。將兩件圖版重疊，可知應以《索引新編》所言爲是。從內容來看，本件底卷應爲牒文草稿，修改痕跡較重，且文字書寫順序較亂，如按現今書寫順序釋錄，文義難明，但可根據墨色推斷前後書寫次序，並據文義調整。

本件《釋錄》（貳三一七—三一八）、《爭訟》（五九—六〇）有錄文。茲據《法藏》（叁叁一二〇—一二一）影印本及IDP彩圖，並參考前人錄文，對底卷重新校錄如下。本錄文先按照底卷原書寫順序釋錄，之後再按照墨色推斷其書寫順序，據文義將調整後內容附錄於下。

　　　（正）
　　（前缺）
粟十石，納地子秋磑使[一]，去辛酉年值雹損田苗，還他不得。今因諸家圍窖開處[二]，寄麥六石、粟十五碩，並本利足數還他。寡婦阿王在院落堆聚[三]，前月至今爲鼠喫却數多[四]，不肯收領，言要田地。寡母今有腹生兒子二人。

　　　　右阿王去庚申年秋[五]，於故男押衙閤江清新婦面上[六]，寄麥四石、鞋一量、菲草十二兩。奉使平善，到八月來，寸尺不得。[七]

（後缺）

（背）

（前缺）

口分地水，只有三十畝[八]，更之並在北府[九]，餘仗並在北府[一〇]。當本寄物之時，不共他評論買地。今若准物將地去者，二男佃種，至甚窄狹，難斷戶役。別居之時[一一]，故男江清共阿王腹生富盈，招住信都頭絹一疋。江清絹半疋[一二]，全他招將；斷殘半疋[一三]，合還江清。其江清便遇甘州充使[一四]，送路立機緤一疋、繡[一五]

（下缺）

根據書寫墨跡及筆鋒推斷，其原文書寫順序應爲：

寡婦阿王：

　　　　右阿王去庚申年秋，於故男押衙閤江清新婦面上寄麥四石、粟十石，納地子秋磑使。去辛酉年值雹損田苗，還他不得。今因諸家圖窖開處，寄麥六石、粟十五碩，並本利足數還他。在院落堆聚，前月至今爲鼠喫却數多，不肯收領，言要田地。寡母今有腹生兒子二人，口分地水，只有三十畝，更之並在北府，餘仗並在北府。當本寄物之時，不共他評論買地。今若准物將地去者，二男佃種，至甚窄狹，難斷戶役。

　　　　別居之時，故男江清共阿王腹生富盈，招住信都頭絹一疋。江清絹半疋，全他招將；斷殘半疋，合還江清。其江清便遇甘州充使，送路立機緤一疋、繡鞋一量、菲草十二兩。奉使平善，到八月來，寸尺不得。

（後缺）

【校記】
〔一〕納，底卷中"納"字前原有"辛酉"二字，後塗抹，兹不録；《釋録》《爭訟》照録，並衍録一"年"字。

〔二〕底卷中"今"字右側原補寫一字，後塗抹，兹不録。又，"開"，《釋録》《爭訟》録作"圍"，誤。

〔三〕阿王，《釋録》《爭訟》録作"何王"，誤，下同不再另出校。又，"堆"底卷作"塠"，下同不再另出校。另，"寡婦阿王"四字墨色濃，書寫工整，應爲首次書寫，且其應爲文書首題。

〔四〕前月至今爲鼠喫却數多，底卷中此幾字爲"言要田地"右側補寫，《爭訟》補入上一行"足數還他"之後，據文義似應補於此處更爲通順。另，"至""數"兩字，《釋録》《爭訟》未釋讀。

〔五〕庚申，底卷原作"辛酉"，後於右側改寫"庚申"兩字，兹録正。又，"秋"，底卷中原作"春秋"，後將"春"字塗抹，兹不録。另，"阿"，《爭訟》録作"河"，誤。

〔六〕新婦，《釋録》《爭訟》漏録。

〔七〕鞋一量菲草十二兩奉使平善到八月来寸尺不得，底卷中此行文字字體較小、墨色較淺，爲後補寫文字。且，"兩"字前原有一"量"字，"到"字右下角又補寫一"来"字，"八月来"後原有"聚喫酒☒"等字，後均塗抹，兹不録。《釋録》《爭訟》除"量"字外，其餘文字均照録；《爭訟》將其補録於"腹生兒子二人"之後，但據文義補寫於此處更爲通順。

〔八〕只，底卷原作"計"，塗抹後於右行改寫，兹録正；《釋録》《爭訟》照録"計"字，並出校"似已塗"，不必。

〔九〕更之並在，底卷中"並在"二字爲右側補寫，兹録正；《爭訟》漏録。"之"，《釋録》《爭訟》録作"厶"。

〔一〇〕餘，《釋録》《爭訟》録作"玤"；據圖版看，疑應爲"餘"字行書，暫録作"餘"。

〔一一〕別居之時，底卷中此四字爲右側補寫，兹録正。

〔一二〕底卷中原於"江清"兩字右側補寫"其時"兩字，後塗抹，兹不録。

〔一三〕全他招將斷，底卷原作"還住信子"，塗抹後於右側改寫，茲錄正；《釋錄》《爭訟》照錄"還住信子"等字。又，《釋錄》《爭訟》將"招將"衍錄作"招待將"，且《爭訟》將"斷"字補入"信子"兩字中間。另，底卷中"半"字前原有"阿王男"三字，後塗抹，茲不錄；《釋錄》《爭訟》照錄作"何王男"，但於校記中説明已被塗。

〔一四〕合還江清其江清便遇，底卷中此九字原作"故男往於"，塗抹後於右側改寫，茲錄正；《釋錄》《爭訟》照錄"故男往於"四字，並出校記説明已塗。另，"便遇"，《釋錄》《爭訟》錄作"使還"，誤；《爭訟》將補寫及改寫"全他招將合還江清其江清使還（便遇）"等字，全部補於"江青絹半疋"的"半疋"兩字中間，誤。

〔一五〕繡，《釋錄》漏錄；《爭訟》錄於"甘州"兩字中間，誤。

三二　年代未詳惠共元子分種土地糾紛牒（稿）

伯三七一四背

【題解】

本件底卷編號伯三七一四號背。本號文卷爲正背雙面書寫，正面爲"新修本草"，背面爲"乾封二年（六六七）至總章二年（六六九）傳馬坊牒案卷"，本件書寫於"傳馬坊牒案卷"的第十二行至第二十八行之間，共存七行，字跡漫漶，很難辨認。《法藏》將其併入"乾封二年至總章二年傳馬坊牒案卷"；《釋錄》在"乾封二年至總章二年傳馬坊牒案卷"錄文注釋中將其定作"分種土地糾紛的牒狀稿"。茲據文義擬定今題。

本件《釋錄》（肆四八二）有錄文。茲據《法藏》（叁叁一二〇——二一）影印本及IDP彩圖，並參考前人錄文，對底卷重新校錄如下。

　　　　王☒（柱）子地卅畝[一]：
　　☒前件人惠共元子分種上件田地以來[二]，耕黎（犁）及澆溉[三]，總是和芝施功[四]，兼有身役[五]，☒便前件物將用[六]。今乃賣廿畝与莫高鄉人張德方。既先許分種及見耕黎（犁）[七]，下脱物將，即賣与人。其所負物，從索不得。准敕，田地不許出賣。請處

三　牒狀類　／　345

分。謹牒。廿七日[八]

【校記】

〔一〕柱子，底卷中"柱"字漫漶，从字形来看，疑爲"柱"字。"柱子"，《釋録》未釋讀。

〔二〕底卷中"前"字前一字漫漶，不能釋讀。又，"上件田地以来"，《釋録》録作"田地在來"，誤。

〔三〕耕黎，《釋録》録作"秋黎"，並據文義將"黎"字校爲"犁"。"耕"字《釋録》釋録有誤，但"黎"字從《釋録》校。

〔四〕和芝施功，《釋録》録作"利芝加工"，誤。

〔五〕有，《釋録》漏録。

〔六〕☒便，底卷中"便"字前一字因正面文字透墨，漫漶不清。"☒便"，《釋録》録作"給使"，但據後文"前件物將用"，此兩字應與其連讀，當作"☒便"，即借取某物使用之意。

〔七〕底卷中"黎"字下寫"連行☒白"四字，與本件内容無關，茲不録。"黎"同上文，應爲"犁"之訛。

〔八〕請處分謹牒廿七日，底卷墨色較淺，《釋録》未録。

三三　年代未詳惠坎城百姓勿悉門捺牒

俄敦一二六二

【題解】

本件底卷編號俄敦一二六二號。底卷前後均缺，現存文字四行，第四行僅存三字殘筆畫。底卷無首題，無紀年。本件定名，《俄藏》定作"于闐坎城百姓勿悉門捺牒"。茲據文義擬定今題。疑本件爲吐魯番出土，暫列於此。

茲據《俄藏》（捌四二）影印本，對底卷校録如下。

（前缺）

牒：勿悉門捺，身是坎城百姓，☐☐年生得二男。一男身死，一男見☒（在）[一]　☐☐却其妻翁捉牛四頭，☒昏妻[二]　☐☐　☒☐☐☒

☒☐[三]

（後缺）

【校記】

〔一〕在，底卷殘存上部，茲據殘存字形及文義補。
〔二〕底卷中"昏"字前一字漫漶。
〔三〕底卷此行僅存三字左側殘劃。

三四　年代未詳莫高鄉百姓閻義成狀（稿）

伯三五八三

【題解】

本件底卷編號伯三五八三號。底卷現存文字四行，書寫未完，應爲狀稿。有首題"莫高鄉百姓閻義成"，無紀年。本件定名，《法藏》《索引》《索引新編》均定作"莫高鄉百姓閻義成狀"。茲據文義擬定今題。

茲據《法藏》（貳陸二）影印本及IDP彩圖，對底卷校錄如下。

莫高鄉百姓閻義成：

右義成，故女長引在日，娉事高善清爲妻，自成☒
☐不多時，女夫便是冷落，將眼不看。其妻得衣☒
（得）[一]☐不尋問。去五月（底卷書寫止此）

【校記】

〔一〕得，底卷中下部殘，茲據殘存字形推補。

三五　年代未詳某甲狀（稿）

伯三一九四背

【題解】

本件底卷編號伯三一九四號背。本號文卷正背雙面書寫，正面爲"論語"；本件位於背面，後接另一份狀稿。底卷首全尾未完，現存文字七行，塗改痕跡嚴重，應爲狀稿，無紀年。本件定名，《法藏》將其與後

三　牒狀類　／　347

一件狀稿合定作"張通信攪擾等狀"；《索引》《索引新編》將紙背兩件狀稿合定作"狀一件"；《黃目》定作"牒一件"。茲據文義擬定今題。

茲據《法藏》（貳貳—二二）影印本及 IDP 彩圖，對底卷校錄如下。

　　　　☐☐☐☐狀[一]：

　　　右厶甲，迴鶻☒城間處[二]，兄幡命身死[三]，唯☒☐☐待見青奴☒小[四]，共別交通[五]，恐有爭事，將結見面解散[六]。今又着人口言[七]：一男女不肯与心。厶甲見鎮邊城，造衣造食[八]，交下無人来去[九]。於家不善，於國多虧。今欲被他家親表房從[一〇]，攬幸（僥倖）不聽[一一]，☒田時逼[一二]，忘（妄）説是非[一三]。伏望常侍仁照詳照（察）[一四]，請矜諒惡人謀害[一五]，不敢不申[一六]，伏請處分。（底卷書寫止此）

【校記】

〔一〕底卷中"狀"字前的文字，被一小紙條裱貼，約三字。

〔二〕底卷中"迴"字前原有二字，被塗抹，茲不錄。又，"城"字前一字漫漶，無法釋讀。

〔三〕兄幡命，底卷中此三字爲右側補寫，茲錄正。又，"死"底卷中有改寫痕跡。

〔四〕底卷中"待"字前有原有四字及補寫文字，均塗抹，茲不錄。又，塗抹文字前約有三字被裱壓。"見"，底卷原作"甚"，塗抹後於右側改寫，茲錄正；"小"字前一字漫漶不清。

〔五〕底卷中"共"字前有四字被塗抹，茲不錄。

〔六〕底卷中"將"字前原有一"且"字，後塗抹，茲不錄。又，"結""見面"三字爲右側補寫，茲錄正；"解"字前原有二字，後塗抹，茲不錄。

〔七〕着，底卷中原作三字，後塗抹於右側改寫"着"，茲錄正。又，"口"字前原有"交合"二字，後塗抹，茲不錄。

〔八〕底卷中"造衣"之前原有三字，後塗抹，茲不錄。又，"造食"的"造"字爲右側補寫，茲錄正。

〔九〕底卷中"来"字前原有二字，後塗抹，茲不錄。

〔一〇〕表，底卷中爲右側補寫，茲録正。又，"房"字前原有三字，後塗抹，茲不録。

〔一一〕攬幸，據文義疑爲"僥倖"之訛。

〔一二〕▨田時逼，底卷中此四字爲右側補寫，茲録正。

〔一三〕忘，據文義應爲"妄"之訛。

〔一四〕詳照，據文義應爲"詳察"之訛。

〔一五〕底卷中"諒"字前原有三字，後塗抹，茲不録。又，"人"字底卷中爲右側補寫，茲録正。

〔一六〕底卷中"不敢"的"不"字有改寫痕跡。

三六　年代未詳某甲訴押衙張通信攬擾狀（稿）

伯三一九四背

【題解】

本件底卷編號伯三一九四號背。本號文卷正背雙面書寫，正面爲"論語"；本件位於背面，前接另一份狀稿。底卷首全尾未完，現存文字三行，有塗改痕跡，應爲狀稿，無紀年。本件定名，《法藏》將其與前一件狀稿合定作"張通信攬擾等狀"；《索引》《索引新編》將紙背兩件狀稿合定作"狀一件"；《黃目》定作"牒一件"。茲據文義擬定今題。

茲據《法藏》（貳貳一二二）影印本及IDP彩圖，對底卷校録如下。

右▨▨兄弟十人[一]，獨爲一户[二]，口分地水請在亭渠[三]，今被押衙張通信[四]，乃▨無辜攬擾[五]，百姓▨▨▨存[六]。伏望常侍仁明照察[七]，免矜▨屈，伏請處分。

【校記】

〔一〕底卷中"兄"字前二字被塗抹，但據文義應存，茲標注。又，"十"原作"二"，後改寫爲"十"，茲録正。

〔二〕獨爲一户，底卷中此四字爲右側補寫，茲録正。

〔三〕底卷中"渠"字後原有"獨爲一户"四字，後塗抹，茲不録。

〔四〕押衙，底卷中此二字被塗抹，但據文義可保留。

〔五〕乃▨、辜，底卷中此三字爲右側補寫，茲録正。

〔六〕百姓☒☒☒存，底卷中爲右側補寫，茲錄正。
〔七〕明，底卷中爲右側補寫，茲錄正。

三七　年代未詳狀文殘件

伯三四七四 P 二

【題解】

本件底卷編號伯三四七四 P 二號。底卷首尾均缺，現存文字三行，無首題，無紀年。本件定名，《法藏》定作"牒狀"；《索引新編》定作"殘狀二行半"。茲據文義擬定今題。

茲據《法藏》（貳肆二九四）影印本及 IDP 彩圖，對底卷校錄如下。

（前缺）

疋言云：更欠陪物。其女却再来掣奪，却將不放取近。登（當）初養女之時[一]，亦不取他物色，今則件件打☒驅使[二]（底卷書寫止此）

【校記】

〔一〕登，據文義應爲"當"之訛。又，"初"，底卷作"衩"。
〔二〕件件，底卷中第二個"件"爲省文符號，茲錄正。又，底卷中"驅"字前一字漫漶不清。

肆　請公驗、判憑牒狀

一　唐景龍三年（七〇九）典洪壁牒爲張君義立功第壹等准給公驗事

天理大學圖書館藏

【題解】

本件底卷爲一九四一年夏張大千於敦煌莫高窟發現的四件張君義文書之一，現存文字二十行，正面及粘結縫背部鈐"鹽泪都督府之印"。四件張君義文書分別爲：張君義立功第壹等公驗、張君義立功第貳等公驗、張君義乘騎驛馬事牒及張君義勳告，其中前三件現藏日本天理大學圖書館，後一件藏敦煌研究院。本件定名茲從朱雷《跋敦煌所出〈唐景雲二年張君義勳告〉——兼論"勳告"制度淵源》（《敦煌吐魯番文書論叢》，甘肅人民出版社二○○○年版）。

本件大庭脩《敦煌發現の張君義文書について》（《ビフリア》第二○號，一九五六年）、中村裕一《唐代官文書研究》（中文出版社一九九一版）、内藤みどり《"张君义文书"と唐・突騎施娑葛の关系》（《小田義久博士還歷記念東洋史論集》，龍谷大學東洋史學研究會一九九五年版，一八一——二○九）、《釋録》（肆二七六—二七七）有録文。

　　　　敕四鎮經略使前軍　　□（牒）張君義[一]：
　　　　五月六日［破］連山陣[二]，同日□□□□；七日破臨崖陣，同日破白寺城陣；九日破□坎陣，同□□□□同日破佛陁城陣[三]；十一日破河曲陣；十二日破□□□□；十四日破故城陣，同日破臨橋陣□□□□此爲龜茲□□□□。
　　　　傔人囗（張）君義[四]，□□□□（右使注功第壹等）[五]。
　　　　牒：得牒囗（稱）[六]：□□□囗（突騎施背版）[七]，圍繞安西，囗□□□命君義等從□□□□散府鎮□□□□獲凶醜囗□□□□等城，殺獲邏斯僕首。前□□□□用命副使親監，於囗囗件蒙□□□□功第壹等，於後恐無憑准，請給公驗，故牒[八]。□□□□□（請）裁者[九]，件檢如前，並准狀各牒□□□□狀牒□□□□任爲公驗，故牒。
　　　　景龍三年九月五日　典□（洪）壁牒[一○]
　　　　　　　　　　　　　　　　　　　　　□□
　　　　鹽泪都督府之印
　　　　　檢校副使雲□□□□□（麾將軍□□縣開國男薛思楚）[一一]

【校記】

〔一〕牒，底卷缺，内藤氏録文據文義補，兹從。
〔二〕破，底卷脫，内藤氏録文據文義補，兹從。
〔三〕佛，底卷原作"仏"，下同不再另出校。
〔四〕張，底卷缺，内藤氏録文補做"張"，《釋録》作□□，兹從内藤氏録文。

〔五〕右使注功第壹等，底卷缺，內藤氏錄文據文義補，茲從。

〔六〕稱，底卷缺，內藤氏錄文據其他張君義文書補，茲從。

〔七〕突騎施背叛，底卷中"突騎施背"四字缺，"叛"字殘，內藤氏錄文據文義補，茲從。

〔八〕故牒，《釋錄》未錄。

〔九〕請，底卷缺，內藤氏錄文據文義補。

〔一〇〕洪，底卷缺，內藤氏錄文據其他張君義文書補，茲從。

〔一一〕麾將軍□□縣開國男薛思楚，底卷缺，內藤氏錄文據其他張君義文書補，茲從。

二　唐景龍某年（七〇七—七一〇）典洪璧牒爲張君義立功第貳等准給公驗事

天理大學圖書館藏

【題解】

本件底卷爲一九四一年夏張大千於敦煌莫高窟發現的四件張君義文書之一，現存文字十九行，正面鈐"渠黎州之印"多枚。四件張君義文書分別爲：張君義立功第壹等公驗、張君義立功第貳等公驗、張君義乘騎驛馬事牒及張君義勳告，其中前三件現藏日本天理大學圖書館，後一件藏敦煌研究院。本件定名茲從朱雷《跋敦煌所出〈唐景雲二年張君義勳告〉——兼論"勳告"制度淵源》（《敦煌吐魯番文書論叢》，甘肅人民出版社二〇〇〇年版）。

本件大庭脩《敦煌發現の張君義文書について》（《ビフリア》第二〇號，一九五六年）、中村裕一《唐代官文書研究》（中文出版社一九九一版）、內藤みどり《"张君义文书"と唐・突騎施娑葛の関系》（《小田義久博士還曆記念東洋史論集》，龍谷大學東洋史學研究會一九九五年版，一八一—二〇九）、《釋錄》（肆二七三—二七四）有錄文。

敕四□□□□□　□（鎮經略使前軍　牒）[一]▨▨（張君）義[二]：
六▨（日）▭▭▭▭　薝園陣，同▨（日）▭▭▭▭磧內陣；廿一日城北▭▭▭▭[三]；五日城西破蓮花寺東澗陣。
傔人□□□（張君義）[四]，右使□□（注功）第貳等[五]。

牒：得牒稱：□□□（突騎施背）叛[六]，圍繞安西，道路隔絕，君義等不顧微命，遂投□□□□□□使突圍，救援府城，共賊苦□□陣先□□□□□□件等陣[七]，當□使對定，□功第貳等訖。恐後無有憑准，請給公驗，請裁者。依檢□□□□□□使注如前者。君義等救援焉者，朣□□□□□入都府自至，每經行陣，前□□□[八]□□□□□□獲，賊徒因退敗，有功□□□□□由堪檢既与狀□□□□□□牒准狀，故牒。
　　　　　□□□□□洪壁　牒
渠黎州之印[九]　　　　　　　　　　□籌
檢校副使雲□□□（麾將軍）□□縣開國男薛思楚[一〇]

【校記】

〔一〕鎮經略使前軍牒，底卷缺，內藤氏錄文據文義補，茲從。

〔二〕張君，底卷殘，內藤氏、《釋錄》據文義補，茲從，下同不再另出校。

〔三〕此處缺文，內藤氏錄文補"破□□陣；□日城西本□陣；廿"，現存疑。

〔四〕張君義，底卷缺，內藤氏錄文據文義補，茲從。

〔五〕注功，底卷缺，內藤氏錄文據文義補，茲從。

〔六〕突騎施背，底卷缺，內藤氏錄文據文義補，茲從。

〔七〕底卷中此字僅存左側"言"字旁。

〔八〕底卷中此字僅存右側"昔"字旁。

〔九〕黎，《釋錄》錄作"利"。

〔一〇〕麾將軍，底卷缺，內藤氏錄文據文義補，茲從。

三　唐天寶年間（七四二—七五六）敦煌郡行客王脩智賣胡奴市券公驗

敦研二九八＋二九九

【題解】

本件底卷編號敦研二九八＋二九九號。底卷首尾殘缺，前八行上部殘，僅存十五行，失首題，無紀年。本件定名，《甘藏》定作"唐代奴婢買賣市券副本"；《籍帳》定作"唐天寶時代（七四四—七五八）燉煌郡行客王修智賣胡奴市券公驗寫"；《沙契》定作"唐天寶至德間（七四四—七五八）行客王修智賣胡奴市券公驗（抄件）"；《釋錄》定作"唐天寶年代敦煌郡行客王修智賣胡奴市券公驗"；《法制文書》定作"唐天寶年代（七四二—七五五）燉煌郡行客王修智賣胡奴市券公驗"。茲據文義擬定今題。考本件安神慶另見敦研三四一號"唐景雲二年（七一一）張君義告身"。

本件敦煌文物研究所資料室：《從一件奴婢買賣文書看唐代的階級壓迫》（《文物》一九七二年第一二期，以下簡稱《文物》）、《籍帳》（四九〇）、《沙契》（七二—七三）、《釋錄》（貳二七九）、《法制文書》（三八二—三八三）有錄文。茲據《甘藏》（壹二六四—二六五）影印本，並參考前人錄文，對底卷重新校錄如下。

   （前缺）

▨▨▨▨（行）客王脩智牒稱[一]：今將胡奴多寶，載拾▨（叁）[二]，▨▨張惠溫[三]，得大生絹貳拾壹疋，請給買人市券者，依▨▨▨（人）安神慶等款保[四]，前件人奴是賤不虛。又問奴多寶甘心▨[五]▨▨脩智其價領足者。行客王脩智出賣胡奴多寶与▨▨▨▨絹貳拾壹疋，勘責狀同，據保給券，仍請郡印，▨▨▨▨▨罪。

      絹主
▨▨▨▨郡印 奴主行客王脩智，載陸拾壹。
      胡奴多寶，載壹拾叁。

    ▨▨▨▨（保人燉煌郡）百姓安神慶[六]，載伍拾玖。
    保人行客張恩祿[七]，載肆拾捌。
    保人敦煌郡百姓左懷節，載伍拾柒[八]。
    保人健兒王奉祥，載叁拾陸。

保人健兒高千丈，載叁拾叁。

市令秀昂給券[九] 史☐

（後缺）

【校記】

〔一〕行，底卷僅存下部殘笔畫，茲據殘存字形及文義補；《釋錄》《法制文書》逕錄。

〔二〕叁，底卷僅存上部殘笔畫，茲據殘存字形並參考諸家錄文補。

〔三〕張，《文物》《籍帳》《沙契》未釋讀。

〔四〕人，底卷殘存下部，茲據殘存字形及文義補；《文物》《籍帳》《沙契》《釋錄》《法制文書》未釋讀。

〔五〕問，《文物》《籍帳》《沙契》錄作"胡"，誤。

〔六〕保人燉煌郡，底卷中"保"字殘存上部，"人燉煌郡"缺，《籍帳》據文義補，茲從；《釋錄》《法制文書》逕錄"保人"兩字；《沙契》逕錄"保"字。

〔七〕恩，《文物》《籍帳》《沙契》錄作"思"，誤。

〔八〕柒，《釋錄》《法制文書》錄作"陸"，誤。

〔九〕秀，《籍帳》疑作"李"，誤。

四　唐天寶十載（七五一）燉煌郡酒行安胡到芬乞酒價狀

伯四九七九背

【題解】

本件底卷編號伯四九七九號背。本號文卷正背雙面書寫，正面書"道經論釋"；本件位於背面，首尾俱全，存九行，後粘結另一文書殘片。本件有首題"酒行狀上"，有紀年"天寶十載（七五一）"。本件定名，《法藏》定作"天寶十載酒行胡到芬請出本殘（"殘"字誤）狀"；《索引》定作"酒行胡道芬請出本錢狀（天寶十載）"；《黃目》定作"酒行胡道芬請出本錢狀"；《索引新編》定作"天寶十載（七五一）酒行胡道芬請出本錢狀"；《籍帳》定作"唐天寶一〇載（七五一）二月燉煌郡（？）酒行安胡到芬牒"；《釋錄》定作"天寶十載（公元七五一年）二月燉煌郡（？）酒行安胡到芬牒"。茲據文義擬定今題。

本件《釋錄》（叄六二六）有錄文。茲據《法藏》（叄叄三二九）影印本及 IDP 彩圖，並參考前人錄文，對底卷重新校錄如下。

　　酒行　　狀上：
　　　　　　供糟廿瓮。
　　　　　右胡到芬，比日在於市內沽酒經紀[一]，緣無本產，本家經今廿日无囗造酒[二]，請乞給價直，謹狀。
　　牒件狀如前，謹牒。
　　　　　　天寶十載二月　日酒行安胡到芬牒

二月廿三日，付生絹壹疋，准時［估］伍伯捌拾文[三]**，餘欠於估付。（簽押）**[四]

【校記】
〔一〕內沽酒，"內"，《籍帳》《釋錄》錄作"納"，誤。另，"沽酒"，《籍帳》僅釋錄右半"古""酉"，左側作缺文處理。
〔二〕本家，《籍帳》錄作"伏未"；《釋錄》錄作"伏承"，誤。又，"无囗"，底卷中"无"字後一字不清，《籍帳》《釋錄》均將此二字疑作"元了"，據底卷應爲"无囗"。
〔三〕估，底卷脫，《釋錄》據文義補，茲從。
〔四〕付（簽押），《釋錄》錄作"等用"，茲從《籍帳》。

五　吐蕃酉年（八〇五？）沙州南沙灌進渠用水百姓李進評等乞給公驗牒並判

斯二一〇三

【題解】
本件底卷編號斯二一〇三號。底卷首尾完整，共十六行，除牒狀尾部的百姓署名外，字跡較清。底件紀年"酉年"，爲吐蕃統治時期的紀年。原件無題，《英藏》定作"酉年十二月南沙灌進渠用水百姓李進評等乞給公驗牒及判文"；《索引》定作"南沙灌進渠用水百姓李進評乞給公驗牒"；《黃目》《索引新編》定名與《索引》同；《釋錄》定作"酉年（公元八〇五年？）十二月沙洲灌進渠百姓李進評等請地牒並判"；《法制文書》定作"吐蕃酉年（八〇五年？）沙洲灌進渠百姓李進評等牒並判詞——爲開耕空地請給公驗"；《籍帳》定作"吐蕃酉年（八〇五？）沙州灌進渠百姓李進評等牒附判"；《郝錄》定作"酉年十二月南沙灌進渠用水百姓李進評等乞給公驗牒及判"；《敦煌社邑文書輯校》（以下簡稱《社邑》，江蘇古籍出版社一九九七年版）定作"酉年十二月南沙灌進渠用水百姓李進評等乞給公驗牒"；《爭訟》定作"酉年十二月沙州灌進渠百姓李進評等請地牒並判"。茲據文義擬定今題。

本件《釋錄》（貳三七四）、《法制文書》（三八五—三八六）、《籍帳》（二四五）、《郝錄》（壹壹一一—一三）、《社邑》（三六四—三六五）、《爭訟》（八二）有錄文。茲據《英藏》（肆二）影印本及IDP彩圖，並參考前人錄文，對底卷重新校錄如下。

　　　　　　城南七里神農河母，兩勒汛水[一]，游淤沙坑[二]，空地兩段共叁突[三]。東至磧，西至賀英倩，南道口，北至神農河北馬國清。[四]

　　　　　右南沙灌進渠用水百姓李進評等，爲已前移灌進口向五石口前，逐便取水。本無過水渠道，遂憑劉屯子边賣（買）合行人地壹突用水[五]。今劉屯子言是行人突地，依籍我收地，一任渠人別運爲。進評等今見前件沙淤空閑地，擬欲起畔耕犁[六]，將填還劉屯子渠道地替，溉灌得一渠百姓田地，不廢莊園。今擬開耕，恐後無憑，乞給公驗處分。

　　牒　件　狀　如　前，謹　牒。

　　　　　　酉年十二月　日灌進渠百姓李進評等

　　　　　　　　　　　　百姓胡千榮
　　　　　　　　　　　　百姓楊老老[七]
　　　　　　　　　　　　百姓竇太寧
　　　　　　　　　　　　百姓張達子
　　　　　　　　　　　　百姓氾德清[八]

付營官尋問，實空閑無主，任修理佃種。
弁示。
廿三日。[九]

【校記】
〔一〕汎，通"泛"，《爭訟》録作"汛"，誤。
〔二〕坑，底卷作"垸"，下同不再另出校。
〔三〕叁，底卷中有改寫痕跡，《籍帳》《郝録》《社邑》均録作"參"。
〔四〕北，《爭訟》録作"此"，誤。又，底卷中此處有一勾劃符號"┐"，爲終止符號。
〔五〕賣，《郝録》《社邑》《釋録》《法制文書》均指出，據文義應爲"買"之訛，茲從校。
〔六〕欲，《爭訟》録作"於"；耕，《爭訟》録作"種"，均誤。
〔七〕底卷中第二個"老"字爲省文符號，茲録正。
〔八〕德清，底卷不清，《釋録》《法制文書》未釋讀；《社邑》《郝録》作"德清"；《籍帳》《爭訟》作"法情"。按，據圖版看，"氾"字下應爲"德"字，故茲從《社邑》《郝録》。
〔九〕此句爲判語，原文"問實空""理佃種"等字寫在百姓署名上。

六　吐蕃戌年（八〇六）氾元光施捨房舍入乾元寺牒並判

斯六八二九

【題解】

本件底卷編號斯六八二九號。底卷首尾完整，共十三行，下接"丙戌年正月十一日已後緣修造破用斛斗布等曆"，再下接"卯年四月一日悉董薩部落百姓張和和預取永康寺常住造芘蘺價麥契"。底件紀年"戌年"，爲吐蕃統治時期的紀年，應爲公元八〇六年。原件無題，《英藏》定作"戌年八月氾元光請施宅乾元寺牒並判"；《索引》定作"氾元光施宅牒（擬）"；《黄目》《索引新編》定名與《索引》同；《釋録》定作"戌年（公元八〇六年）八月氾元光施捨房舍入乾元寺牒並判"；《法制文書》定作"吐蕃戌年（八〇六年）氾元光施捨房舍入乾元寺牒並判詞"。茲據文義擬定今題。

本件《釋錄》（叄七三）、《法制文書》（三八七—三八八）有錄文。茲據《英藏》（壹壹一九六）影印本及IDP彩圖，並參考前人錄文，對底卷重新校錄如下。

宅內北房一口并檐，次西空房地一口無屋，廊舍一口：
　　右元光，自生已來，不食薰茹，白衣道向，曆（歷）[一]卅餘年。從陰和上（尚）已來乾元寺取緣聽法[二]，來往不恒，騰踏☒（已）常[三]，涕唾惡地，及諸罪障，卒陳難盡。從今年四月已來染患，見加困劣，无常將逼。謹將前件房舍，施入乾元佛殿。恐後無憑，請乞判命，請處分。
　　牒件狀如前，謹牒。
　　　　戌年八月　　日氾元光牒。

任施，仍爲憑據。潤示。
**　　　廿七日**

【校記】
〔一〕曆，底卷作曆，據文義應爲"歷"之訛。
〔二〕和上，通和尚。
〔三〕已，底卷中殘存上部，茲據殘存字形並參考諸家錄文補。

七　唐咸通六年（八六五）張祗三請地狀
伯二二二二B
【題解】
本件底卷編號伯二二二二B號。本號文卷正背雙面書寫，本件位於正面，後接"張智燈狀"（逆書）；背面爲"維摩詰所說經疏"。本件首尾完整，共八行，每行文字不等。卷中有紀年"咸通六年（八六五）"，首行"燉煌鄉百姓張祗三狀",《法藏》據此定名作"咸通六年正月燉煌鄉百姓張祗三狀";《索引》定作"咸通六年文件";《黃目》未定名;《索引新編》定作"燉煌鄉百姓(以下看不清)狀(咸通六年)";《籍帳》定作"唐咸通六年(八六五)正月沙州燉煌鄉百姓張祗三等狀";《釋錄》定作"唐咸通六年(公元八六五年)正月張祗三請地狀";《法制文書》定作"唐咸通六年(八六五年)正月張祗三請賜地狀";《爭訟》定作"唐咸通六年正月敦煌郡百姓張祗三等狀"。茲據文義擬定今題。

本件《籍帳》(四二八)、《釋錄》(貳四六八)、《法制文書》(三九六)、《爭訟》(一六——一七)有錄文。茲據《法藏》(玖二二九)影印本及 IDP 彩圖,並參考前人錄文,對底卷重新校錄如下。

   燉煌鄉百姓☒☒(張祗)三等　狀[一]:
    僧詞榮等北富(府)鮑壁渠上口地六十畝[二]。
    右祗三等[三],司空准敕,矜判入鄉管,未請地水。其上件地主詞榮口云:"其地不辦承料[四]。"伏望將軍仁明監(鑑)照[五],矜賜上件地,乞垂處分。
  牒　件　狀　如　前,　謹　牒。
      咸通六年正月　日百姓張祗三謹狀。

【校記】

〔一〕張祗,底卷中右側漫漶,茲據殘存補。另,"祗",下文中作"祇",《籍帳》《法制文書》《爭訟》均錄作"祇",誤。

〔二〕等,底卷中有改寫痕跡。又,"富",《籍帳》《爭訟》據文義校作"府",茲從。

〔三〕祗,底卷中作"祇",爲"祗"字俗字,《籍帳》《法制文書》《爭訟》均錄作"祇",誤。

〔四〕辦,《釋錄》錄作"辨",誤。

〔五〕據文義,"監"通"鑑"。

八　唐咸通六年（八六五）二月燉煌鄉百姓氾佛奴狀 (習字)

上圖一一〇背

【題解】

本件底卷編號上圖一一〇（八一二五六〇）號背。本號文卷正背雙面書寫，正面書"阿毗曇心論卷第二"；本件位於背面，前爲"千字文"，後接"習字"。本件共六行，每行文字不等，爲習字所寫，有紀年"咸通六年（八六五）"。本件定名，《上圖》定作"咸通六年二月廿一日燉煌鄉百姓氾佛奴狀"。茲據文義擬定今題。

茲據《上圖藏》（叁四六）影印本，對底卷校錄如下。

　　燉煌鄉百姓氾佛奴　狀[一]：
　　　　右佛奴，先掣加籍上，有羊三五口。昨着東行，盡充買（賣）止進路官稅掣加。依文籍着羊一口，鄉官報索。伏望將軍仁恩照察，請鞫問鄰人，可即知虛實。伏請處分[二]。
　　牒　件　狀　如　前，謹牒。
　　　　　　咸通六年二月廿一日百姓氾佛奴狀[三]

【校記】

〔一〕燉煌，底卷作"燉燉燉燉煌煌"，爲習字，茲僅錄"燉煌"兩字。

〔二〕底卷中"分"字後，又習寫七個"分"字，茲不錄。

〔三〕咸通，底卷中"咸通"後，習寫"咸咸通"三字，茲不錄。

九　唐咸通某年（八六〇—八七四）索淇捨施水磑園田等入報恩寺請求判憑狀

斯三八七三

【題解】

本件底卷編號斯三八七三號。底卷首缺尾完，上缺下全，現存十行，字跡較爲清晰。無首題，有紀年，紀年殘存"通年十一月"，應爲"唐咸通某年"。本件定名，《法藏》定作"[咸]通某年索淇請施入水磑園田家客重建報恩寺狀";《索引》定作"索洪狀"("洪"字誤);《黃目》定作"索淇重建报恩寺状";《索引新編》定名同《索引》;《釋錄》定作"唐咸通某年(公元八六〇—八七四年)索淇捨施水磑園田等入報恩寺請求判憑狀"。茲據文義擬定今題。

本件《釋錄》(叁八三)有錄文。茲據《英藏》(伍一八四)影印本及IDP彩圖,並參考前人錄文,對底卷重新校錄如下。

（前缺）

　　　　▨（上）代水磑三所[一]、園田、家▨督信[二],敬心重建造報恩寺。▨齋兩所水磑、園田、家客,施入▨供養三寶,不絕願心。▨其磑,是時被殿下其[三]▨日出賣与報恩寺▨五十餘載,師僧受祺自力徵[四],無處▨（申）[五]▨照察訖,賜上祖水▨▨（牒）[六]。

　　　　　　　▨▨（咸通）年十一月　日索淇謹　狀[七]。

【校記】

〔一〕上,底卷中殘存左半,茲據殘存字形及文義補;《釋錄》逕錄。
〔二〕督,《釋錄》未釋讀。
〔三〕其,《釋錄》漏錄。
〔四〕受,《釋錄》未釋讀。
〔五〕申,底卷中殘存左半,茲據殘存字形及文義補;《釋錄》漏錄。
〔六〕牒,底卷中僅存下部殘筆畫,茲據殘存字形及文義補;《釋錄》未補。
〔七〕咸通,底卷中"咸"字缺,"通"字殘,茲據殘存字形及文義補。另,"咸通"之後漏寫具體年數。

一〇　戊戌年（八七八）令狐安定請地狀

斯三八七七背

【題解】

本件底卷編號斯三八七七號背。本號文卷爲長卷,正背雙面書寫,正面爲"雜寫"及"甲寅年龍勒鄉百姓張納雞雇工契"等；本件位於背面，前爲"社司轉帖""葬經""乾寧四年（八九七）平康鄉百姓張義全賣舍契""天復二年（九〇二）赤心鄉百姓曹大行與令狐進通迴換舍地契""乾寧四年（八九七）平康鄉百姓張義全賣舍契""戊戌年洪潤鄉百姓令狐安定雇工契""丙子年赤心鄉百姓王再盈妻阿吴賣子契""天復九年（九〇九）洪潤鄉百姓安力子賣地契"，後接"下女夫詞一本"。本件有紀年"戊戌年"，據同卷文書有"乾寧四年（八九七）""天復九年（九〇九）"等可知，其應爲八七八年。本件定名，《英藏》定作"戊戌年正月洪潤鄉百姓令狐安定請射同鄉女户令狐什伍地畝狀"；《索引》《黄目》未定名；《索引新編》定作"戊戌年（九三八）正月沙洲洪潤鄉百姓令狐安定狀"；《籍帳》定作"唐戊戌年（八七七）正月沙州洪潤鄉百姓令狐安定狀案"；《釋録》定作"戊戌年（公元八七八年）令狐安定請地狀"；《法制文書》定名同《釋録》；《爭訟》定名同《籍帳》。兹據文義擬定今題。

本件《籍帳》（四三九）、《釋録》（貳四六九）、《法制文書》（三九七）、《爭訟》（一八）有録文。兹據《英藏》（伍一九一）影印本及IDP彩圖，並參考前人録文，對底卷重新校録如下。

　　　　□閏（洪潤）鄉百姓令狐安定[一]：
　　　　　　右安定，一户兄弟二人[二]，總受田拾伍畝，非常地少窄狹[三]。今又同鄉女户令狐什伍地壹拾伍畝[四]，先共安定同渠合宅，連伴（畔）耕種[五]。其地主，今緣年来不辦承料[六]，恐後别人攪擾[七]，安定今欲請射此地。伏望司空照察貧下，乞公憑，伏請處分。
　　　　　　　　戊戌年正月　　　日令狐安定

【校記】
〔一〕洪潤，底卷中"洪"字缺，兹據文義補；閏，應通"潤"；《籍帳》《爭訟》徑録作"洪閏"；《釋録》《法制文書》徑録作"洪潤"。
〔二〕兄弟，《釋録》《法制文書》録作"弟兄"，誤。
〔三〕地，《釋録》《法制文書》録作"田"，誤。又，狹，底卷作

"突"，通"狭"，伯三五〇一號背"後周顯德五年（九五八）押衙安員進牒"即有"屋舍窄突"一語，下同不再另出校。"窄狭"，《籍帳》《釋錄》《法制文書》《爭訟》均錄作"窘"，誤。

〔四〕令狐，《籍帳》《釋錄》《法制文書》《爭訟》均錄作"陰"，誤。另，"又"，據文義通"有"。

〔五〕伴，據文義應爲"畔"之訛；《釋錄》《法制文書》《爭訟》徑錄作"畔"。

〔六〕緣，《爭訟》錄作"緑"，誤。又，"辦"，底卷左半書寫較爲潦草，故《籍帳》《釋錄》《法制文書》《爭訟》等均將其錄作"辝"，即"辭"，但據字形及文義看，其應爲"辦"。"不辦承料"爲敦煌文書常用詞，如伯二二二二B號"唐咸通六年（八六五）正月張祇三請地狀"即有"其地不辦承料"一語。

〔七〕恐，《籍帳》《釋錄》《法制文書》《爭訟》均錄作"乏"，且《爭訟》校作"之"，據圖版應爲"恐"字。又，"擾"，《爭訟》錄作"憂"，誤。

一一　唐光啓三年（八八七）官酒户馬三娘、龍粉堆請酒本狀並判

伯三五六九背

【題解】

本件底卷編號伯三五六九號背。本號文卷正背雙面書寫，正面爲"太公家教一卷"；背面書寫文書四件，依次爲"王文進等名錄""光啓三年（八八七）四月官酒户馬三娘、龍粉堆牒並判詞""元淳寄洛陽姊妹詩""光啓三年（八八七）四月押衙陰季豐奉判令算會官酒户馬三娘、龍糞堆酒本牒"。其中，第二、第四兩件牒文内容相關，在此將其作爲同一組文書釋錄。其中，"馬三娘、龍粉堆牒並判"存文字十三行，"押衙陰季豐牒"存文字三十三行，均首尾俱全，有紀年"光啓三年（八八七）四月"。本件定名，《法藏》分别定作"光啓三年四月官酒户龍粉堆牒並判詞""光啓三年四月押衙陰季豐奉判令算會官酒户馬三娘、龍糞堆酒本牒"；《索引》定作"官酒户馬三娘及押衙陰季豐牒二件，光啓三年"；《黄目》定作"官酒户馬三娘及押衙陰季豐牒二件"；《索引新編》定作"光啓三年（八八七）官酒户馬三娘及押衙陰季豐牒二件"；《釋錄》定

作"唐光啓三年（公元八八七年）四月爲官酒户馬三娘、龍粉堆支酒本和算會牒附判詞"。兹據文義擬定今題。本件中的陰季豐又見於伯三七三〇號"沙州諸寺僧人上都僧統狀"，爲河西都僧統海晏之父。

本件《釋録》（叁六二二—六二四）有録文。兹據《法藏》（貳伍三四五—三四七）影印本及IDP彩圖，並參考前人録文，對底卷重新校録如下。

官酒户馬三娘、龍粉堆：

去三月廿二日已後，兩件請本粟叁拾伍馱，合納酒捌拾柒瓮半，至今月廿二日，計卅一日。伏緣使客西庭、璨（璨）微[一]，及涼州、肅州蕃使繁多，日供酒兩瓮半已上。今准本數，欠三五瓮。中間緣在四五月艱難之濟（際）[二]，本省全絶，家貧無可吹飰[三]，朝憂敗闕。伏乞仁恩，支本少多，充供客使。伏請處分。

牒 件 狀 如 前，謹 牒。

　　　　　　　　　　　　光啓三年四月　日龍粉堆　牒[四]

付陰季豐算過，廿二日。淮深[五]。

押衙陰季豐：

右奉判令，算會官酒户馬三娘、龍糞堆[六]，從三月廿二日於官倉請酒本粟貳拾馱[七]，又四月九日請酒本粟壹拾伍馱，兩件共請粟叁拾伍馱，准粟數，合納酒捌拾柒瓮半。諸處供給使客及設會、賽神，一一逐件算會如後：

西州、迴鶻使上下叁拾伍人，每一日供酒捌斗陸勝[八]，從三月廿二日至四月廿三日，中間計叁拾貳日，計供酒肆拾伍瓮伍斗貳勝。

璨微使上下陸人，每一日供酒壹斗陸勝，從三月廿二日至四月廿三日，中間計叁拾貳日，共酒捌瓮叁斗貳勝。

涼州使曹万成等三人，每一日供酒玖勝，從三月廿二日至四月廿三日，中間計叁拾貳日，供酒肆瓮半壹斗捌勝。

又涼州溫末及肅州使，從四月一日到，下膳酒壹瓮[九]；料酒從四月二日至四月十五日發[一〇]，中間壹拾肆日，上下壹拾壹人，每一日供酒貳斗肆勝，計供酒伍瓮半陸勝。

三月廿三日鑪匠王專等，支酒壹瓮；四月十日賽官羊神，用酒壹瓮；四月十四日夏季賽祆，用酒肆瓮[一一]；十五日上窟，用酒兩瓮；十七日祭雨師，用酒兩瓮；廿一日都香（鄉）口賽青苗神[一二]，用酒壹瓮；廿二日西衙設迴鶻使，用酒叁瓮。

已上諸處供給，計用酒捌〔拾〕壹瓮半貳勝[一三]，准粟數使用外，餘欠酒伍瓮伍斗捌勝。

右通前件酒，一一檢判憑算會如前，伏請處分[一四]。

牒件狀如前，謹牒。

　　　　　光啓三年四月　日押衙陰季豐☒（牒）[一五]

西州使今月廿五日發，欠酒☒（壹）瓮，日一供。廿三[一六]

（後缺）

【校記】

〔一〕璨，據下文疑應爲"璘"之訛，"璘"通"璨"。

〔二〕在，《釋錄》錄作"有"，誤。又，"之濟"，《釋錄》將"之"字校作"乏"，但據文義推斷，疑應是"濟"爲"際"之同音訛字。

〔三〕飫，《釋錄》錄作"餓"，誤。

〔四〕粉堆，《釋錄》錄作"縣丞"，誤。

〔五〕淮深，《釋錄》錄作"准深"，誤。另，底卷中此行後書"元淳寄洛陽姊妹詩"及雜寫一行，茲不錄。按，此處"淮深"，應爲歸義軍節度使張淮深。

〔六〕龍糞堆，與上文"龍粉堆"爲同一人。

〔七〕粟，《釋錄》漏錄。

〔八〕勝，通"升"，下同不再另出校。

〔九〕膳，《釋録》録作"檜"，誤。

〔一〇〕發，底卷作"犮"，下同不再另出校。

〔一一〕底卷中"四月十四日夏季賽祆用酒肆瓮"等字左側，書寫"四月十四日夏賽祆用，奉，右奉處分"等字，墨色較淺，應爲後來雜寫，兹不録；《釋録》照録。

〔一二〕香，《釋録》校作"鄉"，兹從。

〔一三〕拾，底卷脱，《釋録》據文義補，兹從補。

〔一四〕底卷中"分"字下雜寫"牒件狀如前"等字，兹不録。

〔一五〕牒，底卷漫漶不清，《釋録》逕録，兹從補。另，此行"光"字前雜寫"西州使"三字，兹不録。

〔一六〕欠酒壹瓮日一供廿三，底卷中"壹"字漫漶，兹據殘存字形補。另，此句《釋録》録作"□酒□瓮自供，廿三日"，誤。底卷中"廿三"右側，雜寫"右奉處分"四字，兹不録；《釋録》照録。

一二 唐大順元年（八九〇）沙州百姓索咄兒等請地狀

羅振玉舊藏

【題解】

本件底卷爲羅振玉舊藏，收於《沙州文録補》，共十一行，行二十字左右，有紀年"大順元年（八九〇）"。本件定名，《籍帳》《爭訟》定作"唐大順元年（八九〇）正月沙州百姓索咄兒等狀"；《釋録》《法制文書》定作"唐大順元年（八九〇年）正月沙州百姓索咄兒等請地狀"。兹據文義擬定今題。

本件《籍帳》（四四四）、《釋録》（貳四七三）、《法制文書》（三九七—三九八）、《爭訟》（一九）有録文，均是轉録自《沙州文録補》。兹轉録如下：

　　百姓索咄兒等　狀：
　　　　右咄兒先代癡直[一]，迷遇（愚）無目[二]，從太保合户已來[三]，早經四十年餘，中間總無言語。後代孫息，不知根栽。城西有地貳拾伍畝，除高就下，糞土飽足。今被人劫將，言道：博換阿你本地。在於城東，白強鹹鹵，種物不出，任收本地。營農時逼，氣喧悶絕，不知所至。今遇乾坤清直，均割之次[四]，城西劉憨奴絕户地四十畝，五處令（零）散[五]，請矜蒸斛。伏望尚書照察，覆盆之下，乞賜雨（兩）弱合爲一户[六]。不敢不申，伏請處分。

牒件狀如前，謹牒。

大順元年正月　日百姓索咄兒等狀

【校記】

〔一〕兒，《爭訟》錄作"幾"，誤。

〔二〕遇，諸家錄文均據文義將"遇"校作"愚"，兹從。

〔三〕太保，《籍帳》指出其應爲張議潮。

〔四〕均割之次，《爭訟》漏錄。

〔五〕令，諸家錄文均據文義將"令"校作"零"，兹從。

〔六〕雨，諸家錄文均據文義將"雨"校作"兩"，兹從。

一三　唐乾寧二年（八九五）前後張良真申被劫物品狀(稿)

伯二八〇三

【題解】

本件底卷編號伯二八〇三號。本號文卷爲長卷，雙面書寫，正面共存九件文書，本件位於"天寶九載（七五〇）八月廿八日至九月十八日敦煌郡倉納穀牒"的行間，其前一件爲"押衙索大力狀稿"，後爲"雜寫"。本件共文字七行，首全尾未完，爲狀稿。有首題"押衙張良真"，無紀年，榮新江《晚唐歸義軍李氏家族執政史探微》（《文獻》一九八九年第三期）一文指出，張良真又見於伯四六四〇號背"己未至辛酉年（八九九—九〇一）歸義軍軍資庫司布紙破用曆"，知其在辛酉年（九〇一）三月以押衙身份往于闐充使。另外，伯三七一八（三）號文書爲"張良真邈真贊"，贊文成於後唐天成四年（九二九），從以上相關文書，可推斷"張良真狀"應寫於乾寧二年（八九五）前後，兹從。本件定名，《法藏》及《索引新編》均定作"押衙張良真狀稿"。兹據文義擬定今題。

茲據《法藏》（壹捌三〇三）影印本及 IDP 彩圖，對底卷校録如下。

押衙張良真：

先伏蒙長使（史）[一]，充瓅毗界内使，逢逢（遭）離乱[二]，良真黨寡，身自將貨物少多，被瓅毗人劫將。名及物色，謹具如後：

大☒相安聲劫將：非（緋）褐京綾壹疋又丈二[三]，京紵綾壹[疋]一丈捌尺，非（緋）纙七尺，弓壹張。

又被安聲兄龍將：緑鼓文皮柒張，花弓一張，東弓五張，布壹疋。（底卷書寫止此）

【校記】

〔一〕使，據文義應爲"史"之訛。
〔二〕逢逢，據文義疑爲"逢遭"之訛。
〔三〕非，據文義應爲"緋"之訛。又，"京"，底卷作"寍"，疑爲"京"字之訛。

一四　歸義軍時期（九〇〇—九〇四）前後神沙鄉百姓令狐賢威請矜免雜役狀（稿）

伯三一五五背

【題解】

本件底卷編號伯三一五五號背。本號文卷爲長卷，正背雙面書寫，正面書"孔子備問書"；本件位於背面，其前爲"社司轉帖""天復四年（九〇四）令狐法姓租地契""曲子詞"，後接"光化三年（九〇〇）題記"，據此可知本件應書於光化三年（九〇〇）至天復四年（九〇四）前後。本件共存七行，每行字數不一，有題"神沙鄉百姓令狐賢威狀"。本件定名，《法藏》定作"神沙鄉令狐賢威狀"；《索引》定作"狀一件"；《黃目》定作"租地契"；《索引新編》定作"令狐賢威免地租事"；《釋録》定作"唐光化三年（公元九〇〇年）前後神沙鄉令狐賢威狀（稿）"；《法制文書》定作"唐光化三年？（九〇〇年？）沙州敦煌縣百姓令狐賢狀稿——爲免地稅公憑"；《爭訟》定作"唐光化三年前後神沙鄉令狐賢威狀（稿）"。茲據

三　牒狀類　/　369

文義擬定今題。

　　本件《釋録》（貳二九三）、《法制文書》（三八八）、《爭訟》（二三）有録文。兹據《法藏》（貳貳五四）影印本及 IDP 彩圖，並參考前人録文，對底卷重新校録如下。

　　　　神沙鄉百姓令狐賢威：
　　　　　　右賢威，又（有）祖地壹拾叁畝[一]，請在南沙上灌進渠，北臨大河，年年被大河水漂[二]，寸畔不賤（殘）[三]。昨蒙僕射阿郎矜免地稅[四]，伏乞与（以）後矜免所着地子[五]、布草、役夫等，伏請公憑，裁下處分[六]。（底卷書寫止此。）

【校記】
〔一〕又，據文義推斷應爲"有"之訛。
〔二〕年年，底卷中第二個"年"爲省文符號，兹録正。
〔三〕寸，底卷中"寸"字前原有"並入大河"四字，後塗抹，兹不録；《釋録》《法制文書》《爭訟》照録，並出注"似已被塗"。又，"賤"，《釋録》《法制文書》《爭訟》據文義校作"殘"，兹從。
〔四〕矜免，《釋録》《法制文書》《爭訟》均録作"給免"，張小艷《敦煌社會經濟文獻詞語論考》（上海古籍出版社二〇一三年版，第三四頁）指出"給免"應爲"矜免"之訛，兹從。
〔五〕与後矜免所着地子，《釋録》《法制文書》《爭訟》均録作"與後給多少著帖子"；張小艷《敦煌社會經濟文獻詞語論考》指出應爲"与後矜免所着地子"，且"与"應爲"以"之訛，兹從之。
〔六〕底卷中"裁下處分"右側有"社司轉帖，右緣年支☒"等字，與本件無關，兹不録。另，"裁下處分"左側有"光化三年庚申歲十二月二日金光明"的題記，《釋録》《法制文書》《爭訟》均將其作爲本件文書的紀年和題署釋録作"光化三年庚申歲十二月六日☐☐☐"，僅《法制文書》在題解中指出"光化三年"一行文字，字跡與本件文書不同，其可能非本件文書紀年，而從文書中"僕射阿郎"，可知狀上沙州歸義軍節度使衙門。按，除字跡不同之外，"光化三年"一行內容也與本件不符，其末尾爲"金光明"三字,應指《金光明經》,據同類文書可知,本件文書紀年應爲"某年某月某日神沙鄉百姓令狐賢威牒"。

一五　後唐天成年間(九二六—九三〇)前後懸泉鎮百姓乞請緩收税債狀(稿)

伯二八一四背

【題解】

本件底卷編號伯二八一四號背。本號文卷爲正背雙面書寫,正面書"天成三年(九二八)二月都頭知懸泉鎮遏使安進通狀"(七件);本件位於背面,前爲"雜寫",後接"天成年間都頭知懸泉鎮遏使安進通狀稿"(逆書)。底卷無紀年,但據同卷"天成年間"文書可知,其也應爲天成年間(九二六—九三〇)前後。本件定名,《法藏》定作"懸泉鎮百姓乞請緩收税債狀稿";《索引》將其併入"安進通狀兩件";《黃目》《索引新編》同《索引》;《釋録》定作"歸義軍曹氏時期懸泉鎮百姓某乙等乞請緩收税債狀稿"。兹據文義擬定今題。

本件《釋録》(貳四五一)有録文。兹據《法藏》(壹捌三五四)影印本及IDP彩圖,並參考前人録文,對底卷重新校録如下。

懸泉鎮百姓厶乙:
　　　右伏惟厶乙,先王税,每户着地子兩碩五斗[一]。今以天税不豐,百姓薄收,伏乞司空仁恩,高照邊鎮倉(蒼)生[二],難可隨訥(納)着税[三],及諸債負難勇[四],不敢[五](底卷書寫止此。)

【校記】

〔一〕子,《釋録》録作"税",據圖版疑應爲"子"字。

〔二〕倉,據文義應爲"蒼"之訛。

〔三〕可,《釋録》録作"一一"。又,"訥",據文義疑應爲"納"之訛。

〔四〕勇,底卷作"㪍",《釋録》録作"冀"。

〔五〕敢，《釋錄》未釋讀。另，底卷中"司空仁恩，高照邊鎮倉生，難可随訥着税，及諸債負難勇，不敢"等字書寫於首行"懸泉鎮百姓厶乙"右側。據圖版看，本件應爲習寫，疑應是因習寫之時，"伏乞"兩字左側先已逆書"天成年間都頭知懸泉鎮遏使安進通狀稿"，無多餘位置，故而將剩餘內容寫於右側空白處。《釋錄》將其作爲兩件文書校錄，"司空仁恩，高照邊鎮倉生，難可随訥着税，及諸債負難勇，不敢"爲一件，其餘內容爲一件，但據文義看，兩者可以合併爲一，兹按一件文書釋錄。

一六　後唐辛卯年（九三一）後馬軍宋和信雇駝狀（二通）

伯四六三八

【題解】

本件底卷編號伯四六三八號。本件底卷中有內容相似的兩件文書，字跡相近，並書於一起，兹將其合併校錄。底卷兩件文書自左向右書寫，兹以第一件作底一，存四行；第二件作底二，存三行。底卷底二粘貼在底一之上，底一第四行以後被粘壓；底二被另外一件文書粘壓，僅存前三行。考同卷有"清泰四年（九三七）丁酉歲丙申年牒狀"，及"清泰四年（九三七）"等字樣，則底卷中"辛卯年"應爲長興二年（九三一）。底卷第一行宋和信下有雜寫人名：押衙李通進、都頭陰神慶，第五行宋和信下有雜寫人名押衙李苟子、隊頭押衙王義詮、副隊押衙武君兒等，與本件內容無關，另錄。原件無題，《法藏》定作"馬軍宋和信狀稿"；《索引》未定名；《黄目》定作"馬軍武達兒牒"；《索引新編》定作"丙午年馬軍武達兒、宋苟子、宋和信狀"；《山契》定作"辛卯年（九三一）以後馬軍宋和信雇駝狀（二件）"；《沙契》定作"辛卯年（九三一）後馬軍宋和信雇駝狀"。兹參酌各家定名，改擬今題。

本篇《山契》（一二四）、《沙契》（四二二—四二三）等有錄文。兹據《法藏》（叁貳二三三）影印本，並參考以上諸家錄文，重新校錄如下。

馬軍宋和信：

右和信，先辛卯年，有陸歲駁駝壹頭，押衙氾潤寧雇將于闐充使，達至西府大國，即便病死。同行陰員住遂取孔別駕駝壹頭，病疾，立本駝，還雇價一半綿綾肆疋[一]。

（中缺）

馬軍宋和信：

右和信，先辛卯年，有柒歲駃駝壹頭，押衙氾潤寧雇將于闐充使。☒☒☒（此時共）他立契[二]，或若駝傷走走（失）[三]，立還

（後缺）

【校記】

〔一〕底卷"壹頭"至"肆疋"爲一行，其左側被粘壓而略有殘泐。

〔二〕此時共，底卷中此行文字被另紙粘壓，此三字僅存右半殘痕，兹據殘存字形並參考諸家錄文補。

〔三〕走走，據文義推斷，第二個"走"應爲"失"之訛。

一七　後周廣順二年（九五二）平康鄉百姓郭憨子狀

伯四〇八四

【題解】

本件底卷編號伯四〇八四號。本號文卷正背雙面書寫，本件書於正面，背面爲"雜寫"。本件首尾俱全，字跡清晰，共文字十行，每行約二十字。首行爲"平康鄉百姓郭憨子"，有紀年"廣貳年"，應爲後周廣順二年（九五二）的脱字誤寫。本件定名，《法藏》定作"廣順二年三月平康鄉百姓郭憨子牒"；《索引》定作"平康鄉百姓郭憨子牒"；《黃目》定名與《索引》同；《索引新編》定作"廣順二年（九五二）平康鄉百姓郭憨子牒"；《釋錄》定作"後周廣順二年（公元九五二年）三月平康鄉百姓郭憨子牒"；《爭訟》定名同《釋錄》。兹據文義擬定今題。

本件《釋錄》（貳三〇一）、《爭訟》（三三—三四）等有錄文。兹據《法藏》（叁壹九三）影印本及IDP彩圖，並參考前人錄文，對底卷重新校錄如下。

平康鄉百姓郭憨子：

伏以憨子家口碎少[一]，地水不寬，有地五畝，安都頭賣（買）將造園入木[二]，便他絹壹疋。五年間中，某專甲應將是他於官駈使[三]，絹無揍（湊）處[四]。於虞家口太子暮（墓）邊[五]，憨子並畔荒地叁畝，從前作主，昨被賀粉堆割下。兩頭並總寢謝，難以安存[六]，日日漸見債負[七]，深孚虛了戶役[八]。伏乞台慈照見蒼生，与還絹替，特神（申）如憑由[九]，伏請裁下處分。

牒件狀如前，謹牒。

廣［順］貳年三月　日郭憨子　牒[一〇]

【校記】

〔一〕碎，底卷作"砕"，下同不再另出校。

〔二〕賣，據文義推斷似應爲"買"之訛。又，"入木"，《釋錄》疑錄作"舍"。

〔三〕應，《釋錄》《爭訟》錄作"貸"，誤。

〔四〕揍，《釋錄》《爭訟》錄作"榛"，誤。另，據文義推斷，"揍"疑應爲"湊"之訛。

〔五〕虞家口，"虞"《釋錄》《爭訟》未釋讀；"口"，《爭訟》漏錄。又，"太子暮邊"，底卷中此四字爲右側補寫，茲錄正。另，據文義推斷，"暮"疑爲"墓"之訛。

〔六〕難以，底卷有改寫痕跡，《釋錄》《爭訟》錄作"□畝"，誤。

〔七〕日日，底卷中第二個"日"字爲省文符號，茲錄正。

〔八〕孚，《釋錄》疑作"乎"，《爭訟》未釋讀，茲從《釋錄》。

〔九〕神，據文義推斷，疑應爲"申"之訛。

〔一〇〕順，底卷脫，《釋錄》補；《爭訟》逕錄。

一八　後周顯德五年（九五八）押衙康員進請賜判憑狀（稿）

伯三五〇一背

【題解】

本件底卷編號伯三五〇一號背。本號文卷正背雙面書寫，正面爲"大曲舞譜"；本件位於背面，共牒文二件，存三行，每行約二十二字，後接

"顯德五年（九五八）押衙安員進等牒"及"戊午年（九五八）康員進貸生絹契"。底卷無紀年，但其字跡與後文"顯德五年（九五八）押衙安員進牒"一致，爲同一人所寫，故其也應爲"顯德五年"。本件定名，《法藏》及目前已有整理録文，均將本件與其他幾件牒文作爲同一組文書定名，《法藏》定作"後周顯德元年押衙安員進等牒稿"（此標題紀年有誤，應爲顯德五年）；《索引》《黄目》定作"狀、牒若干件"；《索引新編》定作"狀、牒、契若干件"；《釋録》定作"後周顯德五年（公元九五八年）押衙安員進等牒（稿）"；《爭訟》定名同《釋録》。兹據文義擬定今題。

本件《釋録》（貳三〇二—三〇三）、《爭訟》（三四—三六）有録文。兹據《法藏》（貳肆三六五—三六六）影印本及 IDP 彩圖，並參考前人録文，對底卷重新校録如下。

（一）

（前缺）

伏以今月十日，押衙康員奴請得洗衣麩玖蚪，未蒙判憑，伏請（底卷書寫止此。）

（二）

押衙康員進：

伏以員進本户都受田貳拾玖畝，替着税草少多[一]，▨▨▨司▨▨，况是其馬草役次▨料，不放▨▨。伏乞台慈特賜憑由[二]，不敢不申，伏請處分。（底卷書寫止此。）

【校記】

〔一〕替着税草少多，《釋録》《爭訟》僅釋録"税草"兩字。

〔二〕底卷中此行文字漫漶嚴重，許多文字無法釋讀，《釋録》《爭訟》僅釋録"伏乞"兩字。

一九　後周顯德五年（九五八）押衙安員進等狀（稿二通）

伯三五〇一背

【題解】

本件底卷編號伯三五〇一號背。本號文卷正背雙面書寫，正面爲

"大曲舞譜"；本件位於背面，共牒文二件，九行，每行約二十二字，前爲"康員進牒二件"，後接"平康鄉百姓菜幸深等牒"及"戊午年（九五八）康員進貸生絹契"。從本件文書書寫筆鋒看，似用木筆書寫。藤枝晃在《吐蕃統治時期的敦煌》一文中曾把用木筆書寫作爲判斷吐蕃統治時期漢文文書的標識之一，但本件紀年爲"顯德五年（九五八）"。本件定名，《法藏》及目前已有錄文，均將本件與其他幾件牒文作爲同一組文書定名，《法藏》定作"後周顯德元年押衙安員進等牒稿"（此標題紀年有誤，應爲顯德五年）；《索引》《寶藏》定作"狀、牒若干件"；《索引新編》定作"狀、牒、契若干件"；《釋錄》定作"後周顯德五年（公元九五八年）押衙安員進等牒（稿）"；《法制文書》定作"後周顯德五年（九五八年）押衙安員進等牒稿五件——爲荒地、舍地、分家等請給判憑"（其所云五件，不含康員進牒文）；《爭訟》定名同《釋錄》。茲據文義擬定今題。

本件《釋錄》（貳三〇二—三〇三）、《法制文書》（三九〇—三九二）、《爭訟》（三四—三六）有錄文。茲據《法藏》（貳肆三六五—三六六）影印本及 IDP 彩圖，並參考前人錄文，對底卷重新校錄如下。

（一）

　　押衙安員進：

　　　　右員進，人口繁多[一]，地水窄少。昨於千渠下尾道南有荒地兩曲子，欲擬員進於官納價請受佃種。恐怕官私攪擾[二]，及水司把勒，[伏乞]令公鴻造[三]，特賜判印。伏聽憑由，裁下處分。

（二）

　　押衙安員進：

　　　　右員進，屋舍窄狹[四]，居止不寬。今於員進自舍西勒有空閑官地壹條[五]，似當不礙之人[六]，東西壹仗（丈）[七]，南北伍拾尺。欲擬員進於官納價請受修飾。伏乞令公鴻造，惠照口（員）進屋舍窄狹[八]，支与空閑舍地。伏請判驗，裁下處分。

牒件狀如前，謹牒。

　　　　　　　　　　顯德伍年四月　日押衙安員進牒。

【校記】

〔一〕人，《釋錄》《法律文書》《爭訟》均錄作"户"，誤。

〔二〕官，《釋錄》《法律文書》《爭訟》均錄作"窄"，誤。

〔三〕伏乞，底卷脱，《釋錄》《法律文書》《爭訟》據文義補，茲從。

〔四〕狹，底卷作"窊"，下同不再另出校。

〔五〕官，《爭訟》漏錄。

〔六〕不礙，底卷原作"礙不"，旁加倒乙符號，茲錄正。

〔七〕仗，據文義應爲"丈"之訛；《爭訟》徑錄作"丈"。

〔八〕員，底卷缺，茲據文義補；《釋錄》《法律文書》《爭訟》徑錄。

二〇　後周顯德五年（九五八）平康鄉百姓菜幸深請矜免地稅狀（稿）

伯三五〇一背

【題解】

本件底卷編號伯三五〇一號背。本號文卷正背雙面書寫，正面爲"大曲舞譜"；本件位於背面，共存文字三行，每行約二十二字，前接"康員進牒""安員進牒"，後接"王員定等牒"及"戊午年（九五八）康員進貸生絹契"。底卷無紀年，但其字跡與前"顯德五年（九五八）押衙安員進牒"一致，爲同一人所寫，故其也應爲"顯德五年（九五八）"。本件定名，《法藏》及目前已有整理錄文，均將本件與其他幾件牒文作爲同一組文書定名，《法藏》定作"後周顯德元年押衙安員進等牒稿"（此標題紀年有誤，應爲顯德五年）；《索引》《黃目》定作"狀、牒若干件"；《索引新編》定作"狀、牒、契若干件"；《釋錄》定作"後周顯德五年（公元九五八年）押衙安員進等牒（稿）"；《爭訟》定名同《釋錄》。茲據文義擬定今題。

本件《釋錄》（貳三〇二—三〇三）、《法制文書》（三九〇—三九二）、《爭訟》（三四—三六）有錄文。茲據《法藏》（貳肆三六五—三六六）影印本及IDP彩圖，並參考前人錄文，對底卷重新校錄如下。

平康鄉百姓菜幸深：

　　右幸深，有地壹户子計頟，請在南沙灌進渠地壹傾叁拾畝。去三月，官中開河道，用地拾畝，至今未有支替。伏乞令公鴻造，特賜矜免地税，伏請處分。（底卷書寫至此。）

二一　後周顯德五年（九五八）莫高鄉百姓王員定請判憑狀（稿）

伯三五〇一背

【題解】

本件底卷編號伯三五〇一號背。本號文卷正背雙面書寫，正面爲"大曲舞譜"；本件位於背面，共文字六行，每行約二十二字，前接"康員進牒""安員進牒""菜幸深牒"，後接"戊午年（九五八）康員進貸生絹契"等。底卷有紀年"顯德五年（九五八）"。本件定名，《法藏》及目前已有整理録文，均將本件與其他幾件牒文作爲同一組文書定名，《法藏》定作"後周顯德元年押衙安員進等牒稿"（此標題紀年有誤，應爲顯德五年）；《索引》《黃目》定作"狀、牒若干件"；《索引新編》定作"狀、牒、契若干件"；《釋録》定作"後周顯德五年（公元九五八年）押衙安員進等牒（稿）"；《爭訟》定名同《釋録》。兹據文義擬定今題。

本件《釋録》（貳三〇二—三〇三）、《法制文書》（三九〇—三九二）、《爭訟》（三四—三六）有録文。兹據《法藏》（貳肆三六五—三六六）影印本及IDP彩圖，並參考前人録文，對底卷重新校録如下。

莫高鄉百姓王員定：

　　右員定，共弟員奴、員集[一]，雖是同父母兄弟，爲貧鄙各覓衣粮，三箇於人邊寄貸[二]。今被員奴、員集口承新鄉，三人債負停頭分張已定。其他去後債負追撮[三]，員定分料舍壹口子[四]，城外園舍地叁畝，更不殘寸壠。又恐後時員奴、員集該論[五]，伏乞令公鴻造，高懸志（智）鏡[六]，鑒照貧流，特賜判憑。伏請處分。

牒　件　狀　如　前，謹　牒。

　　顯德伍年四月　日莫高鄉百姓菜（王）員定□（牒）[七]

【校記】

〔一〕共弟，《釋録》《法律文書》《爭訟》漏録。

〔二〕貸，《爭訟》録作"貨"，誤。

〔三〕撮，底卷作"掫"，下同不再另出校。

〔四〕定，底卷中"定"字前原有一字，後塗抹，茲不録。

〔五〕後，底卷中"後"字前原有一"之"字，後塗抹，茲不録。

〔六〕志，據文義推斷疑爲"智"之訛。

〔七〕菜員定牒，據文義"菜"應爲"王"之訛。又，"定"，《釋録》《爭訟》録作"深"，誤。"牒"，底卷缺，茲據文義補。"莫高鄉百姓菜員定"，《法制文書》漏録。

二二　後周顯德五年（九五八）應管内都渠泊使高定清請判憑狀（稿）

伯三五〇一背

【題解】

本件底卷編號伯三五〇一號背。本號文卷正背雙面書寫，正面爲"大曲舞譜"；本件位於背面，共文字三行，每行約二十二字，前接"康員進牒""安員進牒""菜幸深牒""王員定牒"等，後接"戊午年（九五八）康員進貸生絹契"。本件第三行有"戊午年六月十六日請得押衙陰清兒"一句，但其與本件文書無關，故非本件紀年。本件字跡與前文"顯德五年（九五八）押衙安員進牒"及"顯德五年（九五八）莫高鄉百姓王員定牒"一致，爲同一人所寫，故其也應爲"顯德五年"。本件定名，《法藏》及目前已有整理録文，均將本件與其他幾件牒文作爲同一組文書定名，《法藏》定作"後周顯德元年押衙安員進等牒稿"（此標題紀年有誤，應爲顯德五年）；《索引》《黄目》定作"狀、牒若干件"；《索引新編》定作"狀、牒、契若干件"；《釋録》定作"後周顯德五年（公元九五八年）押衙安員進等牒（稿）"；《爭訟》定名同《釋録》。茲據文義擬定今題。

本件《釋録》（貳三〇二—三〇三）、《法制文書》（三九〇—三九二）、《爭訟》（三四—三六）有録文。茲據《法藏》（貳肆三六五—三六六）影印本及 IDP 彩圖，並參考前人録文，對底卷重新校録如下。

管內都渠泊使高定清：

　　　應管內都渠泊使高定清，伏以今月囗（十）六日[一]，城東園盖舍掘壹拾肆莖[二]，西宅掘玖莖[三]，未蒙判憑，伏囗（請）處分[四]。

【校記】
〔一〕十，底卷缺，茲據文義並參考諸家録文補。
〔二〕"掘"底卷作"捒"，"莖"，底卷作"筀"，下同不再另出校。
〔三〕掘，《釋録》《法制文書》《爭訟》漏録。
〔四〕請，底卷缺，茲據文義並參考諸家録文補。又，底卷中"分"字後有"戊午年六月十六日請得押衙陰清兒"等字，與本件内容無關，茲不録。

二三　後周顯德六年（九五九）押衙曹保昇乞請取故兄骸骨狀

伯三五五六背

【題解】

本件底卷編號伯三五五六號背。本號文卷爲長卷，正背雙面書寫，同紙有多件文書，正面共有十件，依次爲"康賢照邈真贊""大唐敕授歸義軍應管内外都僧統氾和尚邈真贊""内外都僧統陳和尚邈真贊""大周故大乘寺法律尼曹闍梨邈真贊並序""大周故應管内釋門僧正賈和尚邈影贊並序""應管内外釋門都僧統帖""府君慶德邈真贊並序""大周故普光寺法律尼清净戒邈真贊""周故燉煌郡靈修寺闍梨尼張戒珠邈真贊並序""周故南陽郡娘子張氏墓誌銘並序"；背面共八件，分別爲"周故南陽郡娘子張氏墓誌銘並序""清泰三年（九三六）正月廿一日歸義軍節度留後曹元德轉經捨施疏""顯德六年（九五九）十二月押衙曹保昇牒""定樣捨施疏""道教齋文""社户陰支信等名録""推十干""沙州諸寺尼修習禪定記録"，另有若干雜寫。本件係長卷背面第三件，前爲"清泰三年（九三六）正月廿一日歸義軍節度留後曹元德轉經捨施疏"，後爲"定樣捨施疏"。本件共存十一行，每行約十三字，首尾俱全，保存完整。有紀年"顯德六年"，《釋録》據此考訂爲後周時期公元九五九年；有題

"押衙曹保昇"。本件定名，《法藏》定作"顯德六年十二月押衙曹保昇牒"；《釋錄》定作"後周顯德六年（公元九五九年）十二月押衙曹保昇牒"；《索引》《黃目》無題；《索引新編》定作"顯德六年（九五九）押衙曹保昇牒"；《法制文書》定作"後周顯德六年（九五九年）押衙曹保昇牒"；《爭訟》定名同《釋錄》。茲據文義擬定今題。

本件《釋錄》（貳三〇四）、《法制文書》（三九八—三九九）、《爭訟》（三九）有錄文。茲據《法藏》（貳伍二五七）影印本及 IDP 彩圖，並參考前人錄文，對底卷重新校錄如下。

　　　押衙曹 保昇：
　　　　右保昇，去載臨時差弟保定入奏，唱貸諸人鞍馬物色進路。昨聞消息身亡[一]，今擬遣弟定德，比至甘州，迎取故兄骸骨，恐怕行李稅斂人門。伏望令公恩造，哀見入奏身不到來[二]，債負廣深，無計還納。且取骸骨，特賜允從。伏請處分。
　　　　牒　件　狀　如　前，謹　牒。
　　　　　　　　　　　　顯德六年十二月　日押衙曹保昇牒

【校記】
〔一〕亡，底卷中"亡"字前原有一字，後塗抹，茲不錄。
〔二〕入奏身不到來，底卷中原作"貧乏"兩字，塗抹後，於右側改寫，茲錄正；《釋錄》《爭訟》照錄"貧乏"兩字。

二四　宋乾德六年（九六八）釋門法律慶深請判憑狀

斯三八七六

【題解】

本件底卷編號斯三八七六號。本件首尾俱全，共存八行，每行字數不一，最少四字，最多二十字，字跡清晰，書寫工整。同紙後接"陀羅尼十四行"。有紀年"乾德六年九月"，《英藏》《釋錄》均考訂爲九六八年；有題"釋門法律慶深"。本件定名，《英藏》定作"乾德六年九月法律慶深買舍請判憑牒"；《索引》《黃目》《索引新編》均定作"釋門法律慶深牒"；

《釋錄》定作"宋乾德六年（公元九六八年）九月釋門法律慶深牒"；《法制文書》定作"宋乾德六年（九六八）九月釋門法律慶深牒——爲絕嗣舍請給判憑"；《爭訟》定作"宋乾德六年九月釋門法律慶深牒"。茲據文義擬定今題。

本件《釋錄》（貳三〇五）、《法制文書》（三九二—三九三）、《爭訟》（四〇）有錄文。茲據《英藏》（伍一八六）影印本及IDP彩圖，並參考前人錄文，對底卷重新校錄如下。

  釋門法律慶深:〔一〕
    右慶深祖業教（較）少〔二〕，居止不寬，於儒風坊巷張祐子院中有張清奴絕嗣舍兩口，今慶深於官納價訖。伏恐後時，再有攪撓，特乞台造判印憑由，伏聽處分。
  牒　件　狀　如　前，謹　牒。
      乾德六年九月　日釋門法律　慶深　牒

【校記】
〔一〕底卷中"深"字下殘，但據文義，此處當不缺文字。
〔二〕教，《釋錄》《法制文書》據文義校作"較"，茲從；《爭訟》徑錄作"較"。

二五　宋開寶四年（九七一）內親從都頭知瓜州衙推氾願長等乞請安慕容使君坐位狀

伯二九四三

【題解】

本件底卷編號伯二九四三號。本號文卷正背雙面書寫，本件位於正面，首尾俱全，共文字十五行，滿行二十四字左右；背面書"學道十二時"。本件有紀年"開寶四年（九七一）"，《法藏》定作"開寶四年五月一日內親從都頭知瓜州衙推氾願長等狀"；《索引》《黃目》《索引新編》均定作"開寶四年瓜州衙推氾願長等狀"；《釋錄》定作"宋開寶四年（公元九七一年）五月一日內親從都頭知瓜州衙推氾願長等狀"。茲據文義擬定今題。

本件《釋録》（伍二五—二六）有録文。兹據《法藏》（貳拾一八六）影印本及 IDP 彩圖，並參考前人録文，對底卷重新校録如下。

  內親從都頭知瓜州衙推汜顧長与合城僧俗、官吏、百姓等：
    右顧長等，昨去五月一日城頭神婆，神着所説神語，只言瓜州城惶（隍）及都河水漿[一]，一切總是故暮（慕）容使君把勒[二]。昨又都河水斷，至今未迴，百姓思量無計，意內灰惶。每有賽神之時，神語只是言説不安置暮（慕）容使君坐位，未敢申説。今者合城僧俗、官吏、百姓等不避斧鉞，上告王庭。比欲合城百姓奔赴上州，盖緣澆溉之時，抛離不得。今者申狀號告大王，此件乞看合城百姓顔面，方便安置，賜与使君坐位。容不容，望在大王台旨處分。謹具狀申聞，謹録狀上。
  牒　件　狀　如　前，謹　牒。
      開寶四年五月一日內親從都頭知瓜州衙
      推汜顧長与瓜州僧俗、官吏等　牒
      衙推汜顧長信紫羊角壹隻，獻上大王。

【校記】
〔一〕惶，據文義應爲"隍"之訛；《釋録》徑録作"隍"。
〔二〕暮，據文義應爲"慕"之訛；《釋録》未出校，下同不再另出校。另，郭峰《慕容歸盈與瓜沙曹氏》（《敦煌學輯刊》一九八九年第一期）一文認爲本件中的"暮容使君"即"慕容歸盈"。

二六　辛巳年（九八一）都頭吕富定爲乘騎死亡請賜公憑狀
伯四五二五（七）背
【題解】
本件底卷編號伯四五二五（七）號背。本號文卷正背雙面書寫，正面爲"放妻書一道"；本件位於背面，首尾俱全，共七行，每行字數不一，最多二十一字，字跡清晰，書寫工整。有紀年"辛巳年八月"，《釋録》指出同一編號下第九件殘片背爲"歸義軍節度使曹致蕃官首領書"，且其中有節度使曹的鳥印，故此辛巳年應爲"九八一年"，茲從。本件定名，《法藏》定作"辛巳年八月都頭呂富定爲乘騎死亡請賜支給公憑狀"；《索引》未定名；《黃目》定作"都頭呂富定喪馬狀"；《索引新編》定作"辛巳年都頭呂富定致太傅狀一件"；《釋録》定作"辛巳年（公元九八一年）都頭呂富定爲乘騎死亡請賜公憑狀稿"。茲據文義擬定今題。

本件《釋録》（叁六二一）有録文。茲據《法藏》（叁壹三六七）影印本及 IDP 彩圖，並參考前人録文，對底卷重新校録如下。

都頭呂富定：
　　伏以富定准都官例，着馬壹疋，与知客趙清漢乘騎達坦内爲使，迴来路上致死，未蒙支給。伏乞太傅恩慈，特賜公憑，專請處分。
　　　　　　辛巳年八月　日

二七　宋乙酉年（雍熙二年，九八五）某狀（稿）

伯三一八六背

【題解】

本件底卷編號伯三一八六號背。本號文卷正背雙面書寫，正面爲"雜阿含經"；背面書文書二件，一爲本件，共七行，行十八字左右，後接"雍熙二年（九八五）六月洪潤鄉百姓某欠債牒"。有紀年"乙酉年"，據同紙"雍熙二年牒"可知，此"乙酉年"也應爲"宋雍熙二年"，九八五年。本件定名，《法藏》定作"乙酉年六月十六日某與妻紛爭牒"；《索引》將其與"雍熙二年牒"合定作"處分狀兩件"；《黃目》同合定作"乙酉年、雍熙二年牒狀二通"；《索引新編》合定作"處分狀兩件"；《釋録》合定作"宋雍熙二年（公元九八五年）牒（稿）"；《法制文書》合定作"宋雍熙二年（九八五年）牒稿二件——爲脱離父子關係等"；《爭訟》定名同《釋録》。茲據文義擬定今題。

本件《釋録》（貳三〇六）、《法制文書》（三九三—三九四）、《爭訟》（四一）有録文。茲據《法藏》（貳貳一〇七）影印本及 IDP 彩圖，並參考前人録文，對底卷重新校録如下。

乙酉年六月十六日某專甲，有腹生男厶乙，於三五年間，不敬父母，兼及活業並不着[一]。若更娶後妻厶氏[二]，就妻住活。若也有甚高下死生[三]，或欠他人債負，恐来論説[四]。今對官面前，明勒文憑，已後更不許厶兄弟邊論説活計[五]。若也論説来者，切望大王處分。條流已後[六]，不許論説者。

牒件壯（狀）如前[七]，謹牒。（底卷書寫止此）

【校記】

〔一〕兼，《釋錄》《法制文書》漏錄。又，底卷中"業"字前原有一"敬"字，旁加抹毀符號，茲不錄；《爭訟》照錄。

〔二〕厶，底卷中"厶"字前原有一字，後塗抹，茲不錄。

〔三〕甚，《法制文書》漏錄。又，"死生"，底卷原作"生死"，旁加倒乙符號，茲錄正。

〔四〕説，底卷中"説"字後原有"活計"二字，後塗抹，茲不錄。

〔五〕已後更不許厶兄弟邊論説活計，底卷中，"已"字爲右側補寫，茲錄正，《釋錄》《法制文書》《爭訟》錄作"只"，誤；"不"，《爭訟》漏錄；"更""厶""論"字前原各有一字，後塗抹，茲不錄。

〔六〕流，底卷中"流"字前原有一"草"字，後塗抹，茲不錄。

〔七〕壯，底卷中作"壯"，據文義應爲"狀"之訛；《釋錄》《法制文書》《爭訟》徑錄作"狀"。

二八　宋雍熙二年（九八五）洪潤鄉百姓某專甲乞請免債負狀（稿）

伯三一八六背

【題解】

本件底卷編號伯三一八六號背。本號文卷正背雙面書寫，正面爲"雜阿含經"；背面書文書二件，一爲本件，共八行，行十八字左右，前接"乙酉年某甲牒"。有紀年"雍熙二年（九八五）"。本件定名，《法藏》定作"雍熙二年六月洪潤鄉百姓某欠債牒"；《索引》將其與"乙酉年某甲牒"合定作"處分狀兩件"；《黃目》同合定作"乙酉年、雍熙二年牒狀二通"；《索引新編》合定作"處分狀兩件"；《釋錄》合定作"宋雍熙二年（公元九八五年）牒（稿）"；《法制文書》合定作"宋雍熙二年（九八五年）牒稿二件——爲脱離父子關係等"；《爭訟》定名同《釋録》。兹據文義擬定今題。

本件《釋録》（貳三〇六）、《法制文書》（三九四）、《爭訟》（四一）有録文。兹據《法藏》（貳貳一〇七）影印本及 IDP 彩圖，並參考前人録文，對底卷重新校録如下。

　　洪潤鄉百姓某專甲[一]：
　　　　右厶甲，盖緣家中朧乏，債負尤深。思量迴覓，無方左右，徵存非地。欲擬口承鎮守，雍歸所欠諸家債負。録名已後麦粟已来，已前債負，一一詣實。伏望大王高懸惠鏡，照祭（察）貧兒[二]，矜愍孤辛[三]，慈悲无捨（舍）[四]。特乞仁鈞，專候處分。
　　牒　件　狀　如　前，謹　牒。
　　　　　雍熙二年六月　日洪潤鄉百姓厶乙等牒。[五]

【校記】

〔一〕甲，底卷中"甲"字前原有一字，後塗抹，兹不録。

〔二〕祭，《釋録》《法制文書》據文義校作"察"，兹從；《爭訟》徑録作"察"。

〔三〕矜，《釋録》《法制文書》録作"拎"；《爭訟》録作"憐"；據字形及文義應爲"矜"。

〔四〕慈悲，底卷原作"悲慈"，旁加倒乙符號，兹録正。又，"捨"，據文義應爲"舍"。

〔五〕底卷於此行之後有兩行倒書雜寫："乙酉年六月十六日某專甲有月（腹）""乙酉年六月十六日兵馬使索清忽"，與本件内容無關，兹不録。

二九　丁酉年（九九七？）洪池鄉百姓高黑頭乞免債負狀（稿）

伯三九三五背

【題解】

本件底卷編號伯三九三五號背。本號文卷爲正背雙面書寫，正面爲

"指攩户孔山進户翟員子户等請地畒籍"；本件位於背面，首全尾缺，行書，有多處塗改，共存十四行，每行約二十字，前接倒寫之"索子全户受田籍"。本件首尾無紀年，正文中有紀年"丁酉年"，《釋錄》據此暫定爲九九七年，存疑。本件定名，《法藏》定作"洪池鄉百姓高黑頭狀"；《索引》定作"請求地畒之文件（兩面書）"；《黃目》定作"請求地畒檔"；《索引新編》定作"洪池鄉百姓高黑頭狀一件"；《釋錄》定作"丁酉年（公元九九七年?）洪池鄉百姓高黑頭狀（稿）"；《法制文書》定作"丁酉年（九九七年?）洪池鄉百姓高黑頭狀"；《爭訟》定作"丁酉年洪池鄉百姓高黑頭狀（稿）"。茲據文義擬定今題。

本件《釋錄》（貳三一一）、《法制文書》（三九九—四〇〇）、《爭訟》（五〇—五一）有錄文。茲據《法藏》（叁拾二五〇）影印本及IDP彩圖，並參考前人錄文，對底卷重新校錄如下。

    洪池鄉百姓高黑頭：

        右黑頭，早年男會興執顯德寺王僧正物[一]，後至辛卯年退物之時算會[二]，其男會興着麦粟豆[三]，通計一十六車一十一石三斗[四]。當時還粟十石[五]；鄉綾一疋[六]，斷生熟絹伍疋，准折麦四十石、粟四十八石。又對還氾法律粟四石六斗[七]。又將牛一頭，折麦粟四十石[八]。去壬厄（辰）年三月[九]，又於陰平水家，將麦十石、粟二十一石[一〇]。其秋還豆一石九斗[一一]，還索押衙粟十石，就蓮臺寺倉寄粟十石与將去[一二]。到癸巳年三月十日，亦還粟二十石、麦十石。至十二月五日，還騾馬一疋，准麦、粟五十二石；出褐十段，折麦、粟二十石[一三]。又對還武法律粟二十石。通計還得麦、粟二百九十六石五斗，准於前案。[一四]

    其上件物，無人上對来物[一五]，並總還訖[一六]，却於前案除折外，更欠物五車十四石。[一七]至丁酉六月算會，得麦粟九車十三石五斗[一八]。到昨乃將人一口[一九]、田地并衣物退還王僧［正］去来[二〇]，不肯要人口衣物田地。況黑頭粿（顆）粒更無覓處[二一]，欲擬一身口承新城。伏乞大王鴻慈[二二]，特賜判印，專候處分。（底卷書寫至此。）

【校記】

〔一〕顯，底卷中"顯"字前原有一"掌"字，後塗抹，茲不錄；《法制文書》照錄。

〔二〕後，底卷中爲右側補寫，茲錄正。又，底卷中"物"字前原有一"入"字，後塗抹，茲不錄。"算"，底卷作"笇"，下同不再另出校。

〔三〕着，底卷作"着"，下同不再另出校。

〔四〕一，底卷中爲右側補寫，茲錄正。

〔五〕粟，底卷中"粟"字前原有一"麦"，後塗抹，茲不錄。

〔六〕鄉，《釋錄》疑作"綿"；《爭訟》徑錄作"綿"；《法制文書》疑作"鄉"；據圖版，似應爲"鄉"，茲從《法制文書》。

〔七〕粟，底卷中爲右側補寫，茲錄正；《爭訟》於"粟"字前衍錄一缺字符號。

〔八〕四，底卷中"四"字前原有一"車"字，並於"車"字右側補寫一"兩"字，後塗抹，茲不錄。

〔九〕去壬厄年三月，底卷中爲右側補寫，茲錄正。另，據文義推斷"厄"應爲"辰"之訛，《釋錄》《法制文書》《爭訟》徑錄作"辰"。

〔一〇〕粟，《爭訟》漏錄。

〔一一〕豆，《爭訟》錄作"斗"，誤。

〔一二〕与將去，底卷中爲右側補寫，茲錄正。

〔一三〕折，底卷中爲右側補寫，茲錄正。

〔一四〕麦粟二十石又對還武法律粟二十石通計還得麦粟二百九十六石五斗准於前案，底卷中此行文字寫於左右兩行中間，字體較小，應爲補寫，茲錄正。另，《釋錄》指出，據上文推斷，應爲"通計還得麦粟二百六十九石五斗"；"五斗"，《爭訟》漏錄。

〔一五〕無，底卷中"無"字前原有"疋段"二字，後塗抹，茲不錄。又，"無"，《釋錄》《法制文書》《爭訟》均錄作"兼"，據圖版，應爲"無"。

〔一六〕《釋錄》《法制文書》於"總"字前衍錄一"一"字。又，底卷中"訖"字後原有"至癸巳年十"等字，後塗抹，茲不錄。

〔一七〕却於前案除折外更欠物五車十四石，底卷中原作"二月廿五日物上更定欠物七車",後塗抹,並於右側改寫,茲錄正。"於",《爭訟》錄作"與",誤。

〔一八〕底卷中原於"五斗"右側補寫"況黑頭"三字,後塗抹,茲不錄。

〔一九〕口,底卷中"口"字後原有一"兼"字,後塗抹,茲不錄;《釋錄》《法制文書》《爭訟》照錄。另,"口",《爭訟》錄作"日",誤。

〔二〇〕退,底卷作"追",據文義疑應爲"退"字,《釋錄》《法制文書》《爭訟》均錄作"進"。又,底卷中此字前原有一字,後塗抹,茲不錄。另,"正",底卷脫,《釋錄》《法制文書》據文義補,茲從。

〔二一〕稞粒,底卷中爲右側補寫,茲錄正,且據文義"稞"通"顆";《釋錄》《法制文書》錄作"棵";《爭訟》錄作"稞"。又,底卷中"無"字後原有"口取處"三字,並於右側補寫"稞立"兩字,後均塗抹,茲不錄。

〔二二〕一身口承新城伏乞,底卷中原作"身當邊鎮",塗抹後於右行改寫,茲錄正。

三〇　年代未詳（十世紀後期）馬軍氾再晟狀

伯四九九二

【題解】

本件底卷編號伯四九九二號。本號文卷爲正背雙面書寫,本件位於正面,前部漫漶,後部較清晰,共存九行,每行約二十五字,其前爲殘缺"名錄";背面爲"押字"。底卷無紀年,有題"馬軍氾再晟狀",《法藏》據此定題;《索引》《黃目》定作"氾再晟狀";《索引新編》定作"馬軍范再晟狀"（"范"字誤）;《釋錄》定作"年代未詳（公元十世紀後期）馬軍氾再晟狀";《爭訟》定名同《釋錄》。茲據文義擬定今題。

本件《釋錄》（貳三一四）、《爭訟》（五六—五七）有錄文。茲據《法藏》（叁叁三四三）影印本及IDP彩圖,並參考前人錄文,對底卷重新校錄如下。

馬軍氾再晟[一]：

右再晟去壬午年遭亡慈父[二]。況再晟年始十三,更有妹

三　牒狀類　／　389

三人[三]，共寡母爲活[四]。父在之日[五]，聞道外有一妻，生弟保保[六]，識認骨肉，恩憐務（矜）恤[七]，漸漸長大成人[八]，与娶新婦，承望同心勠力[九]，共榮（營）家計[一〇]。保保母後嫁押衙楊存進爲妻。其楊存進無子[一一]，构舷保保爲男[一二]，便是走去。數度招喚，迴眼不看，口云："随母承受富產[一三]，不要親父貧資。"後楊存進始生二子，雖☒☒（共保）保同母父別[一四]，亦無間隔之心。再晟耳聞楊家与保保城內東□☒☒☒☒（家業）☒☒□[一五]。

（後缺）

【校記】

〔一〕再晟，《釋錄》於"晟"字後補一"狀"字；《爭訟》徑錄一"狀"字；據圖版無"狀"字，且據其他文書，可不補。

〔二〕遭，底卷作"遺"，《釋錄》《爭訟》錄作"倩"，誤，下同不再另出校。

〔三〕妹，底卷中"妹"字前原有一"鄙"字，後塗抹，茲不錄；《釋錄》《爭訟》照錄。

〔四〕寡，底卷中爲右側補寫，茲錄正。

〔五〕父，底卷中"父"字前原有"其受艱辛苦累緣是"，後塗抹，茲不錄；《釋錄》《爭訟》均照錄作"其後艱辛苦累多年"，誤。

〔六〕保保，底卷中第二個"保"字爲省文符號，茲錄正，下同不再另出校。

〔七〕務，據文義疑爲"矜"之訛；《爭訟》徑錄作"矜"。

〔八〕漸漸，第二個"漸"字爲省文符號，茲錄正；《釋錄》《爭訟》漏錄此兩字。

〔九〕勠，底卷作"勸"，下同不再另出校。

〔一〇〕榮，《釋錄》錄作"榮"，校作"營"；《爭訟》錄作"營"；茲從《釋錄》。

〔一一〕存進，底卷原作"進存"，旁加倒乙符號，茲錄正。

〔一二〕舷，《釋錄》錄作"法"，誤。又，"男"，底卷原作"子"，後塗抹，於右側改寫，茲錄正。

〔一三〕富，底卷原作"厚"，後塗抹，於右側改寫，茲錄正。

〔一四〕共保，底卷中殘存右半，茲據殘存字形並參考已有錄文補。又，"父別"，《釋錄》《爭訟》均錄作"別父"。按，底卷中無倒乙符號，且"父別"文義也通，茲不校。

〔一五〕底卷中末行文字僅存六字右半殘存，其中僅中間兩字可據殘存字形推補爲"家業"，其餘四字，不可釋讀。

三一　歸義軍曹氏時期衙內漢唐衍雞乞免債負狀（稿）

伯三一〇五背

【題解】

本件底卷編號伯三一〇五號背。本號文卷正背雙面書寫，正面爲"解夢書"和"又別解夢書一卷"；本件位於背面，首全尾殘，共存六行，每行約十五字。無紀年，有題"衙內漢唐衍雞"，《法藏》據此定作"衙內漢唐衍雞狀"；《索引》定作"衍雞狀一件"；《黃目》定作"上歸義節度令公阿郎狀"；《索引新編》定作"衙內漢唐衍雞狀"；《釋錄》定作"年代未詳衙內漢唐衍雞狀（稿）"，並指出本件當歸義軍節度使統治時期；《爭訟》定名同《釋錄》；《法制文書》定作"歸義軍曹氏時期衙內漢唐衍雞狀稿"。茲據文義擬定今題。

本件《釋錄》（貳三一五）、《法制文書》（四〇〇—四〇一）、《爭訟》（五六—五七）有錄文。茲據《法藏》（貳壹三一六）影印本及 IDP 彩圖，並參考前人錄文，對底卷重新校錄如下。

衙內漢唐衍雞：

　　右衍雞身充莊上造作，經今八載，衣粮並惣不得[一]。今有債負少多，旦暮逼迫，不放存濟。伏乞令公阿郎鴻慈溥照，念見衍雞弱奴，債負繁多，特賜恩澤[二]，允充債主。伏[三]

（後缺）

【校記】

〔一〕得，底卷中爲草書寫法，《法制文書》録作"勹"，誤。

〔二〕澤，底卷中"澤"字後原有"少多"兩字，後塗抹，兹不録；《釋録》《法制文書》照録；《爭訟》録作"多少"，誤。

〔三〕伏，《釋録》《法制文書》《爭訟》未録。

三二　歸義軍曹氏時期（十世紀後半期）平康鄉百姓索鐵子乞免役料狀及判

上博二一（八九五八 A）

【題解】

本件底卷編號上博二一（八九五八 A）號。本件首缺尾全，共十四行，下部邊角有不同程度的殘缺，字跡清晰。本件無紀年，但據文中"太保阿郎"的稱號，當爲歸義軍時期的稱號。文中"索鐵子"又見斯六一二三號"戊寅年（九七八）七月十四日宜秋西枝渠人轉帖"、斯三九七八號"丙子年（九七六）七月一日司空遷化納贈曆"、斯五五七八號"戊申年（九四八？）燉煌鄉百姓李員昌雇工契"、伯三六六三號背"十世紀後半期平康鄉百姓索鐵子契"。上述諸件文書中的索鐵子當爲一人，因爲索鐵子之名較爲少見，則本件底卷的年代當在十世紀後半期。本件定名，《上博藏》定作"索鐵子牒"；《釋録》定作"年代不明平康鄉百姓索鐵子牒及判"；《法制文書》定作"歸義軍曹氏時期（十世紀後期）平康鄉百姓索鐵子牒並判"；《爭訟》定作"年代不詳平康鄉百姓索鐵子牒及判"。兹據文義擬定今題。

本件《釋録》（貳三一九）、《法制文書》（三九五—三九六）、《爭訟》（六一—六二）有録文。兹據《上博藏》（壹一八九）影印本，並參考前人録文，對底卷重新校録如下。

　　（前缺）[一]
　　　　　　右鐵子，其前頭父母口分舍宅地水，三人停囗（分）[二]
　　　　　囗免及弟鐵子[三]。又索定子男富昌，共計叁分[四]囗
　　　　下更無貳三[五]，把分數如行。又後索定子☒（於）[六]囗

債，貧不經巡，日夜婢（被）債主竹（逐）逼[七]，寸步[八]▱□計思量，裝（叛）逆世界[九]，偷取押衙王善信馬[一〇]▱□定子頭（投）取甘州[一一]，去捉不得。其子父及男▱□（富昌）[一二]▱□勞，合家官收，充爲觀子戶。其房兄▱（弟）▱□鐵子貳人分內[一三]，再劫地壹分，及舍分，並▱（總）[一四]▱□富昌意安宅官劫將，再買却空料戶役[一五]，無▱（處）[一六]▱□伏望太保阿郎鴻造照察，免貧兒索鐵子日夜安▱（告）[一七]▱□伏請明憑，載（裁）下處分[一八]。

牒件狀如前，謹牒。

二月日平康鄉百姓索铁▱　□（子　牒）[一九]

【校記】

〔一〕據其他文書格式可知，此處當缺一行文字，據下文可補爲"平康鄉百姓索鐵子"。

〔二〕分，底卷缺，《釋錄》《爭訟》據文義補；《法制文書》徑錄；茲從《釋錄》。另，"分"字下缺幾字不明。

〔三〕免，底卷作"冤"，下同不再另出校。

〔四〕共，《爭訟》錄作"其"，誤。

〔五〕貳，底卷作"貮"，下同不再另出校。

〔六〕於，底卷殘存上部，茲據殘存字形並參考《釋錄》《法制文書》補。

〔七〕日夜婢債主竹逼，底卷中"日"字後有一省文符號，"夜"字後無，《釋錄》《法制文書》《爭訟》均將其錄作"日日夜夜"，據文義推斷，或是"日"字後省文符號衍，或是"夜"字後脫省文符號，茲據語感，從前者。另，《釋錄》《法制文書》《爭訟》將"婢"據文義校作"被"，茲從；"竹"，《釋錄》《法制文書》《爭訟》等均錄作"行"，誤，據文義其應爲"逐"字同音訛誤字。

〔八〕步，底卷作"歩"，下同不再另出校；《法制文書》錄作"徒"，誤。

〔九〕裴逆，《釋錄》《法制文書》《爭訟》據文義將"裴"校作"叛"，茲從。又，"逆"，底卷作"迱"。

〔一〇〕信，《爭訟》漏錄。

〔一一〕頭，《法制文書》據文義校作"投"，茲從。

〔一二〕富昌，底卷中"富"字殘存上部，"昌"字缺，《釋錄》《法制文書》《爭訟》據文義補，茲從。

〔一三〕弟，底卷殘存上部，茲據殘存字形並參考諸家錄文補。

〔一四〕總，底卷中殘存"物"字上半部分，據殘存字形及文義推斷，應爲"惣"，即"總"；《釋錄》《法制文書》《爭訟》徑錄作"物"。

〔一五〕再買却，底卷中爲右側補寫，茲錄正；《爭訟》漏錄。

〔一六〕處，底卷中殘存上部，茲據文義並參考諸家錄文補。

〔一七〕免，底卷書寫同上文"寬"字，《釋錄》《爭訟》錄作"冤"，校作"免"，不必。又，"告"，底卷中殘存上部，據殘存字形應爲"告"字；《釋錄》《爭訟》徑錄作"安"；《法制文書》未釋錄。

〔一八〕載，據文獻推斷，應爲"裁"之訛。

〔一九〕子牒，底卷中"子"殘存一點筆畫，"牒"字缺，茲據殘存字形及文義補；《釋錄》《爭訟》僅補"子"字；《法制文書》徑錄兩字。另，《釋錄》《法制文書》《爭訟》於此行下均錄有"安自承支"四字判文，底卷無，暫存疑。

三三　歸義軍時期百姓薛延俊乞請判憑狀

斯五四○二

【題解】

本件底卷編號斯五四○二號。本號文卷爲正背雙面書寫，本件爲正面，背面爲佛教文獻。本件首全尾殘，共存八行，行十四字左右，有改寫痕跡，無紀年，《釋錄》《法制文書》均定作"歸義軍時期"，茲從。本件定名，《英藏》定作"百姓薛延俊等請判憑狀"；《索引》定作"百姓薛延俊等申請判憑狀"；《黃目》定名與《索引》同；《索引新編》定作"歸義軍時期百姓薛延俊等申請判憑狀"；《釋錄》定名同《索引新編》；《法制文書》定作"歸義軍時期百姓薛延俊等請判憑狀"。茲據文義擬定今題。

本件《釋錄》（伍三）、《法制文書》（四〇一——四〇二）有錄文。茲據《英藏》（柒四二）影印本及 IDP 彩圖，並參考前人錄文，對底卷重新校錄如下。

百姓薛延俊等：
右延[俊]等[一]，早者小有怨懇，敢具狀申。伏蒙司徒阿郎仁慈[二]，特垂勘問[三]。延俊等☒增☒☒，計上☒而可知，聽倚精☒謝[四]。難承傳旨[五]，未獲判憑，是則互☒[六]，猶疑不定[七]。伏乞台慈［□］照[八]，非分欺憨劫少，不致右手違察[九]，鐺婢儻（被償）直[一〇]，高低平均處判[一一]。伏乞不悋神毫，特賜處分。

（後缺）

【校記】

〔一〕俊，底卷中脱，茲據文義補；《法制文書》逕錄。

〔二〕司徒，底卷中爲右側補寫，茲錄正；《釋錄》《法制文書》漏錄。

〔三〕垂，底卷中爲右側補寫，茲錄正。

〔四〕延俊等☒增☒☒計上☒而可知聽倚精☒謝，底卷中此句爲補寫內容，有幾字未能釋讀。"延俊等☒增☒☒"，《釋錄》錄作"延俊等□□頑劣"；《法制文書》錄作"延俊等延增□□"；據圖版"延""頑劣"字形均不像，暫存疑。

〔五〕難，《釋錄》《法制文書》均錄作"獲"，誤。

〔六〕互☒，"互"底卷作"牙"，下同不再另出校。"互"字後一字，《釋錄》《法制文書》均錄作"會"，據字形不像，其字形與上文"計上☒而可知"中未釋讀字形相同，暫存疑。

〔七〕猶疑，《釋錄》《法制文書》未釋讀。

〔八〕據文義"照"字前應脱一字，或應脱"惠"字。

〔九〕手，《釋錄》《法制文書》均錄作"等"，誤。

〔一〇〕婢儻，《法制文書》據文義校作"被償"，茲從。

〔一一〕低，底卷作"伍"，下同不再另出校。

三四　歸義軍時期牧羊人安于略乞賜碾磑狀
斯三九二八背
【題解】
　　本件底卷編號斯三九二八號背。本號文號正背雙面書寫，正面爲"維摩詰經卷第二"；本件爲背面書寫，首全尾殘，存文字六行。《英藏》未收錄，《索引》及《索引新編》僅指出正面爲"維摩詰經卷第二"。本件定名，《釋錄》定作"牧羊人安于略牒"，並指出本件用硬筆書寫，且第五行有"僕射"，當爲歸義軍時期，茲從。茲據文義擬定今題。
　　本件《釋錄》（叁六〇三）、《敦煌講座》（叁一六八）、那波利貞《中晚唐時代敦煌地方佛教寺院的碾磑經營》（《東亞經濟論叢》第一卷三、四號，第二卷第二號）有錄文。茲據《釋錄》圖版，並參考前人錄文，對底卷重新校錄如下。

　　　　牧羊人安于略：
　　　　　　右于略，長在山內守護羊畜，家內細幼繁多，並無經
　　　　　　求得處。今于略有少多麦粟，碾磨不得。伏望僕射鴻造，
　　　　　　先賜碾磑，將往群上濟給，存生活命[一]。（底卷書寫至此。）

【校記】
〔一〕存生活命，《釋錄》錄作"存□活□"。

三五　歸義軍時期沙州敦煌鄉百姓曹海員請矜免獄子狀並判
浙敦一三五
【題解】
　　本件底卷編號浙敦一三五號，張宗祥原藏。本件首尾完整，共八行，每行十二至二十一字不等，字跡較清。底卷左邊有題跋："此爲曹氏求免差役呈文，淡墨大字即批示也。"下有"鹽官張氏"白文篆書收藏方印，當爲張宗祥書。《浙藏》敘錄云：此爲"晚唐五代寫本"。本件無紀年，但據文內"曹海員"兄弟"先已年落在迴鶻手

内"一句，可證本件的年代當在歸義軍時期。本件定名，《浙藏》定作"敦煌鄉百姓曹海員訴狀並判"；《浙藏敦煌文獻校録整理》（以下簡稱《浙藏校録》，上海古籍出版社二〇一二年版）定名同《浙藏》。茲據文義擬定今題。

本件《浙藏校録》（五二二一—五二三）有録文。茲據《浙藏》（二一三）影印本及彩版圖片，並參考前人録文，對底卷重新校録如下。

燉煌鄉百姓曹海員：
　　　伏以海員兄弟二人，父在之日，口分地買（賣）与王都頭[一]，兄弟二人都不見父祖田地。[二]先巳年，落在迴鶻手內。後因透到本府，去年鄉司差充獄子，海員無處投告。阿父曹君慶投告官中[三]，矜免獄子[四]。今歲鄉司差充渠頭，兄弟二人，併耽役次[五]，田地亦無。伏請處分[六]。
　　　　　正月　　日
付鄉官別差一替者。十一日，議。[七]

【校記】
〔一〕買，《浙藏校録》據文義校作"賣"，茲從。

〔二〕此句，《浙藏校録》點斷作"買（賣）与王都頭兄弟，二人都不見父祖田地"，而據文義，應是"買（賣）与王都頭，兄弟二人都不見父祖田地"，此處"兄弟二人"指曹海員兄弟二人，與上文呼應。

〔三〕海員無處投告阿父曹君慶投告官中，《浙藏校録》斷作"海員無處投告阿父。曹君慶投告官中"，認爲"阿父"指的是曹海員之父，因已死，故無處投告，而"曹君慶"應爲海員之弟的姓名。但敦煌文書中"投告"一詞後，一般均不接其他詞語，如斯四四八九號背"宋雍熙二年（九八五）六月慈惠鄉百姓張再通牒"云："其再通此理有屈，無以投告。伏望（大）王阿郎高懸寶鏡"；又如伯二五〇四P一號"年代未詳（公元十世紀）龍勒鄉百姓曹富盈牒"云："如斯富者欺貧，無門投告，伏乞（下缺）"等，故依此暫斷作此。至於"阿

三　牒狀類　/　397

父曹君慶"之義，待考。

〔四〕矜，底卷作"衿"，下同不再另出校。《浙藏校錄》錄作"令"，並出校認爲"弟"爲誤寫，改作"令"，誤。"矜免"一詞，敦煌文書常見，如伯三三二四號背："餘者知雜役次，並總矜免"；又如伯三五〇一號背："特賜矜免地税"等，茲錄正。

〔五〕耽，底卷作"躭"，且爲右側補寫，茲錄正，下同不再另出校。

〔六〕處分，《浙藏校錄》疑作"裁令"，誤。

〔七〕此行文字爲判文内容。

三六　歸義軍時期于闐僧龍大德乞請公憑狀

斯二五二八

【題解】

本件底卷編號斯二五二八號。本件首尾俱全，共文字七行，滿行十二字左右。有首題"于闐僧龍大德狀"，紀年僅載"九月廿五日"。張廣達、榮新江《關於敦煌出土于闐文獻的年代及其相關問題》（載《紀念陳寅恪先生誕辰百年學術論文集》，北京大學出版社一九九八年版，以下簡稱《張、榮文》）認爲從"令公"一名指沙州統治者來看，時間應在曹氏歸義軍時期。本件定名，《英藏》定作"于闐僧龍大德請公憑狀"；《索引》《黄目》《索引新編》均定作"于闐僧龍大德狀"；《郝錄》定作"于闐僧龍大德請公憑狀"。茲據文義擬定今題。

本件《郝錄》（壹貳二七九）、《紀念陳寅恪先生誕辰百年學術論文集》（一九四），張廣達、榮新江《于闐史叢考》（增訂本）（中國人民大學出版社二〇〇八年版，九二）有錄文。茲據《英藏》（肆九〇）影印本及IDP彩圖，對底卷重新校錄如下。

　　　　于闐僧龍大德　　狀：
　　　　　　右大德，自到沙州喫（訖）[一]，令公阿［郎］恩蔭任
　　　　　　似（仁慈）[二]。近秋寒冷，依莊（衣裝）則看阿郎[三]，隨
　　　　　　身牽猢猻壹个，依伏（衣服）總在令公阿郎[四]，伏請公
　　　　　　憑，裁下處分。
　　　　牒　建（件）［狀］　如　前[五]，謹　狀。

九月廿五日于闐龍大德□（狀）[六]

（後缺）

【校記】
〔一〕喫，據文義疑爲"訖"字之訛。
〔二〕郎，底卷無，《于闐史叢考》（增訂本）據文義補，茲從。又，"任似"，《張、榮文》《郝録》均據文義校作"仁慈"，茲從。
〔三〕依莊，《張、榮文》《郝録》據文義校作"衣裝"，茲從。
〔四〕依伏，《張、榮文》《郝録》據文義校作"衣服"，茲從。又，"令公"，底卷中此二字墨色較淺，爲後補寫，《張、榮文》漏録。
〔五〕建，《張、榮文》《郝録》據文義校作"件"，茲從。
〔六〕狀，底卷缺，《張、榮文》《郝録》據文義補，茲從。

三七　年代不明押衙馬通達狀（稿三通）

伯三二八一背

【題解】

本件底卷編號伯三二八一號背。本號文卷爲正背雙面書寫，正面書"卜筮書"；本件位於背面，前爲"閻英達狀"及"宅經"，後接"周公解夢書一卷"。本件共計狀文三件，所述内容相關，首題同爲"押衙馬通達"，第一件存十一行，每行約十九字；第二件共存九行，每行字數不等；第三件存七行，每行約十八字，均無紀年。本件定名，《法藏》定作"押衙馬通達狀三件"；《索引》《索引新編》均定作"馬通達狀三件"；《黃目》定作"押衙馬通達狀"。茲據文義擬定今題。

李軍《晚唐政府對河西東部地區的經營》（《歷史研究》二〇〇七年第四期）一文指出，本件中的"盧尚書"即咸通七年（八六六）至十一年（八七〇）間出任朔方節度使的盧潘，其以朔方節度使的身份兼領涼州節度，則本件當作於咸通十一年（八七〇）年以後。

本件楊自福、顧大勇《敦煌本〈周公解夢書〉殘卷初探》（以下簡稱《楊、顧文》，《敦煌學輯刊》一九九五年第二期，七一—七二）、暨遠志《張議潮出行圖研究（續）》（以下簡稱《暨文》，《敦煌研究》一九九二年第四期,八一——八二)、《釋録》(肆三七五)有録文。兹據《法藏》(貳叁三五)影印本及 IDP 彩圖,並參考前人已有録文,對底卷重新校録如下。

(一)

　　押衙馬通達[一]：

　　　　右通達自小伏事司空,微薄文字,並是司空教視獎訓[二],及賜言誓[三]。先随司空到京,遣来涼州[四],却送家累[五]。擬欲入京[六],便被盧尚書隔勒不放[七]。尚書死後,擬随慕容神護入京[八],又被涼州麴中丞約勒不達。愚意思甘[九],伏緣大夫共司空一般[一〇],賊寇之中潘死,遠投鄉井,只欲伏事大夫,盡其忠節。近被閬中丞立有攪乱差揭[一一],且先不曾共他關連,例亦不合得管。通達若遣填鎮瓜州[一二],實將有屈。昨聞司空出来[一三],通達口承匍匐到靈州,已来迎候司空,却歸使主。伏望大夫仁明詳察,迄放瓜州。伏請處分。(底卷書寫止此)

(二)

　　押衙馬通達：

　　　　右奉差充瓜州判官者,通達自小伏事司空,及賜言誓提獎,瓜州不合例管[一四]。今蒙大夫親字制置[一五],不敢辭退[一六]。伏緣通達爲國行(征)行[一七],久在邊塞,累遭賊寇[一八],備曆(歷)辛勤[一九]。同行征人,十不殘一[二〇]。今歲伏承大夫威感,罄身捐命,得達家鄉[二一]。父母亡殁,活道破落,男女細累,衣食無求[二二],縱有兄弟,並總☒☒自救[二三],一十餘年,不得相見,☒已多[二四]。乍到不經時月,便被出離[二五],實將苦屈[二六]。准內地例,刺史合与判官鞍馬裝束,勾當官署[二七],並不支給[二八]。伏望大夫仁慈哀察[二九],特賜矜恤裁下[三〇]。伏請處分。(底卷書寫止此)

（三）

　　押衙馬通達：

　　　　右通達，先爲國征行[三一]，久在邊塞。今歲伏蒙大夫威感[三二]，得達家鄉。不經時月[三三]，便奉差守瓜州[三四]，此亦爲沙州城隍拓邊[三五]。伏緣當家兄弟子姪數多，居住舍屋窄狹。今有亡僧宋友友絶户舍窄小一駞[三六]，伏望大夫仁恩[三七]，特賜居住已後[三八]，不令親眷諸人悋護侵奪[三九]。伏請處分。

【校記】

〔一〕底卷中此行文字前有雜寫"付付、付案過狀"等字，茲不録；《釋録》録"付案過狀"四字。

〔二〕是，底卷中書寫原誤，塗抹後於右側改寫，茲録正。

〔三〕及賜言誓，底卷中此四字爲右側補寫，茲録正。

〔四〕来，底卷原作"往"，塗抹後於右側改寫"☒来"，後又將"来"字前一字塗抹，茲録正。

〔五〕却送，底卷原作"迎接"，塗抹後於右側改寫"却随送"，後又將"随"字塗抹，茲録正。"送"，《楊、顧文》録作"遂"，誤。

〔六〕底卷中"欲"字前原有一字，後塗抹，茲不録。

〔七〕隔勒，底卷原作"勒隔"，旁加倒乙符號，茲録正。又"放"字後原有一字，後塗抹，茲不録；《楊、顧文》録作"及"，似誤。

〔八〕《楊、顧文》於"随"字前衍録一"欲"字。

〔九〕底卷中"愚"字前原有二字，後塗抹，茲不録。

〔一〇〕空，《楊、顧文》録作"馬"，誤。又，《楊、顧文》指出底卷中的司空爲"張議潭"。

〔一一〕差揭，底卷原作"擬將瓜州驅使"，塗抹後於右側改寫，茲録正。

〔一二〕底卷中"若"字前原有一"今"字，後塗抹，茲不録。又，"填"字，底卷中爲右側補寫，茲録正。

〔一三〕底卷中"聞"字前原有"有消息"三字，"出"字前原有"却得"二字，後均塗抹，茲不録。

〔一四〕者通達自小伏事司空及賜言誓提獎瓜州不合例管，底卷中此處文字原作"雖則不在邊☒",塗抹後於右側改寫,但改寫文字又多有塗改之處,茲僅釋錄塗改保留文字。

〔一五〕今,底卷中爲右側補寫,茲錄正。

〔一六〕辭,底卷作"辝",《釋錄》疑爲"辭",不必。

〔一七〕爲國行行,底卷中爲右側補寫,茲錄正。又,"行行",《釋錄》據文義錄作"征行",茲從;《楊、顧文》《暨文》均徑錄作"征行"。

〔一八〕累遭賊寇,底卷原作"貸☒☒多遭賊寇",塗抹後於右側改寫"与賊相☒",又塗抹,改寫作"累遭賊寇",茲錄正。

〔一九〕厯,據文義應爲"歷"之訛;《釋錄》徑錄作"歷"。

〔二〇〕同行征人十不殘一,底卷中爲右側補寫,茲錄正。又,"同"字前原補寫有"与賊相交"四字,後塗抹,茲不錄。

〔二一〕罄身捐命得達,底卷中此六字原作"生到",塗抹後於右側改寫,茲錄正。"捐",《釋錄》錄作"娟",誤;"捐命",《暨文》漏錄。

〔二二〕無求,底卷中原作"全無",後將"全"字塗抹,補寫"求"字,茲錄正。

〔二三〕並總☒☒,底卷中此四字爲右側補寫文字,茲錄正。又,"救"字下原有三字,後塗抹,茲不錄。

〔二四〕☒已多,底卷中此三字爲補寫文字,《釋錄》作二缺字符;《楊、顧文》及《暨文》漏錄。

〔二五〕出,《釋錄》《楊、顧文》及《暨文》均錄作"瓜州",據彩圖應爲"出"。

〔二六〕底卷中"屈"字後原有"伏望"二字,後塗抹,茲不錄。

〔二七〕勾當官署,《釋錄》《楊、顧文》及《暨文》均作被塗抹文字,未釋錄;但據彩圖看,似應保留。

〔二八〕不支給,底卷原作"官家☒",塗抹後於右側改寫,茲錄正。

〔二九〕底卷中"伏望"右側原有補寫"☒☒或辦"四字,後塗抹,茲不錄。又,"察",底卷原作"念",塗抹後於右側改寫,茲錄正。又,"家鄉"後至"伏望"前的文字,底卷原作"到来便差勾當迴鶻使,及馬牒推一箇月後,又差充宴設使,時晌不得閑暇。臨事☒發處分,乘騎鞍馬、自身衣服全無。貧病寒凍,進發☒☒。准内地例,判官合同刺史,裝束排比鞍馬，伏請瓜州官物内支給裝束行李"，後此部分文字僅保留"准内地例"與"刺史"等字，其餘均被塗抹，於各行右側改寫，茲所録均爲改寫後文字。

〔三〇〕賜矜恤，底卷原作"乞"，塗抹後於右側改寫，茲録正。

〔三一〕先，底卷中爲右側補寫，茲録正。

〔三二〕底卷中"今"字前原有"伏☒"二字，塗抹後於右側改寫"☒衙般侶☒☒☒"等字，後又塗抹，茲不録。

〔三三〕底卷中"時"字前原有一字，後塗抹，茲不録。

〔三四〕便，底卷中原作"又"，塗抹後於右側改寫，茲録正。

〔三五〕爲，底卷中原作"爲國及"，塗抹後於右側改寫，茲録正。

〔三六〕友友，底卷中第二個"友"爲省文符號，茲録正。

〔三七〕底卷中"伏"字前原有"特賜居住"四字，後塗抹，茲不録。

〔三八〕特賜居住已後，底卷中原作"裁下"，塗抹後於右側改寫，茲録正；《釋録》《楊、顧文》及《暨文》均照録"裁下"二字。

〔三九〕侵奪，底卷中爲右側補寫，茲録正。

三八　年代未詳靈皈狀

伯三一九三 P 一

【題解】

本件底卷編號伯三一九三 P 一號（《釋録》誤作"伯三一九三背"）。本號文卷爲正背雙面書寫，本件位於正面，背面爲雜寫人名兩個。本件首尾俱缺，上下均殘，共存十行，每行約存九字。文中本有紀年，因"年"之上殘缺，故具體年代待考。本件無題，《法藏》定作"受地秋糧顆粒無交狀並判憑"；《索引》未收；《黃目》定作"殘牒一通"；《索引新編》定作"殘牒及判憑"；《釋録》定作"年代未詳有關土地税收糾紛牒及判"；《爭訟》定名同《釋録》。茲據文義擬定今題。按，"靈皈"一名還見於斯二一九九號"唐咸通六年（八六五）尼靈惠唯書"和浙敦〇六五號"建中三年（七八二）七月廿三日尼靈皈遺囑"。若兩"靈皈"爲同一人，則可大體推斷本件文書書寫年代。余欣《浙敦〇六五文書僞卷考》（《敦煌研究》二〇〇二年第三期）指出浙敦〇六五號"三娘子祭叔文"和"尼靈皈遺囑"，係據羅福萇、羅福葆《沙州文録補》僞冒，故可排除本件寫於"建中三年"之前的可能，則本件可能形成於"咸通六年（八六五）"前後。

本件《釋録》（貳三一六）、《爭訟》（五九）有録文。兹據《法藏》（貳貳一一八）影印本及 IDP 彩圖，並參考前人録文，對底卷重新校録如下。

（前缺）

▨▨▨▨▨▨▨▨▨新城南，請受地六十畝▨▨▨▨遂共同鄉百姓張海全▨▨▨▨長生[一]，皆總喫却升合▨▨▨冬粮顆粒[二]，並無交不▨（克）[三]▨▨▨▨▨歲地子始免▨▨▨裁下處分。▨▨▨▨▨▨▨▨▨（牒件狀如前，謹牒。）[四]▨▨▨▨▨▨年十一月　▨（日）▨靈皈牒[五]

▨▨▨▨▨▨（等）丈勘▨實，仍▨▨▨▨却▨。
廿一日。[六]

【校記】

〔一〕長生，《釋録》《爭訟》未釋録。

〔二〕冬，《釋録》《爭訟》未釋録。

〔三〕不克，"克"字底卷中殘存上部，據殘存字形及文義，疑應爲"克"。"不克"，《釋録》《爭訟》未釋録。

〔四〕牒件狀如前謹牒，底卷中"牒件狀如"四字缺，"前謹牒"三字殘，兹據殘存字形及文義補；《釋録》《爭訟》未釋録。

〔五〕底卷中此行，"日"字漫漶，且其後有一字漫漶不清，不能釋讀。《釋録》將此行録作"一年十一月靈皈"；《爭訟》録文將"十一月"誤作"十二月"，其餘録文同《釋録》。

〔六〕此兩行文字，底卷作一行，應爲判文。其中"等"字殘存下部，兹據殘存字形補；"實"字前一字、"却"字前後二字漫漶，不能釋讀。此行文字，《釋録》《爭訟》僅釋録"勘""仍"兩字。

三九　年代未詳門僧法律智弁請支給春衣布狀並判

斯五八一〇

【題解】

本件底卷編號斯五八一〇號。本件現存文字五行，前四行爲智弁狀，後一行爲判文。有首題"門僧法律智弁"，無紀年。本件定名，《英藏》定作"僧智弁乞請支給春衣布狀並判"；《索引》《黃目》《索引新編》均定作"門僧法律智弁索春衣狀"；《釋錄》定作"門僧法律智弁請支給春衣布一疋狀"。茲據文義擬定今題。

本件《釋錄》（伍八）有錄文。茲據《英藏》（玖一六一）影印本及IDP彩圖，並參考前人已有錄文，對底卷重新校錄如下。

門僧法律_{智弁}：
　　　　伏以常年春衣布壹疋，今未蒙支給，伏乞阿郎仁恩照察，特賜支給[一]，伏請處分。
　　　　　　　六月　日[二]

待打斷天使了，廿四日　（簽押）[三]

【校記】

〔一〕察特，《釋錄》錄作"叁時"，誤。
〔二〕六，《釋錄》錄作"十一"，誤。
〔三〕此行判文，《釋錄》未錄。

四〇　年代未詳清兒爲馬主追索狀（稿）

斯五七五〇背

【題解】

本件底卷編號斯五七五〇號背。本號文卷爲正背雙面書寫，正面爲"己亥年至壬寅年（八七九—八八二）付索胡子麥粟曆"；本件位於背面，現存文字七行，首全尾缺，有改寫痕跡，應爲狀稿。有首題"□□清兒"，無紀年，但據正面文書，也應爲相同時期。本件定名，《英藏》定作"清兒申訴馬主追索狀"；《索引》《黃目》《索引新編》未收録。兹據文義擬定今題。

兹據《英藏》（玖——六）影印本，對底卷校録如下。

　　☒☒☒☒（清兒）[一]：
　　　　右伏以清兒，前時奉番南山，作其通和。有壹个出者，便去遍行。出使中間，劫騾馬壹疋、鞍壹副，沿身箭具等。阿阿重成，劫違本府。其清兒貧窮，全無取處。又是龍家馬主，時向劫奪不放，是他口言：☒我鞍轡[二]。☒☒劫將鐺子一口，是他人借價物事，伏（底卷書寫止此）

【校記】
〔一〕底卷中此四字殘存左半，據殘存字形僅可釋讀"清兒"兩字。
〔二〕是他口言☒我鞍轡，底卷中此八字爲右側補寫，兹録正。

四一　年代未詳慈惠鄉百姓李進達狀

伯三七三〇

【題解】

本件底卷編號伯三七三〇號。本號文卷爲正背雙面書寫，正面書文書十件，分别爲："午年十二月僧道菀請免寺職狀""榮清狀""尼海覺狀""酉年正月維那懷英等請補充金光明寺上座座主狀並洪晉判詞""酉（應爲申）年十月報恩寺崇聖狀並承恩判詞""寅年正月尼惠性狀二通並洪晉判詞""酉年正月奉仙等狀並榮照判詞""寅年九月大乘寺式叉尼真濟等狀並洪晉判詞""寅年八月沙彌尼法相狀並洪晉判詞""慈惠鄉百姓李進達狀"；背面書文書七件，分别爲："書儀""菩薩名""巨海不渡不測水深文""齋日賞老人布麥""某甲等謹立社牒""未年四月龍冐薩便麥曆""某鄉百姓某專用放妻書一道"。本件位於正面第十件，現存文字四行，每行約二十二字，首全尾缺。無紀年，有首題"慈惠鄉百姓李進達狀上"。本件定名，《法藏》定作"慈惠鄉百姓李進達狀"；《索引》《黃目》將其與其他文書合定作"沙州諸寺僧人上都僧統狀"；《索引新編》定作"慈惠鄉百姓李進達狀";《釋錄》定名同《索引新編》。茲據文義擬定今題。

本件《釋錄》(肆四八三)有錄文。茲據《法藏》(貳柒一六六)影印本及IDP彩圖,並參考前人錄文,對底卷重新校錄如下。

☒(慈)惠鄉百姓李進達　　狀上[一]:
　　右進達,宿生薄福,種菓不圓,一衆城煌百姓,与諸人不同,以官庶事無虧[二]。慈父在日,充行人征行數年。去載四月不意[三]☒☒(一役)☒☒☒☒(合一)☒并鎮撫等,去年早被到骨路關將[四]

(後缺)

【校記】

〔一〕慈,底卷中殘存下部筆畫,茲據殘存字形及文義補;《釋錄》逕錄。

〔二〕以,《釋錄》未釋讀。

〔三〕不意,《釋錄》疑作"一日",誤。

〔四〕底卷末行上半行文字被裁,殘存右半筆畫,據殘存字形僅可釋讀出"一役""合一"四字。另,"并鎮撫""到""關將"等字,《釋錄》未釋讀。

四二　年代未詳常樂押衙王留子乞矜免積欠羊毛狀(稿)

斯四四五九背

【題解】

本件底卷編號斯四四五九號背。本號文卷爲正背雙面書寫,正面書"佛經注疏";本件位於背面,前爲雜寫。本件首全尾缺,現存文字六行,滿行二十二字左右。有首題,無紀年。本件定名,《英藏》定作"常樂押衙王留子乞司空矜免積欠羊毛狀";《索引》及《索引新編》定作"王留子狀";《黃目》定作"押衙王留子狀";張弓《〈英藏敦煌文獻〉第六卷敘錄》(以下簡稱《張弓敘錄》,載宋家鈺等編《英國收藏敦煌漢藏文獻研究:紀念敦煌文獻發現一百周年》,中國社會科學出版社二〇〇〇年版）定名同《英藏》。兹據文義擬定今題。

本件《索引》（二〇一）、《索引新編》（一三九）、《張弓敘録》（一五七）有録文。兹據《英藏》（陸八三）影印本，並參考前人録文，對底卷重新校録如下。

  常樂押衙王留子[一]：
    伏以留子，前遣留子放牧羊，後自不謹慎，只（積）欠殺羊毛壹拾伍斤[二]。今阿郎開大造之門，應有諸家積債[三]，並總矜免[四]。只有留子，今被宅官逼逐[五]，不教存活[六]。伏乞司空台量[七]，乞賜貧下百姓，略能存活[八]。
    （底卷書寫止此）

【校記】

〔一〕底卷中此行前有書"常"等字，"留子"下又有兩處"留子"，均爲雜寫，兹不録。

〔二〕只，據文義應爲"積"之訛，諸家録文未出校。又，"殺"，《索引新編》未釋讀；"毛壹"，《索引》《索引新編》均未釋讀；"斤"，《索引》疑作"頭"，誤。

〔三〕債，底卷中爲右行補寫，兹録正；《索引》《索引新編》未釋讀。

〔四〕矜，《索引》《索引新編》録作"赦"，誤。

〔五〕宅官，《張弓敘録》録作"官家"，誤。

〔六〕教，《索引》《索引新編》録作"放"，誤。

〔七〕量，《索引》《索引新編》録作"監"，校作"鑒"；《張弓敘録》録作"藍"，校作"鑒"。據圖版，該字似應爲"量"。

〔八〕略，《張弓敘録》録作"始"，誤。又，"乞"及"貧下百姓略能"等字，《索引》《索引新編》均未釋讀。

四三 年代未詳尼僧菩提心等請亡僧舍地狀（稿）

斯四六二二背

【題解】

本件底卷編號斯四六二二號背。本號文卷爲正背雙面書寫，正面書

"毗沙門緣起"；本件位於背面，後接"百姓富盈信請取兄沙州任事狀""先情願鎮守瓜州人户馮訥嵓略王康七等十人狀"及"雜寫"。本件現存文字五行，滿行二十字左右，首全尾缺。有首題"尼僧菩提心囗嚴狀"，無紀年。本件定名，《英藏》定作"尼僧菩提心等請亡僧舍地狀"；《索引》《索引新編》定作"雜寫"；《張弓敘録》將其與後兩件狀文，合定作"狀文三通"。兹據文義擬定今題。

本件《張弓敘録》（一五七——一五八）有録文。兹據《英藏》（陸一六九）影印本，並參考前人録文，對底卷重新校録如下。

尼僧菩提心、☒嚴 狀：[一]：
　　　右菩提心等，先来學☒☒[二]，在客並無居住處[三]。今聖光寺内有亡僧口舍兩口[四]，无人居住，狀似空閑[五]。今擬修治居住，恐後僧人攪亂[六]，☒☒☒☒[七]，伏［乞］大夫即行筆命[八]☒☒（底卷書寫止此）

【校記】

〔一〕底卷中"嚴"字前一字漫漶不清，無法釋讀。

〔二〕先来學☒☒，底卷中此五字爲右側補寫，兹録正。

〔三〕住，《張弓敘録》漏録。

〔四〕口舍，《張弓敘録》作"□舍"。

〔五〕狀，《張弓敘録》未釋讀。

〔六〕人、亂，《張弓敘録》未釋讀。

〔七〕底卷中此處漫漶，從殘存字跡看，應爲四字，《張弓敘録》録作"無處"，應誤。

〔八〕乞，底卷無，兹據文義補；《張弓敘録》補作"請"，但敦煌文書中"伏乞"更爲常見。

四四　年代未詳百姓富盈信請取兄沙州任事狀（稿）

斯四六二二背

【題解】

本件底卷編號斯四六二二號背。本號文卷爲正背雙面書寫，正面書

"毗沙門緣起"；本件位於背面，前接"尼僧菩提心等請亡僧口舍狀"，後接"先情願鎮守瓜州人戶馮訥崙略王康七等十人狀"及"雜寫"。本件現存文字八行，滿行二十四字左右，首全尾缺。有首題"百姓富盈信狀"，無紀年。本件定名，《英藏》定作"百姓富盈信請取兄沙州任事狀"；《索引》《黃目》《索引新編》定作"富盈信狀"；《張弓敍錄》將其與前後兩件狀文，合定作"狀文三通"。兹據文義擬定今題。

本件《張弓敍錄》（一五七——一五八）有錄文。兹據《英藏》（陸一六九）影印本，並參考前人錄文，對底卷重新校錄如下。

百姓富盈信狀：
　　　　右盈信家兄[一]，先隨從空（司）徒東行[二]。司徒歸闕後[三]，落在溫末，經數年間，信息不通。又，先寅年[四]，聞達靈州，諮陳大夫，蒙隨般（班）次東行[五]，取兄至凉州，被麹大夫勒般（班）次[六]，却迴至玉門[七]，奪却馳馬，空身到來，竪立不得，經今數年，兄亦不來見[八]。盈信一身，被諸居兄弟欺屈劫奪[九]，存活不得。今兄在加隣鎮將軍高進達邊[一〇]。今因辦徵納事[一一]，因便取兄將到沙州[一二]，伏事（侍）大夫阿郎[一三]，死亦甘心。不敢不申，伏請處分。（底卷書寫止此）

【校記】
〔一〕家，底卷中爲右側補寫，兹錄正。
〔二〕空，《張弓敍錄》據文義校作"司"，兹從。
〔三〕歸，《張弓敍錄》錄作"席"，誤。"歸闕"，迴歸朝廷之意。
〔四〕年，底卷中爲後補寫，兹錄正。
〔五〕般，《張弓敍錄》據文義校作"班"，兹從，下同不再另出校。
〔六〕大夫，《張弓敍錄》錄作"索"。
〔七〕却，底卷中爲右側補寫，兹錄正。
〔八〕不，底卷中爲右側補寫，兹錄正。
〔九〕劫，底卷中爲右側補寫，兹錄正。
〔一〇〕邊，《張弓敍錄》錄作"旁"，誤。

〔一一〕徵納，《張弓敘錄》錄作"徹餘"，誤。

〔一二〕因便，《張弓敘錄》漏錄。

〔一三〕事，《張弓敘錄》據文義校作"侍"，茲從。

四五　年代未詳王康七等十人乞賜弓箭狀（稿）

斯四六二二背

【題解】

本件底卷編號斯四六二二號背。本號文卷爲正背雙面書寫，正面書"毗沙門緣起"；本件位於背面，前接"尼僧菩提心等請亡僧口舍狀""百姓富盈信請取兄沙州任事狀"，後爲"雜寫"。本件現存文字七行，滿行二十字左右，首全尾缺。有首題"先情願鎮守瓜州人户馮訥崙略王康七等十人狀"，無紀年。本件定名，《英藏》依首題定作"先情願鎮守瓜州人户馮訥崙略王康七等十人狀"；《索引》《黄目》《索引新編》定作"王康七等十人狀"；《張弓敘錄》將其與前兩件狀文，合定作"狀文三通"。茲據文義擬定今題。

本件《張弓敘錄》（一五七——一五八）有錄文。茲據《英藏》（陸一六九）影印本，並參考前人錄文，對底卷重新校錄如下。

　　先情願鎮守瓜州人户馮訥、崙略、王康七等十人　狀：
　　　　右康七等，先聞制署爲國，赤心情願鎮守納力，兼移家訥（納）瓜州[一]，一物不殘。去載輪却城池，着見鄉人[二]，不恨快死。空身走到沙州[三]，承大夫恩泰，衣食復得充身命。聞大軍東行，心則万裏不退，脚乘弓箭全无[四]，求覓无處，伏乞大夫詳察官矜，裁下處分。
　　　　　　　　（底卷書寫止此）

【校記】

〔一〕訥，《張弓敘錄》據文義校作"納"，茲從。

〔二〕着，《張弓敘錄》錄作"羞"，誤。

〔三〕到，底卷中爲右側補寫，茲錄正。

〔四〕乘，《張弓敘錄》疑作"囊"，誤。

四六　年代未詳某户無人承料請賜判憑等狀

斯二〇七一背

【題解】

本件底卷編號斯二〇七一號背。本號文卷正面爲"切韻"；本件爲背面裱補紙條，現存文字五行，滿行十字左右，有改寫痕跡。無首題，無紀年。本件定名，《英藏》定作"請處分無人承料地狀"；《索引》等未定名；《郝錄》定作"請處分無人承料地狀"。茲據文義擬定今題。

本件《郝錄》（拾二〇三）有錄文。茲據《英藏》（叁二五九）影印本及 IDP 彩圖，並參考前人錄文，對底卷重新校錄如下。

（前缺）

　　一户昨陳狀[一]，欲請得洪池鄉落下王買德[二]□□判与吴保安，信子絶無寸壠地水，虚料王役[三]。今有慈惠鄉劉養[四]□□□

　　一户無人承料，伏乞長史司馬仁恩，特賜前[五]□□☒☒（承料）[六]，☒（伏）乞[七]☒☒　☒☒　☒☒（處分）[八]。

（後缺）

【校記】

〔一〕底卷中"昨"字前原有一"者"字，後塗抹，茲不錄。又，"一户昨陳狀"，《郝錄》點斷作"一户。昨陳狀"。

〔二〕欲、得、落下，底卷中此四字爲右側補寫，茲錄正。另，據底卷圖版及文義，"德"字下應有缺文，《郝錄》未標注，作無缺文處理。

〔三〕信子絶無寸壠地水虚料王役，底卷中此十二字爲右側補寫，茲錄正。

〔四〕據底卷圖版及文義，"養"字下應有殘缺，《郝錄》未標注，作無缺文釋錄。

〔五〕據底卷圖版及文義，"前"字下應有殘缺，《郝錄》未標注，作無缺文釋錄。

〔六〕承料，底卷中殘存右半，茲據殘存字形及文義補；《郝錄》

徑錄。

〔七〕伏，底卷中僅存右半，茲據殘存字形及文義補。又，"乞"，底卷中爲右側補寫，茲錄正。

〔八〕處分，底卷中僅存右半，茲據殘存字形及文義補；《郝錄》錄作"賜示"，誤。又，"處"字前四字也僅存右半殘笔畫，疑應爲"公憑裁下"。

四七　年代未詳陰陽人神智狀
斯二六二〇背

【題解】

本件底卷編號斯二六二〇號背。本號文卷爲正背雙面書寫，正面爲"唐年神方位圖"；本件位於背面，共文字四行，未完，疑爲稿本。有首題"陰陽人神智"，無紀年。本件定名，《英藏》定作"陰陽人神智請官處分狀"；《索引》《索引新編》均定作"陰陽人神智恭病患感應文"；《郝錄》定作"陰陽人神智狀抄"。茲據文義擬定今題。

本件《郝錄》（壹叁一三四）有錄文。茲據《英藏》（肆一三三）影印本及IDP彩圖，並參照前人已有錄文，對底卷重新校錄如下：

陰陽人神智：
　　伏緣神智逐日參拜，本分各☒[一]，自從四月廿日德（得）大患疾[二]，至今行動不得。昨蒙官處分[三]，恐懼前條不合爲時限[四]。特望虞侯仁恩盤［察］知聞[五]（底卷書寫止此）

【校記】

〔一〕各☒，底卷中"各"字後一字爲草書，不易釋讀，此二字《郝錄》作"今緣"，據圖版不似，暫存疑。

〔二〕德，《郝錄》據文義校作"得"，茲從。

〔三〕蒙官，《郝錄》錄作"官家"，誤。

〔四〕爲，《郝錄》錄作"於"。

〔五〕盤，《郝錄》錄作"照"。又，"察"字底卷無，《郝錄》據文義補，茲從。

四八　年代未詳寡婦阿陰狀
伯二〇一四
【題解】
本件底卷編號伯二〇一四號。本號文卷正面爲"大唐刊謬補闕切韻一部"；本件爲背面裱補紙條之一，其前另有一裱補紙條，爲"清泰五年（九三八）燉煌縣令吕書狀"，故本件也應年代相當。本件首全尾殘，殘存文字三行，但第三行僅存右側殘笔畫，無法識讀。本件定名，《法藏》定作"寡婦阿陰狀"；《索引》《索引新編》未單獨定名。茲據文義擬定今題。

茲據《法藏》（壹一四九）影印本及IDP彩圖，對底卷校錄如下。

　　寡婦阿陰：
　　　　右阿陰，不幸薄福，夫主早亡，兼有腹生一男，先載
　　　　▭▭▭
　　　（後缺）

四九　年代未詳龍光寺僧智惠、牟常秘等狀（稿）
俄敦一四四三
【題解】
本件底卷編號俄敦一四四三號。本件現存文字九行，首全尾缺，下部殘，有改寫痕跡，本件有題"龍光寺僧智惠、牟常秘等狀"，無紀年。本件定名，《俄藏》據首題定作"龍光寺僧智惠、牟常秘等狀"。茲據文義擬定今題。

茲據《俄藏》（捌一七五）影印本，對底卷校錄如下。

　　龍光寺僧智惠、牟常秘等狀：
　　　　右龍光寺常住，更無產葉（業）[一]，☒▭▭水磑一
　　輪[二]。先奉尚書文帖[三]，▭▭六人酒食、柴薪等，龍光、
　　開元各祇［應］十日[四]，經今五十日，☒（有）[五]▭▭▭

現行磑兩扇，並總破烈（裂）[六]。二年駢併，☒☒（轉到）[七]☒人夫價直（值）[八]，破除罄盡[九]。昨来就磑察☒（收）[一〇]☒今現磑住，目下課（顆）粒求（全）無[一一]，☒尚書慈悲照察，郭外寺舍☒☒神筆，裁下處分。

（底卷書寫止此）

【校記】

〔一〕更無，底卷中書寫原誤，塗抹後於右側改寫，茲錄正。又，"葉"字據文義應爲"業"之訛。

〔二〕底卷中"磑"字前原有一字，已塗抹，茲不錄。

〔三〕文，底卷中爲右側補寫，茲錄正。

〔四〕等龍光開元各祇十日，底卷中此九字爲右側補寫，茲錄正。又，據文義"祇"字後應缺一"應"字，茲補。

〔五〕有，底卷中殘存上部，茲據殘存字形補。

〔六〕烈，據文義應爲"裂"之訛。

〔七〕轉到，底卷中此二字殘，茲據殘存字形補。

〔八〕直，據文義通"值"。

〔九〕罄，底卷作"罊"，下同不再另出校。

〔一〇〕察收，底卷中爲右側補寫，茲錄正；又"收"字，底卷殘，茲據殘存字形補。

〔一一〕課，據文義應爲"顆"之訛；"求"，據文義應爲"全"之訛。又，底卷中"求"字前原有兩字，後塗抹，茲不錄。

五〇　年代未詳張良涓與某闍梨論説欠負書狀

斯一九七六

【題解】

本件底卷編號斯一九七六號。本件現存文字九行，首殘尾全，左上部略殘，無首題，無紀年。本件定名，《英藏》定作"張良澗（？）與某闍梨論説欠負書狀"；《索引》《黄目》《索引新編》均定作"良涓與某闍黎商討債務書";《郝録》定作"張良涓與某闍梨論説欠負書"。兹據文義擬定今題。

本件《郝録》(捌三五二)、《索引新編》(六〇)有録文。兹據《英藏》(叁一九二)影印本及IDP彩圖,並參考前人已有録文,對底卷重新校録如下。

（前缺）

數朝不奉頂謁,仲夏已熱[一],惟闍梨法體不審[二]。所質欠負斛斗[三],頻有諮聞[四],不垂下攀,前後納麦數[五],油(由)兩家取与[六],極已分明,不曾拒毀[七]。其斛斗數歲不還,所質舍宅,其年合没[八]。然且与闍梨鄉里人情[九],不能論説,何德(得)更説以（異）端[一〇]。闍梨智人,不合有二,前後所言[一一],皆心口相違,深心悵望。前件斛斗,今被徵撮切急[一二],望闍梨□□（遞）[一三],幸甚幸甚[一四]。勒追催,准常奴將狀諮[一五]。

　　　　　　□□廿六日　張良涓　狀上[一六]□□謹空[一七]

【校記】

〔一〕仲,《索引新編》録作"促",誤。

〔二〕梨,《索引新編》録作"黎"。按,"闍梨"一作"闍黎"。

〔三〕質,《索引新編》未釋録,《郝録》録作"緣",誤。又,"斗",《索引新編》録作"升",誤,下同不再另出校。

〔四〕頻,《索引新編》録作"頗",誤。

〔五〕納,《索引新編》漏録;"數",《索引新編》録作"及";"納麦數",《郝録》録作"油麦及"。

〔六〕油,據文義應爲"由"之訛。

〔七〕毀,《索引新編》未釋讀。

〔八〕年,《索引新編》漏録。

〔九〕然,《索引新編》漏録。

〔一〇〕德,《索引新編》《郝録》校作"得",兹從。又,"分",《索引新編》録作"以";《郝録》録作"以",校作"異",兹從《郝録》。

〔一一〕後，《索引新編》録作"扣"，誤。

〔一二〕撮，底卷作"撖"，下同不再另出校。

〔一三〕遞，底卷中殘，兹據殘存字形補；《索引新編》未録；《郝録》録作"匝"，並於其前補一"周"字，據圖版其應爲"遞"。

〔一四〕幸甚幸甚，底卷中作"幸、甚、"，"、"爲省文符號，兹録正。

〔一五〕催准，《索引新編》未釋讀。

〔一六〕涓，《英藏》定名疑作"澗?"，據圖版應爲"涓"。

〔一七〕謹空，《索引新編》漏録。

五一　年代未詳慈惠鄉百姓安粉塠狀（稿）

伯四八一四

【題解】

本件底卷編號伯四八一四號。本號文卷爲正背雙面書寫，本件位於正面，背面書"僧子付索法律等麥粟本利曆"。本件共二件狀文，爲同一內容，均只寫兩行，未完，應爲狀稿。本件定名，《法藏》《索引》《索引新編》均定作"慈惠鄉百姓安粉塠狀"。兹據文義擬定今題。

底卷中的"安粉塠"，又見於伯二〇四九號背"同光三年（九二五）净土寺諸色入破曆計會牒"，故本件中的"去甲子年"疑爲"九〇四年"或"九六四年"。

兹據《法藏》（叁叁一九八）影印本及IDP彩圖，對底卷校録如下。

　　慈惠鄉百姓安粉塠：
　　　　伏以先車壹剩，去甲子（底卷書寫止此）

　　慈惠鄉百姓安粉塠：
　　　　伏以粉塠先車壹剩，（底卷書寫止此）

五二　年代未詳內宅阿磨慶住狀（稿）

伯三八九七Ｐ五

【題解】

本件底卷編號伯三八九七Ｐ五號。本件現存文字三行，書寫未完，應爲狀稿。有首題"内宅阿磨慶住",無紀年。本件定名,《法藏》《索引新編》均定作"内宅阿磨慶住牒"。茲據文義擬定今題。

茲據《法藏》(貳玖——七)影印本及 IDP 彩圖,對底卷校錄如下。

内宅阿磨慶住:
　　　　伏以慶住,家有老父老母兼兄,口數極多,地水佃種之
（底卷書寫止此）

五三　年代未詳矜免諸雜差發等役判文
斯五七七〇
【題解】
本件底卷編號斯五七七〇號。本件現存文字三行,第三行僅殘存文字右側筆畫,爲判文,無紀年。本件定名,《英藏》定作"矜免諸雜差發等役判";《索引》《黃目》定作"文書殘片";《索引新編》定作"兩面書寫文書殘片"(誤,僅一面有文字)。茲據文義擬定今題。

茲據《英藏》(玖一三〇)影印本及 IDP 彩圖,對底卷校錄如下。

（前缺）
　　　付司矜及諸雜差發,兼當☒▢上直捉道等
　　役,並令矜免,大▢☒☒☒☒☒☒▢
（後缺）

伍　破用籍並判憑

一　丁未年(九四七)都頭知宴設使宋國清等諸色破用籍並判憑（四件）
伯二六四一
【題解】
本件底卷編號伯二六四一號。本件書寫有四件性質相同的宴設司諸色破曆狀並判憑。四件文書首尾完整,字跡較清,其行數依次爲十九行、二十一行、二十行、二十二行。四件文書上均有一道斜線,疑爲表示該

件文書已作廢。本件有紀年"丁未年",《釋錄》指出本件中的"押衙宋遷詞"即伯三一六〇號"辛亥年押衙宋遷嗣",且四件文書中的簽押,與伯三二五七號"開運二年(九四五)十二月左馬步都押衙王文通牒"上簽押,出自同一人之手,故本件中的"丁未年"應爲九四七年,茲從。本件定名,《法藏》定作"丁未年六月都頭知宴設使呈宴設賬目";《索引》定作"宴設司呈報設宴賬目";《黃目》定作"宴設司呈報賬目";《索引新編》定作"宴設司呈報設宴帳目四通";《釋錄》定作"丁未年(公元九四七年)六月都頭知宴設使宋國清等諸色破用曆狀並判憑（四件）";《法制文書》定作"丁未年(九四七年)都頭知宴設使宋國清等諸色破用曆狀並判憑（四件）"。茲據文義擬定今題。

本件《釋錄》（叁六一〇—六一三）、《法制文書》（四一一—四一七）有錄文。茲據《法藏》（壹柒六二—六三）影印本及IDP彩圖,並參考前人錄文,對底卷重新校錄如下。

（一）

宴設司：

伏以今月五日：束水口賽神,用神食拾貳分；修內間城都衙等,麵伍斗[一]、油壹升；百尺下神堂上赤白,麵貳斗、油壹升；償設牧牛人通通等胡并（餅）拾捌枚[二]；打窟人胡并（餅）貳拾枚；胡禄匠趙員子麵貳斗；勾當修宅押衙宋遷詞等貳人,早上餺飥、午時各胡并（餅）兩枚,供玖日,食斷；宅官張海清壹人,早上餺飥、午時胡并（餅）兩枚,供陸日,食斷；泥匠貳人[三],早上餺飥、午時各胡并（餅）兩枚,供柒日,食斷；支玉匠平慶子等二人,共麵柒斗；百尺下修神堂畫匠,麵陸斗。

七日：使出賽馬神,設用細供叁伯（百）伍拾分,壹胡并（餅）,餺飿壹伯（百）柒拾貳枚,又胡餅壹仟叁枚；十鄉借色人胡并（餅）伍拾枚[四]；早夜看衙前子弟并牧子家,麵伍碩柒斗叁升。

八日：午時,細供拾分,貳胡并（餅）,又胡并（餅）貳伯（百）陸拾枚；夜衙前子弟,麵貳斗。

九日：東河修堡[五]，付判官麵壹碩；造鼓木匠拾人[六]，共麵捌㪷；定昌將病，麵叁㪷、油壹升；支慶日油壹升[七]。

十日：百尺下賽神，用神食伍拾陸分，麦䴬貳㪷[八]，燈油壹升兩合，灌腸麵陸升；償設畫匠胡并（餅）貳拾枚；付董留信喚（換）蘇油壹升半[九]。

伏請處分。

　　　　　　　丁未年六月日都頭知宴設使宋國清

爲憑，十三日。㽵[一〇]

（二）

宴設司：

　　伏以今月十日：償設牧子胡并（餅）柒拾枚。

　　十一日：大廳設修內間城都衙并修堡都頭、鄉官等，細供伍分，壹胡并（餅），中次料拾壹分；木匠、泥匠中次料貳拾貳分。同日，夜間看納馬來龍家，細供拾貳分，貳胡并（餅）。

　　十二日設瓜州來龍家并雍歸家，中次料叁拾分，下次料拾壹分；付皺文匠喚（換）蘇油壹升；窟上堆沙人油半升；鐵匠史奴奴等貳拾人[一一]，早上鎛飥、午時各胡并（餅）叁枚，供壹日，食斷；金銀匠捌人，早上鎛飥、午時各胡并（餅）兩枚，供兩日，食斷；煤油壹合。

　　十三日：設東河修堡人，細供壹分，壹胡并（餅），又胡并（餅）貳伯（百）枚，餶飿拾枚；付胡祿匠陰應子等，麵壹碩；北宅龍家女人男身故，胡并（餅）叁拾枚；大廳設畫匠并塑匠用[一二]，細供肆拾叁分，壹胡并（餅），上次[料]伍分[一三]；造鼓木匠捌人，早上鎛飥，午時各胡并（餅）兩枚，供叁日，食斷；又鐵匠拾人，早上鎛飥，午時各胡并（餅）兩枚，供壹日，食斷；鞍匠張兒兒等拾壹人[一四]，早上髈飥，午［時］各胡并（餅）兩枚[一五]，供兩日，食斷；付胡兒龍家身故，胡并（餅）叁拾枚，餺飥拾枚；南宅女夫郎君屈客，油貳升；瓜州来龍家壹人，逐日午時下次料，早夜麵壹升半，供拾壹日，食斷；楊醜漢男身故，麵柒科，油壹升；支走来肅州家，麵叁科，又麵壹科；玉匠，麵叁科伍升；馳沙人胡并（餅）陸枚。

伏請處分。

丁未年六月日都頭知宴設使宋國忠

爲憑，十八日。

（三）

宴設司：

伏以今月十七日：何宰相馬群頭看馬，胡并（餅）貳拾枚，餺飥拾枚；抽金扇畫匠叁人，早上髈飥，午時各胡并（餅）兩枚，供兩日，食斷。

十八日：支胡子母身故助葬，麵壹碩、油叁升；支常樂龍家，油伍升；馬院皮條匠，胡并（餅）肆枚。

十九日：壽昌迎于闐使，細供陸拾分，壹胡并（餅），又胡并（餅）壹伯（百）枚，油胡并（餅）子肆伯（百）枚，每麵貳科入油壹升；三界寺修觀音堂工匠，中間伍日用，午時胡并（餅）柒拾陸枚；窟上堆沙人，油半升；鐵匠史奴奴等拾人，早上髈飥，午時各胡并（餅）兩枚，供壹日，食斷；支胡祿匠趙員子，麵貳科。

廿日，太子迎于闐使，油胡并（餅）子壹伯（百）枚，每麵貳科入油壹升；造鼓木匠馮常安等捌人，早上髈飥，午時各胡并（餅）兩枚，供伍日，食斷。

廿一日，馬圈口迎于闐使，用細供叁拾分，壹胡并（餅），又胡并（餅）貳拾枚，灌腸麵叁升；城下迎于闐使，細供貳拾分，壹胡并（餅），灌腸麵叁升；于闐使迎于闐

三 牒狀類 / 421

使,細供拾分,壹胡䴵(餅),中次料拾分;窟上,油壹䋿肆升;付通達生鐵匠賽神,燒䴵(餅)麵貳䋿,油半升,料麵貳䋿;惆(鍋)子匠趙醜子等貳人[一六],早、午胡䴵(餅)捌枚;嘖絹,油壹合;宋家宅賽神,細供伍分,壹胡䴵(餅)。

伏請處分。

丁未年六月日都頭知宴設使宋國清

爲憑,廿五日。

(四)

宴設司:

伏以今月去伍月貳拾捌日,供瓜州來龍家貳人,逐日午時中次料,又貳人下次料,早夜[麵]陸升[一七],至陸月貳拾貳日午時喫了斷;拾叁日,又供後納馬來龍家肆人,逐日午時各下次料,早夜麵陸升,至貳拾貳日午時喫了斷;又龍家壹人,逐日午時下次料,早夜麵壹升半,供拾陸日,食斷。

廿二日:太子屈于闐使,細供拾伍分,壹胡䴵(餅);支龍家燈油貳升;設打窟人,細供拾伍分,貳胡䴵(餅);金銀匠陰苟子等貳人,胡䴵(餅)肆枚;東園音聲設看後座,細供柒分,貳胡䴵(餅)。

廿三日:大廳設于闐使用,細供貳拾捌分,內叁分貳胡䴵(餅);音聲作語,上次料兩分,又胡䴵(餅)貳拾捌枚;親從都頭等,細供叁分,貳胡䴵(餅);當直都頭并知客,細供兩分,貳胡䴵(餅),灌腸麵叁升;速丁公主賽神,細供伍分,壹胡䴵(餅)。

廿四日:使出賽馬圈口用,神食拾貳分,燈油壹升,又胡䴵(餅)伍拾枚;衙前子弟夜料,胡䴵(餅)貳拾伍枚。同日,又太子龍興寺屈于闐使,細供拾伍分,壹胡䴵

（餅），又胡并（餅）捌拾伍枚；付￥匠陰應子等造胡禄[一八]，麵兩碩陸㪷；幡僧麵柒㪷[一九]，油貳升；衙內富德將病，麵參㪷，油壹升；支張富定新婦身故助葬，油伍升；付通達窟上，油貳升；償設束柴人，胡并（餅）肆拾枚；車家，胡并（餅）拾肆枚；于闐使比料帖下[二○]，麵肆㪷。

伏請處分。

丁未年六月　日都頭知宴設使宋國清

爲憑，一日。㲋

（後缺）

【校記】

〔一〕麵，底卷作"麪"，下同不再另出校。

〔二〕牛，《釋錄》《法制文書》錄作"羊"，誤。又，"通通"，底卷中第二個"通"爲省文符號，茲錄正。另，"并"，據文義應爲"餅"，《釋錄》錄作"併"，誤，下同不再另出校。

〔三〕泥，底卷作"泹"，下同不再另出校。

〔四〕色，底卷作"邑"，爲"色"之俗寫，《釋錄》《法制文書》疑作"色"，不必。

〔五〕堡，底卷作"堢"，下同不再另出校。

〔六〕鼓，底卷作"皷"，下同不再另出校。

〔七〕日，《釋錄》《法制文書》錄作"月"，誤。

〔八〕麨，底卷作"麨"，下同不再另出校。

〔九〕喚蘇，"喚"據文義應爲"換"同音訛字；"蘇"，底卷作"蓁"，下同不再另出校。

〔一○〕此句爲判憑和簽押，底卷中此句字體約爲正文的三倍。此簽押與其他三件最後一句的簽押相同，與伯三二五七號"開運二年（九四五）十二月左馬布都押衙王文通牒"上的簽押也相同，係出自一人之手。

〔一一〕奴奴，底卷中第二個"奴"爲省文符號，茲錄正。

〔一二〕塑，底卷作"㨃"，下同不再另出校。

〔一三〕料，底卷脱，茲據上文"中次料""下次料"補。

〔一四〕兒兒，底卷中第二個"兒"爲省文符號，茲録正。

〔一五〕時，底卷脱，《釋録》《法制文書》據文義補，茲從。

〔一六〕㗻，據文義應爲"鍋"字之訛；《釋録》《法制文書》逕録作"鍋"，茲從。

〔一七〕麵，底卷脱，據下文"早夜麵陸升"補。

〔一八〕𡋡，《釋録》録作"塔"，據字形及文義應誤；《法制文書》未釋讀。

〔一九〕幡，底卷作"憣"，下同不再另出校。

〔二〇〕帖，底卷作"怗"，下同不再另出校。

二　辛亥年（九五一）押衙知内宅司宋遷嗣槩破用籍並判憑（四件）

伯三一六〇背

【題解】

本件底卷編號伯三一六〇號背。本號文卷正背雙面書寫，正面爲"雜齋文"，本件爲背面書寫，共四件性質相同的内宅司諸色破曆狀並判憑。四件文書首尾完整，字跡較清，其行數依次爲十行、七行、八行、五行。本件有紀年"辛亥年"，《釋録》在伯二六四一號"丁未年都頭知宴設使宋國清等諸色破用曆狀並判憑"題解中指出，伯二六四一號出現的"押衙宋遷詞"即本件中的"押衙宋遷嗣"，且伯二六四一號簽押與伯三二五七號"開運二年（九四五）十二月左馬步都押衙王文通牒"上簽押，出自同一人之手，故伯二六四一號的"丁未年"應爲九四七年，則本件的辛亥年應爲九五一年。另，"押衙宋遷嗣"還見於伯二九八五號背"親使員僚翻替公文"。本件定名，《法藏》定作"辛亥年押衙宋遷嗣呈内宅司牒"；《索引》定作"辛亥年押衙知内宅司宋遷嗣牒四件"；《黄目》定名與《索引》同；《索引新編》定作"辛亥年押衙知'内宅司'宋遷嗣牒四件並判憑"；《釋録》定作"辛亥年（公元九五一年）押衙知内宅司宋遷嗣槩破用曆狀並判憑（四件）"；《法制文書》定作"辛亥年（九五一年）押衙知内宅司宋遷嗣槩破用曆狀並判憑（四件）"。茲據文義擬定今題。

本件《釋録》（叁六一四—六一五）、《法制文書》（四一八—四二

○）有録文。茲據《法藏》（貳貳六八—六九）影印本及 IDP 彩圖，並參考前人録文，對底卷重新校録如下。

（一）

　　內宅司：

　　　　伏以今月十八日：付佛奴樫伍束，付歌郎練綾柒束，付不勿洗衣壹束，燒熨斜壹束。

　　　　十九日：付花娘壹束，付佛奴肆束。

　　　　廿日：看于☒☒（闐使煮）肉兩束[一]，付清奴染樫肆束，付富勝樫壹束，造食兩束，付爭子洗衣壹束，煮油樫肆束，付佛奴伍束，付員富壹束[二]。

　　　　廿一日：付祐慶壹束，付佛奴叁束。

　　　　廿三日：付佛奴兩束，花娘壹束。

　　　　☒☒（伏請）處分[三]。

　　　　　　辛亥年六月　日押衙宋遷嗣

爲憑，廿四日。[四]

（二）

　　內宅司：

　　　　伏以付佛奴偏次樫伍束[五]，付祐慶壹束，付員富洗衣兩束。

　　　　廿三日：夜間付佛奴樫叁束，付不勿壹束，付富勝壹束。

　　　　廿四日：付迴鶻女人樫壹束，付不勿壹束。

　　　　廿五日：付佛奴肆束。

　　　　伏請處分。

　　　　　　辛亥年六月　日押衙宋遷嗣

爲憑，廿六日。

（三）

內宅司：

  伏以今月廿七日：付佛奴檉肆束，付清奴染紫檉伍束，燒熨𣂰檉兩束，煮油兩束。

  廿八日：設天使煮肉造食玖束，夜付佛奴叁束，染緋肆束付清奴。

  廿九日：付佛奴偏次伍束，付員富壹束。

  卅日：付佛奴兩束。

  伏請處分。

    辛亥年六月　日押衙宋遷嗣

爲憑，二日。

（四）

內宅司：

  伏以去三月貳日供樓上及樓下宅，逐日檉肆束，至六月叁拾日夜，斷，未蒙判憑，伏請處分。

    辛亥年六月　日押衙知內宅司宋遷嗣

爲憑，九日。

（後缺）

【校記】

〔一〕闞使煮，底卷中此三字殘存右半部，茲據殘存字形補；《釋錄》《法制文書》徑錄。另，"煮"底卷作"𩞏"，下同不再另出校。

〔二〕員富，底卷原作"富員"，旁加倒乙符號，茲錄正。

〔三〕伏請，底卷中殘，茲據殘存字形及文義補；《釋錄》《法制文書》徑錄。

〔四〕此爲簽押，下同不再另出校。

〔五〕偏次，《法制文書》漏錄。

三　乙卯年（九五五）押衙知柴場司安祐成柴樏破用籍並判憑（五件）

斯三七二八

【題解】

本件底卷編號斯三七二八號。本號文卷爲正背雙面書寫，此爲正面，書寫有五件性質相同的柴場司狀並判憑；背面爲"大唐玄宗皇帝問勝光法師而造開元寺問""大藏集神州三寶感通錄上卷""左衛僧錄大師壓座文""故圓鑒大師二十四孝押座文"等。本件第一件首尾俱全，共文字七行；第二件首全尾殘，缺判憑，共存文字十四行；第三件首缺尾全，共存文字十五行；第四、五兩件首尾俱全，分別存文字十一、八行。底卷有紀年"乙卯年"，《釋錄》定作"九五五年"，茲從。本件定名，《英藏》定作"乙卯年押衙知柴場司安祐成牒五通並判"；《索引》定作"柴場司判憑"；《黃目》定作"柴場司判憑五件"；《索引新編》定名同《索引》；《釋錄》定作"乙卯年（公元九五五年）二、三月押衙知柴場司安祐成狀並判憑（五件）"；《法制文書》定作"乙卯年（九五五年）押衙知柴場司安祐成狀並判憑（五件）"。茲據文義擬定今題。

本件《釋錄》（叁六一八—六二〇）、《法制文書》（四二三—四二八）有錄文。茲據《英藏》（伍一五二—一五三）影印本及IDP彩圖，並參考前人錄文，對底卷重新校錄如下。

（一）

柴場司：

伏以今月廿三日：馬群賽神，付設司樏刺叁束。

廿四日[一]：于闐使賽神，設司柴壹束；馬院看工匠，付設司柴壹束。

廿七日：看甘州使，付設司柴兩束。

十三日：供西州走人[二]，逐日柴壹束，至貳拾肆日，斷。

未蒙判憑，伏請處分。

乙卯年二月　日押衙知柴場司安祐成

爲憑，廿八日。

(二)

　　柴場司：

　　　　伏以今月二日：馬圈口賽神，付設司柴壹束；看甘州使，付設司檉刺兩束。

　　　　三日：看南山，付設司壹束；看甘州使，付設司檉刺兩束；東水池賽神熟肉[三]，檉玖束；付設司造食，檉刺捌束；使出東園，檉捌束；衙內煎餳，檉叁拾伍束；墓頭造食，檉伍束；李慶郎磑頭打查，檉壹伯貳拾束；百尺上賽神，付設司壹束；樓上賽神，付設司壹束；支于闐博士，月柴壹拾伍束；漢兒貳拾陸人，共柴叁伯玖拾束；押衙王知進妻等肆人共柴肆拾束，又叁人共柴叁拾束；張佛奴妻，柒束；跃珊，伍束；公主四人，共捌拾束；消釃，柴伍束；付設司卧醋，刺兩束。

　　　　未蒙判憑，伏請處分。

　　　　　　　　乙卯年三月　日押衙知柴場司安祐成。

　　(後缺)[四]

(三)

　　(前缺)

　　　　扇(騙)馬[五]，付設司柴壹束；八角修烽，付設司柴壹束；刺史賽神，付設司柴壹束；供索縣令家、南山，付設司柴壹束；東園賽神，付設司柴壹束[六]。

　　　　十六日：祭拜熟肉，柴兩束；南城上賽神，付設司柴壹束；熟肉并燒石，檉叁束；普光寺門㯉樹園白[七]，刺拾束；宜秋打瓦口，檉陸拾束；准舊例支太子，檉捌車各柒拾柒束，刺兩車各伍拾伍束；內院，檉捌車，各柒拾柒束；

北宅，檉拾車，各柒拾柒束；鼓角樓僧，檉叁車，各柒拾柒束；四城上僧，共檉壹伯（百）貳拾束；南城上火料，檉柒拾柒束；西城上火料，檉柒拾柒束；百尺上，檉兩車各柒拾柒束，剌兩車各伍拾伍束；門僧二人，各檉柒拾柒束；佛座子，檉兩車，各柒拾柒束；櫟戶二人吹油，剌貳伯（百）貳拾束；南城上阿婆，檉柒拾伍束[八]。

未蒙判憑，伏請處分。

乙卯年三月　日押衙知柴場司安祐成

爲憑，十八日。

（四）

柴場司：

伏以今月十四日使出東園住，至廿日入，用檉壹伯（百）伍拾束；鄉東修烽，付設司柴壹束。

十八日：迎甘州使，付設司檉剌叁束；下檜，付設司柴兩束；就驛，柴兩束。

十九日：東園祭拜，付設司柴兩束；看甘州使，付設司柴壹束；甘州使比料帖下，柴叁束；迎西州使，付設司檉剌叁束；下檜，付設司柴叁束；就驛下檜，檉剌伍束；付設司臥醋，剌兩束；消鹹，剌伍束；支城北打口，檉壹伯（百）束。

未蒙判憑，伏請處分。

乙卯年三月　日押衙知柴場司安祐成

爲憑，廿二日。

（五）[九]

柴場司：

伏以今月廿二日：支馳兒入群，付設司柴壹束；就驛送盤，付設司檉刺叁束。

廿三日：設東窟工匠，付設司柴壹束；大廳設使客，付設司檉刺拾束。

廿四日：祭川原，付設司柴兩束；熟肉，檉兩束；使出東園，用檉拾束。

未蒙判憑，伏請處分。

乙卯年三月　日押衙知柴場司安祐成。[一〇]

爲憑，廿五日。**?**

【校記】

〔一〕廿四，《釋錄》《法制文書》均錄作"二十四"，誤。

〔二〕走，《釋錄》《法制文書》均錄作"使"，誤。

〔三〕東，《釋錄》《法制文書》均錄作"束"，誤。又，"熟"，底卷作"埶"，下同不再另出校。

〔四〕據文義推斷，此處應缺判文："爲憑，某日。**?**。"

〔五〕扇馬，據文義推斷，"扇馬"應通"騸馬"，下同不再另出校。

〔六〕《釋錄》於"束"字後，衍錄一"束"字。

〔七〕捰，《法制文書》錄作"標"，誤。"捰"，以手打理義。

〔八〕柒，《釋錄》《法制文書》均錄作"伍"，誤。

〔九〕底卷中四、五兩件中間，倒書兩行文字："佛殿請一人爲首，轉化多人，每人化錢二十五文足陌，充修上件功德。偈詞十首，便是教化跡頭。"與本件內容無關，茲不錄。

〔一〇〕底卷中此行文字右側倒書文字一行："不過孝順也唱將來宣賜雲釋崇夏寺尼三月謀爲修本寺"，與本件內容無關，茲不錄。

四　丙寅年（九六六）牧羊人兀寧群羊破用籍並判憑（二件）

伯三二七二

【題解】

本件底卷編號伯三二七二號。本號卷爲正背雙面書寫，背面爲"丁卯年正月廿四日甘州使頭閻物成去時成本"；本件爲正面，書寫三件性質相同的牧羊人兀寧狀並判憑。其中首件首殘，且無判憑；後二件首尾完整，字跡較清，各文字五行，存判憑。底卷有紀年"丙寅年"，《釋錄》定作"九六六年"，茲從。本件定名，《法藏》定作"丙寅年牧羊人兀寧牒狀"；《索引》定作"牧羊人狀三件"；《黃目》定名同《索引》；《索引新編》定作"丙寅年牧羊人狀三件"；《釋錄》將首件單獨釋錄，定作"丙寅年（公元九六六年）羊司付羊和羊皮曆狀（？）"，後兩件定作"丙寅年（公元九六六年）牧羊人兀寧狀並判憑（二件）"；《法制文書》僅釋錄後兩件，定作"丙寅年（九六六年）牧羊人兀寧狀並判憑（二件）"。按，本件所書三件狀文，筆跡相同，內容相關，且有相同的簽押，應爲同組文書，茲將其一同釋錄，據文義擬定今題。

本件《釋錄》（叁五九八—五九九）、《法制文書》（四二九—四三〇）有錄文。茲據《法藏》（貳貳三三六）影印本及 IDP 彩圖，並參考前人錄文，對底卷重新校錄如下。

（一）

（前缺）

肆口，☒□☒□（羖羊肆口）[一]☒☒☒☒☒（羊壹口）[二]。▮[三]。大白羊羔☒（皮）拾貳張[四]。▮。司空傳局白羊羯兩口[五]，羖羯壹口；付宋宅官羖羊羯叁口[六]，羖母羊壹口；又衆觀射羖羊羯壹口[七]。▮。又付宋宅官神白羊羔子壹口，白羊皮兩張，又白羊羯壹口。

（後缺）

（二）

牧羊人兀寧：

伏以今月一日歲祭拜，白羊羯壹口；節料，用白羊羯壹口；定興郎君踏舞来[八]，白羊羯壹口。未蒙判憑，伏請處分。

丙寅年正月　日牧羊人兀寧

爲憑，九日。

(三)[九]

牧羊人兀寧[一〇]：

伏以今月十六日李家立社，用白羊羖壹口。未蒙判憑，伏請處分。

丙寅年二月　日牧羊人兀寧

爲憑，十八日。[一一]

【校記】

〔一〕羘羊肆口，底卷中"羘""肆"兩字殘存左側筆畫；"羊""口"兩字缺，茲據殘存字形及文義補。另，"羘"，《釋錄》徑錄作"羖"，據殘存字形誤；"羊肆口"，《釋錄》未補。

〔二〕底卷中此處有四字殘痕，但據殘存字形僅能釋錄出後兩字爲"羊壹"，且據文義，"壹"字後可補"口"字。"羊壹口"，《釋錄》未補。

〔三〕此爲鳥形印，下同不再另出校。另，此鳥形印還見於斯五五七一號"戊辰年（九六八）酒户鄧留定狀並判憑"。

〔四〕羊羔皮，其中"皮"字底卷殘，茲據殘存字形補，《釋錄》徑錄；"羊羔"，《釋錄》錄作"羊壹口"，誤。

〔五〕局，底卷作"扃"，下同不再另出校。

〔六〕叁，底卷原作"肆"，後於右側改寫，茲錄正。

〔七〕觀，《釋錄》錄作"現"，誤。

〔八〕舞，底卷作"儛"，下同不再另出校。

〔九〕底卷中第二件和第三件兩紙粘結處，書寫一行文字"☒乞節顏督☒☒寄久弟安穩作☒☒"，與本件内容似無關，《釋錄》《法制文書》未錄，茲不錄。

〔一〇〕底卷中"寧"字下，有"好壹口"三字，筆跡及墨色與兩紙粘結處所書文字相同，應與其爲同時書寫，與本件内容無關，《釋錄》《法制文書》未錄，茲不錄。

〔一一〕底卷中此簽押下方，有一倒書"敕"字，與本件內容無關，茲不錄。

五　戊辰年（九六八）酒戶鄧留定酒破用籍並判憑

斯五五七一

【題解】

本件底卷編號斯五五七一號。本件首尾俱全，存文字五行，第五行爲判憑，判憑後所鈐鳥形印還見於伯三二七二號"丙寅年（九六六）牧羊人兀寧狀並判憑"。本件有紀年"戊辰年"，《釋錄》定作"九六八年"，茲從。本件定名，《英藏》定作"戊辰年七月酒戶鄧留定支酒狀並判"；《索引》定作"酒戶鄧留定牒"；《黃目》定名同《索引》；《索引新編》定作"戊辰年（九六八）酒戶鄧留定狀並判憑"；《釋錄》定作"戊辰年（公元九六八年）酒戶鄧富定狀並判憑"；《法制文書》定名同《釋錄》。按，《釋錄》《法制文書》對酒戶姓名釋讀有誤，應爲"鄧留定"，非"鄧富定"。茲據文義擬定今題。

本件《釋錄》（叁六二五）、《索引新編》（一七二）、《法制文書》（四二八—四二九）有錄文。茲據《英藏》（捌四〇）影印本及 IDP 彩圖，並參考前人錄文，對底卷重新校錄如下。

　　　　酒戶鄧留定[一]：
　　　　　　伏以今月十日城南莊苅麦，酒壹瓮；十一日支氈匠，
　　　　　酒壹卧。伏請處分。
　　　　　　　　　　　　　戊辰年七月　日酒戶鄧留定

爲憑[二]，十一日。

【校記】

〔一〕留，《釋錄》《法制文書》錄作"富"，誤。
〔二〕爲，《索引新編》在"爲"字前衍錄一缺文符號。

六　戊辰年（九六八）酒户鄧留定酒破用籍並判憑

斯五五九〇

【題解】

本件底卷編號斯五五九〇號。本件首缺尾全，存文字三行，第三行爲判憑，判憑後所鈐鳥形印還見於伯三二七二號"丙寅年（九六六）牧羊人兀寧狀並判憑"，背面鈐"歸義軍節度使新鑄印"。本件有紀年"戊辰年"，《釋録》定作"九六八年"，兹從。本件定名，《英藏》定作"戊辰年七月酒户鄧留定支酒狀並判"；《索引》定作"酒户鄧留定牒"；《黄目》定名同《索引》；《索引新編》定作"戊辰年（九六八）酒户鄧留定狀並判憑"；《釋録》定作"戊辰年（公元九六八年）酒户鄧富定狀並判憑"。按，《釋録》對酒户姓名釋讀有誤，應爲"鄧留定"，非"鄧富定"。兹據文義擬定今題。

本件《釋録》（叁六二五）有録文。兹據《英藏》（捌一〇一）影印本及IDP彩圖，並參考前人録文，對底卷重新校録如下。

（前缺）[一]
　　　　伏以今月十四日支瓜户安阿朵酒壹觔[二]。伏請處分。
　　　　　　　　　戊辰年七月　日酒户鄧留定

爲憑，十五日。

【校記】

〔一〕據斯五五七一號"戊辰年（九六八）酒户鄧留定狀並判憑"可知，此處應缺一行文字"酒户鄧留定"。

〔二〕瓜，底卷作"苽"，下同不再另出校。

七　壬申年（九七二）酒户曹流德酒破用籍並判憑

斯五七二八

【題解】

本件底卷編號斯五七二八號。本件首缺尾全，上殘下完，存文字三行，有紀年"壬申年"，《釋錄》定作"九七二年"，茲從。本件定名，《英藏》定作"壬申年五月酒户曹流德支酒狀"；《索引》定作"壬申年酒户曹流□牒"；《黄目》定作"壬申年酒户曹流德牒"；《索引新編》定名同《黄目》；《釋錄》定作"壬申年（公元九七二年）酒户曹流德牒"。茲據文義擬定今題。

本件《釋錄》（叁六二五）有錄文。茲據《英藏》（玖一〇〇）影印本及IDP彩圖，並參考前人錄文，對底卷重新校錄如下。

（前缺）
　　　　　▢▢▢▢▢節酒壹𤙪；支獨屯馳似（肆）月酒壹瓮[一]；
甘州走來迴▢▢（𤙪）[二]。伏請處分。
　　　　　壬申年五月　日酒户曹流德▢（牒）[三]

爲憑，十五日。◀

【校記】
〔一〕屯，《釋錄》錄作"峯"，誤。又，"似"，據文義應爲"肆"之訛。
〔二〕𤙪，底卷上部殘，茲據殘存字形補。
〔三〕牒，底卷漫漶不清，《釋錄》錄作"牒"，茲從。

八　壬申年（九七二）故都頭知内宅務安延達各宅領羊狀
伯二七〇三背

【題解】
本件底卷編號伯二七〇三號背。本號文卷正背雙面書寫，正面爲"醫方""佛説停廚經""醫方"；本件爲背面第二件，前接一倒貼殘狀，後爲兩件曹元忠狀。本件首缺尾全，現存文字十二行，有改寫痕跡。有紀年"壬申年"，《釋錄》定作"九七二年"，茲從。本件定名，《英藏》定作"壬申年十二月安延達狀"；《索引》《黄目》《索引新編》均定作"安延達狀一通"；《釋錄》定作"壬申年（公元九七二年）十二月故都頭知内宅務安延達等狀";《法制文書》定作"壬申年（九七二年）故都頭知内宅務安延達等狀"。兹據文義擬定今題。

本件《釋録》（叁六一六）、《法制文書》（四二二）有録文。兹據《法藏》（壹柒三一三）影印本及IDP彩圖，並參考前人録文，對底卷重新校録如下。

（前缺）

伏以領得壬申年諸群秙羊毛，除四月末已前自死外，每羊柒口，管毛壹斤，謹具逐群分析如後：

西宅合領：憑（馮）達子群秙羊毛貳斤[一]，穆章三群壹拾斤[二]，盧悉頰子群肆斤半。

北宅合領：麴進連群秙羊毛叁斤[三]。宅官宋住寧、周文昌合領[四]：閻延通群肆斤半，王再晟群拾貳斤，張再慶群捌斤半，閻通兒群壹拾玖斤，張通達群貳斤，祝子盈毛拾斤[五]。宅官慕容祐子合領[六]：王盈信群壹拾叁斤[七]；張保留兩群[八]，共毛玖斤半。

南宅合領：李佛奴群毛壹斤半，孔丑子群毛叁斤。宅官張慶通合領杜弘恩群毛肆斤[九]。

未蒙判憑，伏請處分。

壬申年十二月　日故都頭知内宅務安延達等

【校記】

〔一〕憑，據文義應爲"馮"之訛，《釋録》《法制文書》逕録作"馮"。

〔二〕穆，底卷作"稹"，下同不再另出校。

〔三〕麴，底卷作"麯"，下同不再另出校。

〔四〕宋住寧、周文昌，底卷原作"安延達合"，後塗抹，並於右側改寫，兹録正；《釋録》《法制文書》將"周"字誤録作"閻"。另，底卷中"合"字被塗，但據文義應保留，《釋録》《法制文書》照録，兹從。

〔五〕祝子盈毛拾斤，底卷中爲右側補寫，茲錄正。

〔六〕容，《釋錄》《法制文書》均錄作"客"，誤。

〔七〕盈，底卷作"盈"，下同不再另出校。

〔八〕留，底卷作"囦"，應爲"留"之俗體，《釋錄》《法制文書》均錄作"富"，誤。

〔九〕杜，底卷作"杜"，下同不再另出校。

九　己卯年（九七九）都頭知軍資庫官張富高諸色破用籍並判憑（十五件）

伯三八七八

【題解】

本件底卷編號伯三八七八號。本號文卷書寫有十五件性質相同的軍資庫狀並判憑，有紀年"己卯年"，《釋錄》定作"九七九年"，茲從。另，《法制文書》指出本底卷十五件判憑末，均有一鳥形圖案標記，上有一鳥，面向左，下有一"辶"，此鳥形標記亦見於斯二四七四號"己卯年馳官鄧富通群駱駝破籍並判憑"、同號"庚辰年馳官張憨兒群騾馳破籍並判憑"、伯二七三七號"癸巳年馳官馬善昌群駱駝破籍並判憑"、斯四四五三號"宋淳化二年（九九一）歸義軍節度使下壽昌都頭等依例看侍防援兵將並官車牛帖"。本件定名，《法藏》定作"己卯年軍資庫司判憑十五通"；《索引》未收；《黃目》定作"軍資庫司處分狀"；《索引新編》定作"己卯年軍資庫司的判憑十四則半"；《釋錄》定作"己卯年（公元九七九年）八月——十二月都頭知軍資庫官張富高狀並判憑（十五件）"；《法制文書》定作"己卯年（九七七年）八月至十二月都頭知軍資庫官張富高狀並判憑（十五件）"（此公元紀年標注有誤，應爲九七九年）。茲據文義擬定今題。

本件《釋錄》（叁六〇五—六〇八）、《法制文書》（四〇二—四一一）有錄文。茲據《法藏》（貳玖七二—七四）影印本及IDP彩圖，並參考前人錄文，對底卷重新校錄如下。

(一)

（前缺）

爲憑，十八日。

(二)

军資庫司：

伏以今月廿日，樓上天王堂及神堂上灰麻貳拾斤[一]。未蒙判憑，伏請處分。

己卯年八月　日都頭知軍資庫官張富高

爲憑，廿一日。

(三)

军資庫司：

伏以今月二日，衙内縛箔麻貳斤。伏取處分。

己卯年九月　日都頭知軍資庫官張富高

爲憑，三日。

(四)

军資庫司：

伏以今月三日，樓上天王堂、佛堂子上灰麻壹斤；五日，准舊泥火爐麻貳斤[二]。伏請處分。

己卯年九月　日都頭[知]軍資庫官張富高[三]

爲憑，六日。

(五)

军資庫司：

伏以今月八日，支新来使下張進助葬麻肆兩。未蒙判憑，伏請處分。

　　　　　　　　己卯年九月　日都頭知軍資庫官張富高

爲憑，九日。

（六）
　軍資庫司：
　　　伏以今月六日，准舊打銅灌（罐）索及拽鑰匙索子麻肆斤[四]；七日，城東樓上縛鋪屑麻壹斤[五]；同日，准舊城南⊠⊠圍縛⊠屑及泥火爐麻壹斤半[六]；同日，造鷹擇麻兩束。未蒙判憑，伏⊠（請）處分[七]。

　　　　　　　　己卯年十月　日都頭知軍資庫官張富高

爲憑，九日。

（七）
　軍資庫司：
　　　伏以今月十六日，請縛碾床麻貳兩。未蒙判憑，伏請處分。

　　　　　　　　己卯年十月　日都頭知軍資庫官張⊠⊠（富高）[八]

爲憑，十八日。

（八）
　軍資庫司：
　　　伏以今月廿八日，請皷（造）胡祿麻壹束[九]。未蒙判憑，伏請處分。

　　　　　　　　己卯年十月　日都頭知軍資庫官張富高

爲憑，卅日。

（九）
　　軍資庫司：
　　　　伏以去卅日封角于闐國信麻壹束[一〇]。未蒙判憑，伏請處分。
　　　　　　　　　　己卯年十一月　日都頭知軍資庫官張富高

爲憑，三日。

（一〇）
　　軍資庫司：
　　　　伏以今月六日，悟（衙）內用麻陸束[一一]。未蒙判憑，伏請處分。
　　　　　　　　　　己卯年十一月　日都頭知軍資庫官張富高

爲憑，九日。

（一一）
　　☒☒☒☒（軍資庫司）[一二]：
　　　　伏以今月十一日，支亭子縛箔麻捌斤。未蒙判憑，伏請處分。
　　　　　　　　　　己卯年十一月　日都頭知軍資庫官張富高

爲憑，十二日。

（一二）
　　軍資庫司：
　　　　伏以今月十九日，封角☒信麻壹束[一三]；同日，支修治幹裝子箔子麻壹斤。未蒙判憑，伏請處分。

己卯年十一月　日都頭知軍資庫官張富高

爲憑，廿一日。

（一三）

軍資庫司：

伏以今月六日，造繩床索子麻貳斤。未蒙判憑，伏請處分。

己卯年十二月　日都頭知軍資庫官張富高

爲憑，九日。

（一四）

軍資庫司：

伏以今月十日，支造繩床索子麻貳斤；同日，付刺鞍匠麻壹束。未蒙判憑，伏請處分。

己卯年十二月　日都頭知軍資庫官張富高

爲憑，十二日。

（一五）

軍資庫司：

伏以今月廿五日，准舊粆弩家：

燉煌[一四]：趙富晟、安員國[一五]、張胡兒；莫[一六]：白祐達、荊憨多、荊達子；慈[一七]：張員德、康員住、梁和德。已上玖人，各好麻壹户（斤）[一八]。

廿六日：准舊造燈籠索子麻捌兩。

未蒙判憑，伏請處分。

己卯年十二月　日都頭知軍資庫官張富高

爲憑，廿七日。

（後缺）

【校記】

〔一〕灰，底卷作"灰"，下同不再另出校。
〔二〕泥，底卷作"泯"，下同不再另出校。
〔三〕知，底卷脱，《釋録》《法制文書》據文義補，茲從。
〔四〕灌，據文義應爲"罐"之訛。
〔五〕鋪脣，"鋪"底卷原作"敷"，後於右側改寫，茲録正，《釋録》《法制文書》照録；"脣"，底卷作"脣"，下同不再另出校。
〔六〕底卷中"園"前兩字及"脣"字前一字，殘損，不能釋讀。另，"脣"，《法制文書》漏録。
〔七〕請，底卷殘，《釋録》補；《法制文書》逕録。
〔八〕富高，底卷殘，《釋録》《法制文書》逕録，茲從。
〔九〕皷，《法制文書》校作"造"，茲從。
〔一〇〕角，底卷作"甪"，下同不再另出校。
〔一一〕㕣，應爲"衙"之訛，《釋録》《法制文書》逕録作"衙"。
〔一二〕軍資庫司，底卷中此四字被上紙粘壓，僅存左半，《釋録》《法制文書》逕録。
〔一三〕底卷中此字漫漶不清，《釋録》《法制文書》録作"用"，據殘存字形不像，暫存疑。
〔一四〕燉煌，指"燉煌鄉"之簡稱。
〔一五〕國，《釋録》《法制文書》録作"因"，誤。
〔一六〕莫，爲"莫高鄉"之簡稱。
〔一七〕慈，爲"慈惠鄉"之簡稱。
〔一八〕各好麻壹户，文義不通，《釋録》《法制文書》將"户"校作"斤"，茲從。

一〇　己卯年（九七九）牧羊人王阿朵群羊破用籍並判憑

伯二九八五背

【題解】

本件底卷編號伯二九八五號背。本號文卷正背雙面書寫，正面書"諸雜齋文""房舍地基狀"；本件位於背面，後接"開寶五年（九七二）十二月右衙都知兵馬使丁守勳牒"及"分房舍書""諸雜齋文""親使員僚翻替公文""房舍地基賬"等。本件首尾俱全，現存文字五行，第五行爲判憑。有紀年"己卯年"，《釋錄》指出同卷有"開寶五年紀年"，則"己卯年"當爲"九七九年"，茲從。另，本件底憑末的圖印，還見於伯二七六一號背"己卯年牧羊人王阿朵狀並判憑"及俄敦一三五九＋三一一四號"己卯年牧羊人康定奴狀並判憑"。本件定名，《法藏》定作"己卯年四月牧羊人王阿朵狀及判憑"；《索引》《黃目》《索引新編》均將紙背文書統定作"狀牒數通"；《釋錄》定作"己卯年（公元九七九年）牧羊人王阿朵牒並判憑"；《法制文書》定作"己卯年（九七七年）牧羊人王阿朵群羊破籍並判憑"。茲據文義擬定今題。

本件《釋錄》（叁六〇〇）、《法制文書》（四三一）有錄文。茲據《法藏》（貳拾三二二）影印本及IDP彩圖，並參考前人錄文，對底卷重新校錄如下。

　　牧羊人王阿朵：
　　　　伏以今月十五日納自死羖母羊兩口，羖羊羯壹口，白母
　　　　羊壹口。兒洛悉死壹口，皮付白押衙。未蒙判憑，請處分。
　　　　　　　　己卯年四月　日牧羊人王阿朵[一]

爲憑，十五日。🖼[二]

【校記】

〔一〕《釋錄》於"日"前衍錄"十五"兩字。
〔二〕此圖印，《法制文書》標作"鳥形標記"，誤。

一一　己卯年（九七九）牧羊人王阿朵群羊破用籍並判憑

伯二七六一背

【題解】

本件底卷編號伯二七六一號背。本號文卷正背雙面書寫，正面書"祈禱文"；本件位於背面，前爲"佛説長阿含經遊行經第二中卷第三"，後接"七言詩一首並序"。本件首尾俱全，現存文字四行，第四行爲判憑。有紀年"己卯年"，《釋録》指出其當爲"九七九年"，兹從。另，本件判憑末的圖印，還見於伯二九八五號背"己卯年牧羊人王阿朵狀並判憑"及俄敦一三五九＋三一一四號"己卯年牧羊人康定奴狀並判憑"。本件定名，《法藏》定作"己卯年四月牧羊人王阿朵狀及判憑"；《索引》未定名；《黄目》定作"牧羊人王阿呆狀"，其中"呆"字有誤；《索引新編》定作"牧羊人狀一通並判"；《釋録》定作"己卯年（公元九七九年）牧羊人王阿朵狀並判憑"；《法制文書》定作"己卯年（九七七年）牧羊人王阿朵群羊破籍並判憑"。兹據文義擬定今題。

本件《釋録》（叁六〇〇）、《法制文書》（四三二）有録文。兹據《法藏》（壹捌一一八）影印本及 IDP 彩圖，並參考前人録文，對底卷重新校録如下。

　　　　牧羊人王阿朵：
　　　　　　　伏以今月十八日納自死古（羖）母羊壹口，皮付白祐慶。伏請處分。
　　　　　　　　　　　　己卯年四月　日牧羊人王阿朵

爲憑，十八日。🖃[一]

【校記】

〔一〕《釋録》於"日"前衍録"十八"兩字。

一二　己卯年（九七九）牧羊人康定奴群羊破用籍並判憑

俄敦一三五九＋俄敦三一一四

【題解】

本件底卷編號俄敦一三五九＋三一一四號。本件首尾俱全，現存文字五行，第五行爲判憑。有紀年"己卯年"，按本件判憑末的圖印，還見於伯二九八五號背及伯二七六一號背"己卯年牧羊人王阿朵狀並判憑"，該"己卯年"爲"九七九年"，則本件紀年應同。本件定名，《俄藏》定作"己卯年六月牧羊人康定奴狀"。茲據文義擬定今題。

茲據《俄藏》（捌——五）影印本，對底卷校録如下。

牧羊人康定奴：
　　伏以今月☒（二）日[一]白羊羯□□白母羊生壹口[二]；
　　古（羖）母羊壹口，付白祐慶。伏請處分。
　　　　　　己卯年六月　日牧羊人康□□（定奴）[三]

爲憑，三日。🅿[一]

【校記】

〔一〕二，底卷中此字殘，據殘存字形當爲"二"或"三"，但後文判憑爲"三日"，則此處當爲"二。"

〔二〕生，底卷中爲補寫，其下加蓋一判憑中的圖印。

〔三〕定奴，底卷缺，茲據文義補。

一三　己卯年（九七九）駞官鄧富通群駞破用籍並判憑

斯二四七四

【題解】

本件底卷編號斯二四七四號。本件前接"庚辰年駞官張憨兒狀及判憑"，後接"油麪破曆（太平興國五年至七年）"。本件首尾均全，共文字五行，第五行爲判憑。有紀年"己卯年"，《釋録》定作"九七九年"，茲從。另，本件判憑末，有一鳥形圖案標記，此鳥形標記亦見於同號"庚辰年馳官張憨兒群騾馳破籍並判憑"、伯三八七八號"己卯年軍資庫司判憑十五通"、伯二七三七號"癸巳年馳官馬善昌群駱駝破籍並判憑"、斯四四五三號"宋淳化二年（九九一）歸義軍節度使下壽昌都頭等依例看侍防援兵將並官車牛帖"等。本件定名，《法藏》定作"己卯年十一月馳官鄧富通狀及判"；《索引》《黃目》《索引新編》均定作"己卯年馳官鄧富通給憑"；《釋錄》定作"己卯年（公元九七九年）馳官鄧富通群駱駝破籍並判憑"；《法制文書》定名同《釋錄》；《郝錄》定作"己卯年（公元九七九年）馳官鄧富通狀及判"。茲據文義擬定今題。

本件《釋錄》（叁六〇〇）、《法制文書》（四三二一四三三）、《郝錄》（壹貳一七八）有錄文。茲據《英藏》（肆八六）影印本及 IDP 彩圖，並參考前人錄文，對底卷重新校錄如下。

　　己卯年十一月二日馳官鄧富通群入算後駱駝破籍：
　　　　伏以今月二日，支与于闐使頭南山大駁馳壹頭[一]。未
　　　蒙判憑，伏請處分。
　　　　　　　　　己卯年十一月　日馳官鄧富通[二]

爲憑，三日。

【校記】
〔一〕駁，《釋錄》《法制文書》均錄作"父"。
〔二〕《釋錄》於"日"前衍錄"二"字。

一四　庚辰年（九八〇）馳官張憨兒群馳破用籍並判憑（三件）
斯二四七四
【題解】
本件底卷編號斯二四七四號。本件後接"己卯年馳官鄧富通狀及判憑"。本件共三件性質相同的馳官張憨兒狀及判憑，第一件共五行，有改寫痕跡，第五行爲判憑；後兩件均各四行，第四行爲判憑。有紀年"己

卯年",《釋錄》定作"九八〇年",茲從。另,本件判憑末,有一鳥形圖案標記,此鳥形標記亦見於同號"己卯年馳官鄧富通破籍並判憑"、伯三八七八號"己卯年軍資庫司判憑十五通"、伯二七三七號"癸巳年馳官馬善昌群駱駝破籍並判憑"、斯四四五三號"宋淳化二年(九九一)歸義軍節度使下壽昌都頭等依例看侍防援兵將並官車牛帖"等。本件定名,《法藏》定作"庚辰年八月九日馳官張憨兒請處分死馳皮判憑狀及判共三通";《索引》《黃目》《索引新編》均定作"庚申年馳官張憨兒判憑(共三通)",其所定紀年有誤;《釋錄》定作"庚辰年(公元九八〇年)馳官張憨兒群騍馳破籍並判憑(三件)";《法制文書》定名同《釋錄》;《郝錄》定作"庚辰年(公元九八〇年)馳官張憨兒請處分死馳皮判憑狀及判(三通)"。茲據文義擬定今題。

本件《釋錄》(叁六〇一)、《法制文書》(四三三—四三四)、《郝錄》(壹貳一七五—一七六)有錄文。茲據《英藏》(肆八六)影印本及IDP彩圖,並參考前人錄文,對底卷重新校錄如下。

(前缺)
(一)
    伏以今月廿八日,群上大騾馳壹頭,見在[一]。廿九日,群上大駁馳壹頭[二],病死,皮付張弘定[三];趁却大騾馳壹頭,東窟上至死[四],皮付張弘定。未蒙判憑,伏請處分。[五]
            庚辰年八月　日馳官張憨兒

爲憑,卅日。

(二)
    伏以今月七日,群上大騾馳壹頭,病死,皮付張弘定。未蒙判憑,伏請處分。
            庚辰年九月　日馳官張憨兒

爲憑，九日。

（三）
　　　　　　伏以今月十六日，群上大騾馳壹頭，病死，皮付張弘定。未蒙判憑，伏請處分。
　　　　　　　　　　　庚辰年九月　日馳官張憨兒

　　爲憑，十八日。
（後缺）

【校記】
〔一〕見在，底卷中爲右側補寫，茲録正。
〔二〕駁，《釋録》《法制文書》均録作"父"。
〔三〕弘，底卷作"引"，下同不再另出校。
〔四〕至，《釋録》《法制文書》均録作"走"，誤。
〔五〕底卷中"分"字下，雜寫"敕歸義軍"等四字，與本件内容無關，茲不録。

一五　壬午年（九八二）都頭知内庫官曹某被子等破用狀
伯四〇六一背
【題解】
　　本件底卷編號伯四〇六一號背。本號文卷正背雙面書寫，正面爲"亡文文範"及"雜抄"；本件位於背面，後爲一行倒寫"歸義軍節度使□□"。本件首尾俱全，共文字四行，有紀年"壬午年"，《釋録》定作"九八二年"，茲從。本件定名，《法藏》定作"壬午年閏十二月都頭知内庫官某狀"；《黄目》定作"壬午年判狀"；《索引新編》定作"壬午年都頭知内庫官狀並判"；《釋録》定作"壬午年（公元九八二年）閏十二月都頭知内庫官某狀"；《法制文書》定作"壬午年（九八二年）都頭知内庫官某狀"。茲據文義擬定今題。
　　本件《釋録》（叁六一七）、《法制文書》（四二三）有録文。茲據

《法藏》（叁壹五九）影印本及 IDP 彩圖，並參考前人錄文，對底卷重新校錄如下。

（前缺）
　　　　伏以今月十七日，支達怛大部跪拜来[一]，大綿被子叁領，胡［床］壹張[二]。未蒙判憑，伏請處分。[三]
　　　　壬午年閏十二月　日頭都（都頭）知內庫官曹□□[四]

【校記】
〔一〕怛，《釋錄》《法制文書》均錄作"坦"，誤。"達怛"一詞，也寫作"達旦""達靼""怛怛""達打""韃靼""塔坦"等，是唐中葉之後，活躍在我國北方地區的一支遊牧民族。
〔二〕床，底卷無，《釋錄》《法制文書》據文義補，茲從。
〔三〕底卷中在"蒙"字下及"分"字下，雜寫多個"㬎""大"等字，與本件內容無關，茲不錄。
〔四〕頭都，據文義應爲"都頭"之訛，《釋錄》《法制文書》均徑錄作"都頭"。又，"曹"，《釋錄》《法制文書》未釋讀。

一六　癸巳年（九九三）駝官馬善昌群駝破用籍並判憑（四件）
伯二七三七

【題解】
本件底卷編號伯二七三七號。本件共四件性質相同的駝官馬善昌狀及判憑，均各四行，第四行爲判憑。有紀年"癸巳年"，《釋錄》定作"九九三年"，茲從。另，本件判憑末，有一鳥形圖案標記，此鳥形標記亦見於斯二四七四號"己卯年駝官鄧富通群駱駝破籍並判憑"、同號"庚辰年駝官張憨兒群騾駝破籍並判憑"、伯三八七八號"己卯年軍資庫司判憑十五通"、斯四四五三號"宋淳化二年（九九一）歸義軍節度使下壽昌都頭等依例看侍防援兵將並官車牛帖"等。本件定名，《法藏》定作"癸巳年駝官馬善昌狀並判憑四件"；《索引》《黃目》均定作"駝官馬善昌狀四件（癸巳年）"；《索引新編》定名同《法藏》；《釋錄》定作"癸巳年（公元九九三年）駝官馬善昌狀並判憑（四件）"；《法制文書》定作

三 牒狀類 / 449

"癸巳年（九九三年）馳官馬善昌群駱馳破籍並判憑（四件）"。茲據文義擬定今題。另，本件底卷背有印章三枚，《釋錄》指出爲"歸義軍節度之印"。

本件《釋錄》（叁六〇二）、《法制文書》（四三五—四三六）有錄文。茲據《法藏》（壹捌二五）影印本及 IDP 彩圖，並參考前人錄文，對底卷重新校錄如下。

（前缺）

（一）

☒☒（伏以）今月十日[一]，群上大駁馳壹頭[二]，☒☒（病死）[三]☐☐皷槽上[四]大駁馳壹頭，皮付內庫。未蒙判憑，伏請處分。

　　　　　　　　　　癸巳年四月　日馳官馬善昌

爲憑，十五日。

（二）

伏以今月十七日，換于闐去達坦（怛）[五]，駱馳替用群上大驟馳壹頭。未蒙判憑，伏請處分。

　　　　　　　　　　癸巳年八月　日馳官馬善昌

爲憑，十八日。

（三）

伏以今月廿三日，槽上大驟馳壹頭病死，皮付內庫。未蒙判憑，伏請處分。

　　　　　　　　　　癸巳年八月　日馳官馬善昌

（四）

　　　伏以今月二日，先都頭令狐願德將西州去群上大駅駞壹頭。未蒙判憑，伏請處分。

　　　　　　　　　　　癸巳年九月　日馳官馬善昌

爲憑，三日。

　　（後缺）

【校記】

〔一〕伏以，底卷中殘，茲據殘存字形及文義補，《釋錄》《法制文書》均補。

〔二〕駅，《釋錄》《法制文書》均錄作"父"，下同不再另出校。

〔三〕病死，底卷中殘，茲據殘存字形及文義補；《釋錄》《法制文書》均補。

〔四〕敲，疑爲"皷"字之訛。

〔五〕坦，據文義應爲"怛"之訛；《釋錄》《法制文書》均錄作"坦"，未出校。

一七　歸義軍時期軍資庫司紙破用狀 (稿)

斯六二四九

【題解】

本件底卷編號斯六二四九號。本號文卷正背雙面書寫，本件位於正面，背面爲願文等雜寫。本件首全尾殘，現存文字五行，有首題："軍資庫司"，無紀年，菊池英夫編《西域出土漢文文獻分類目錄初稿I》云：此件屬張氏歸義軍時期，但《釋錄》指出據背面願文中"曹王理論"等語來看，其可能屬歸義軍曹氏時期。本件定名，《英藏》定作"軍資庫司用紙牒"；《索引》《黃目》《索引新編》均定作"軍資庫司牒"；《釋錄》定作"歸義軍時期軍資庫司紙破曆狀稿"。茲據文義擬定今題。

本件《釋録》（叁六〇四）有録文。兹據《英藏》（拾二二五）影印本，並參考前人録文，對底卷重新校録如下。

　　軍資庫司：
　　　　　伏以今月三日，准舊佛現忌日齋[一]，打錢紙壹帖[二]，法事紙壹帖。五日，准舊北宅小娘子忌日齋，打錢紙壹帖。同日，准舊南院賽神紙拾張，大院樓子賽神紙柒張，尚書院賽神紙柒張，准舊☒[三]（底卷書寫止此）

【校記】
〔一〕齋，底卷作"条"，下同不再另出校。
〔二〕紙，底卷中作"䋄"，下同不再另出校。又，"帖"字右側雜寫一"帖"字，兹不録。
〔三〕底卷中此末一字似爲一未寫完的"舊"字。

一八　歸義軍時期宴設司麵破用狀（稿二件）
斯六五七七背

【題解】
本件底卷編號斯六五七七號背。本號文卷正背雙面書寫，正面書"屍陀林發願文"；本件位於背面，共兩件性質相同的宴設司狀文，但均有狀首，無狀尾，疑爲狀稿。有首題"宴設司"，無紀年，《釋録》指出第二件中的"牧羊人湯住成"應爲"楊住成"之訛，"牧羊人楊住成"又見於伯二四八四號"戊辰年（九六八年）十月七日歸義軍算會群牧駞馬牛羊現行籍"。

本件定名，《英藏》定作"申宴設司破綿狀二通"；《索引》《黄目》《索引新編》均將兩件狀文分別定作"宴設司爲公主下陳鉢倉支出糧食賬"和"宴設司爲牧羊人等支出糧食賬"；《釋録》定作"歸義軍時期宴設司麵破曆狀稿（二件）"。兹據文義擬定今題。

本件《釋録》（叁六〇九）有録文。兹據《英藏》（壹壹一二七）影印本，並參考前人録文，對底卷重新校録如下。

（一）

宴設司：

伏以今月二日，公主下陳鉢倉月麵玖㪷；忙藥麵玖㪷；李☒（悉）[一]☐☐張悉不麵玖㪷；羅闍梨麵玖㪷，妻麵捌㪷；變諾麵☒（玖）[二]☐☐麵柒㪷，男麵叁㪷；鹽子麵伍㪷[三]；蓮花麵柒㪷；永興麵☒☐☐叁㪷（底卷書寫止此）

（二）

宴設司：

伏以今月二日，牧羊人湯（楊）住成月粗麵叁碩[四]，粟麵兩碩伍☒（㪷）[五]☐☐等粗麵壹碩，粟麵壹碩；屈進連等粗麵捌㪷，粟麵☐☐胡免力、董俄拙貳升（底卷書寫止此）

【校記】

〔一〕悉，底卷殘存上部，茲據殘存字形補；《釋錄》徑錄。

〔二〕玖，底卷殘存上部，茲據殘存字形補；《釋錄》徑錄。

〔三〕鹽，底卷作"塩"，下同不再另出校；《釋錄》錄作"塩"。

〔四〕湯，《釋錄》據伯二四八四號"戊辰年（九六八年）十月七日歸義軍算會群牧馳馬牛羊現行籍"校作"楊"，茲從。

〔五〕㪷，底卷殘存上部，茲據殘存字形補；《釋錄》徑錄。

引用較多文獻簡稱

《英藏》——《英藏敦煌文獻（漢文佛經以外部份）》
《法藏》——《法藏敦煌西域文獻》
《俄藏》——《俄藏敦煌文獻》
《上博》——《上海博物館藏敦煌吐魯番文獻》
《上圖》——《上海圖書館藏敦煌吐魯番文獻》
《北大》——《北京大學藏敦煌文獻》
《津藝》——《天津市藝術博物館藏敦煌文獻》
《秘笈》——《敦煌秘笈》
《浙敦》——《浙藏敦煌文獻》
《甘藏》——《甘肅藏敦煌文獻》
《國圖》——《國家圖書館藏敦煌遺書》
《索引》——商務印書館《敦煌遺書總目索引》
《索引新編》——施萍婷《敦煌遺書總目索引新編》
《黃目》——黃永武《敦煌遺書最新目錄》
《釋錄》——唐耕耦、陸宏基等編《敦煌社會經濟文獻真跡釋錄》
《法制文書》——唐耕耦主編《敦煌法制文書》
《郝錄》——郝春文主編《英藏敦煌社會歷史文獻釋錄》
《劉釋》——劉俊文《敦煌吐魯番唐代法制文書考釋》
《山法》——山本達郎、池田溫、岡野誠《敦煌吐魯番社會經濟文獻
（一）法律卷》
《籍帳》——池田溫《中國古代籍帳研究》
《沙契》——沙知《敦煌契約文書輯校》

《社邑》——寧可《敦煌社邑文書輯校》

《公文書》——中村裕一《唐代公文書研究》

《官文書》——中村裕一《唐代官文書研究》

《北區石窟》——彭金章等《敦煌莫高窟北區石窟》（第一卷）

主要參考文獻

一　古籍類

1. （後晉）劉昫等撰：《舊唐書》，中華書局1975年版。
2. （宋）歐陽修等撰：《新唐書》，中華書局1975年版。
3. （宋）薛居正等撰：《舊五代史》，中華書局1976年版。
4. （宋）歐陽修等撰：《新五代史》，中華書局1974年版。
5. （唐）長孫無忌撰，劉俊文點校：《唐律疏議》，中華書局1983年版。
6. （唐）杜佑撰，王文錦等點校：《通典》，中華書局1988年版。
7. （唐）李林甫撰，陳仲夫點校：《唐六典》，中華書局1992年版。
8. （宋）王溥撰：《唐會要》，中華書局1955年版。
9. （宋）宋敏求編：《唐大詔令集》，中華書局2008年版。
10. （宋）王欽若等編：《冊府元龜》，中華書局1960年版。
11. （清）董誥編：《全唐文》，中華書局1983年版。
12. ［日］敕撰：《令義解》，吉川弘文館1983年版。
13. ［日］惟宗直本撰：《令集解》，吉川弘文館1981年版。

二　文獻資料類

1. 《英藏敦煌文獻（漢文佛經以外部份）》（共14卷），四川人民出版社1990—1995年版。
2. 《俄藏敦煌文獻》（共17冊），上海古籍出版社1992—2001年版。
3. 《上海博物館藏敦煌吐魯番文獻》（共2冊），上海古籍出版社1993年版。
4. 《北京大學圖書館藏敦煌文獻》（共2冊），上海古籍出版社1995

年版。

5. 《法藏敦煌西域文獻》（共 34 册），上海古籍出版社 1995—2005 年版。

6. 《天津市藝術博物館藏敦煌文獻》（共 6 册），上海古籍出版社 1996—1997 年版。

7. 《甘肅藏敦煌文獻》（共 6 卷），甘肅人民出版社 1999 年版。

8. 《上海圖書館藏敦煌吐魯番文獻》（共 4 册），上海古籍出版社 1999 年版。

9. 《浙藏敦煌文獻》（共 1 册），浙江教育出版社 2000 年版。

10. 彭金章等：《敦煌莫高窟北區石窟》（第一卷），文物出版社 2000 年版。

11. 《國家圖書館藏敦煌遺書》（共 146 册），北京圖書館出版社、國家圖書館出版社 2005—2012 年版。

12. 《中國書店藏敦煌文獻》，中國書店 2007 年版。

13. ［日］杏雨書屋：《敦煌秘笈》（共 9 册），株式會社 2009—2013 年版。

14. ［日］小田義久：《大谷文書集成》（共 4 卷），法藏館 1983—2010 年版。

15. 《吐魯番出土文書》（圖錄本共 4 册），文物出版社 1992—1996 年版。

16. 羅振玉：《鳴沙石室佚書》，東方學會石印本 1928 年版。

17. 王仁駿：《敦煌石室真跡錄（巳）》，國粹堂 1911 年版。

18. ［日］山本達郎、池田溫、岡野誠：《敦煌吐魯番社會經濟文獻（一）法律卷》，東洋文庫 1980 年版。

19. 唐耕耦、陸宏基：《敦煌社會經濟文獻真跡釋錄》（共 5 輯），書目文獻出版社、全國圖書館文獻縮微複製中心 1986—1990 年版。

20. 劉俊文：《敦煌吐魯番唐代法制文書考釋》，中華書局 1989 年版。

21. 王震亞、趙熒：《敦煌殘卷爭訟文牒集釋》，甘肅人民出版社 1993 年版。

22. 唐耕耦：《敦煌法制文獻》，《中國珍稀法律典籍集成》甲編第三册，科學出版社 1994 年版。

23. 郝春文：《英藏敦煌社會歷史文獻釋錄》（共 13 卷），科學出版社、社會科學出版社 2001—2015 年版。

24. 趙和平：《敦煌表狀箋啟書儀輯校》，江蘇古籍出版社1997年版。
25. 寧可：《敦煌社邑文書輯校》，江蘇古籍出版社1997年版。
26. 沙知：《敦煌契約文書輯校》，江蘇古籍出版社1998年版。
27. ［俄］孟列夫主編：《俄羅斯科學院東方研究所聖彼得堡分所藏敦煌漢文寫卷敘錄》，袁席箴、陳華平譯，上海古籍出版社1999年版。
28. 商務印書館編：《敦煌遺書總目索引》，中華書局1983年版。
29. 黃永武：《敦煌遺書最新目錄》，臺北：新文豐出版公司1986年版。
30. 施萍婷：《敦煌遺書總目索引新編》，中華書局2000年版。

三 研究著作類

1. ［日］仁井田陞：《唐令拾遺》，東方文化學院1933年版。
2. ［日］仁井田陞：《唐令拾遺補》，東京大學出版會1997年版。
3. ［日］仁井田陞：《唐宋法律文書的研究》，東方文化學院1937年版。
4. ［日］大庭脩：《唐告身の古文書學的研究》，收於西域文化研究所編《西域文化研究》（三），法藏館1960年版。
5. ［日］仁井田陞：《中國法制史研究》（全四卷），東京大學出版會1959—1964年版。
6. ［日］池田溫：《中國古代籍帳研究》，東京大學東洋文化研究所1979年版。
7. ［日］中村裕一：《唐代官文書研究》，京都中文出版社1991年版。
8. ［日］中村裕一：《唐代制敕研究》，汲古書院1991年版。
9. ［日］中村裕一：《唐代公文書研究》，汲古書院1996年版。
10. ［法］謝和耐：《中國五—十世紀的寺院經濟》，耿昇譯，上海古籍出版社2004年版。
11. 楊廷福：《唐律初探》，天津人民出版社1982年版。
12. 韓國磐主編：《敦煌吐魯番出土經濟文書研究》，廈門大學出版社1986年版。
13. 王永興：《唐勾檢制研究》，上海古籍出版社1991年版。
14. 鄭炳林：《敦煌吐魯番文獻研究》，蘭州大學出版社1995年版。
15. 汪世榮：《中國古代判例研究》，中國政法大學出版社1997年版。
16. 李錦繡：《唐代制度史略論稿》，中國政法大學出版社1998年版。

17. 王斐弘：《敦煌法論》，法律出版社 2008 年版。
18. 劉俊文：《唐代法制研究》，文津出版社 1999 年版。
19. 陳永勝：《敦煌吐魯番法制文書研究》，甘肅人民出版社 2000 年版。
20. 劉進寶：《唐宋之際歸義軍經濟史研究》，中國社會科學出版社 2007 年版。
21. 霍存福：《唐式輯佚》，社會科學文獻出版社 2009 年版。
22. 戴建國：《唐宋變革時期的法律與社會》，上海古籍出版社 2010 年版。
23. 方廣錩：《敦煌遺書散論》，上海古籍出版社 2010 年版。
24. 姜伯勤：《唐五代敦煌寺户制度》，中國人民大學出版社 2011 年版。
25. 陳璽：《唐代訴訟制度研究》，商務印書館 2012 年版。
26. 郝春文、陳大爲：《敦煌的佛教與社會》，甘肅教育出版社 2013 年版。
27. 樓勁：《魏晉南北朝隋唐立法與法律體系》，中國社會科學出版社 2014 年版。
28. 馮卓慧：《唐代民事法律制度研究：帛書、敦煌文獻及律令所見》，商務印書館 2014 年版。